KB049809

세상 인권으로 본

인 권 ,
사 람 ,
사 회 .

서울대학교 인권센터 엮음

박영사

발간사

    인간은 혼자 살지 않고 함께 사는 존재입니다. 함께 살며 공동체를 이루고 국가를 이루어 오늘날에 이르렀습니다. 그간 왕이 하늘의 아들이니 신으로부터 권한을 받았느니 하면서 절대왕권을 추구한 시대도 있었고 일부 귀족들이 다수의 국민 위에 군림하며 권리를 만끽하던 시대도 있었습니다. 이러한 시대에 권리는 소수에게 독점되었고 다수는 그 권리로부터 소외된 대신 의무를 만끽하였습니다. 심지어 때론 사람이면서도 사람으로 인정받지 못하는 존재가 기층을 형성하는 사회도 있었습니다. 인간의 권리는 제한적이었습니다. 그러나 인간은 이성을 가진 동물입니다. 인류의 역사를 돌이켜 보면, 대체로 인권의 폭이 넓어져 왔으며 인권을 향유하는 주체의 범위가 확장되어 왔습니다. 이러한 변화는 때론 합리성에 기초한 평화적 방법으로, 때론 동물적인 피흘림의 대가로 이루어졌지만, 인권의 가치는 점점 더 폭넓게 수용되면서 마침내 우리 헌법이 천명하는 바처럼 모든 사람은 인간으로서의 존엄과 가치를 가지며 행복을 추구할 권리를 갖게 되었습니다.

    이러한 선언에도 불구하고 아직 전통적인 인권 문제가 다 해결된 것은 아닙니다. 그런데 현대는 이에 더하여 새로운 양상의 문제에 맞닥뜨리게 되었습니다. 인권의 주체로 올라선 개인들이 서로의 권리를 주장하면서 충돌하는 문제, 그러한 충돌이 집단으로 나타나 증폭되는 문제, 다수의 결정권을 인정하는 민주사회에서 소외되는 소수자의 문제, 개인의 이익을 존중하는 개인주의가 공동체의 가치와 질서와 부딪히는 문제, 과학기술의 발달과 환경의 변화가 가져오는 생존의 문제 등 일일이 열거할 수 없는 수많은 고민거리가 우리 앞에 고개를 들고 있습니다.

그러나 우리는 굳게 믿습니다. 아무리 많은 문제가 도전해 오더라도, 아무리 어려운 문제가 막아선다 하더라도 이성을 가진 우리가 따뜻한 가슴으로 머리를 맞대면 보다 나은 사회, 보다 나은 세상으로 나아갈 수 있다는 것을. 인간의 행동은 마음으로부터 옵니다. 이를 위하여 많은 사람들이 구슬땀을 흘리고 있습니다. 그 구슬땀에 담긴 마음은 우리 세대의 마음이 모아진 것입니다. 학생은 우리 세대이면서 동시에 내일의 세대입니다.

서울대학교 인권센터는 미래의 우리 세대인 학생들의 마음에 깃들인 인권의 새싹을 북돋우고 키우고자 프로그램을 진행하였습니다. 학생들의 마음이 결국 우리 사회의 문제를 해결하는 힘의 원천이 될 것이기 때문입니다. 학생들은 기대 이상으로 뜨거웠습니다. 학생들은 스스로 선정한 주제에 관하여 사람들을 만나 이야기를 듣고 문헌과 자료로 연구를 하며 현실에 대한 인식 위에서 자신의 생각을 보태면서 한편의 글들을 완성해 나갔습니다. 이 책은 서울대학교 학생들이 이러한 과정을 통해 아름답지만 추상적인 인권이 어떻게 사람들의 삶 속에서 구체화되어 뿌리내릴 수 있을까 고민한 결과를 담은 책입니다. 아직 생각이 다 영글지 못한 채 글로 표현이 되었을 수도 있습니다. 그러나 그 생각은 우리 사회의 문제를 해결하는 단초가 될 것이고, 앞으로 인권의 가치가 더 확대되어 나가는 데 토대가 될 것입니다. 이 책은 보다 아름다운 세상으로 함께 나아가자고 서울대학교 학생들이 여러분들에게 보내는 초대장입니다.

서울대학교 인권센터장
이상원

목차

01

학교를 떠나는 성소수자 청소년

김가림, 이현지

01

학교를 떠나는 성소수자 청소년

김가림, 이현지

I. 학교를 떠나는 성소수자 청소년

성소수자 청소년들은 학교에서 차별과 혐오를 마주하며 살아간다. 이로 인해 성소수자 청소년들은 우울·불안·두려움 등 다양한 심리적 어려움을 겪고, 심한 경우 학업중단으로 이어지기도 한다. 실제로, 유네스코의 보고에 따르면, 전 세계적으로 많은 성소수자 청소년들이 학업을 중단하고 있는 것으로 알려졌다(UNESCO, 2016: 59).

성소수자 청소년들의 학업중단 현상은 한국에서도 발견되고 있다. 학업을 중단한 성소수자 청소년들의 국내 수치는 정확히 추산되고 있지 않지만, 국내 조사 및 연구를 통해 이들의 학업중단이 지속적으로 발생되고 있음을 파악할 수 있다. 일례로 2014년 국가인권위원회에서 실시한 『성적 지향·성별정체성에 따른 차별 실태조사』에 따르면, 성소수자 청소년 응답자 200명 중 11명이 학교에 다니고 있지 않는 것으로 드러났다(장서연 외, 2014: 38). 그중 7명(63.6%)은 성소수자라는 정체성 때문에 학교를 그만두었다고 밝혔다.

우리 사회는 학업을 중단한 청소년을 '학교 밖 청소년'이라고 지칭한다(이주연, 정제영, 2015: 242-243). 학교 밖 청소년들은 부정적 사회적 시선, 미래에 대한 불안, 경제활동 중 낮은 임금을 받는 부조리 등을 경험하는 것으로 알려졌다(이상준, 이수경, 2013: 96-99). 학교 밖 청소년들은 이와 같이 여러 위험과 맞닿아 있음에도 학교로부터 혹은 사회로부터 보호받기 어려운 복지 사각지대에 위치해 있다. 이에 국내에서는 이들을 보호하고 지지하기 위한 다양한 논의와 연구들이 진행되어왔다. 그러나 아직까지 '학교 밖 성소수자 청소년'들의 학업중단경험에 대한 연구와 논의는 부족한 실정이다.

학교 밖 성소수자 청소년은 '학교 밖 청소년'과 '성소수자'라는 정체성이 교차하는 위치에 놓여있다. 즉, 학교 밖 성소수자 청소년은 '학교 밖 청소년'으로서의 고충과 '성소수자'로서의 어려움을 동시에 경험할 수 있는 소수자 속의 소수자인 것이다. 따라서 학교 밖 성소수자 청소년들의 학업중단경험을 탐색해 봄으로써 이들을 보호하고 지원하기 위한 우리 사회의 노력이 긴요하다. 하지만 학교 밖 성소수자 청소년에 대한 논의는 관심의 굴레 밖에 있고, 관련 연구와 조사도 부재하다. 이는 성소수자 청소년에 대한 우리 사회의 낮은 관심에서 기인한 것으로 보인다.

한국 사회에서 성소수자 청소년은 사회의 무관심 속에서 침묵해야만 하는 존재였다. 성소수자 청소년 중 92%가 학교에서 성소수자라는 점을 숨긴 경험이 있었다는 연구 결과는 이를 뒷받침한다(장서연 외,

2014: 17－18). 우리 사회는 청소년기에 성정체성 혼란이 올 수 있다며 그들의 존재를 인정하지 않거나 외면하기도 했다(강병철, 김지혜, 2006: 5). 이와 같은 사회적 분위기 속에서 성소수자 청소년에 대한 사회적 논의는 미진했다.

국내 학계에서도 성소수자 청소년은 도외시되었다. 국내 성소수자 관련 연구는 주로 성인을 대상으로 한 조사·연구들이 실시되어 왔다. 성소수자 청소년에 관한 국내 조사·연구는 성인 성소수자에 비해 그 수가 현격하게 적었다(주재홍, 2019: 548－549). 성소수자 청소년 관련 조사·연구는 2000년도부터 본격화되었지만, 그로부터 20년이 지난 지금도 국내 성소수자 청소년 연구는 학문적으로 초기 단계에 놓여있다.

학교 밖 성소수자 청소년에 대한 연구 필요성이 대두됨에 따라 이들을 보호할 사회적 책임이 요구되고 있다. 이에 학교 밖 성소수자 청소년들을 대상으로 심층 인터뷰를 통해 이들이 왜 학교를 떠났는지, 학교를 떠난 뒤 어떻게 살았는지 등에 관하여 들여다보고자 한다.

Ⅱ. 학교 밖 성소수자 청소년과의 만남

첫 번째 인터뷰(A, 트랜스젠더-트랜스 여성)

피구와 축구 사이

빵 굽는 냄새와 차 끓이는 냄새가 포근한 한 카페에서 A를 만났다. 따뜻한 말씨와 눈빛을 지닌 A는 중학교 시절과 고등학교 시절 모두 학업중단을 경험한 적 있다. 중학교 때 첫 학업중단 이후 고등학교에 복학했으나, 다시 학업중단을 선택한 것이다. A는 중학교 시절 반 친구

들에게 커밍아웃을 했다가 점차 은근한 따돌림의 대상이 되었다고
한다.

> "약간 가면 갈수록 남자아이들이 절 피하게 되고 여자아이들과 놀
> 게 되었는데, 남자아이들이 절 계속 좀 안 좋게 보고 그런 식으로 여자
> 아이들한테 막 말하니까. 여학생들과도 사이가 안 좋아져서 자퇴를 결
> 정했고. (학업중단을 선택한) 또 다른 요인은 (커밍아웃 한 사실이) 점
> 차 퍼지고, 그러다보니까 부모님께 그걸 들켰던 것 같아요. 그때 가족
> 이랑 되게 많이 싸웠고, 집을 나가기도 했어요."

커밍아웃 이후, 처음에는 잘 적응하는 듯했으나 A를 바라보는 아
이들의 시선이 차가워졌고, 결국은 부모님마저도 A의 정체성을 알게
되며 학교와 가정 어디에도 마음을 붙일 수 없게 된 것이다. 당시의 심
정에 대해 A는 다음과 같이 말했다.

> "중학교 때는 후련했어요. 그냥 학교 공부랑 적성이 안 맞는다고
> 생각해서 마음이 홀가분하다 이렇게 생각했던 것 같아요. 부모님께서도
> 제 정체성을 알고 난 후부터 많이 괴롭히셨는데 그런 것으로부터도 자
> 유로워졌으니까. 그러면서도 친구들 소식을 들으면 굉장히 힘들었죠.
> 내가 이렇게 살아도 되는 건가 싶었어요."

학업중단과 함께 탈가정을 결심한 A는 홀가분함과 불안감을 동시
에 느꼈다고 대답했다. A의 커밍아웃 소식을 접한 부모님은 집 안에서
A를 완전히 무시했다.

6

"말도 안 섞고, 사사건건 말도 안 되는 걸로 트집잡고, 소리치고.
자기 화에 못 이겨서 때리기도 하고."

학업중단과 탈가정이 이루어진 상황에서 A가 의지할 수 있는 곳은
별로 없었다. A는 마포구에 위치한 한 성소수자 친화적인 교회의 목사
님께 위로를 받기도 하고, 성소수자 단체에 속해 있는 활동가들에게 조
언을 구하기도 했다. 그러나 학업중단이 길어질수록 불안감은 커져만
갔다고 한다.

"돌아다닐 때마다 등하교 시간에 학생들이 교복을 입고 돌아다니
는 게 너무 힘든 거예요. 그 모습을 보는 게. 그리고 다른 중학생들은
학교에서 배우는 상식이나 사회적으로 그런 (인간관계) 부분이 있는데
저만 점점 그런 것이 부족해지고 동떨어져 있다 보니까 정말 내가 이렇
게 살아도 되는건가. 정말 다시 한번 고등학교 너무 가보고 싶다 이런
마음이 스멀스멀 올라오더라고요."

학교란 단순히 책상에 앉아서 수업만 듣는 공간은 아니다. 또래
친구들을 만나고, 그 친구들과 관계를 형성한다. 그 과정에서 사회적
기술을 습득하기도 하고, 가치관을 형성하기도 하며, 잊을 수 없는 교
사를 만나 세상을 바라보는 관점이 송두리째 바뀌기도 한다. 학업중단
을 선택한 A는 자신이 포기해야만 했던 이 모든 경험들을 인지하고 있
었고, 이를 되찾기로 결심했다.
시작은 중졸 검정고시였다. 중학교 졸업에 준하는 자격을 따서 다
시 한번 고등학교에 입학하기로 한 것이다. 대부분의 학생들은 고등학

교를 선택할 때 집과의 거리, 학업 분위기 등을 고려하지만 A는 아니었다. A는 관내에 있는 모든 고등학교의 홈페이지에 들어가 각 학교의 소수자 차별과 관련된 교칙을 샅샅이 찾아보았다.

"'최대한 안전하게 다닐 수 있는 학교를 찾아보자'라고 생각을 했었고, 제가 찾을 수 있는 정보는 교칙에 관련된 거였어요. 모든 학교 교칙을 다 뒤져봤었던 것 같은데 딱 한 학교가 유일하게 그런 것이 있더라고요. 성적 지향이나 성별정체성에 대한 차별을 금지한다. 화장실 관련된 부분에 있어서, 물론 장애학생을 염두에 두고 쓴 것이었겠지만, 소수자 학생을 위한 시설 배려를 해주어야 한다."

고민과 노력 끝에 복학할 고등학교를 선택했지만 이것이 끝은 아니었다.

"고등학교 딱 들어갔을 때 제일 먼저 했던 것이 담임 선생님들이 첫날 나눠주는 종이에 제 상황과 제가 중학교 때 어떻게 지냈는지를 쓰고 아까 말한 교칙 그리고 학생인권조례를 손으로 다 썼어요. 나는 이 교칙과 이 부분들에 의거해서 보호를 받고 싶고, 폭력적인 상황이 발생했을 때 도움을 청하고 싶고, 화장실에 있어서도 일반 남자화장실은 너무 불안하다. 그리고 그 아래에 성소수자 관련 기관이나 정보가 담긴 것들을 모두 적어서 냈어요."

다행히 담임 선생님은 A의 상황을 충분히 이해한 뒤, 교장 선생님께도 허가를 받아 1인용 장애인 화장실을 쓸 수 있도록 배려를 받았다. 그러나 이러한 눈에 보이는 배려는 양날의 검과도 같았다. 뿐만 아니라

학교라는 작은 사회에는 시설적 배려로는 차마 없앨 수 없는 공고하고
도 일상적인 성별 이분법이 자리하고 있었다. 홀로 장애인 화장실을 이
용하는 것, 다른 교사들이 A의 성별정체성을 이해하지 못하고 지적하
는 것, 체육시간에 여성과 남성이라는 성별로 분리되어 각기 다른 활동
을 하는데 홀로 가운데 서 있는 것. 이 모든 것이 다른 학생들에게는 A
를 '다르다'고 낙인찍을 수 있는 근거가 되었다.

그럼에도 A는 짧게나마 고등학교를 다닌 그 시기가 좋았다고 회상
한다.

"교복을 입고, 공부를 하고, 노래를 부를 수 있는 그 사실 자체가
너무 좋았어요. 너무 좋아서 버텨야겠다고 생각하면서도 모멸적인 상황
이 닥칠 때마다 내가 어디로 가야할지 모르는 상황에 놓일 때마다...(괴
로웠어요)"

이러한 양가적인 감정 사이에서 흔들리고 있을 때, 고등학교를 그
만두게 된 결정적인 사건이 하나 터지게 된다.

"어느 날 체육시간에 남자는 남자끼리 축구하고, 여자는 여자끼
리 피구를 하라는 거예요. 그래서 저는 선생님을 쳐다보면서 벤치에서
쉬어도 되냐고 하니까 안 된다고. 전 어디 가야할지... 축구는 싫기도
하지만 눈치 보이고, 피구를 하기도 두렵고. 피구를 하는 건 여자아이
들인데, 내가 함부로 저기 가도 되는 걸까. 내가 저기에 낄 자격이 있
을까."

가운데에서 머뭇거리는 A에게 선생님은 말했다.

"선생님이 아무데도 안 갈 거면 운동장을 다섯 바퀴 돌라는 거예요. 애들이 다 쳐다보는데 30분쯤 빙빙 도니까 너무 죽고 싶은 거예요. 걷다 보니까 계속 눈물이 고이고. 계속 멈춰가면서, 바위 짚고, 그랬어요."

A는 지금도 종종 생각한다고 한다. 자신이 그때 피구를 선택했다면 어땠을지. 당시 A는 여성으로서 자신의 정체성에 확신을 가지고 있었다. 그럼에도 모두가 A에게 '여성이 될 자격'을 물었고, A는 자신이 그럴 '자격'이 있는지를 스스로에게 물어야했다. 이 모든 과정 속에서 A는 생각했다. '이 모든 과정을 겪으면서도 변하지 않는 것을 보니, 나는 단순히 혼란을 겪는 것이 아니라 그냥 어쩔 수 없는 것이구나'라고.

"저처럼 성중립 화장실 같은 배려를 받았음에도 불구하고 교우관계, 아웃팅 문제로 자퇴하는 친구들이 굉장히 많았어요."

A의 위와 같은 말은 성소수자를 바라보는 사회구성원 모두의 시선이 근본적으로 변화해야 함을 시사한다. 누군가에게는 당연한 권리를, 누군가는 눈물로 견뎌내야만 얻을 수 있다는 것을 알아야 하고, 그럼에도 이들이 용기 내어 살아내고 있다는 사실을 알아야 한다. 우리 모두는 타인의 고통을 함부로 재단하는 이들에게 용기 내어 그것은 잘못이라고 말할 수 있어야 한다. 성소수자를 위한 제도적 지원은 끝이 아니라 변화의 시작이어야 할 것이다.

#두 번째 인터뷰(B, 트랜스젠더-논바이너리)

아웃팅 피해자, 학교를 뒤집다.

처음 B를 만난 것은 종각역의 한 모임공간에서였다. 복잡한 공사 구간을 피해 잘 찾아오셨다고 인사를 건네자 B는 씨익 웃으며 우리의 안부를 물었다. 밝은 미소와 쾌활한 성격 덕분에 인터뷰는 화기애애한 분위기 속에서 진행됐다. B는 교내 아웃팅[1]의 피해자로, SNS를 통한 아웃팅을 경험한 이후 학업중단을 결심했다. B에게 아웃팅 과정에 대해 구체적으로 물었다.

> "서울 퀴어 문화 축제에 갔다 와서, 그때도 제가 자원 활동을 했기 때문에 액세서리를 공짜로 받아요. 그래서 액세서리를 차고 아무 생각 없이 학교를 갔는데 누군가 익명으로 제보를 올린 거예요. 자다 깼는데 댓글에 제 얘기가 달리고, 학교 선생님들도 댓글로 빨리 내리라고."

SNS에서 이루어진 아웃팅은 댓글과 좋아요 등을 통해 삽시간에 퍼져나갔다. 댓글 타래는 끝도 없이 이어졌다. 댓글에 B를 언급하며 '네 얘기 아니냐'라고 하기도 하고, 친구 사이에 충분히 있을 수 있는 스킨십조차도 표적이 되었다. 주말이 지나고 학교에 가자, 분위기는 눈에 띄게 달라져있었다. B는 가장 먼저 시선의 변화를 느꼈다고 했다.

> "안 친한 아이들이 혹시 이거 너 얘기냐고, 너 진짜 동성애자냐고 물어보기도 했었고. 모르는 아이들이, 모르는 후배들이 와서 누나가 페

---

1) 타인에게 원치않게 성소수자임이 밝혀지는 것

이지에 올라오신 분 맞죠, 물어보기도 하고. 선배님들도 막 급식실에서 제가 동성애자라고 하셔가지고. 그래서 그때부터 학교를 못나갔어요.”

오프라인 공간에서 행해지는 아웃팅과는 달리, 온라인 공간에서의 아웃팅은 걷잡을 수 없이 확산되었다. 모르는 사람들로부터 쉴 새 없이 메시지가 도착했다. 이웃 학교 학생들이 B의 메신저와 SNS 계정으로 친구 신청을 보내오기도 했다. B의 얼굴을 보기 위해서였다.

“축제 기간이 되면 다른 학교에서 막 놀러오는데 제가 축제 날도 못나갔어요. 다른 학교 애들이 ‘야, 가면 걔 있냐?’ 이런 식으로 얘기가 나와가지고.”

밝았던 B의 얼굴이 조금 어두워졌다. 하지만 금세 활기를 되찾은 B는 당시의 심정변화에 대해 조금 더 자세히 말해주었다. B는 교실 뒤를 뛰어다니며 친구들과 떠들고 장난칠 정도로 활발한 학생이었다. 수시로 교무실을 찾아가 선생님들과 웃으며 이야기를 나누기도 할 정도였다. 그러나 아웃팅 이후, B는 눈에 띄게 움츠러들었다. 친구들의 시선뿐만 아니라 전교생의 차가운 시선을 감내해야 했기 때문이다.

“모르는 아이들이나 모르는 선배들이 저한테 많이 말을 걸었거든요. 니가 걔냐, 이러면서. 그때는 급식실도 못가고 밥도 안 먹고 화장실도 못 갔던 것 같아요.”

이러한 B의 변화는 신체적인 통증으로도 이어졌다.

"아웃팅 되고 나서 뭘 해도 눈치가 보이는 거예요. 학교 가는 게 너무 무서워서, 계속 배가 아프고, 긴장해서 머리 아프고, 이건 진짜 (학교를) 못 다니겠다 싶어서 (자퇴를 결정했어요)"

이러한 상황 속에서도 학교는 공식적으로 B에게 어떠한 도움도 줄 수 없었다고 한다. 왜냐하면 성소수자에 대한 아웃팅 피해자를 구제할 제도가 체계적으로 마련되어 있지 않기 때문이다. 아웃팅 가해자를 처벌할 수도 없었다.

"처음에 학교폭력위원회가 열리려 했었는데 성소수자는 법 안에 없대요. 그래서 처벌을 받을 수가 없다는 거예요. 그래서 그냥 도망치듯이 일단 학업중단부터 하고 그 뒤에 자퇴를 했어요."

그렇다면 학생의 아웃팅 피해에 대한 교사들의 반응은 어땠을까. B에게 당시 주변 교사들의 반응을 물었다. 다행히도 B가 다니는 학교의 교사 연령대가 낮은 편이여서 B의 상황을 이해하고 공감해주는 교사들이 있었다고 한다. B를 보기 위해 자신의 정체성을 숨기고 있는 학생들과 함께 퀴어 퍼레이드에 참석한 교사도 있었다. B는 그날 '표현할 수 없는 감정을 느꼈다'고 회상했다.

그러나 아웃팅 이후, B를 대놓고 무시하거나 이전과는 달리 차가운 태도로 일관하는 교사들도 있었다. 이전에는 교무실에서 함께 웃고 장난을 쳤다면, 아웃팅 이후에는 B의 질문을 무시하고 시끄럽다고 꾸짖는 식이었다. 결국 B는 자신을 둘러싼 학교 구성원들의 시선과 태도로 인해 학업중단을 결정하게 되었다. 학업중단을 결심한 이후 2달간

김가림, 이현지

B는 성소수자 상담센터 '띵동'에서 상담을 받았다. 학교 상담 선생님과 다르게 띵동에서는 비밀보장에 대한 염려도 없었고, 성소수자 당사자들이 상담을 진행한다는 점에서 보다 마음이 편했기 때문이었다. 학교 상담에서와는 달리 은근슬쩍 전환치료를 시도하는 상담사도 없었다.

하지만 학업중단 이후, B는 복학을 결심하게 되었다. 검정고시를 치러 홀로 대학에 진학해야 하는 문제 때문이었다. 이전에 다니던 학교와는 다른 학교로 복학을 한 B는 처음에는 적응하는 듯 했다. 그러나 이내 복학한 학교에서도 결국 학업중단을 선택하게 되었다. 다시 B에 대한 소문이 퍼지기 시작했기 때문이다.

"쟤가 개야, 또 이렇게 소문이 퍼지기 시작한 거예요. 같은 반에서 활동을 하는데도 (친구들이) 절 좀 피하는 게 느껴지고, 체육시간에 남자 여자 짝지으라고 하는데 (선생님이) 저한테는 제 친구랑 붙어있으면 안된다고. 너는 얘한테 어떤 마음을 가질 줄 알고 이렇게 하냐고."

B에 대한 소문을 들은 교사는 수업시간에 공개적으로 B에게 혐오성 발언을 했고, 이에 분노한 B는 수업 도중 자리를 박차고 나갔다. 그러나 돌아온 것은 B에 대한 징계뿐이었다. 교사의 부적절한 언행에 대해 항변해도 돌아오는 것은

"모든 성소수자가 다 그러냐?"

는 답변뿐이었다.

14

하지만 B는 성소수자 차별적인 학교 분위기에 순응하는 대신, 직접 이를 바꾸기로 결심했다. 학교 상담 선생님이 B의 우울함이 성정체성 때문이라고 하자, B는 교장 선생님을 찾아가 시정을 요구했다. 인권단체에 소속된 변호사와 함께 학교에 매년 소수자 인권교육을 할 것을 건의한 결과, 학교 내 혐오발언이 1/4 수준으로 줄기도 했다. 인권단체에서 활동하며 주변 활동가들의 지지를 얻기도 하고, 학교에서 교사들의 연대를 경험하기도 한 B는 호탕하게 웃으며 말했다.

"제가 가만히 있는 성격은 아니에요. 다 때려 부수고 다니기 때문에. 매년 (소수자 교육) 해라. 안 그러면 다시 찾아올 거다."

아웃팅 피해자로서의 고통을 경험하기도 했으나, 그 속에서의 연대와 지지를 경험한 B는 피해자로 머무는 것에 그치지 않고 적극적으로 목소리를 내기로 선택했다. B의 목소리는 교실 내 학생들이 실질적으로 변화할 수 있는 원동력이 되었고, 이러한 목소리는 지금도 계속해서 울려 퍼지고 있다. 누군가는 미미한 차이라고 이야기하기도 한다. 눈에 보이는 어떠한 결과도 가져오지 못한다고 이야기하기도 한다. 그러나 주변인들의 작은 변화는 누군가의 미래를 바꾸기도 한다. 학교현장에서 구성원들에 대한 인권교육 그리고 인식의 변화가 이루어져야 하는 이유이다.

#세 번째 인터뷰 (C, 게이)

그 사람들로 사회가 채워져 있다면

한 대학교 입구의 조용한 스터디룸에서 C를 만났다. 한눈에 봐도 예의바르고, 생각이 깊은 사람이라는 것이 C의 인상에서 드러났다. C는 말 한마디 한마디에서 미래에 대한 고민과 타인에 대한 존중이 묻어나는 사람이었다.

C가 학교 밖을 선택한 이유를 한마디로 꼽자면 이질감이었다. C는 학교에서 성소수자로서의 이질감을 일상적으로 느껴야만 했고, 이에 더해 제도교육의 한계에 대해서도 비판적으로 인식하고 있었다. C가 재학한 학교는 여성과 남성의 학급이 분리된 고등학교로, 교사와 학생들의 차별적 발언에 제재를 가할만한 장치가 전혀 존재하지 않았다. 브레이크 없는 혐오발언 속에서 C는 끊임없이 자신에게 요구되는 역할을 연기해야만 했다.

> "선생님들이 동성애는 정신병인데, 이걸 동성애자들이 로비를 해서 정신병에서 제외된 거라고 이야기를 한다거나. 친구가 '주변에 동성애하는 사람 있으면 어떨 것 같아'라고 이야기하면 다른 친구가 손절하지, 아니면 때려죽인다."

C는 자신이 '일상적인 굴레 속에서 분리된 사람'이었다고 말했다. 이야기를 하다가도 문득 분리된 느낌, 감정의 공유가 되지 않는 느낌, 무엇보다도 소외감을 느꼈다고 했다. 소속감을 느끼지 못하고 겉도는 감정은 제도교육의 한계와 맞물려 학업중단에 대한 고민으로까지 이어

16

졌다. 특성화 고등학교를 진학하고 싶었으나 부모님에 의해 인문계 고등학교를 진학하게 된 C는 결국 가출과 동시에 학교 밖을 선택했다.

> "그때 연애를 했어요. 연애를 했는데 집에서 애인하고 통화하기 힘드니까 집 옥상에서 통화를 했는데 아빠가 옥탑으로 가는 철제문을 뜯어버리려고 했어요. 부모님이 아는 아들은 정상적으로 대학을 가고 이성애를 하는 아들인거잖아요. 그런데 그 무엇도 충족하지 못했을 때 내가 거기에 남을 수 있나?"

반장에 선출되기도 했고, 친구관계도 원만했던 C는 사회에서 요구되는 정상인의 범주에서 벗어나지 않기 위해 끊임없이 노력했다. 혐오표현을 하는 친구를 장난스럽게 제지했으나 X선비라는 욕을 들은 뒤에는 더 이상의 제지를 하지 못했다. 성소수자 지인들의 연락처는 모두 이름을 바꾸어 저장한 뒤 자동으로 수신차단이 되게끔 설정해 놓기도 했다. 학교에서 C의 문제의식을 공유할 만한 친구는 한 명도 없었다. 학교 상담도 비밀보장이 제대로 되지 않는 경우가 많아 마음 놓고 이용하지 못했다.

C에게 학교가 성소수자 친화적으로 변하려면 무엇이 가장 시급한지를 묻자, 한 치의 고민도 없이 C가 대답했다.

> "인권 가이드라인"

학생이나 교사에 의해 상처받는 학생이 조금이라도 사라질 수 있도록, 혹여나 그러한 문제가 생기더라도 피해자가 회복할 수 있도록 하는 제도. C는 그러한 제도의 필요성을 절감하고 있었다.

학업중단을 선택하기 전, C는 스스로 발 벗고 나서서 도움을 구하기도 했다. 직접 제도적 차원의 변화를 모색하기로 한 것이다. 하지만 현실적 한계에 부딪쳤다.

"서울특별시 학생인권담당관실에 전화를 걸어서, 이런 문제가 있는데 혹시 강연하는 게 있는지 물어봤는데 인력이 부족하대요. 그때가 1학기 초였는데 신청을 하고 나면 2학기 말이 올 수 있다는 거예요. 늦으면 다음 학년으로 넘어갈 수도 있는데 그래도 괜찮냐는 이야기를 듣고 나서 그냥 포기했던 것 같아요."

고민 끝에 학업중단을 선택한 C는 아르바이트를 하며 검정고시와 대입을 준비했다. 그러나 검정고시는 단지 고등학교 졸업이라는 학력만을 의미할 뿐, 대학진학을 위한 유의미한 수단은 되지 못했다. 학교생활기록부도 채워져 있지 않아 수시전형은 포기해야 했고 검정고시생에게 남은 길은 논술전형 뿐이었다. C는 논술고사를 과거시험에 빗대며 장난스럽게 말했다.

"다들 특정 시즌이 되면 얼굴이 안보여요. 다들 상태 메시지에 나 장원급제 하고 올게. 이런 거죠."

학업중단 이후 변한 것은 대학입시 뿐만이 아니었다. 인간관계도 크게 달라졌다. 낮에 학교에 가야하는 또래 대신 20대를 주로 만났는데, 다들 자신만의 일과가 있는 반면 C는 그렇지 않았다.

"학교를 나오고 나서 오전 9시부터 오후 4시까지 일정이 붕 뜨잖아요. 그럴 때 20, 30대 성인인 사람들하고 커피 마시면서 노닥거린다거나. 그런데 문제는 그 사람들도 다 뭘 하는 사람들이잖아요. 대학교를 가거나 일을 하거나. 만날 수 있는 날들이 한정적이고, (저는) 계속 침체 되는 거죠. 우울감에 빠지고."

C는 학교 외부에서 상담을 받아보기도 했지만 변하지 않는 현실을 더욱 절감하게 되어 갑갑했다고 말했다. 상담을 받는 그 순간은 기분이 나아지지만, 결국 상담이 끝나고 나면 현실로 돌아와야 하기 때문이다. 인터뷰가 끝나갈 무렵 C는 우리에게 물었다.

"장애인이 왜 장애인이라고 생각하세요?"

C는 이야기를 이어나갔다.

"한쪽 팔이 없는 사람들로 사회가 채워져 있으면, 그 사람은 비장애인이겠지요. 동성애자 자식을 둔 부모님들도 마찬가지인 것 같아요."

홀로 모든 생계를 꾸려야만 하는 경제적인 어려움으로 인해 집으로 돌아온 C는 부모님께 커밍아웃을 했다. 처음에는 회피적이었던 C의 부모님도 조금씩 변해갔다.

"엄마하고 수만 번을 다투고 나서야, 어머니가 성소수자 부모 모임에 나가 자식이 동성애자인 부모님들과 이야기하고 '그동안 많이 힘들었지'라는 이야기를 건네시더라고요. 삶이 크게 달라졌다고는 생각 안 해요. 다만 집에 남아도 괜찮을 것 같다는 생각은 해요. 언젠가는 분가를 해야지, 언젠가는 돈 많이 벌어서 전셋집을 구할 거라는 꿈을 가지고 살았는데, 이제는 부모님하고 같이 살아도 좋겠다는 이야기를 하고 그런 생각을 많이 해요."

아버지에게도 커밍아웃을 했냐는 우리의 질문에 C는 씨익 웃으며 대답했다.

"알고는 계세요. 뭔 생각을 하는지는 모르겠는데, 용어는 바뀌더라고요. 여자친구에서 애인으로. 남자친구라는 말을 쓸 때도 있는데 잦지는 않아요. 잘 들어둬야 합니다."

#네 번째 인터뷰(D, 레즈비언)

동성애하면 지옥간다

인터뷰 장소를 잘못 예약해 한참 길을 헤매고 나서야 서로를 만날 수 있었다. 그래도 배려심 깊고, 웃음기가 많은 D 덕분에 인터뷰 내내 한참을 웃고 떠들었다.

D는 독실한 기독교 가정에서 자랐다. D는 특성화 고등학교에 진학했으나 전공이 잘 맞지 않았고, 새벽 5시에 일어나야 제 시간에 등교를 할 수 있을 정도로 학교가 멀었다. 그러나 특성화 고등학교의 특성상 전학이 쉽지 않았고, 결국은 학업중단을 결정하게 되었다.

학업중단 이후 우울증이 악화된 D는 병원을 찾는 대신 청소년 상담센터를 찾았다. 하나님을 믿으면 모든 병이 낫는다는 부모님의 신념 때문이었다. D의 삶 속에 기독교는 뗄 수 없을 정도로 깊숙이 자리해 있었다. D 자신이 독실한 기독교인이여서는 아니고, D가 기독교 가정에서 자라 기독교 미션스쿨 고등학교를 진학해 기독교인 집안에서 생활하고 있기 때문이다.

그렇기에 기독교가 D의 인생에 끼치는 영향만큼 D 자신은 나름대로의 생존법을 터득해 나갔다. D는 자신에게 학교란 '연극장'이었다고 말했다.

"전교생을 모아놓고 동성애를 하면 안 된다고 성교육을 하거나, 동성애 관련 토론을 하면 저는 아, 동성애 무조건 반대지!"

이 말을 하고 D는 크게 웃었다.

"하나님이 싫어하셔 그런 애들!"

인터뷰 당시 D는 긴 머리였으나, 고등학교 시절에는 숏컷을 하기도 했었다. 한 쪽 귀에 귀걸이를 하기도 했는데 이를 본 교사는 이렇게 말하기도 했다.

"꼭 레즈비언들이 머리 짧고 오른쪽 귀에 귀걸이를 하는거야."

학교에서 뿐만 아니라 가정에서도 D는 '이성애자 딸'의 역할에 맞게 착실히 연기를 했다고 한다. 애인이 생겨 메신저 프로필 사진에 애인과 찍은 사진을 걸어놓으면 부모님은 꼭 누구인지를 물어보셨다. 그럴 때마다 D는 나름의 답변을 했다.

　　"운동하는 친구야."

　　어느 날, 퀴어 퍼레이드에 참석하고 돌아온 D가 집에서 저녁을 먹는데 뉴스에 D의 얼굴이 나왔다. 공교롭게도 그날은 D의 부모님도 퀴어 퍼레이드에 참석한 날이었다. 그것도 동성애 반대 집회를 하는 세력으로 말이다. 다 함께 저녁을 먹던 D의 부모님은 뉴스에 나온 D를 알아보지 못했고, 이렇게 말하셨다.

　　"저런 애들 다 지옥 간다."

　　애인과 통화하는 것을 듣게 된 D의 언니는 D에게 이렇게 말하기도 했다.

　　"너 걔 친구 아니지? 동성애하면 지옥 간다."

　　뉴스에 나온 자신의 모습을 보고 오싹 했을 것 같다는 우리의 말에 D는 의기양양하게 말했다.

　　"저 동성애 치료캠프도 간 적 있어요."

　　위의 말에 대해 묻자, D는 자신이 '동성애 치료캠프'에 가게 된 과정을 설명해 주었다. 학업중단 이후, D는 자신과 비슷한 또래들이 활동하는 온라인 커뮤니티를 통해 친구들을 만나곤 했다. 그런 자신의 일상을 SNS에 올렸고, 부모님은 외국 교회에서 진행되는 '동성애 치료캠프'에 D를 2달간 보냈다고 한다.

평생 이성애자를 연기하며 살아온 D는 이미 그러한 '아닌 척'에 익숙해져 있었다. 이성애자 친구들 사이에 있을 때면 애인을 '남자친구'라고 바꿔서 이야기하기도 하지만 그 사이에는 언제나 벽이 느껴진다고 했다.

"사이에 벽이 있는 것 같아요. 저는 그 시스젠더 헤테로들 사이에서..."

성소수자로서의 정체성 때문에 학업중단을 결정한 것은 아니나, 학업중단 청소년이라는 그 자체만으로 겪었던 어려움도 있었다. 학업중단 이후 D가 가장 힘들었던 점은 사람들의 시선이었다. 다른 학생들이 학교에 있을 시간에 길을 걸으면 항상 듣는 질문이 있었다.

"너는 왜 학교 안 갔어?"

D는 그때마다 자신이 했던 답변을 장황하게 설명하며 웃었다.

"아 저는 자퇴생이예요. 제가 어쩌다가 자퇴하게 됐고, 그리고 이제 뭘 하고 있고, 제 꿈과 목표는..."

D는 길에서 자신에게 질문하는 어른들을 마주할 때마다 자신의

상황을 설명해야 했던 것이 힘들었다고 했다. 또한 대학 진학을 위해 학원을 다니고 싶어도, 학업중단 청소년이라는 낙인으로 인해 거절당한 경우도 빈번했다.

D와의 인터뷰를 통해 알게 된 것은 성소수자 청소년이 학교에 적응하기 위해서는 자신의 정체성과는 다른 정체성을 연기하는 커버링(covering)이 요구된다는 점이었다. 이러한 커버링(covering)에 실패할 경우에는 아웃팅 등으로 이어지기에 자신을 향한 혐오 표현 등에도 적극적으로 대처하지 못한다. D의 경우에는 평생을 살아오며 가정과 학교에서 이성애자로서의 삶을 연기해왔기에 이미 이러한 과정에 익숙해져 있었다. 그러나 학교 차원에서 인식교육과 제도적 지원은 여전히 필요하다.

Ⅲ. 학교 밖 성소수자 청소년이 바라는 학교는?

4명의 학교 밖 성소수자 청소년들은 여러 이유에서 학교를 떠났다. 성소수자로서 학교생활을 감당하기 힘들어 학업중단을 선택한 청소년도 있었고, 그 밖의 다양한 다른 이유에서 이들은 학교 밖을 선택했다. 이번 연구의 수행을 통해 다양한 청소년들을 만나며 연구자들이 반성하게 된 점이 한 가지 있었다. 성소수자 청소년이 학업중단을 한 경우, 그 원인이 반드시 성소수자로서의 정체성에 있지 않다는 것이다. 다수자의 경험은 개별화되지만, 소수자의 경험은 일반화된다. 따라서 성소수자 청소년들의 학업중단을 그들의 정체성으로만 바라보아서는 안 된다. 성소수자 청소년들이 학업중단을 결정하는 요인은 다양하고,

또 주관적이다. 따라서 이후 성소수자 청소년에 대한 연구는 이러한 부분에 초점을 맞추어 기존의 편견을 재생산하는 일이 없도록 해야 할 것이다.

이 밖에도 연구를 통해 새롭게 발견한 지점들은 다음과 같다. 첫째, 학교 밖 성소수자 청소년의 학업중단 요인을 분석한 결과, 학업중단의 요인은 단일하지 않은 것으로 드러났다. 대신, 다양한 요인들이 복합적으로 작용하여 학업중단이라는 결과를 이끌어내는 것으로 밝혀졌다. 연구를 수행하기 전, 연구자들은 학교 밖 성소수자 청소년의 학업중단 요인이 성소수자로서의 정체성과 밀접한 관련이 것이라고 생각하였다. 하지만 그것 외에도 다양한 요인이 학업중단에 영향을 주는 것으로 나타났다. 성소수자 청소년의 학업중단경험 역시 비성소수자 청소년과 마찬가지로 다양한 양상으로 드러나며, 각각의 학업중단경험을 하나의 요인으로만 환원하는 것은 불가능했다. 그러나 여전히 성소수자로서의 이질감과 스트레스는 이들의 학업중단에 주요 요인으로 작용했음이 드러났다. 성소수자 청소년들은 비성소수자 청소년들이 경험하지 않아도 되는 성소수자로서의 이질감과 스트레스를 분명히 감각하고 있었고, 자신을 숨기거나 차별적인 발언에 노출되는 것에 익숙해져 있었다. 하지만 한국의 학교 현장에서 성소수자를 대상으로 한 학교폭력을 규제하거나 처벌할 방안이 부재하다.

대만에서는 젠더평등교육법(Gender Equity Education Act 2003)을 통해 젠더에 대한 사회적 고정관념을 교과과정에서 삭제하고, 학교 내에서 성적지향에 따른 차별을 금지하였다. 구체적으로 게이, 트랜스젠더, 임신한 학생들에 대한 특별지원을 의무화하였다. 영국에서는 '안전학교정책(Safe School Policy)'이라는 제도를 통해 모든 학교에 동성애 혐오성 괴롭힘에 대응할 법적 의무를 부과했다. 브라질 역시 교육부 실행계획에 동성애 혐오 없는 학교 프로그램(School without Homophobia programme) 을 포함하였다. 이 외에도 수많은 국가에서 성소수자 청소년을 대상으로 한 학교폭력을 예방하고 근절하기 위해 다양한 정책을 시행하고 있다. 이러한 정책은 교내 성소수자 청소년을 대상으로 한 폭력을 감소시키고, 학생들이 안전함을 느낄 수 있도록 돕는다고 보고되고 있다(민동석, 2013: 41-43). 우리 사회에서도 학교 밖 성소수자 청소년의 학업중단을 예방하기 위해, 앞서 언급한 해외의 성소수자 청소년 보호 제도처럼 관련 정책 논의 및 개발이 시급하다.

둘째, 학교 밖 성소수자 청소년의 학교에 대한 인식과 학교에 바라는 개선점을 파악해 본 결과, 대부분의 참여자들이 학교를 '안전하지 못한 공간'으로 지각했다. 참여자들은 학생과 교사를 대상으로 한 인권 감수성 함양 교육과 상담 지원 필요성을 학교에 바라는 개선점으로 꼽았다. 참여자들은 학교에서 발생하는 성소수자 혐오적 분위기에 스스로를 숨기고, 자신이 아닌 또 다른 누군가를 연기해야 했다고 답변하였다. 학교 현장에서는 학생뿐만 아니라 교사에 의한 성소수자 혐오발언이 자행되고 있었다. 인권 가이드라인 제정 및 법적인 의무 부과 등의 형태로 학교 내에서의 반인권적 행태 및 혐오 표현을 규제하지 않는다면 교육 현장은 계속해서 혐오와 차별로 멍들어갈 것이다. 따라서 학교 공간 내 혐오 표현 사용 실태에 대한 연구, 인권감수성 함양 교육에 관한 연구 및 적용 등이 이뤄져야 한다.

참고 문헌

▌국내 문헌▌

강병철, 김지혜. 2006. 『청소년 성소수자의 생활 실태조사』. 서울: 한국청소년 정책연구원. pp.77-44.

민동석. 2013. 『모두에게 안전한 학교를 위한 유네스코 가이드북: 동성애혐오성 괴롭힘 없는 학교』. 서울: 유네스코한국위원회. pp.39-74.

이상준, 이수경. 2013. 『2013년 비진학 청소년 근로환경 실태조사』. 서울: 한국직업능력개발원. pp.15-30.

이주연, 정제영. 2015. "학업중단 결정에 대한 학교 밖 청소년의 인식 연구". 『청소년학연구』, 22(11). pp.239-267.

장서연 외(2014). 『성적 지향·성별정체성에 따른 차별 실태조사』. 서울: 국가인권위원회. pp.12-81.

주재홍. 2019. "청소년 성소수자 연구 동향 분석: 특징과 과제". 『교육문화연구』, 25(6). pp.533-560.

▌해외 문헌▌

UNESCO. 2016. 『Out in the open: education sector responses to violence based on sexual orientation and gender identity/expression』. pp.17-32.

02

당사자운동에 참여한 정신장애인의 회복경험에 대한 연구

: 대안적 관계맺기로서의 연대를 중심으로

나수빈, 최인영

02

당사자운동에 참여한 정신장애인의
회복경험에 대한 연구

: 대안적 관계맺기로서의 연대를 중심으로

나수빈, 최인영

I. 들어가며

코로나19가 전 세계를 위기로 몰아넣은 지난 2020년, 재난 상황으로 인해 한국 사회 불평등의 단면이 드러나고 있다. 2020년 2월, 청도 대남병원 폐쇄 병동에서 입원 환자 103명 중 101명이 감염되고, 7명이 사망한 것은 정신장애인들이 그러한 재난 상황의 불평등 속에 고통받고 있음을 보여준 사건이었다. 이처럼 사회적·물리적으로 격리된 공간에서 생활하던 정신장애인이 역설적으로 바이러스에 가장 취약한 상황에 놓여 있었다는 것은 단지 한 병원만의 문제는 아니다. 이는 우리 사회가 지금까지 정신장애인을 물리적·사회적으로 취약한 존재로 만들어 왔음을 구조적으로 드러낸 사건이다.

한국 사회의 정신장애인 혐오와 차별은 깊이 자리하고 있으며, 현대에 들어 정신건강에 대한 과학적 이해가 높아진 이후에도 여전히 정신장애인을 무능력하고 위험한 존재로 인식하여 이웃, 동료로서 이들과 인간관계를 맺는 것을 꺼리는 인식이 만연하다(이진향·서미경, 2008: 136). 인식적 차원에서의 차별에 더하여 정신장애 인권침해와 차별에 대한 제도·정책적 논의 역시 비교적 최근까지도 가시적인 진전 없이 방치되어 왔다고 할 수 있다. 정신장애인 인권침해 실태는 2008년 장애인의 권리에 관한 협약(Convention on the Rights of Persons with Disabilities, 이하 CRPD)이 한국에서 비준한 이후에도 개선되지 않았다. 2013년 OECD는 한국의 정신건강에 대해 치료 중심 접근에서 지역사회 통합 중심 접근으로 전환할 것과 정신적 스트레스에 대한 예방을 사회적으로 보장할 것을 권고하였다(배은경, 2015: 288). 이러한 권고는 2017년 기준 한국의 비자의 입원율이 33.5%, 조현병, 분열형 및 망상장애 환자의 평균 재원 기간이 237.8일에 달하는 실태로 보아 여전히 유의미한 개선이 이루어지지 않고 있음을 확인할 수 있다(보건복지부, 2018: 198). CRPD에서 장애인의 자기결정권과 지역사회에서 살아갈 권리를 명시하고 있음에도 불구하고, 우리 사회는 정신장애인의 온전한 회복과 지역사회 돌봄보다는 격리 및 수용을 통해 '정신장애인으로부터 사회를 보호'하고 있으며, 인식적·정책적 차원에서 정신장애인에 대한 차별과 배제는 심각한 사회 문제로 남아 있다(김미영·전성숙·변은경, 2017: 238).

위와 같은 사회 환경은 정신장애인 당사자의 존재를 우리 사회에서 지우고 당사자에 대한 차별과 편견을 재생산하는 결과를 초래한다. 정신장애인은 '비정상'이며 '잠재적 범죄자'라는 사회적 낙인은 사회 구성원들에게 차별 행동의 정당화 기제를 부여하는 한편, 당사자에게는 사회적 고립과 무기력감을 증폭시켜 '자기낙인'을 강화하는 결과로 이어진다.

이에 더하여, 정신건강과 정신장애 인권 문제의 개선은 한국 사회의 절실한 과제가 되고 있다. 소위 '코로나 블루'로 불리는 코로나19 국면에서의 정신적 스트레스와 우울이 심각한 사회적 문제로 떠올랐으며, 높은 자살률은 한국 사회의 고질적인 사회적 문제로 제기되고 있다(OECD, 2020: 13).

본 연구는 이러한 사회적 흐름에 따라 정신장애인 당사자의 목소리와 경험에 주목할 필요성을 느끼고, 정신장애인 당사자가 위와 같은 사회적 차별과 편견에 맞서는 당사자운동의 과정을 '회복 관점'을 통하여 분석하고자 한다. 1990년대 이후 새롭게 대두된 '회복 관점'은 정신장애에서 '증상 치료'라는 결과로서의 회복뿐만 아니라 사회적 관계, 일상생활, 직업활동, 가족관계에 이르기까지의 총체적인 과정으로서의 회복을 주장하며, 정신장애인이 지역사회에서 살아갈 수 있도록 하는 것에 주목하고 있다(Anthony, 1993: 527). 회복 관점을 적용할 때, 우리는 정신장애인 당사자가 폐쇄 병동에서의 경험, 일상에서의 차별과 낙인, 자기혐오와 무기력감 등을 마주하면서도 어떻게 주체성, 시민으로서의 권리, 사회적 관계를 회복하였는지를 총체적으로 분석할 수 있다.

당사자의 회복 과정으로서 본 연구는 '당사자운동'에 참여한 정신장애인의 경험에 주목하고자 한다. 우리 시민사회에서는 정신장애인에 대한 차별과 혐오에 맞서기 위해 정신장애인 당사자운동이 진행되고 있다. 2019년 한국에서는 최초의 '매드프라이드(Mad Pride)'가 개최되었다. 매드프라이드는 지금껏 '비정상' 혹은 '위험한 존재'로 낙인 찍힌 정신장애인들의 용기 있는 도전이자, 구조적 악순환의 고리를 끊기 위해 모인 이들의 힘찬 응원이다(조미연, 2019). 매드프라이드로 표상되는 정신장애인 당사자운동은 여전히 심각한 사회적 낙인과 차별 속에 살아가고 있는 정신장애인 당사자들을 정치적 주체로 위치시키고, 나아가 당사자가 자기낙인에서 벗어나 정신장애가 개인의 책임이 아닌 사회구조적 차별과 인권의 문제임을 인식할 수 있는 중요한 변화의 수단이 된다. 또한, 당사자운동에 참여한 정신장애인 당사자 활동가들의 경험은 기존 사회에서 정신병원의 '환자', 혹은 차별의 '피해자'로 수동적으로만 존재해 왔던 정신장애인들의 위치를 '정치적 주체', 정책 및 제도적 변화에서의 '행위자' 그리고 차별과 낙인을 직접 경험해 온 '생존자'의 능동적인 위치로 변화시킨다는 점에서 주목할 만하다. 그 과정에서 당사자 활동가들은 전문가, 가족과 같은 제한적인 사회적 관계를 넘어 시민이자 정치적 주체로서 대중, 단체 내외의 활동가, 정책입안자, 전문가를 마주하며 '연대'를 경험한다. 활동가로서 연대의 경험은 기존에 주목받지 못했던 정신장애 당사자들의 역량과 회복 가능성을 발견하고, 우리 사회의 정신장애 인권이 나아갈 방향에 대한 새로운 함의를 제시할 것으로 기대된다.

이에 본 연구에서는 정신장애인 당사자운동에 참여한 정신장애인의 회복과 자기인식의 변화 그리고 당사자들의 대안적 관계맺기로서의 연대를 조명함으로써 우리 사회의 정신장애인에 대한 낙인과 차별을 개선해 나갈 중요한 변화의 방향을 짚어내고자 한다.

본 연구는 일반적인 질적연구 방법을 적용하여 연구를 진행하였다. 구체적으로 면접지침 접근법(general interview guide approach)을 활용하여 면접에서 다루어야 할 주제와 쟁점을 질문의 형태로 정리해 놓

고 자연스러운 분위기 속에서 적절한 연구 질문을 던진 후 피면담자의
응답을 이끌어내는 방법을 통하여 심층 면접을 진행하였다(Rubin, A. &
Babbie, E., 2016). 면접에서 다룬 주제는 '당사자운동에 참여한 정신장
애인의 회복경험'이며, 구체적으로는 '연대를 통한 회복 과정'을 탐구하
는 것이다. 심층 면접에서의 질문은 개인적 차원, 대인관계적 차원, 사
회구조적 차원의 세 부분으로 구성하였다. 또한, 각 당사자단체의 특성
과 역사, 설립배경 등을 고려하여 단체별 심층 질문을 하였다.

　　본 연구는 총 네 개의 당사자단체에서 1년 이상 활동하였으며 한
단체에서 간부급 직책을 맡고 있는 활동가와 평활동가 한 명씩을 심층
면접 대상으로 선정하고 인터뷰를 진행하고자 하였다. 네 개의 당사자
단체인 안티카, 한국정신장애인자립생활센터, 정신장애인권연대 KAMI,
마인드포스트와 심층 면접을 진행하였다. 인적사항 설문을 통해 파악
한 연구참여자의 기본적인 인적사항은 아래와 같다.

〈표 1〉 연구참여자의 기본 인적사항

구분	성별	연령	최종 학력	활동 기간	단체 명	직책	진단명	초발 연령	항정신성 약물복용 여부	폐쇄 병동 입원 경험
A	여	29세	고졸	4년	i	평활동가	조현병	20세	O	O
B	남	32세	대졸	7년	ii	간부 활동가	양극성 장애 1형	14세	O	O
C	남	36세	대졸	2년	ii	평활동가	조현병	21세	O	O
D	여	51세	대졸	7년	iii	간부 활동가	분열성 정동장애	15세	O	O
E	남	49세	대졸	3년	iv	간부 활동가	조현병	35세	O	O

II. 이론적 배경 및 선행연구 검토

1. 회복 관점

회복 관점은 1980년대 이후 미국에서 정신장애인들이 자신의 경험을 사회적으로 목소리 높여 말하기 시작한 시기에 태동하였다. 이때 당사자는 '환자'가 아닌 '소비자'로서 스스로를 정체화하는 소비자 운동을 통해 스스로의 용어로 당사자를 재정의하고, 당사자가 주도적으로 삶을 살아갈 수 있도록 해야 한다는 것을 강조하였다(김수미, 2014; 김현민, 2019에서 재인용: 10). 또한, 회복모델은 기존의 의료적 관점에서 정신장애에 대한 병리적 해석에 초점을 맞추는 것과 달리, 정신장애인 개인의 긍정적인 측면에 집중한다. 회복모델은 의료모델과 재활모델에 대해 대항하여 1990년대 소비자 운동이 확산되면서, 정신장애인 당사자의 주체성과 역량을 강조하는 새로운 관점이 대두되며 등장하였다. 특히 정신장애의 경우, '완치'가 거의 불가능하므로 정신장애와 공존 가능한 삶에 대한 개념을 정립할 필요성이 강조되었다(이근희, 2014: 18).

Anthony(1993)의 회복 개념은 "한 개인의 태도, 가치, 감정, 목표, 기술, 역할이 변화하는 매우 개인적이고 독특한 과정"으로 요약할 수 있다(Anthony, 1993: 527). 즉, 회복은 질병에 의한 한계를 가지고도 만족스럽고, 희망적이고, 노력하는 삶을 사는 방식이며, 개인이 정신질환의 심각한 영향을 뛰어넘어 성장하는 삶의 목적과 의미를 개발해 나가는 과정이라는 것이다.

이때 Anthony(1993)가 강조하는 회복의 중요한 특징은 단순히 정신장애 분야에만 국한되지 않는다는 점이다. 회복은 통합적인 인간 경험이며, 정신장애인 당사자뿐만 아니라 모든 사람이 삶의 비극(사랑하는 사람의 죽음, 이혼, 신체적인 질병의 위협, 장애 등)을 경험하기 때문에, 회복은 삶의 과정에서 누구나 직면하는 것일 수밖에 없다고 역설하고 있다. 위와 같이, 회복 관점은 전문적이고 특수한 것이 아닌 '전인적인' 범위를 다루고 있다.

회복 관점의 또 다른 중요한 특징 중 하나는 결과 중심이 아닌 과정 중심이라는 점이다. 회복 관점은 정신장애를 극복해 나가는 과정을 통해 인생을 바라보는 태도, 느낌, 인식, 신념을 어떻게 재조정해 나가는지를 중요하게 여긴다. 회복을 통해 개인이 경험하는 심리적·기능적 변화가 한 개인을 둘러싼 지지체계, 사회적 관계 등을 만족스럽게 바꾸어나가는 과정에 초점을 두는 것이다.

마지막으로 회복 관점은 당사자주의와 깊은 연관성을 지닌다. 기존 병리학적 관점에서 정신장애인은 '진단명'으로 대상화되어 왔다. '환자' 역할에서 탈피하여 개인적인 욕구와 목표를 가진 존재로 전환될 때, 당사자는 선택권을 박탈당했던 무기력한 시간을 넘어 자신의 삶에 대한 책임과 통제력을 지닌 사람으로 재구성된다. 이처럼 회복 관점은 당사자 내면의 변화에 집중하며 주체적인 인간으로 재위치 지음으로써, 전문가가 아닌 당사자가 회복의 주체가 될 수 있음을 주목하고 있다.

정신장애인의 회복 과정에는 다양한 요소가 연관된다. 정신장애에 부여되는 사회적 낙인과 이로부터 파생되는 차별과 배제는 정신장애인들의 지역사회에서의 삶을 어렵게 하는 요소인데, 앞서 회복의 개념에서 파악했듯이 당사자들이 자신의 삶 속에서 이와 같은 방해 요인을 가지고도 삶의 의미를 스스로 개발하며 성장하는 삶을 살기 위해서는 정신장애인의 삶을 구성하는 요인들에 대한 총체적인 분석이 필요하다.

선행연구들은 모두 당사자의 사회적 지지를 가족과 같은 1차 집단에서의 정서적 지지와 정신건강 분야의 전문가와 같은 보건·복지체계 내에서의 전문적 지지로 분석하는데, 이는 사회적 지지체계가 가족, 전문가에 국한되어 있는 정신장애인의 현실을 반영하는 것이기도 하다. 이러한 현실은 정신장애인의 삶이 우리 사회에서 제한적인 공간 속에서만 존재해 왔음을 보여준다.

강석임·이용표(2013)는 사회적 지지를 정신장애인들의 지역사회통합과 회복의 핵심 요인으로 보고, 그 관계를 파악하고자 하였다. 해당 연구는 사회적 요인으로서 사회적 지지가 지역사회 통합에 긍정적인 영향을 미침을 밝히면서, 회복 과정에서의 일차적 영향을 미치는 가족, 이웃, 전문가와의 사회적 관계맺기와 이들의 정서적 지지가 회복에서 중요함을 강조하고 있다. 사회적 지지의 영역이 단순히 물리적·심리적 지지에 그치지 않고 정치적이고 운동적인 지지가 형성되어야 함을 함의로 제시한다(강석임·이용표, 2013: 137).

본 연구에서는 강석임·이용표(2013)가 제안한 '정치적이고 운동적인 지지'의 대안으로서 당사자운동에 주목하고자 한다. 당사자들은 기존 사회적 관계망 속에서 가족 구성원, 혹은 서비스의 수혜자, 환자의 제한적인 정체성으로 존재해 왔다. 당사자운동은 정신장애인이 이러한 정체성을 뛰어넘고 주체적인 시민이자 사회 구성원으로 존재하도록 한다. 당사자가 당사자운동에 참여하면서 경험하는 사회적 지지와 관계맺기는 기존에 분석되어 온 것과 다른 대안적인 사회적 관계이자 정신장애 당사자가 지역사회에서 정치적 주체로서 인정받고 자신의 목소리를 낼 수 있도록 하는 수단이 될 수 있을 것이다.

2. 대안적 관계맺기로서의 '연대'

앞서 회복과 사회적 지지의 관계를 파악하며, 당사자운동에서 경험하는 새로운 사회적 관계맺기가 정신장애인 당사자들의 대안적인 사회적 관계맺기의 방식이 될 수 있음을 명시하였는데, 본 연구에서는 대안적 관계맺기를 '연대'로 명명하고 주목하고자 한다.

근대적 의미에서의 연대는 다양한 정치철학적 갈래에서 논의되어 왔는데, 특히 기존의 전근대적인 의미에서 공동체 사회 내에서의 시혜, 베풂의 의미가 아닌 자유와 평등의 권리가 있는 시민으로서의 연대가 강조되었다. 여기에서 더 나아가 마셜(T.H. Marshall)은 이를 '시민권'이라 명명하며 사회적 평등을 실현하기 위한 국가의 적극적인 역할이 요구됨을 역설하였다. 시민권으로 불리는 사회의 모든 구성원의 권리가 보장되도록 하기 위해서는 공동체의 결속력과 '연대'가 필요하다는 것이다. 이때 중요한 것은 연대가 시혜적인 차원이 아닌 권리의 차원으로서 대두되었다는 점이다. 마셜에 따르면 연대는 사회적 약자에 대한 강자의 지원에 의해 형성되는 관계가 아닌, 평등한 시민들이 자유, 평등, 더 나아가 사회권을 요구하며 정치적 주체로서 결속하는 의미이다(강수택, 2012: 473). 오늘날 연대는 복잡한 계급 구조와 인종, 성, 세대 등의 사회불평등을 구성하는 요소 속에서 다양한 정체성을 가진 시민들이 자유와 평등 그리고 이에 대한 책임을 국가 및 세계시민사회에 요구하는 수단이 되고 있다.

따라서 본 연구에서는 연대를 '사회구성원들이 서로 공유하는 가치지향과 목표를 갖는 것, 또는 그러한 가치지향과 목표를 바탕으로 함께 행동하는 것'으로 규정하고자 한다. 이때 연대는 권리의 차원에서 공유되는 동등하고 주체적인 관계맺기의 한 형태이자, 기본권과 사회권에 이르는 구성원의 자유와 평등이 보장되도록 함께 목소리를 내는 정치적인 행위의 특성을 갖는다.

3. 당사자운동과 당사자주의

정신장애인은 다른 당사자와 연대를 통해 새로운 사회적 관계를 형성하고, 차별과 배제의 경험에 대항하는 하나의 조직화된 목소리를 내며 사회를 변화시킨다. 연대의 한 형태로서 장애인 당사자들은 당사자단체를 조직하고, 당사자단체에서의 활동을 통해 당사자운동을 전개한다. 당사자단체가 표방하는 이념 및 이론이 '당사자주의'이고, 당사자주의에 입각한 사회운동을 '당사자운동'이라고 할 수 있다. 따라서 당사자주의와 당사자운동에 대한 개념 정리가 선행되어야 한다. 한편, 대부분의 선행연구는 당사자운동에 대한 개념을 명확히 제시하기보다는 당사자운동이 추동된 흐름, 즉 당사자주의에 대한 개념 정의를 시도한다. 어떤 목적을 이루고자 힘쓰는 일 또는 활동을 '운동(movement)'이라고 한다면, '주의(-ism)'는 체계화된 이론이나 학설이라는 의미로 활동의 속성을 보여주는 개념이다. 따라서 당사자운동과 관련한 학문적 논의는 당사자주의의 이론적 구성을 살펴보는 것에서 시작할 수 있다.

당사자주의가 등장하게 된 배경은 1980년 국제장애인연맹(Disabled People's International, 이하 DPI)의 출범과 깊게 연관되어 있다. 1980년 캐나다 위니펙에서 열린 국제재활협회(Rehabilitation International, RI) 세계대회에 참석한 세계 각국의 장애인들이 의도적으로 이사회 의석수의 과반을 장애인 당사자 대표에게 할당할 것을 건의했지만, 이를 의료 및 재활 전문가들이 거부하였다. 이 사건을 계기로 장애인 당사자들의 폭발적 응집이 유도되었고, 이듬해 장애인 당사자들에 의해 DPI 단체가 창설되었다. 이처럼, 장애인 당사자들의 적극적인 협조를 얻게 된 것은 60−70년대에 형성된 시대적 사조들이 장애인들의 욕구를 구체화하고, 장애인의 권리를 증진했기 때문이다. 구체적으로, 1960년대에 등장한 신사회 운동과 1970년대 말 장애를 사회적 관점으로 이해하려는 새로운 시도들은 당사자운동의 성격을 사회적 문제의식을 공유하는 시민집단의 활동으로 변화시켰다. 이를 통해 장애인들은 수동적인 복지 수혜자로서의 역할에서 벗어나, 능동적인 시민으로서 시민권에 근거하여 장애 문제에 대한 사회구조의 책임을 묻게 되었다.

　　한편, 당사자운동의 핵심 참여 주체를 누구로 볼 것인가를 두고 당사자주의는 장애계 내에서 다양하게 해석된다(김대성, 2003: 173). 일부 당사자 활동가들은 '당사자주의'의 참여 주체를 장애를 직접 경험한 당사자로 한정하여, 사회로부터 차별당하고 배제되어 온 장애인 당사자가 주체가 되어 권리를 요구하고 직접 투쟁하는 것이 진정한 의미의 당사자운동이라고 주장한다. 반면, '당사자'의 의미를 포괄적으로 정의하여, 다른 모든 계층과 마찬가지로 평등한 권리를 누리기 위해 장애인을 배제하는 사회를 바꾸어야 한다는 생각에 공감하는 모두가 당사자운동에 참여할 수 있다고 생각하는 이들도 존재한다. 이와 같은 생각에 공감하는 사람들은 비록 장애를 직접 경험하지 않은 사람이더라도 당사자주의를 지지하고 당사자운동에 앞장설 수 있다고 주장하며, 당사자운동의 참여 주체로 인정받을 수 있는가는 장애의 직접 경험 여부에 달린 것이 아니라, 당사자주의를 인정하느냐 인정하지 않느냐에 달려 있다는 점을 강조한다.

당사자운동 또한 여러 연구자에 의해 다양하게 정의된다. 이익섭 (2004)은 당사자운동의 개념을 "장애인의 정치적 연대를 통한 장애인을 억압하는 사회, 환경과 서비스 공급체계의 불평등한 권력 관계를 비판, 견제함으로써 장애인의 권한과 선택 및 평가가 중시되는 장애인복지를 추구하며 그 결과 장애인의 권리, 통합과 독립, 자조와 자기결정을 달성하려는 장애인 당사자 주도의 발전된 권리 운동"이라고 정의하였으며, 김현민(2019)은 당사자운동을 "당사자주의를 핵심적 가치와 방향으로 가지고 체계적이고 조직적으로 일어나는 다중의 운동"이라고 다소 느슨하게 정의하였다. 선행연구에서 제시된 개념들을 바탕으로, 본 연구에서는 당사자운동을 '당사자주의를 표방하여 장애인에 대한 사회적 차별에 대항하고자 다수의 당사자들이 하나의 조직화된 목소리를 내는 활동'이라고 정의하였다(김현민, 2019: 19).

이와 같이 정의된 당사자운동은 다음과 같은 특징을 지닌다. 먼저, 이익섭(2004)에 의하면 당사자운동의 특징은 기존의 불평등한 권력 관계에 대항한다는 점에서 저항성을 지니며, 권력구조 전복을 통한 장애인의 주체화를 추구한다는 점에서 정치성을 띠고, 개인이 아닌 집합으로서 조직화된 목소리를 낸다는 점에서 집합성을 띤다. 또한, 당사자운동의 특징은 수단적 측면과 목적적 측면에서 정리될 수 있다. 목적적 의미로서의 당사자운동은 당사자주의의 목적을 밝히는 것으로, 한 개인이 시민의 권리를 갖는 것, 정책 결정 혹은 의사결정 과정에 있어서 당사자를 배제하지 않는 것, 정치적 영향력을 갖추는 것, 사회구조 안에서 장애인을 어떻게 배제하고 억압하는지 이해하고 그러한 프레임에서 벗어남으로써 장애 정체성을 획득하도록 하는 것을 핵심 목적으로 삼는다. 한편, 수단으로서의 당사자운동은 자원 분배 기능에 주목하여 당사자운동은 전문기관이나 행정기관 등 장애인과 관련된 직무상의 역할에 있어 문제의 중심축에 있는 장애인 당사자가 주도권을 가질 수 있도록 하는 활동이다(이석형, 2005; 김현민, 2019 재인용: 16).

4. 한국 정신장애인 당사자운동의 흐름

정신장애인 당사자운동은 2000년대 자조모임, 비당사자 전문가들에 의한 교육 등의 형태로 조직화되기 시작하였고, 2010년대에 본격적으로 정신장애인의 집단적인 행위가 만들어졌다. 특히, 2010년대에 있었던 정신장애 분야의 주요 사건으로 당사자운동이 본격화되었다고 할 수 있다.

2013년 정신보건법전부개정안이 발표되며, 정신장애인 당사자들은 해당 개정안에 강제입원과 관련한 내용이 개선되지 않은 것에 대해 문제를 제기하였다. 대한정신보건가족협회, 한국정신장애인연합 등 6개의 당사자운동 단체들은 '정신장애인지역사회생존권연대'를 출범하고, 정신장애인의 탈의료 및 탈원화와 복지담론의 확산, 시민사회 연대를 기조로 정신보건법 개정에 영향력을 행사하고자 활동하였다. 특히 정신장애인 단체는 해당 개정안에 대하여 '정신질환자의 인권보장을 강화하고 의료독점 전달체계를 개선해달라'는 당사자의 요구가 무시되고 있음을 주장하며, 사회의 정신장애인 인권침해에 대한 본질적인 원인으로서 비자의 입원의 문제를 제시하였다. 2013년에 처음으로 정신장애인 인권단체 간의 연대체를 결성한 것을 시작으로 정신보건법 폐지운동은 박차를 가하며 공론화를 이어 왔다.

또한, 해당 연대체는 정신보건법 제24조에 대한 위헌법률심판에 주도적인 역할을 하였다. 정신보건법 24조 1항은 '정신의료기관 등의 장은 정신질환자의 보호의무자 2인(보호의무자가 1인인 경우에는 1인의 동의로 한다)의 동의가 있고 정신건강의학과 전문의가 필요하다고 판단한 경우에 한해 정신질환자를 입원시킬 수 있다'고 규정하고 있다. 이는 비자의 입원을 허용하는 조항으로, 정신장애인권연대 카미, 한국정신장애인자립생활센터, 파도손 등의 정신장애인 당사자단체에서 적극적으로 공익소송을 통한 헌법소원을 제기하였다. 그 결과, 2016년 8월 헌법불합치 판결을 얻어냈다. 김현민(2019)은 이 두 가지 이슈에 대한 투쟁과 운동이 정신장애인 당사자단체를 정치적으로 세력화하고 경험을 쌓는 중요한 계기가 되었음을 강조한다. 2013년에서 2016년에 이르는 투쟁 과정에서 당사자운동은 해당 단체뿐만 아니라 법조인, 사회복지학계, 기관 종사자들과 연대하며 다양한 운동전략을 구사하게 되었다는 것이다(김현민, 2019: 24).

2016년 이후, 당사자단체는 '정신건강서비스 정상화 촉구 공동대책위원회' 등의 형태로 지속되며 정신장애인 인권에 관한 의제를 공론화해 나가는 중이다. 해당 공동대책위원회는 정신건강복지법의 인권침해적 요소에 대해 문제제기하고 이를 개선해 나가기 위해 활동하며, 당사자단체가 활동을 주도한다는 점에서 한국 정신장애 당사자운동의 흐름을 만들어나가고 있다.

더불어 최근 한국 당사자운동의 흐름을 살펴보면 당사자운동의 활동 영역이 법과 정책의 영역에만 국한되는 것이 아니라, 다양한 방식을 통해 확장되고 있다는 것을 확인할 수 있다. 구체적으로, 2016년도에 설립된 정신장애인 당사자단체 '안티카'는 문화, 예술 창작을 통해 당사자의 인권 증진을 위해 힘쓰고 있다. 안티카에서는 2019년 한국 최초로 '매드프라이드 서울'을 주최하고, 연극 창작, 유튜브 영상 제작 등 미디어 대중 운동을 시도하고 있다. 또한, 2017년도에 설립된 당사자언론 '마인드포스트'에서는 정신장애인 당사자가 직접 정신장애 이슈에 관한 기사들을 작성하고, 관련 기사나 방송 활동을 모니터링하는 등 언론 활동을 통해 정신장애인의 인권 증진을 위한 목소리를 내고 있다. 이와 같이 기존의 법과 제도, 정책 변경에만 초점을 맞추었던 당사자단체들과는 구분되는 길을 걷는 당사자단체가 등장하는 모습을 통해 확인할 수 있듯이, 한국 정신장애인 당사자운동의 활동 영역과 범위는 점점 더 확장되는 중이다.

Ⅲ. 낙인의 굴레: 사회적 낙인과 자기낙인

1. 사회적 차별과 낙인

정신장애인은 삶을 살아가면서 다양한 차별을 맞닥뜨리게 된다. 차별은 낙인과 깊은 연관이 있다. 정신장애인에 대한 낙인은 사회적 낙인과 내재화된 낙인, 즉 자기낙인으로 구분할 수 있다(김미영·전성숙·변은경, 2017: 238). 사회적 낙인은 타인이 정신질환자에 대해 어떻게 인식하고 대우하는지에 관한 것이고, 자기낙인은 사회적 낙인으로 인해 정신장애인이 스스로를 어떻게 인지하는가에 관한 것이다. 사회적 낙인은 '정신장애인은 위험하고, 행동예측이 불가능하며, 아무것도 할 수 없다'와 같은 부정적인 편견과 고정관념이고, 이로 인해 정신장애인이 거주하는 지역사회에서의 차별은 더욱 심해진다. 편견과 사회적 낙인은 정신장애인에게 내면화되어 정신장애인을 더욱 위축되게 만들고, 사회적으로 고립시킴으로써 주거, 고용, 사회적 지지의 기회를 앗아 정신장애인을 사회적으로 배제하여 사회부적응을 낳아 정신장애인의 회복에 부정적인 영향을 미치게 되는 악순환이 반복된다. 결국, 차별은 더 심각한 차별을 낳고, 정신장애인의 정상화와 회복을 방해하는 장애물이 된다(김정남·서미경, 2004: 590; 이진향·서미경, 2008: 137). 심층 면접을 통해 정신장애인에 대한 차별과 낙인은 당사자 활동가의 삶 곳곳에서 다양한 양상으로 나타나고 있었다는 것을 확인할 수 있었다.

(1) 정신장애인의 일상에서 나타나는 사회적 차별

지역사회에서 정신장애인에 대한 차별은 만연하다. 특히, 연구 참여자와의 심층 면접을 통해 정신장애인에 대한 차별이 취업 부문에서 심각하다는 것을 확인할 수 있었다. 정신장애인에게 직업의 의미는 자기의 개성을 발휘하는 장이자 사회적응을 통해 생활을 안정시키기 위한 수단이며, 사회적 역할과 지위 향상을 목표로 하는 계속적인 행위양식이다(심경순, 2013: 114). 또한, 정신장애인이 취업함으로써 경제활동을 통해 삶을 영위해 나갈 수 있고, 더불어 사회의 한 구성원임을 자각하게 됨으로써 건전한 삶의 가치관을 형성하게 된다(강위영·김재익, 1997: 2). 그러나 한국은 1990년에 '장애인 고용촉진 등에 관한 법률'을 제정하여 장애인 고용을 할당하는 '고용의무제도'를 도입함으로써 정신장애인 고용 지원을 시작하였으나, 아직까지 의무고용비율은 제대로 지켜지지 않고 있다. 한국장애인고용공단 고용개발원에서 발간한 「2019년 장애인경제활동실태조사」를 살펴보면, 15개 장애 유형 중 정신장애의 고용률은 11.6%로 가장 낮게 나타났다. 이와 같이 정신장애인 경제활동상태는 매우 취약하고 열악하다(한국장애인고용공단, 2019: 11).

아래의 인터뷰 내용에서 확인할 수 있듯이, 정신장애인에게 취업은 매우 힘든 과정이며 사회적 편견과 차별로 점철된 영역이다.

> B: 정신장애인을 고용하는 고용주가 많이 없어요. '나 아니면 누가 주변에서 받아주겠냐' 하는 인식도 있죠. 고용주 자체도 정신장애인 고용을 꺼리는 느낌도 많고. … (정신장애 관련) 이슈나 안 좋은 사건, 강력 사건에 정신질환자들이 엮여 들면 그것에 대한 거부감에 의해서 어렵게 취업했는데도 연장 근로 계약이 안 되는 경우도 많고. … 실제로 장애인 등록이 되고 장애인 취업이 되었어도 고용주에 대한 부당함, 언어폭력을 참고 견딘다고 하더라고요.

위의 인터뷰 내용에서 확인할 수 있듯이, 정신장애인을 고용하는 고용주가 많지 않을뿐더러, 정신장애인과 관련된 사건이나 사고가 발생하면 정신장애인이 해고당하기도 한다. 열악한 현실로 인해 정신장애인들은 고용이 되어도 언어폭력, 저임금 등 부당한 대우를 당하고도 이에 대해 문제를 제기하지 못하는 경우가 빈번하다.

이웃, 친구, 동료 등 정신장애인을 둘러싼 사회적 지지체계들로부터 정신장애인이라는 이유로 무시를 당하거나 부당한 대우를 받는 경우도 빈번하다. 또한, 치료과정에서 환자의 의사나 본인의 상태에 대한 개인적인 의견은 전혀 고려하지 않으며, 수동적인 환자의 역할에 머물도록 강제하였다. 이로 인해 치료를 받는 D 씨의 강박 증세가 심해지는 모순적인 상황이 발생하였다.

> C: 욕을 하면서 "너 학교에서도 병신이었다며? 다 소문났어." 그런 얘

기를 하는 거예요. 그때 눈이 도는 거죠. 약간 피해의식도 있는데 그런 얘기를 하니까.

C: 처음에는 자의입원 하면 입퇴원이 자유롭고 갇혀 안 사니까 편한 줄 알았어요. 근데 막 퇴원하고 싶다고 해도 말을 안 들어주고, 지금 퇴원해도 다시 입원할 거다 그런 얘기를 하고. … 거기서 강박증이 또 갑자기 심해졌어요.

(2) 가족관계 내에서의 차별

이처럼 일상 속 다양한 영역에서 정신장애인에 대한 차별이 드러나며, 심지어는 가장 가까운 곳에서 정신장애인에 대한 정서적 지지를 제공하고 치료와 보호의 일차적인 역할을 담당하는 가족 구성원들 또한 사회적 낙인을 투영하여 정신장애인에게 차별을 가하고 있었다. 이로 인해 정신장애인은 몸도 마음도 쉴 곳이 없는 삶을 살고 있었다.

D: 일상에서는 가족들 모임하고 나서 집에 들어오면 '어... 난 뭐지?' (이런 생각이 들었죠.) 그리고 누구 결혼식이 있다고 하면 좋은 옷도 없고, 굉장히 초라한 사람인 거죠.

가족 모임에 참여한 E 씨는 "아픈 사람"이고, 혹은 "경우에 맞지 않는" 사람으로 인식되었으며, 스스로를 초라하고 흠이 있는 사람으로 바라보았다. 또한, 정신장애인의 가족들에게 정신장애인은 삶의 주도권을 행사할 수 없는 존재이자 증상을 숨겨야 하는 존재로 인식되었다.

가족들의 태도는 정신장애인에 대한 사회적 낙인으로부터 기인할 가능성이 높다. 그 이유는 가족의 정신장애에 대한 차별 인식이 가족의 심리적 복지에 부정적인 영향을 미치고, 이는 가족 부담의 상승과 정신장애인에 대한 부정적 태도 증가로 이어지기 때문이다(김문근, 2009: 8). 이처럼 정신장애인 가족들은 정신장애를 가진 가족 구성원으로 인하여 차별을 경험하며, 이는 그들의 삶의 질에 부정적인 영향을 미친다. 이를 통해 확인할 수 있듯이, 사회적 낙인은 정신장애인 당사자뿐만 아니라, 그들을 둘러싼 사람들에게도 부정적인 영향을 미치며, 결국 정신장애인 당사자의 회복에 걸림돌이 된다.

(3) 드러나지 않는 장애에 대한 차별

정신장애인에 대한 낙인은 사회적으로 매우 심각한 수준이며, 정신장애는 타 장애 유형과 달리 겉으로 드러나지 않기 때문에 정신장애인에 대한 차별은 더욱더 심각하다. 실제로, 다양한 선행연구들을 통해 사회·경제·교육·건강·고용 등의 광범위한 영역에서 정신장애인이 타 장애 유형에 비해 더 심각하게 사회적으로 배제되어 있다는 사실이 실증적으로 규명된 바 있다(윤상용·홍재은, 2016: 167). 본 연구에서도 연구 참여자들의 인터뷰를 통해 정신장애인은 장애인 중에서도 더욱 소외되었음을 파악할 수 있었다.

A: 오히려 신체장애인분들은 나가서 시위 같은 것도 하고 인권 존중을 위한 시위도 하고 그러는데 왜 우리는 그러지 못하는가.

B: 인권감수성에 있어 신체장애인들에게는 조심하는 부분이 있는데, 바로 진정이 들어올 수도 있고 하니까. 근데 드러나지 않는 장애에 있어서는 간과하고 얘기하는 것 같다는 얘기도 들었고.

위의 인터뷰 내용에서 확인할 수 있듯이, 신체장애인들의 인권운동은 과거부터 활발히 진행되고 있지만, 정신장애인은 극심한 사회적 낙인과 고립으로 그리고 우리 사회의 사각지대에 존재해 왔기 때문에, 정신장애인 인권운동은 아직 사회적으로 미미한 수준이다. 더불어, 우리 사회가 최근 장애에 대한 인권감수성이 높아지면서 장애인의 인권을 존중하려고 노력하는 반면, 정신장애인에 대한 차별, 배제는 그대로이거나 혹은 악화되어 정신장애인에 대한 부당한 처우가 가해지는 경우가 많다. 이처럼 정신장애인은 타 장애 유형에 비해 특히 취약하고 소외된 존재임을 확인할 수 있었다.

2. 자기낙인 형성

삶의 다양한 영역에서 차별과 배제를 경험한 정신장애인 당사자들은 사회적 낙인을 내재화하여 자기낙인을 형성하게 된다. 자기낙인 (self-stigma)은 정신장애에 대한 사회적 고정관념이나 편견을 수용하고 이를 내재화하는 것을 의미한다(이민화, 서미경, 2019: 148). 정신장애인은 사회적 낙인을 내면화하고 자기낙인을 형성함으로써 자아존중감, 자기효능감과 같은 심리적 자원의 수준이 떨어지게 되며, 위축되고 자기가치를 절하하여 사회적으로 수용되기 어려운 존재로 인식하게 된다 (Corrigan and Shapiro, 2010; Link et al., 1989: 909, 402-404). 정신장애인에 대한 사회적 편견과 차별은 장애인에게 진단을 회피하도록 하여 조기치료의 기회를 차단하고, 심리사회적 부적응을 유도할 뿐만 아니라 지역사회에서 의미 있는 사회적 관계를 형성할 기회를 제한하여 회복을 심각하게 방해한다.

A: 제가 안 좋을 때는 막 '장애인이다, 병신이다' 이런 식으로 자기 비하를 하고.

정신장애인 당사자는 자기낙인을 형성하고 자기비하의 모습을 보이고 있었다. 그리고 자신을 한심하고 무가치하게 인식하는, 즉 스스로에 대해 수치심을 느끼는 모습을 확인하였다.

E: 나도 어떻게 보면 안인득이 될 수 있었던 거예요.

다른 당사자 활동가는 본인도 강력범죄를 저지를 수 있다며, 통제할 수 없을 때의 본인의 모습을 공포스럽게 바라보았다. '잠재적 범죄자'라는 사회적 낙인을 내면화함으로써 정신장애인은 자신이 '범죄자'가 될 수 있다는 공포와 불안을 가지고 살아가야 한다.

C: 문제가 뭐냐면 복학 신청서에 전역증이 꼭 있어야 된다고 하더라고요. 저는 그때 숨기고 싶었거든요. 안 좋게 될까봐. 내가 진짜 심각하게 안 좋은 것도 아니고, 그냥 숨기고 싶은데 전역증을 가져오라 해서 어쩔 수 없이 했는데.

전역 전에 발병해서 제대로 군대를 마치지 못한 C 씨는 대학교 복학 신청을 위해서는 전역증이 필요하지만, 정신질환으로 인해 제대로 전역을 하지 못했다는 사실이 학교에 알려질까 봐 두려워하였다. 즉, 자기낙인으로 인하여 본인의 증상과 질환을 부끄러운 것으로 여기고, 장애가 있다는 사실을 숨기려 하였다.

Ⅳ. 당사자가 경험하는 회복

1. 회복의 시작점: 깨어난 의식

위와 같이 대부분의 영역에서 차별과 낙인을 경험하는 정신장애인들은 당사자운동에 참여하면서 자신의 경험이 '개인의 잘못' 또는 '참아야 하는 것'이 아니라, 바꾸어나가야 할 사회적 문제임을 깨닫게 된다. 당사자들이 각자의 삶에서 사회적 문제의식을 깨닫는 과정은 당사자운동에 활동가로 참여하게 되는 계기가 된다. 이는 당사자주의의 핵심 이념인 '장애의 사회적 모델'을 이해하게 되는 과정이다. 장애의 사회적 모델은 손상에 부정적인 가치를 부여하고 손상을 극복하기 위한 개인의 노력에 초점을 맞추었던 기존의 관점에서 벗어나, 장애를 사회적 구성물로 정의하고자 한다. 이를 통해 장애인은 사회에 '적응'하는 것이 아닌, 장애 정체성을 바탕으로 장애에 대한 편견과 배제를 사회에 시정할 것을 '요구'하는 시민으로 바로 서게 된다. 따라서 당사자주의는 본질적으로 사회의 변화와 자원의 재분배를 추동하는 '운동적' 성격을 띤다(김현민, 2019).

활동 과정에서 사회에 대한 저항 의식은 '깨어난 의식(raised consciousness)'으로 경험된다. 스스로를 장애가 있는 사람이 아니라 억압받는 사람들이라고 자각하는 사람들은 '깨어난 의식(raised consciousness)'을 지니게 되어 장애인 인권에 관심을 가지고 장애인을 정치·경제·문화적 억압으로부터 해방시키기 위한 운동에 동참한다(Charlton, 1998: 82). 이러한 저항감과 의문은 장애인 당사자운동의 계기와 동력으로 작용한다(이익섭, 2003).

C: 뭔가 있다고 느껴졌어요. 계속 활동을 하면서 거기에 저항하는 행사도 하고, 그런 것을 옆에서 보면서 그리고 어떤 보건복지부 사람들과 장애인들이 같이 있어서 회의를 하는 도중에도 … '정신장애인은 그런 걸 원하는 게 아닙니다' … 하는 걸 보면서. 뭔가 있다. 저도 그렇게 바뀐 것 같아요. 어렵다기보다는 그동안 몰랐고, 복지관에서 그건 못 느꼈어요. … 기자회견 하면 이게 그냥 하는 게 아니라 옳아서 하는 거구나, 어떤 필연적인 이유가 있구나, 그 생각이 드는 것 같아요.

A: 내가 좀 환청이 들리고 증상적인 부분으로 인해서 비당사자들에게 티 나서 손가락질 받을까 이런 생각도 했었는데, 손가락질 좀 받으면 어떻냐? 라는 생각을 가지게 되었어요. … 내가 나 자신에 대해서 당당한데 손가락질을 하는 사람들이 잘못된 거지, 라고 생각하게 된 것 같아요. 그 사람들의 인식을 바꿔야 하는 거지, 내가 기죽을 게 아니다.

'뭔가 있다'라는 느낌, '손가락질하는 사람들이 잘못되었다'는 생각은 활동가들에게 공통적으로 나타나는 것이었다. 이는 자신의 차별 경험이 개인적인 영역에서 머무르지 않고 활동을 통해 정치적인 주체화 과정을 겪게 됨을 보여준다.

2. 개인 내적인 차원의 회복

(1) 새로운 자아의 형성

정신질환 발병 전과 후, 정신장애인 당사자의 자아 인식은 확연하게 다른 모습으로 나타난다. 발병은 곧 '자아의 상실'로, 개인은 발병으로 인해 자아가 빼앗기는 경험을 하며(Wisdom et.al., 2008: 491), 한편으로는 발병 이후의 회복에 있어 상실된 자아에 대한 정체성 인식의 변화는 필수적인 과정이기도 하다(Leamy et.al., 2011: 449). 이처럼 회복의 과정에서 정신장애인은 새로운 자아를 개발하며 변화하는 과정을 거친다(Marin et.al., 2005: 240).

연구에 참여한 정신장애인 당사자들의 삶은 발병 이전과 이후로 확연하게 나뉘었으며, 그들이 당사자운동에 참여하는 과정에서 자아에 대한 인식도 새롭게 바뀌는 모습을 보였다. 이는 발병 이후 자신의 힘들었던 시기에 대해 객관적으로 바라볼 수 있게 되는 동시에 타인에 대한 이해가 성숙해지는 변화를 통해 이루어졌다.

> B: 내가 예전에 했던 사실들이 내가 억울하고 내가 잘못했다는 게 아니라 나만 피해자였다고 생각했는데 … 사회활동도 하고 다른 사람의 의견도 듣고 다른 사람의 아픔, 그 사람이 겪었던 세월, 삶들을 들어보면, 나는 피해자이고 상대방은 가해자라는 생각이 아니라, 그 사람의 나름대로 사정, 입장 그리고 나의 성숙하지 못한 행동이 그 사람에게 얼마나 상처를 주었을까, 그런 생각도 하게 되었고요.

> C: 저 사람은 되게 행복한데 더 행복해지려고 한다는 오해를 많이 했는데. 지금은 그게 아니고, 그냥 그 사람도 그 사람의 가족이 있고 저처럼 똑같이 하는 거예요. … 편해요. 편안하고, 나쁘게 생각하는 것도 없고.

발병 이후 계속해서 쌓여 왔던 타인에 대한 피해의식은 곧 자기비하와 '자아의 상실'로 이어졌다. 하지만 당사자 활동가들은 당사자운동에 참여하는 과정을 통해 많은 사람과 오랜 기간의 사회적 관계를 만들고, 이를 바탕으로 자신에 대해 돌아보는 계기를 만들어갔다. 그 결과, '나는 피해자'이고 '상대방은 가해자'라는 생각이나, '더 행복해지려고 한다'는 오해에서 벗어나 타인의 삶 역시 나의 삶과 다르지 않음을 인정하고, 이를 바탕으로 자신을 피해자로 위치 짓지 않는 새로운 자아정체성을 성립해 나갔음을 확인할 수 있었다.

(2) 사회에서의 역할 되찾기

회복 과정에 있어 당사자운동에 참여한 경험은 당사자 활동가들에게 사회에서의 역할을 되찾고 사회적 관계망을 만들어나갈 수 있도록 하였다. 많은 선행연구에서 사회적 지지는 회복의 중요한 요인으로 강조된다. 동료지원활동에 참여한 정신장애인 당사자들이 회복 과정에 관한 연구를 살펴보면, 정신장애인은 동료지원활동을 통해 가족, 기관, 사회에서 자신의 역할을 되찾는 경험을 하였다(이근희, 2014: 305). 이처럼 정신장애인의 회복에 '소속감', 즉 동료지원, 관계, 타인으로부터의 지지, 지역사회의 일원이 되는 것은 중요한 요소이다(Leamy et.al., 2011: 448).

E: 제가 여기서 일하기 전까지만 해도 무슨 일도 없고, 만날 늦게 일어나고, 어디 갈 곳도 없고, 돈도 없고, 거지같이 살았거든요. 지금은 적지만 월급도 받고 생활하고, 또 누구 사람들 많이 만나고 다니고, 그런 점들은 완전히 180도 바뀐 거죠, 삶 자체가.

이처럼 당사자운동의 참여를 통한 사회적 지지는 당사자들의 삶의 질을 높이면서 삶을 완전히 다른 방향으로 이끌었다. 회복 관점에서 강조되듯이 회복은 정신장애를 경험하는 당사자들의 삶에서 뿐만 아니라 모든 사람의 삶에서 필요한 총체적인 요소들을 포괄하고 있다. 사회적인 역할을 부여받고, 관계망을 만들어나가는 것은 모든 사람의 삶에 중요하고 필요한 요소임에도 불구하고 당사자 활동가들에게는 당사자운동에 참여하기 전까지 박탈당해 왔던 것이다.

정신장애인들의 삶에서 사회적 지지체계는 가족과 정신건강 분야의 전문가로 한정되어 왔다. 하지만 연구에 참여한 당사자 활동가들은 당사자단체에 소속되면서 가족과 전문가와는 형성할 수 없는 새로운 형태의 지지 관계를 만들어나갔다.

> A: 친구한테 이야기할 수 있는 게 있고, 가족에게 이야기할 수 있는 게 다 다르잖아요. 사회복지사, 상담사는 솔직히 조금 위에 있는 상사 같은 느낌이 들어요. 그래서 30-40%만 이야기한다든가 … 솔직히 이성 문제나 그런 걸 아빠한테 고민을 털어놓을 수 없잖아요. 그래서 친구한테 이야기하게 되고. … 저희가 정신장애라는 것을 가지고 있지만, 그래도 (비장애인과) 비슷한 것 같아요.

> E: 가족도 중요하지만, 이런 동료들의 관계, 서로 지지하는 관계가 정신장애인들의 삶을 좀 더 성숙시키는 역할을 많이 하거든요.

누구에게나 그렇듯이 당사자 활동가들에게 가족, 전문가와 나눌 수 있는 이야기와 동료 활동가들과 나눌 수 있는 이야기는 분명히 나뉘었다. 당사자들에게는 활동 이전의 삶에서 그러한 사회적 관계가 박탈당해 왔다. 당사자운동을 통해 만난 동료 활동가들은 자신의 증상과 특성에 대해 숨김없이 함께할 수 있는 편한 동료이며, 활동에 대한 고민을 나누며 서로의 삶을 성숙하게 하는 역할을 하고, 때로는 사적이고 민감한 이야기를 나누는 또래 집단이기도 하다.

V. 당사자가 경험하는 연대

1. 동료 활동가와의 신뢰와 갈등

(1) 동료 활동가와의 상호 신뢰와 지지

당사자운동에 참여하여 함께 활동하는 과정에서 당사자 활동가들은 동료로부터 신뢰와 지지를 주고받으며 존중과 이해의 관계를 만들어갔다. 당사자 활동가가 사회적 차별과 편견을 경험하면서도 스스로 변화하고 회복할 수 있는 이유는 동료의 지지와 고통을 나누는 힘을 얻고, 이를 통해 스스로 고통을 감내하는 개인적 차원을 넘어 사회적 변화를 끌어내려는 삶의 지향을 공유하기 때문이다(김민아 외, 2016: 133).

> A: 저는 은둔형 외톨이 생활을 할 때 뭐든지 혼자 할 수 있다, 혼자 살아갈 수 있다, 사회관계, 인간관계를 맺지 않아도 충분히 잘 살아갈 수 있다고 생각한 것 같거든요. 그런데 집 밖으로 나와서 뭔가 동료들과 연대감을 쌓다 보니까 어떤 게 서로 원원하는 건지, 내가 나 혼자 살 수만은 없다는 걸 배운 것 같고. … 동료와 이야기하다보면 더욱더 발전시켜서 더 멋진 이야기를 만들 수 있고, 그게 실제로 연극이 되기

도 했었고 저에게 교훈이 되기도 했었어요.

B: 제 삶의 여백을 채워주는 거죠. 제가 심정적으로 허전할 때, 고민을 필요로 할 때, … 같이 해주는 역할을 해주시고. … 성장하고 있다는 느낌을 받죠. 그전에는 내가 퇴보하고 있다고 생각했는데, … 좀 진취적으로 되는 거죠.

당사자들의 삶은 혼자일 때와 동료와 함께일 때로 구분된다. 동료 활동가들은 당사자의 삶의 여백을 채워주며, 동료와 함께 하는 삶은 계속해서 성장하고 진보한다. 동료 활동가와 함께 문제의식을 발전시키고, 자신의 이야기가 가치 있는 것으로 인정받는 신뢰와 지지 관계를 통해 이들은 자신들이 경험해 온 삶에서의 차별을 마주할 수 있게 되고, 이는 당사자운동에서 자신의 이야기를 풀어갈 수 있는 동력이 된다.

지지와 신뢰는 구체적인 업무 과정에서 능력에 대한 평가와 측정보다 당사자의 개별성과 고유한 특성에 대한 이해를 더 중요시하는 조직의 문화로 나타난다. 사회에서 정신장애인의 증상과 관련한 특성을 '열등함', '나약함'과 같이 인식하며 낙인을 부여하는 것과 다르게, 당사자단체에서 당사자 활동가들의 증상은 서로 이해하고 배려해 나가야 하는 각자의 성격과 같은 것으로 인식되었다.

D: 당사자단체는 행정입원을 당하고 강제입원을 당했어도 계속 희망을 걸어준다는 것. 그 당사자들을 규정하지 않고 계속 가장 잘 발현이 될 수 있도록 그 가능성을 믿어준다는 점이 굉장히 중요하죠.

B: 그래서 편안한 거죠. … 가족에게 숨겨야 할 증상, 환청을 안 숨겨도 되고 얘기할 수도 있고. 그런 차이가 있죠. 내가 힘들다는 것을 왜 힘든지 얘기할 수 있죠.

당사자 활동가들에게 당사자단체는 입원의 경험과 증상을 터놓고 이야기할 수 있는 해방적인 공간이자 편안한 공간이며, 동료 활동가와의 신뢰와 지지는 오랫동안 쌓이면서 당사자들이 서로를 이해하는 밑바탕이 된다. 그리고 이러한 상호 신뢰와 지지는 활동가들이 지치지 않고 꾸준히 당사자운동에 대한 고민과 활동을 이어갈 수 있도록 하는 동력을 제공한다.

지지와 신뢰는 조직 내 서로에 대한 능력을 인정해 주는 모습으로도 나타난다. 동료로부터 활동가로서 자질과 능력을 인정받는 것은 당사자 활동가들에게 매우 중요한 의미로 작용하는데, 이는 대부분의 정신장애인들이 사회에서 인정받지 못하고 소외를 경험하기 때문이다. 우리는 다양한 관계 속에서 자신의 존재와 가치를 인정받고자 하는 욕구를 가진다. 당사자운동은 당사자 활동가들에게 정신장애인이라는 정체성을 가지고도 사회적으로 인정받을 수 있음을 확인시켜 준다.

D: 정신장애 계통에서는 제가 좀 인정을 받기도 해요. 가족 안에서의 굉장한 질시와 냉대의 분위기를 … 그분(동료 활동가)하고 전화통화로 풀고. … 정신장애인들이 일반 사회적인 관계에서는 아주 초라하고, (특히) 가족 관계에서는 (더 그래요). … 정신장애 관련되어서는 '오, 나는 이 분야에 사명이 있는 사람이야.' 이러면서 굉장히 자긍심이 올라오기도 하죠.

당사자 활동가는 가족 관계와 일반적인 사회적 관계에서 느끼는 '초라함'을 동료 활동가와의 대화로 해소하며, 정신장애 분야에서 인정받고 자신의 사명감을 다시 확인한다. 자긍심의 표현은 다양한 사회적인 관계맺기 속에서 자신이 받는 상처와 차별이 당사자운동에서 동료 활동가와의 지지와 조직에서 인정받는 경험을 통해 회복되는 모습을 보여준다. 즉, 당사자 활동가의 삶은 더 이상 '피해자'의 위치에만 머물지 않으며 차별과 소외, 사회적 인정과 자긍심을 동시에 경험하는 총체적인 사회구성원이자 인간다운 삶으로 나타나는 것이다.

(2) 조직 내에서의 갈등: 속도를 맞추어나가는 과정

갈등은 통상적으로 개인이나 집단 사이에 목표나 이해관계가 달라 서로 적대시하거나 충돌하는 부정적인 상태를 의미한다. 그러나 당사자 활동가들은 갈등을 긍정적으로 이해하기도 하였다. 당사자 활동가들에게 단체 내외에서 발생하는 갈등은 서로 다른 "속도를 맞추어나가는 과정"으로 인식되었다. 정신장애로 인해 서로 다른 증상과 속도를 지닌 사람들이 모여 하나의 목소리를 내기 위해서는 필연적으로 속도를 맞추는 과정이 수반되어야 하며, 그 과정에서 발생하는 갈등은 소모적인 싸움이 아니라 역동적이고 건설적인 과정으로 인식되었다.

> B: 증상이나 자기 특성이 모두 다르니까, (사람마다) 생각하는 지점이나 속도가 좀 다르죠. … 이건 당사자단체가 겪어야 하는 통과의례처럼 어찌 되었든 각자의 특성을 고려해야 하고 거기 안에서 역동적으로 가려면 그만큼 많은 충돌이 있어야 해요. 싸움이 아니라, 서로가 많은 충돌을 통해서 어찌하면 완화되고 같이 갈 수 있을까 하는 고민들.

그런 과정이 힘들었구요. 그 과정에서 사람도 많이 바뀌었어요.

속도를 맞추어나가는 과정은 하나의 속도로 다른 모든 사람의 속도를 수렴시키는 것이 아니라, 서로 다른 속도를 존중하고 각자의 속도에 맞추어 일할 수 있도록 갈등이 발생하는 상황과 환경을 바꾸어나가는 과정이라고 이야기하였다.

> B: 현재 시스템을 보면 느린 사람에게 맞추진 않아요. … 그럼 어떻게 하냐면 느린 사람은 느린 사람에 맞춰서 충분히 설명하고 배려하려고 하고, 그 이후에 이끌어주는 거죠. … 빠른 사람은 빠른 사람이 먼저 고민하고, 따라오는 당사자분들한테는 보조를 맞춰줄 수 있게끔 같이 먼저 가는 사람이 설명해주고. 이 사람이 쉴 때 이 사람은 좀 더 하거나. 그랬을 때 이 사람도 다른 활동을 진취적으로 할 수 있는 기회가 되는 것이니까요.

위의 인터뷰 내용에서 확인할 수 있듯이 속도를 맞추는 과정은 속도가 느린 사람에게 시스템의 전반적인 속도를 맞춰서 하향 평준화하는 것도 아니며, 속도가 빠른 사람에게 시스템의 속도를 맞추어 속도를 따라오지 못하는 사람들을 낙오시키는 것도 아니었다. 서로 배려하고 도와주며 서로 다른 속도를 가진 사람들이 다 함께 일할 수 있는 환경을 구축해 나가는 것이 갈등 해결 과정이라고 이야기할 수 있다.

(3) 속도 차이로 인해 발생하는 문제점과 과제

당사자와 비당사자 간의 속도 차이, 즉 업무 능력의 차이는 불평등한 권력 관계를 형성하기도 한다. 고전 정치사상가 만(Mann)은 "권력이란 우리가 처한 환경을 장악해 목표를 추구하고 성취시키는 능력"이라고 정의한다(Mann, 1986: 1). 능력의 차이에서 권력의 차이가 기인한다는 것이다. 능력과 성과를 중시하는 현대 사회에서 업무 능력의 차이가 권력 관계의 차이로 이어진다는 것은 자명한 사실이다. 일을 더 잘하는 사람이 좋은 대우를 받으며 더 많은 권력을 당연히 가져야 한다는 인식은 당사자들 사이에서도 팽배해 있는데, 이로 인해 다양한 갈등이 만들어진다. 권력을 가진 당사자가 소수일 경우, 당사자가 비당사자에게 끌려갈 수밖에 없으므로 당사자가 중요하다고 생각하는 사업이 선택되기 어렵고, 이러한 의사결정 구조는 당사자의 목소리를 배제할 위험성을 갖는다(김현민, 2019: 128). 그리고 자신이 선택하지 않은 일을 수행해야 하는 당사자 활동가는 자신의 활동을 조직의 수단, 전체 일의 한 부분으로만 인식하게 된다. 결국, 당사자와 비당사자 간의 불평등한 권력 구조로 인해 당사자단체에서 당사자가 소외되는 모순적인 상황이 발생하는 것이다.

한편, 비당사자 활동가들이 모두 조직에 부정적인 영향만을 끼치는 것은 아니다. 당사자 활동가들 역시 비당사자 활동가의 존재가 활동에 필요하다는 것을 인정하고 있었다.

> A: 저희는 비당사자, 당사자이긴 하지만 서로가 다 당사자라고 생각하고 함께 일하고 있어서. 비당사자들도 가끔씩 힘들 때가 있잖아요. 그러니까 그때는 제가 배려해 주고, 제가 힘들 때는 그분이 배려해 주고 이런 식으로 하고 있고.

당사자 활동가들은 비당사자 활동가와 같이 일하며 함께 성장해 나가고 있다고 이야기하였다. 앞서 인용한 심층 면접의 내용에서처럼 비당사자 활동가들의 월등한 업무 능력으로 인해 당사자 활동가들의 활동영역이 축소되고 위축되는 모습을 보이기도 하지만, 당사자 활동가들 역시 비당사자 활동가 존재의 필요성을 강조하였다. 따라서 비당사자 활동가와 당사자 활동가가 서로 배려하며 권력의 균형을 잘 유지하는 것, 즉 한쪽에 치우치지 않고 서로 화합하여 당사자운동을 진행할 수 있는 방안을 계속해서 고민하는 것이 당사자단체의 과제라고 할 수 있을 것이다.

2. 당사자운동을 통한 사회적 변화와 연대의 확장

앞서 정신장애인 당사자들이 차별과 낙인을 경험하는 양상, 그러한 낙인의 경험을 바탕으로 '깨어난 의식'을 갖게 되는 과정 그리고 당사자단체 내에서 경험하는 지지와 갈등에 대하여 살펴보았다. 개인 내적인 차원과 관계적인 차원을 넘어 당사자운동은 필연적으로 정치적인 성격을 갖는다. 당사자운동이 추동하는 사회구조적 변화의 한가운데에서 당사자 활동가들은 정치적 주체화의 과정을 거치게 된다. 정치적 주체화는 당사자주의의 궁극적인 목적－당사자의 주체성과 사회참여를 통해 박탈당해 온 권리를 회복하는 것－을 당사자의 힘으로 가능하도록 한다. 따라서 삶의 통제권과 주체성을 강조하는 회복 관점으로 볼 때, 당사자가 정치적 주체화 과정에서 경험한 인식의 확장을 살펴보는 것은 중요하다.

(1) 당사자운동을 통해 이끌어낸 변화

당사자 활동가들은 당사자운동을 통해 자신에 대한 인식의 변화와 사회적 관계망의 확장을 경험하였을 뿐만 아니라, 정신장애인 인권에서의 사회적인 변화를 이끌어냈다. 당사자 활동가들이 만들어낸 변화는 다시 이들의 일상에서 더 나은 삶과 활동에 대한 소명 의식으로 표출되었다.

1) 강제입원 문제에 대한 사회적 공론화

당사자 활동가에게 강제입원은 활동의 방해 요인이자 공포로 작용한다(김현민, 2019). 여기에서 강제입원은 행정입원, 응급입원과 같은 비자의적 입원을 말한다. 많은 정신장애인이 입원경험을 가지고 있다. 2018년 12월 기준, 정신의료기관 및 정신요양시설에 입원·입소한 수는 143,156명이며, 이 중 비자의적 입원 및 입소는 39,307건에 달한다(국립정신건강센터, 2018: 31). 자신의 의사에 반하여 입원하였던 경험은 정신장애 당사자들에게 큰 상처와 자기낙인으로 남아 무기력감과 사회적 고립을 강화하고 그들의 삶을 통제한다. 이에 더하여 강제입원은 정신장애 당사자들을 사회로부터 격리시키고 지역사회에서의 삶을 접근 불가능하게 만드는 사회적 원인이기도 하다(이용표·장혜경, 2014: 164). 하지만 입원을 경험한 정신장애인 당사자를 '피해자'로 단정짓는 것은 그들의 정치적인 가능성을 간과하고 수동적인 위치에 고정시키는 것이다. 활동가들은 자신의 입원 경험을 바탕으로 정신장애인 인권에 대한 공론화에 참여하며, 사회적 변화의 가능성을 자신의 활동과 일상에서 확인하고 이를 자부심으로 여기는 모습을 보였다. 그 계기는 2016년 9월 보호 입원의 헌법불합치 결정을 이끌어낸 것에 당사자단체가 적극적으로 의견을 반영하고, 우리 사회의 강제입원과 관련한 정책적 대안에 대하여 목소리를 높이면서부터였다.

D: 제가 그 전에 전화를 받으면 '우리 아버지가 자기를 입원시키려고 한다, 그런데 그 이유가 동성연애'(라는 말을 들었어요). 이제는 사람을 구금하고 그러는 것에 대해서 굉장히 엄격해지고.

E: 아직도 아프리카, 인도와 같은 제3세계 나라에서는 사람들(정신장애인들)을 쇠사슬로 묶어놓고 있대요. 엄청난 격차가 있는 거예요. 선진국의 문제가 있다면, 개발도상국에서 정신장애인들을 바라보는 시선과 행위들이 엄청난 차이가 있어요. 노르웨이가 100이고 아프리카가 0이라면 우리는 7-80정도 와있어요.

앞서 한국 정신장애인 당사자운동의 흐름에서 살펴보았듯이, 2016년 헌법불합치 결정은 당사자운동에서의 큰 성과이자 이들의 운동이 확장되는 계기가 되었다. 당사자들은 이를 긍정적인 변화로 인지하면서, 우리 사회의 정신장애인 인권이 더 나아질 수 있음에 대한 희망을 품고 있었다.

한국 사회 강제입원 문제는 여전히 정신장애인 당사자들에게 큰 사회적 제약과 폭력으로 작용하며 그들의 삶을 옥죄고 있지만, 동시에 당사자 활동가들은 입원에서의 인권침해의 문제와 정신장애인 입원과 관련한 정책적 대안을 고민하면서 당사자운동의 필요성과 활동의 소명을 찾아 나갔다.

2) 당사자의 '커밍아웃'

당사자운동에 참여한 활동가들이 직·간접적으로 경험한 가장 중요한 변화 중 하나는 정신장애에 대한 '떳떳한' 감정과 행동이었다. 앞서 정신장애인들이 경험하는 사회적 낙인과 자기낙인의 굴레를 확인한 것처럼, 당사자들에게 정신장애는 밝혀지는 것 자체가 큰 공포이다. 정신장애인임이 밝혀진다는 것은 사회적인 참여로부터의 배제, 일상생활에서 주변의 시선과 혐오를 견뎌야 함을 의미하기 때문이다. 그러나 당사자 활동가들이 자신의 차별 경험에 대해 발화하고, 이를 사회적으로 문제제기하며 사회를 변화시켜 나가는 과정에서 정신장애는 '떳떳한' 것, 숨기지 않아도 되는 것, 더 나아가 활동가로서의 정체성으로 자리 잡았다. 이를 활동가 D는 '커밍아웃'이라고 표현했다.

D: iii(저희 단체)가 기여한 게 커밍아웃을 이끈 것이예요. 정신장애의 경험이 있다, 이것을 밝히는 것이 우리 사회에서 굉장히 쉽지 않았어요. 그런데 최근 몇 년간 정신장애인들이 신문, TV, 인터뷰 얼굴 다 드러내고 자신감 있게 나와요. 이게 얼마나 굉장한 변화예요.

C: 저희가 기자회견을 해요. 처음에는 피켓만 들고 있었는데 소장님이 바쁘셔서 못 나오니까 제가 (진행을) 하게 된 거죠. 하니까 막 잘 되더라고요. 그동안 쌓인 것이 있어서 그런지. 기사가 났는데, 옛날에는 이름 나오고 얼굴 나오는게 싫었는데, 나오는 게 자랑스럽게 느껴지더라고요.

당사자들이 '커밍아웃'하는 것을 통해 활동가들은 정신장애인 당사자의 목소리에 귀를 기울이는 사회적 분위기와 환경이 조성되고 있음을 확인한다. 당사자의 목소리가 매체를 통해 사회적인 영향력을 가지고, 그들의 이야기가 중요한 경험으로 존중될 때 당사자들은 활동에 '자신감'과 '자랑스러움'을 느끼게 되고, 이는 다시 우리 사회의 정신장애인들이 자신의 모습을 드러낼 수 있도록 하는 환경을 제공한다.

3) 미디어의 정신장애 인권감수성 변화

미디어에서의 변화 역시 당사자 활동가들이 중요한 변화로 꼽는 것 중 하나이다. 실제로 미디어는 정신장애인에 대한 대중의 혐오적인 시선을 적나라하게 전시하는 동시에, 정신장애인 혐오와 낙인을 재생산하는 역할을 해 왔다. 이는 '정신장애인은 위험하다', 혹은 '정신장애인은 범죄자다'와 같은 편견과 '정신병자', '병신'과 같은 혐오 표현 그리고 정신병원에 대한 고정관념을 선정적으로 차용하는 방식 등으로 나타났다.

> E: 옛날에는 정신병원은 희화화(의 대상이었어요). 그런데 지금은 그걸 희화화시키니까 누군가 거기에 대해서 문제제기하는 거죠. … 옛날에는 코미디를 보면, 헛소리를 하면 옆에 있는 사람이 "약 먹을 시간이야" 이런 식으로 이야기하고 다들 웃어요. 너무나 당연하다고 생각했던 것들에 대해서 문제제기하니까 이 사람들도 당황하는 거죠. … 우리가 이런 걸 제작하면 누군가 문제제기할 것을 아니까 안 만들 거란 말이예요. 그런 식으로 조금씩 조금씩 발전해가는 거죠.

> B: 시사 프로그램에서 영향을 많이 받는 것들이 음향 배경 효과, 초점들, 당사자에 대해 얘기하는 워딩이예요. 그런 것들이 조심스럽지 않을 때 (사회적 인식이 아직 부족하다고 느껴요). 기자들이 취재 의뢰 들어왔을 때 취재 질문들이 생각 없이 얘기하는 질문을 했을 때. … 아나운서, 앵커, 기자들의 발언들이 비교적 고민 없이 나왔을 때.

예능 프로그램, 뉴스, 신문 등 다양한 매체에서 등장하는 정신장애인의 모습은 때로는 희화화되고, 때로는 교묘히 범죄화되며, 당사자들의 가장 가까운 곳에 있는 사람들의 시선을 잘못된 방향으로 이끌어왔다. 당사자 활동가들은 이에 문제의식을 가지고, 자신이 주체적으로 정신장애인의 삶을 직접 이야기하는 수단으로 미디어를 활용하기 시작했다. 당사자들이 직접 기사를 쓰는 당사자 인론이나 당사자들이 주체가 되어 축제, 연극, SNS를 운영하는 문화예술 창작 단체 등이 생겨났고, 미디어에서 쉽게 사용되는 혐오 표현에 대한 정식 문제제기와 공론화도 많아졌다.

A: 반향이 엄청난 거예요. 저희가 받아보지 못한 호의적인 태도의 댓글들이, 저희가 주체가 되어 만든 행사에 대해서는 그 영상만 보고, 당사자들이 이랬구나, 우리가 원래 생각했던 것처럼 괴물이나 강력범죄자이거나 이런 것들이 아니구나. 그걸 알아주시더라고요.

E: 연예인들이 와서 정신병원 이쪽저쪽을 돌아다니며 어디에 갔더니 퇴마사가 있고, 저쪽에 갔더니 피 빨아먹는 … 식으로 표현하는 거예요(예능 프로그램에 대한 설명). 그래서 제가 정신병원이 어떻게 이런 식으로 만들어지느냐고 썼어요. … 너무나 당연하다고 생각했던 것들에 대해서 문제제기하니까 이 사람들도 당황하는 거죠. … 우리가 이런 걸 제작하면 누군가 문제제기할 거라는 걸 아니까 안 만들 거란 말이예요. 그런 식으로 조금씩 조금씩 발전해가는 거죠.

당사자 활동가들은 당사자가 직접 나서서 목소리를 내는 것만으로 대중의 인식을 바꿀 수 있었고, 이것이 활동의 성과라고 말한다. 이는 앞서 살펴보았던 당사자주의와 당사자운동의 지향과도 맞닿아 있다. 당사자에 관한 이야기는 다른 누구도 아닌 당사자가 가장 잘 알고 있으며, 당사자들은 직접 자신의 이야기를 함으로써 사회구조적으로 빼앗겨 왔던 권리를 되찾는 운동의 주체이다. 또한, 이와 같은 미디어의 변화는 당사자운동이 대중적인 연대로 확장될 가능성을 내포한다. '호의적인 댓글'처럼 정신장애인의 활동을 지지하며 정신장애 인권감수성을 가진 사람들이 많아질수록, 당사자 활동가들은 정신장애인 인권에 대한 요구와 변화가 사회적으로 확장될 수 있는 힘과 지지체계를 얻는다.

4) 정치적 권력획득과 의사결정의 참여

당사자운동을 통해 정신장애인들은 정신보건과 정신건강복지 영역에서의 의사결정 주체로서 영향력을 행사할 힘을 얻었다. 당사자주의는 자원 분배 및 정책적 차원에서 당사자가 관련 문제에 주도권을 획득할 수 있도록 하는 수단적인 차원을 포괄한다. 당사자의 인권을 회복시키기 위하여 무엇을 해야 하는지, 어떻게 해야 하는지는 장애인 당사자가 가장 잘 알고 있고, 따라서 정책 결정에 있어 당사자는 일정 수준 이상의 영향력을 행사할 수 있어야 한다는 것이다(이석형, 2005; 김현민, 2019 재인용: 14).

B: 의료단체에서도, 같이 명분이 강해지려면 (당사자) 단체 섭외도 하고 그러거든요. 그래야지 우리(의료단체)의 의견, 우리 밥벌이만 하는 것이 아니라, 우리도 국민적인 정신건강 서비스 질 향상과 같이 가려고 한다는 명분이 생겨서.

당사자가 의사결정에 참여할 수 있는 행위자로 인정받은 것은 '인권 차원'의 움직임이라기보다, 전문가 중심적인 기존 체계에 당사자의 목소리를 반영해야 한다는 사회적 압박이 작용했기 때문이다. 전문가 입장에서는 '밥벌이'만 하는 것이 아닌 '국민적인 정신건강 서비스'를 고려하고 있다는 것을 증명하기 위해서라도 당사자단체의 목소리가 실리는 것은 필수적인 요건이 되었다.

당사자 활동가는 전문가 중심적인 성향이 강했던 정신건강 분야에서 이러한 변화를 큰 성과로 평가하고 있다. 의료 중심의 서비스체계에서 정신장애인은 정보 불평등에 의하여 일방적인 처방과 입원을 반복해야 했고, 복지체계는 제대로 도입된 지 얼마 되지 않아 아직 미약하다. 이에 대하여 당사자 활동가들은 입원제도와 관련한 국회토론회에 참석하거나 헌법재판소에 위헌심판을 청구하는 등의 활동에 무게를 두고 있다. 당사자의 삶에 중대한 영향을 미치는 정치적인 변화에 당사자의 목소리를 싣고자 하는 정치적 권력획득을 추구하는 것이다.

(2) 연대의 사회적 확장

1) 연대의 감각: 선명하게 부딪히되 공동의 가치 가지기

당사자운동은 단체 내에서의 관계와 지지뿐만 아니라, 관련 단체, 전문가 집단, 전체 사회, 대중 등 다양한 주체들과의 역동적인 상호작용 속에서 이루어지며, 이를 통해 연대의 감각을 형성하게 된다.

E: 지금 정신장애인과 관련된 시민단체가 4~5개 정도 됩니다. 이 사람들이 물론, 이념적으로 조금씩 차이가 있을 수는 있지만 연대해요. 정신병원에서 정신장애인이 폭행을 당해 사망했다면, 우리가 성명서를 쓰겠죠. 그리고 국회에 갑니다. 그러면 4~5개 단체가 협의해서 기자회견을 하는 거죠. 그러면 저는 취재를 가고. 그런 식으로 되는 거죠. … (그 과정에서) 실제로 서로 싸우기도 합니다. 말다툼도 해요. 자기가 지

향하는 가치는 이건데, '왜 너는 그렇게 보고 있니'라며 사상, 이념으로
인해 싸움이 벌어지기도 하죠. 그런데 이건 건강한 싸움이죠. 궁극적으
로 하나의 가치를 만들어내기 위한 일이니까. 그 과정에 있는 거라고
생각합니다.

　　B: 다른 법학대학원, 공익법 변호사 분들, 장애인 권리 단체들과
연대한 경험들이 중요하고 이런 점에서 속도를 좀 더 낼 수 있는 거죠.
… 변화의 방향성과 속도를 올바르게 가져갈 수 있는 거죠.

당사자 활동가들은 당사자단체 내외의 다양한 단체 및 연대 주체
와 방향성을 적극적으로 논의하고 철학적·실천적 고민에서 치열하게
토론한다. 활동가 F는 이 역시 연대의 과정과 동력임을 강조하였다. 무
엇보다 중요한 것은 공동의 가치를 가지고 정신장애 인권을 위해 투쟁
한다는 의식을 공유하는 것이다. 그리고 활동가 C의 인터뷰에서 활동
할 수 있듯이, 다른 연대 주체들과의 상호작용을 통해 변화의 속도를
높이고, 변화의 방향성을 올바르게 가져갈 수 있게 된다.

2) 활동에 대한 사명감과 효능감

공동의 가치를 지속적으로 확인하고 함께 목소리 높일 때, 당사자
활동가들은 당사자운동에 대한 사명감과 열정을 갖게 된다. 연구에 참여
한 모든 활동가들은 당사자단체의 활동을 대중적으로 확장시키고 더 많
은 정신장애 당사자들이 구조적인 문제와 인권에 대해 스스로 활동할 수
있도록 하는 것에 대해 고민하고 있었다. 자신의 활동이 사회적인 변화를
추동하며 사회운동을 다양한 연대 주체와 함께 만들어나간다는 직접적인
감각은, 당사자운동을 지속가능하고 건강하게 유지하는 동시에, 당사자운

동을 대중적으로 확장하고자 하는 전망과 계획으로 표출되기도 하였다.

E: 삶에 있어 '핵심고리'라는 게 있는데, 그 핵심고리를 건드리는 거죠. … 본질적이고 핵심적인 고리는 언론이라는 생각을 하거든요. 언론이 어느 정도 바뀌어야 하고 바뀌고 있다고 생각해요.

C: 저희 업무 중에 당사자단체 인큐베이팅이란 게 있어요. 당사자 조직하는 사람이 있긴 있는데 어떻게 하는지 모르잖아요. 그 노하우를 알려주는 거죠. 어떻게 해서 사업을 따냈고, 그런 식으로 저희 노하우를 전수하려면 저희도 사업이 잘되어야 하고, 정신장애인 단체끼리 연대가 되어야 하고. … 그렇게 점점 늘려 나가고 싶고, 잘하고 싶고, 이게 표본이 잘되었으면 좋겠고.

당사자운동은 사회적인 '핵심고리'를 건드리기도 하고, 운동의 경험을 바탕으로 더 많은 조직으로 운동이 확산되는 것을 돕기도 한다. 중요한 것은 그 중심에 정치적 주체화를 거친 활동가들이 있다는 것이다. 우리 사회에 자신과 비슷한 낙인을 경험하고 있는 정신장애인들이 더 나은 삶을 살기를 바라는 당사자들의 사명감은 분명하고 확고하다. 자신의 삶이 당사자운동을 통해 변화한 것처럼, 더 많은 당사자들이 자신의 활동을 통해, 혹은 직접 활동에 참여함으로써 변화하기를 바라는 것이다. 기존 사회에서 낙인과 배제를 필연적으로 경험하는 '피해자'의 위치로, 혹은 사회의 위협으로 간주되고 격리되는 '환자'의 수동적인 위치로 인식되었던 정신장애인은 이제 스스로 변화를 만들고 이를 확산시키는 운동의 주체로 변화하고 있다.

(3) 전문가 중심주의와 당사자주의

1) 정신장애인의 자기결정권을 박탈해 온 전문가들

당사자운동에서 중요한 축을 담당하는 주체 중 하나는 전문가 집단이다. 여기서 전문가는 주로 의료 분야의 정신과 의사 및 사회복지사, 정신건강복지시설의 사회복지사 및 기타 종사자, 법률 전문가 및 정책 입안을 담당하는 공공기관의 전문가 등을 통틀어 일컫는다. 정신건강 분야에서 전문가 중심의 정책 및 서비스 구축은 당사자들의 삶을 수동적이고 위축된 위치로 몰아넣는 효과를 가져왔다. 정신장애인의 경우, 사회복지사 및 전문 의료진의 일방적인 서비스 공급을 중심으로 사회적 관계가 형성되며, 이는 주로 정신병원 입·퇴원 및 약물치료를 동반한다. 그 과정에서 당사자들은 자신에게 가장 적합한 회복의 환경을 주체적으로 선택할 수 없는 경우가 많고, 주로 전문가나 가족의 지시와 결정에 따르도록 교육 받는다(엄재선·이성규, 2018: 104).

더 나아가, 전문가에게 독점적으로 부여되는 결정권은 정신장애인에 대한 몰이해를 낳는다. 회복 관점에 비추어 보았을 때, 이는 당사자의 삶을 극히 편협하고 통제된 방식으로 접근하는 것이다. 의료계에서 논의되어 온 회복은 '결과로서의 회복', 즉 병리적인 결함을 '치료'함으로써 해결을 도모하는 방식의 회복이다. 반면, 회복 관점은 당사자의 총체적인 삶에서 주체로 경험하는 '과정으로서의 회복'에 초점을 둔다(이근희, 2014: 285). 따라서 회복 관점에 근거하여 전문가와 비전문가, 의사와 환자, 상담자와 피상담자 등 그 지위와 역할에서의 불평등한 관계를 유지해 온 기존 체계의 전문가 중심성에 문제를 제기할 수 있다(김대성, 2003: 176).

A: (의사들은) 다 저희 탓을 해요. 제가 증상관리를 잘못했고, 제가 약을 빠뜨려서 증상이 심해졌다고 얘기하시지, 저희의 다양성에 대해서 존중하지 않거든요. … '(증상이 심해진 게) 다 내 탓이구나, 내 증상이구나.' '내가 관리해야 하는 것', '내가 잘못한 것' 이런 식으로 인식하고 있었던 것 같아요.

당사자 활동가들은 기존의 전문가 중심 체계에서 삶의 욕구가 제대로 충족되지 않는 불만족스러운 경험을 하였고, 그들에게는 '맞지 않는 옷'과 같은 것이었다. 공급자 중심의 의료 및 복지서비스는 정신장애인의 삶에 무의미하였으며, 오히려 역효과를 낳기도 하였다. 전문가 중심적인 정신건강 및 복지 시스템은 당사자를 소외시키고 당사자들의 정신장애가 '개인의 잘못'으로 여겨지도록 만드는 효과를 낳았다.

2) 전문가의 존재가 갖는 양가적인 특성

이와 같은 맥락 위에서 당사자운동에서의 당사자와 비당사자 전문가의 구분은 양가적인 모습으로 전개됨을 확인할 수 있었다. 당사자단체 안에서도 정신질환의 발병과 약물치료, 입원 등을 경험한 '당사자'와 사회복지사, 변호사 등의 '비당사자' 활동가에 대한 구분 짓기가 나타났다. 비당사자인 전문가들은 당사자단체 내에서 당사자주의, 즉 당사자가 주체적으로 차별에 목소리를 높이고자 하는 지향점에 동의하여 함께 행동하지만, 전문가들의 '전문성', '더 뛰어난 능력' 등은 당사자 활동가와의 활발한 상호작용을 통해 주체적인 활동으로 이어지기보다 비당사자 활동가와 일종의 '권력의 차이'를 발생시키는 양상으로 나타났다.

D: 전문가들의 정확성에 제가 미치지 못해서 좀 어려움이 있었죠. 제가 원래 전문가들의 회의나 그런 걸 가면 그걸 내가 잘 전달받아서 당사자들과 가족들에게 잘 전수하고 교육하는 역할을 하고 싶어서 ⋯.

B: 서울시에서 요청한 것이, 사무국장은 전문가가 했으면 좋겠다. ⋯ 당사자 활동가들은 사업계획서를 직접 쓰지 않았어요. 구조상 고민하기도 어려웠고. 그런 점에서 (전문가가) 당사자 활동가에 대한 코디네이터가 되는 거죠.

'전문가의 정확성'에 당사자가 맞추어 따라가야 한다는 인식이나, '사무국장은 전문가였으면 좋겠다'는 요구 등은 모두 당사자 활동가의 역량을 비당사자 전문가의 역량과 구분 짓는 것이며, 당사자 활동가의 업무가 다양한 영역으로 확장되는 것이 어려워진다. 한편, 당사자 활동가들은 전문가의 존재가 당사자운동에서 매우 중요함을 강조하기도 하였다. 전문성이 당사자운동에 가져오는 전략적인 장점과 업무 효율상의 이점이 분명하기 때문이다.

B: 당사자의 생각으로는 한계가 있고, 당사자의 속도에도 한계가 있기 때문에, 다른 전문가의 논리를 잘 습득하고 같이 논리의 방향을 만들어야 논리가 먹혀 들어가거든요.

사회복지사, 법률 전문가 등 전문성 영역에서 당사자운동은 법률·정책상의 대안과 그 논리를 만들지만, 이는 많은 경우 '당사자의 한계'와 동반된다. 당사자 활동가만으로 할 수 없는 것이 많으므로 당사자 활동가는 주로 간단한 업무를 맡고, 사업계획을 작성하거나 대안을 고민하는 중심적인 역할을 전문가가 하게 되는 당사자의 주변화 문제가 발생한다.

3) 이분법을 넘어선 연대의 확장

당사자와 비당사자의 연대 과정에는 당사자 활동가와 비당사자 전문가 활동가 간의 역할을 구분하며 당사자 활동가의 역량이 축소되는 한계점이 존재하였다. 그러나 동시에 당사자단체에서는 당사자와 비당사자의 이분법을 넘어 연대를 확장하고자 하는 인식의 전환을 고민하고 있었다.

당사자 활동가들은 정신병력을 보유한 사람, 장애등록이 되어있는 사람, 혹은 정신병원 입원 경력이 있는 사람만을 '당사자'로 협소하게 규정하는 것을 거부하고, 당사자운동의 새로운 확장성을 모색하였다. 특히, 당사자 활동가들은 인권 담론이 활발하게 형성되고 있는 지금, 이는 반드시 요구되는 인식의 전환임을 강조하면서 각각 다른 의미의 확장성을 모색하고 있었다.

> D: '나는 당사자지만 전문가나 다름없다.' 이런 자부심이 있었어요.

'당사자가 곧 전문가'라는 인식은 정신장애로 인해 경험한 차별과 낙인에서 생존한 경험 자체에 중요성을 부여한다. 사회적인 변화를 이끄는 것은 법률, 정책 분야에서의 전문성만이 아니라 당사자의 생존 경험이기도 하다. 인식의 전환을 통해 당사자는 곧 '전문성과 능력에 한계가 있는 사람'이라는 기존의 권력 관계를 뒤집고, 당사자의 삶에 대한 '전문가'라는 주체성을 획득한다. 당사자운동 내의 비당사자 전문가의 전문성과 당사자 활동가의 전문성은 대등하게 중요한 위치를 점하는 것이다.

> B: 장애를 가진 당사자만 목소리 낼 수 있다고 하는 게 예전 상황에서는 맞는 얘기인 것 같아요. (예전에는) 급진적이어야 목소리들이 먹혀 들어가니까. 이제는 그걸 같이 해주는 비당사자 전문가들이 있기 때문에 거기서 달라지는 거죠. 급진적인 것보다는 이제 같이 공감대 형성이 되는 거죠.

협소한 의미의 당사자주의에서 이제는 변화해야 하는 시기임을 강조한 활동가도 있었다. 정신장애인 당사자의 목소리가 이 사회에 거의 없었을 때의 급진적인 움직임으로서 당사자주의를 강조한 과거와 달리, 지금의 당사자주의는 당사자의 사회참여와 자기결정권, 정치적 주체성을 추구하는 운동에 연대하는 행위자들을 포괄해야 한다는 것이다. 이를 통해 당사자운동은 협소한 당사자주의의 규정을 넘어 대중적인 연대의 가능성을 획득한다.

마지막으로, 활동가들이 당사자운동을 통해 추구하는 바가 정신장애인의 인권 증진에 국한되지 않는다는 점을 확인할 수 있었다. 특히 현대 사회의 모두가 정신적인 어려움을 경험한다는 점에서 사회 구성원은 모두 '정신장애 당사자성'과 연결되어 있다. 따라서 정신장애인 당사자운동은 사회적으로 '정신장애인'으로 인식되는 사람들만을 위한 운동이 아니며, 정신적인 어려움을 겪는 모든 '당사자들'이 자신의 정신건강을 바로 보고 더 나은 삶을 추구할 수 있도록 하는 대중적인 사회운동이다. 정신장애인이 차별받지 않는 사회는 장애와 비장애의 구분 없이 누구나 평등하게 더불어 살아가기 위한 열린 세상이며, 당사자운동은 사회 분열이 아닌 사회 통합을 지향하고 있기 때문이다(관정란·김병하, 2004: 260).

위와 같이 정신장애인의 의사결정권을 지배해 온 전문가 중심적인 의료 및 복지서비스 체계 속에서 당사자들은 주체성이 박탈된 삶을 살아왔다. 이는 당사자의 주체성을 강조하는 당사자운동에서조차 전문가와 당사자 활동가를 구분 짓고, 권력 관계를 형성하며 당사자 활동가의 역량을 평가절하하는 방식으로 나타나기도 하였다. 그럼에도 불구하고 정신장애인 당사자운동은 '당사자주의' 속에서 전문가를 비롯한 비당사자와의 이분법을 허무는 새로운 연대의 방식을 고민해 나가고 있음을 확인할 수 있었다. 당사자의 생존 경험이 하나의 '전문성'으로 존중받을 때, 당사자운동 내의 다양한 주체들의 목소리가 하나로 합쳐질 때, 그리고 당사자운동이 우리 사회의 모든 사람과 연결되어 있음을 확인할 때, 당사자운동은 정치적인 역동성과 확장 가능성을 얻는다.

Ⅵ. 결론과 전망: 정신장애와 공존하는 사회를 꿈꾸며

본 연구는 코로나19 사태를 통해 구조적으로 드러난 정신장애인의 인권침해 실태와 한국 사회에 깊이 자리하고 있는 정신장애인 차별에 대한 관심으로부터 시작해, 공급자 중심으로 설계된 의료·사회복지 서비스 전달체계에 문제의식을 가지며 시작되었다. 본 연구는 회복 관점에서 당사자운동에 참여하는 정신장애인들의 연대를 통한 회복경험에

대해 탐구하고, 활동상의 어려움을 포착하여 한국 정신장애인 당사자
운동의 발전 방향을 제시하고자 하였다.

회복 전, 정신장애인의 삶은 사회적 낙인과 차별로 점철되어 있었
다. 사회적 낙인은 정신장애인에게 내면화되어 자기낙인을 형성하고,
사회적으로 고립시킴으로써 정신장애인의 심리·사회적 부적응으로 귀
결되었다. 이는 다시 정신장애인에 대한 사회적 낙인을 강화함으로써
차별을 심화시키는 낙인의 굴레가 되었다. 낙인의 굴레에서 벗어나 회
복을 위한 첫발을 딛는 계기는 '깨어난 의식(raised consciousness)'을 가
지게 되면서부터이다. 당사자운동에 참여한 정신장애인들은 본인이 경
험한 사회적 차별과 부당함이 '개인의 잘못'이 아닌 장애인을 차별하는
사회구조의 문제임을 깨닫고, 이를 개선하기 위한 저항 의식을 지닌다.
이처럼 정신장애인은 개인의 차별 경험을 시정하기 위한 사회의 변화
를 요구하면서 정치적 주체로 성장하였다.

개인 내적인 차원에서 회복은 새로운 자아를 형성하고, 사회에서
의 역할을 되찾아가면서 이루어졌다. 활동가들은 정신질환 발병 후 자
아의 상실을 경험하지만, 회복의 과정에서 잃어버렸던 역할을 되찾고,
소속감을 느끼며 일상을 회복해 나갔다. 당사자단체 내에서의 신뢰 관
계와 갈등 관계도 포착할 수 있었다. 이들은 사회적 차별과 편견의 경
험을 공유하며 서로의 아픔에 공감하고 함께 문제의식을 발전시키며
자신의 존재 의미와 가치를 인정받는 경험을 하였다. 또한, 갈등에 대
해서는 '속도를 맞추어나가는 과정'이라고 규정하며, 그 과정에서 갈등
상황은 필수적으로 거쳐야 하는 관문으로 인식하고 각자의 속도를 존
중받으며 일할 수 있는 환경을 구축하는 것을 추구하였다. 한편, 현실
에서는 속도 차이로 인해 당사자와 비당사자 활동가 사이의 업무 능력

에 차이가 발생하여 당사자단체에서 당사자가 소외되는 문제가 발생하기도 하였다. 이러한 문제를 해결하기 위하여 당사자와 비당사자 간 권력 크기의 균형을 잘 유지할 수 있도록 구조의 균형을 맞추는 것이 당사자단체의 과제라고 할 수 있다.

사회적으로 당사자운동은 강제입원에 대한 문제제기, 당사자의 커밍아웃 이끌어내기, 미디어에서의 혐오 표현에 대한 문제제기, 정치적 권력의 획득 등 변화를 이끌어냈다. 그 과정에서 당사자 활동가들은 다양한 사회적 주체들과 연대를 형성하고 역동적으로 상호작용하여 때로는 부딪히고 때로는 공동의 가치를 확인하며 활동가로서 세계관을 확장해 나갔다. 또한, 당사자 활동가들이 전문가 집단과 연대를 하는 과정에서 전문가 중심주의와 당사자주의가 충돌하는 모습을 포착하였다. 하지만 전문가 존재의 부정적인 기능만을 강조하는 것은 아니었으며, 전문가의 존재가 당사자운동을 전개함에 있어 전략적 장점이 크다는 사실을 인정하는 양가적인 태도를 지니고 있었다. 갈등 지점에 대한 해결방안으로 당사자 활동가들은 충돌하는 전문가 중심주의와 당사자주의의 이분법을 넘어 비당사자 전문가와 당사자를 모두 당사자운동의 참여 주체로 포괄하고자 노력하며 대중적인 연대의 가능성을 마련하고자 하였다.

본 연구는 기존에 활발히 연구되지 않았던 분야인 정신장애인 당사자운동에 주목해 당사자운동이 확장되기 위한 지평을 열고자 하였다. 또한, 당사자운동은 당사자 활동가의 회복을 도모할 뿐만 아니라 사회 전반적으로 정신장애인에 대한 편견과 차별을 완화하는 데에도 크게 기여한다는 사실을 발견하였다. 따라서 당사자주의에 대한 폭넓은 이해를 바탕으로 정신장애인의 인권 증진을 위한 다양한 당사자 중심의 활동이 이루어져야 하며, 이러한 활동을 주도하게 될 다양한 당사자단체를 육성하는 제도적·정책적 지원을 확장할 필요가 있다.

누구나 삶이 있고 이야기가 있다. 지금까지 우리 사회는 정신장애인의 삶, 정신장애인의 이야기에 귀 기울이지 않았고, 정신장애인들은 정신장애를 가졌다는 이유만으로 인위적으로 격리되어 타인이 규정해 주는 삶의 테두리 안에서 살아가야만 했다. 그 결과, 정신장애인은 사회에서 취약한 존재로 자리 잡게 되었으며, 이러한 인권침해 실태는 전례 없는 사회적 재난인 코로나19 사태를 통해 구조적으로 드러났다. '코로나 블루', 즉 감염병 사태에서 우리가 겪었던 답답함과 우울함은 장애를 가졌다는 이유만으로 삶 자체가 극심한 재난 상황이 되어버린 정신장애인들의 이야기에 공감하고 귀 기울이기 위한 맹아가 될 수 있다.

정신건강의 문제는 불안한 사회를 살아가는 우리 모두의 문제이기도 하다. 한 연구 참여자의 말처럼 정신장애 당사자성에 대한 이해는 이 구조 속에 있는 모든 개인의 자유와도 연결되어 있다. 이것이 바로 정신장애를 가지고 살아가는 당사자들의 생존 경험에 귀 기울여야 하는 이유이다. 정신장애인 당사자의 회복경험과 차별에 맞서는 목소리를 경청할 때, 정신장애인의 존재가 사회에서 가시화될 때 그리고 환자가 아닌 지역사회의 구성원으로 함께 살아갈 수 있을 때, 우리 사회는 더 인간다워질 것이며, 공동체 구성원 간의 연대로 나아갈 수 있을 것이다.

참고 문헌

▌ 국내 문헌 ▌

강석임, 이용표. 2013. "정신장애인 회복 과정과 영향요인 — 스트레스, 사회적
   자원 및 지역사회 통합관리의 관계". 『정신건강과 사회복지』, 41(4): pp.116
   — 143.

강수택. 2012. 『연대주의』. 서울: 한길사.

강위영, 김재익. 1997. "지체장애인의 직업의식 조사연구 — 부산 지역을 중심
   으로 —". 『재활과학연구』, 13(1): pp.1 — 43.

국립정신건강센터. 2018. 『국가 정신건강현황 보고서 2018』.

김대성. 2003. "장애인 당사자주의 운동의 참여와 연대정신". 『진보평론』,
   18: pp.170 — 187.

김문근. 2009. "가족의 정신장애인 가정 외 보호 욕구에 영향을 미치는 요인
   에 관한 연구". 『정신보건과 사회사업』, 32(0): pp.5 — 40.

김미영, 전성숙, 변은경. 2017. "정신장애인의 내재화된 낙인 극복 경험". 『정
   신간호학회지』, 26(3): pp.238 — 247.

김민아, 이선혜, 서진환, 송영매, 김정은. 2016. "당사자 렌즈로 바라본 나의
   삶". 『한국사회복지질적연구』, 10(2): pp.105 — 138.

김정남, 서미경. 2004. "정신장애인에 대한 편견과 차별에 관한 연구". 『한국
   심리학회지: 건강』, 9(3): pp.589 — 607.

김현민. 2019. "당사자운동에 참여하는 정신장애인의 변화과정 연구(박사학
   위논문)", 가톨릭대학교, 서울.

배은경. 2015. "한국 공공 아동청소년정신건강서비스의 변천". 『정신건강과
   사회복지』, 43(2): pp.283 — 312.

보건복지부. 2018. 『국가 정신건강현황 보고서 2018』.

심경순. 2013. "정신장애인의 취업 및 직무수행능력이 삶의 질에 미치는 영향".『한국지역사회복지학』, 45: pp.113－135.

엄재선, 이성규. 2018. "정신장애인 당사자 활동에 관한 현상학적 연구".『정신건강과 사회복지』, 46(1): pp.94－118.

윤상용, 홍재은. 2016. "정신장애가 사회적 배제에 미치는 영향에 관한 연구 : 타 장애와의 비교를 중심으로".『한국장애인복지학』, 0(33): pp.149－174.

이근희. 2014. "동료지원활동에 참여한 정신장애인의 회복 과정에 관한 근거이론 접근".『정신보건 사회복지학회』, 5(0): pp.17－32.

이민화, 서미경. 2019. "정신장애인의 자기낙인이 자아존중감에 미치는 영향－정당성인식과 집단동일시의 조절효과".『정신보건과 사회사업』, 47(1): pp.147－172.

이용표, 장혜경. 2014. "정신장애인의 비자발적 입원 경험".『한국장애인복지학』, 0(25): pp.161－189.

이익섭. 2003. "장애인 당사자주의와 장애인 인권운동의 배경과 철학".『장애와 사회』, 2: pp.14－31.

이진향, 서미경. 2008. "정신장애인의 사회적 차별경험 및 차별지각정도에 관한 연구".『사회과학연구』, 24(1): pp.135－156.

중앙정신건강복지사업지원단. 2020. "정신장애인의 고용현황". 정신건강동향. vol.17.

한국장애인고용공단. 2019.『2019년 장애인경제활동실태조사』. 한국장애인고용공단 고용개발원.

❚ 해외 문헌 ❚

Anthony, W., 1993. "Recovery from mental illness: The guiding vision of the mental health service system in the 1990s". Psychosocial Rehabilitation Journal, 16(4), pp.11－23.

Charlton, J.. 1998. 『Nothing About Us Without Us: Disability Oppression and Empowerment』. University of California Press.

Corrigan, P. W. and Shapiro, J. R.. 2010. "Measuring the impact of pr ograms that challenge the public stigma of mental illness". 『Clinical Psy chology Review』, 30(8): pp.907－922.

Leamy, M., Bird, V., Le Boutillier, C., Williams, J., and Slade, M.. 2011. "C onceptual Framework for Personal Recovery in Mental Health: Systemati c Review and Narrative Synthesis". 『The British Journal of Psychiatry』, 199: pp.445－452.

Lefley, H. P.. 2013. "Prosumers and Recovery". 『Psychiatric services』, Vo l.64 No.12.

Link, B. G., Cullen, F. T., Struening, E., Shrout, P. E., and Dohrenwend, B. P.. 1989. "A modified labeling theory approach to mental disorders: An empirical assessment". 『American Sociological Review』, 54(3): pp. 400－423.

Mann. M.. 1986. 『he Sources of Social Power: A History of Power from the Beginning to AD 1760』. T. Cambridge University Press.

Marin, I. Mezzina, R., Borg, M., Topor, A., Lawless, M. S., Sells, D., and Davidson, L.. 2005. "The Person's Role in Recovery". 『American Journal of Psychiatric Rehabilitation』, 8: pp.223－242.

OECD. 2020. 『OECD Reviews of Public Health: Korea』.

Rubin, A. & Babbie, E.. 2016. 『Essential Research Methods for Social Work (fourth edition)』. Cengage Learning.

Wisdom, J. P., Bruce, K. B., Saedi, A. G., Weis, T., and Green, C. A. 2008. "Stealing me from myself: Identity and Recovery in Personal Accounts of Mental Illness". 『Australian and New Zealand Journal of Psychiatry』, 42: pp.489－495.

▌기타▌

한국DPI 홈페이지(dpikorea.org/)

국립국어원 표준국어대사전. 2020.09.20. 표준국어대사전 '운동' 검색 결과.
ko.dict.naver.com/#/entry/koko/590d55e6835a48efab76f88cfb82145d

국립국어원 표준국어대사전. 2020.09.20. 표준국어대사전 '주의' 검색 결과.
ko.dict.naver.com/#/entry/koko/1facbe3768994fecb0e7b1214a9c2cfd

조미연. 2019. "지금, 우리는 여기에 있다 – '2019 매드프라이드 서울'과 공감
하다" 공익인권법재단 공감 보도자료. withgonggam.tistory.com/2305

03

대학 온라인 커뮤니티의 중국인 혐오

: 코로나19 사태와 관련된 온라인상의

중국인 혐오 담론을 중심으로

이형규, 차민우

03

대학 온라인 커뮤니티의 중국인 혐오

: 코로나19 사태와 관련된 온라인상의 중국인 혐오 담론을 중심으로

이형규, 차민우

I. 서론

1. 코로나19와 '혐오 바이러스'

2019년 12월 중국 우한시에서 발원한 코로나바이러스감염증－19 (이하 '코로나19')로 인해서 전 세계 사람들의 삶이 송두리째 변하고 있다. 코로나19가 발견된 지 1년만인 2020년 12월, 전 세계적으로 7,500만 명 이상의 확진자와 160만 명 이상의 사망자가 보고되었다.

하지만 바이러스의 병리학적인 확산과 더불어 '혐오 바이러스'의 사회적 확산 또한 세계적으로 문제가 되고 있다. 코로나19가 중국과 일부 아시아 국가에만 지역적으로 한정되어 있던 2020년 1~2월에는 북미와 유럽에서 동양인을 향한 혐오 범죄가 다수 보고되었다. 유럽에 거

주하는 동양인들은 최근에 중국에 방문한 적이 없는데도 병원 진료를 거부당하는가 하면, 공공장소에서 행인이 동양인을 향해 침을 뱉거나 욕을 하며 지나가는 일이 언론에서 연일 보도되었다. 이에 프랑스와 독일의 동양인 커뮤니티는 "저는 바이러스가 아닙니다."라는 뜻을 가진, 'Ich bin kein Virus', 'Je ne suis pas un virus'라는 해시태그를 통해 온라인 공간에서 코로나19가 촉발한 동양인에 대한 인종차별의 심각성을 지적하는 운동을 벌였다.

　　국내에서도 코로나19 사태가 촉발한 인종차별적인 혐오가 급속도로 확산되는 경향성을 발견할 수 있었다. 유럽과 북미에서는 동양인에 대한 일반적인 기피와 혐오로 이어졌다면, 국내에서는 중국인과 중국동포에 대한 혐오가 급속히 양산되었다. 서울의 한 식당에서는 '중국인 출입금지'라는 문구를 내걸었으며, 가사도우미 일을 하며 생계를 이어나가는 중국동포들을 공개적으로 꺼리는 글이 SNS에 게재되기도 했다. 대표적인 중국동포 밀집 지역인 대림동에서는 코로나19 확산 이후 언론과 대중들의 싸늘한 시선과 혐오로 인해서 심리적인 피해를 호소하는 사람들도 많았다. 온라인에서도 중국인 및 중국동포에 대한 원색적인 비난과 혐오 표현이 코로나19 사태를 맞이하여 급속히 많아졌다. 2020년 1월 26일에는 트위터에서 대표적인 중국인 혐오 단어인 '짱깨'가 11,029건 언급되었는데, 이는 이전에 비해 15.5배 높아진 수치라고 한다(오연서, 권오성, 2020).

　　국내에서 이루어지는 중국인 및 중국동포에 대한 혐오는 '중국인 전면 입국금지'와 같은 국가의 방역정책에 대한 정치적인 갈등으로 인해서 더욱 심화하는 경향을 보였다. 심지어는 '우한 폐렴'이라는 용어의 사용을 두고도 더불어민주당과 미래통합당(現 '국민의 힘'), 진보언론과 보수언론 그리고 이들의 지지층이 갈등하는 양상을 보였다. 이처럼 코로나19는 2020년 한국 사회를 진보와 보수, 친정부와 반정부, 한국인과 외국인 등 다양한 기준을 통해서 나누고 이들 집단 사이에 존재하던 갈등을 첨예화했다.

과거에도 SARS, H1N1, MERS와 같은 전염병이 국내에서 유행하기도 했지만, 2020년의 코로나19 사태처럼 인종차별과 제노포비아에 기반한 혐오가 심각하지는 않았다. 이 글에서는 2020년 코로나19라는 질병의 사회적 수용에서 중국인 혐오가 전면에 등장하게 된 현상을 분석하고자 한다. 이를 위해 중국인 혐오 담론의 특징을 분석하고, 그런 담론이 등장하게 된 이유를 분석하고자 한다. 이를 위해 서울대학교의 온라인 커뮤니티인 '스누라이프'와 스마트폰 애플리케이션 '에브리타임'의 서울대학교 게시판을 분석 대상으로 삼아서 게시글과 댓글에 대한 분석 작업을 실행한다. 분석을 통해 중국인 혐오 담론을 범주화하고, 중국인 혐오의 전체적인 맥락 속에서 관련 담론의 핵심 근거와 이유를 파악하고자 한다. 또한, 단순히 현상 분석에 그치는 것이 아니라 실질적인 해결방안을 모색하기 위해서 다른 대학교 온라인 커뮤니티의 혐오 표현 대응 규정을 검토하여 온라인 커뮤니티의 혐오 표현 관련 규정에 대한 제도적 보완사항을 제시한다. 최종적으로는 마사 누스바움의 법철학 사상을 통해서 합리적인 제도를 뒷받침할 수 있는 정의로운 정치적 감정의 중요성을 지적하고, 한국의 대학생들 사이에서 혐오에 대항하는 정의로운 감정을 함양할 수 있는 자정적 해결방안을 모색하고자 한다.

2. 전염병의 인종화

'전염병의 인종화'는 한 사회에서 전염병의 발생과 확산을 특정한 지역, 국적, 인종과 결부시켜서 특정 소수자집단을 감염병 확산의 주범이라고 낙인찍고, 해당 소수자집단의 구성원이 전염병에 걸렸다는 선입견에 기반해 그 소수자집단의 구성원을 차별하는 현상이다. 코로나19 국면에서 유럽과 북미를 포함한 서구 사회에서는 동양인 전체에 대한, 국내에서는 중국인과 중국동포에 대한 혐오와 차별을 흔히 관찰할 수 있었는데, 이는 2020년 코로나19라는 전염병이 동양인 및 중국인과 결부되는 양상을 보여주는 것이다. 하지만 특정 전염병이 인종화되는 현상은 2020년 코로나19에만 국한된 것은 아니었고 SARS, 콜레라, AIDS, H1N1을 비롯한 과거의 다양한 전염병의 발생과 확산 국면에서 흔히 관찰할 수 있는 현상이었다.

SARS, AIDS, 에볼라와 같이 과거에 세계적으로 유행했던 전염병의 확산 국면에서 질병과 인종주의의 관계를 연구한 학자들은 질병에 대한 공포가 특정 소수자집단에 대한 마녀사냥으로 이어지는 현상을 분석했다. 2003년 캐나다에서 확산하며 44명의 목숨을 앗아간 SARS에 관한 연구를 진행한 Keli and Ali(2006)은 토론토라는 다문화 사회의 맥락에서 '전염병의 인종화(racialization of infectious disease)'가 어떻게 진행되었는지 분석한다. 연구자들은 공공 담론, 일상생활과 정책에서 질병이 인종화되어 가는 실제 사례를 제시하면서 SARS의 확산이 평화로워 보였던 다문화 사회에 균열을 가져오게 되었다고 주장한다.

Gilman(1987)은 미국에서 뉴욕시를 중심으로 AIDS의 확산이 최고조에 달했을 당시에 AIDS의 사회적 수용과 재현이 어떻게 아이티인에 대한 인종주의적인 양상을 띠게 되었는지 분석한다. 당시에 아이티인들이 미국 전체 인구에서 차지하는 비율보다 훨씬 높은 비율로 HIV에 감염된 것으로 보고되었는데, 당시 미국 언론은 '미개한' 아이티인들이 항문성교를 피임의 방식으로 사용해서 HIV/AIDS가 확산하였다고 주장했다. 미국에서와는 달리 아이티인 HIV 감염인 중에는 이성애자들의 비율이 높다는 조사 결과는 이런 주장에 힘을 실어주게 되었고, 연구자들은 이성애적 성교로 인한 에이즈 감염이 에이즈의 더 '원시적'인 단계를 보여주는 증거라고 여겼다고 한다.

북미나 유럽의 다문화 국가와는 달리 상대적으로 문화적·인종적 단일성이 강조되는 우리나라의 맥락에서는 질병의 인종화 양상이 2020년 코로나19 사태 이전에는 쉽게 발견되지 않았다. 코로나19가 2020년 한국의 정치적인 맥락 속에서 혐중(嫌中)에 가까운 외국인 혐오로 이어지게 된 원인을 분석한 김수경(2020)은 현 정부의 외교정책을 둘러싼 보수진영과 진보진영 간 이념 갈등에 주목하여 조선일보와 한겨레 신문의 사설을 분석했다. 그는 코로나19가 촉발한 혐중 정서는 단순히 바이러스가 중국에서 유래했기 때문이 아니라, 정부에 대해 기존에 형성되어 있던 친중(親中) 프레임과 이를 공격하는 보수진영의 정치적인 의도에 의해서 형성되었다는 결론을 내린다.

II. 코로나19와 중국인 혐오

1. 우리나라 중국인 혐오의 현주소

(1) 외국인 혐오(Xenophobia)와 중국인 혐오(Sinophobia)

외국인 혐오(Xenophobia)는 '이방인과 외국인 그리고 낯선 것이나 외국의 것에 대한 두려움이나 증오'를 의미한다. 외국인 혐오의 하위 분류라고 볼 수 있는 중국인 혐오(Sinophobia)는 '중국, 중국인, 중국어와 중국문화에 대한 두려움이나 증오'로 정의된다. 하지만 중국인 혐오는 일반적인 외국인 혐오와 뚜렷이 구분되는 역사적인 맥락과 특징이 있고, 코로나19 사태를 맞이하여 세계적으로 발견되는 중국인 혐오는 기존의 역사적인 맥락 속에서 그 자체로 새로운 양상을 보인다. 따라서 이 글에서는 서양과 우리나라의 중국인 혐오의 역사를 간략히 살펴본 후에 중국인 혐오에 대한 더 포괄적인 정의를 제시한다.

서양에서의 중국인 혐오는 '황화론(Yellow Peril)'과 밀접한 연관을 갖는다. 황화론은 중국으로 대표되는 동아시아에 의해서 서양의 경제, 가치, 문화가 흔들리고 결국에는 근본적인 서양적 존재가 위험에 처하게 될 것이라는 이론으로, 서양 사회의 뿌리 깊은 오리엔탈리즘과도 연관된다. 청일전쟁 말기인 1895년에 독일의 황제 카이저 빌헬름 2세가 유럽의 제국들이 중국을 침략하고 정복하게끔 격려하기 위해서 'gelbe Gefahr(yellow peril)'라는 단어를 정치적으로 사용하기 시작했다고 전해진다. 빌헬름 2세는 러일전쟁을 백인과 황인의 전쟁, 서양과 동양의 전쟁으로 해석했고, 일본의 승리가 서양의 정체성에 대한 위협이 된다고 선전하였다. 중국학자 Wing-Fai Leung은 그의 저서에서 "황화(Yellow

Peril)라는 용어는 이방의 타자(他者)에 대한 서양의 성적, 인종적인 두
려움과 서양이 동양에 의해서 수적(數的)으로 압도당하고 결국에는 노
예화될 것이라는 슈펭글러의 믿음이 혼합된 것이라고 전한다(Leung,
2014). 이러한 서양과 동양의 이분법에 근거한 황화론은 미국에서 1882
년의 「Chinese Exclusion Act」와 같은 법률의 입법에도 영향을 끼쳤
다. 프랑스, 호주, 영국의 신문이나 잡지에서 코로나19를 다루면서
'Yellow Peril'이라는 단어를 사용해서 큰 논란이 되기도 한 만큼, 서양
의 중국인 혐오는 코로나19로 인해서 새로이 생성된 것이 아니라, 기존
에 존재하던 혐오와 두려움이 촉발되어 재부상한 것이라고 볼 수 있다.

　　우리나라의 중국인 혐오 역시 한국 현대사에 뿌리 깊은 역사를 갖
는다. 우리 사회에서 화교는 오랜 기간 통합될 수 없는 이방인으로 존
재했고, 우리나라 정부는 여러 차별적인 입법을 통해 화교의 한국 진출
을 의도적으로 제한하고자 했다. 1949년 한국 법무부는 「외국인의 입
국출국과 등록에 관한 법률」을 제정함으로써, 한국 거주 외국인은 매년
체류 연장 허가를 받도록 규정했다. 6·25 전쟁 당시에는 외국인들의
창고를 봉쇄하고 물건을 압류함으로써 화교를 대상으로 한 규제가 이
어졌고, 1957년에는 「무역법」을 통해 화교의 대외 무역을 사실상 금지
했다. 박정희 정권 하에서는 화교에 대한 법적인 규제가 더욱 강화되었
는데, 1961년 「외국인토지법」을 통해서 외국인들의 한국 내 신규 토지
취득을 금지했다. 1970년대에는 짜장면 가격 동결, 중국 음식점 내 쌀
밥 판매 금지, 세무 당국이 임의로 과세 표준을 결정할 수 있는 인정과
제를 통해서 화교의 경제력을 억압하는 법적 조치가 이어졌다(최창근,
2018).

　　한국 현대사의 이러한 역사적인 맥락과 더불어, 2010년 이후 한—

중이 외교적 갈등을 겪으면서 반중 정서는 더욱 심화하였다. 2016년 주한미군의 THAAD 배치에 대한 경제보복과 이에 따라 중국에서 시행된 한한령(限韓令)으로 인해서 한국 국민과 중국 국민 사이의 감정적 골은 더욱 깊어졌다. 2019년 11월에는 서울의 일부 대학에서 홍콩 시위를 지지하는 내용의 대자보가 중국인 유학생에 의해서 훼손되는 사건이 발생하면서 한국과 중국 대학생 사이의 갈등이 대학가에도 퍼지기 시작했다. 이에 중국 대사관이 "홍콩 시위 지지 대자보 훼손은 중국인 학생으로선 당연한 분노의 표현"이라고 중국인 학생들을 두둔했고, 이에 대해 한국 학생 단체가 "한국의 민주주의를 전면으로 무시하는 행위"라고 대응하면서 갈등은 깊어졌다(노석조, 2019).

　　따라서 이 글에서는 한국 사회의 이러한 역사적, 사회적 맥락 속에서 중국인 혐오를 더 포괄적으로 정의하기 위해서 '중국인 및 중국동포, 중국문화, 중국 정부에 대한 두려움과 증오의 감정 그리고 이에 기반하여 중국인 및 중국동포에 대한 차별을 촉구하는 행위'라고 정의한다. 특히 코로나19 사태와 관련해서는 '중국인 및 중국동포를 코로나19 확진자로 상정하고, 코로나19 대유행을 중국인 및 중국동포의 탓으로 돌리는 담론'도 본 연구의 연구대상이 되는 중국인 혐오 담론에 포섭한다. 현시점의 중국인 혐오 담론이 기존의 역사적 맥락과 밀접한 관련을 맺고 있지만, 동시에 코로나19 범유행이라는 새로운 국면에서 질병을 특정 인종과 관련시키는 '질병의 인종화(racialization of disease)'를 포섭하기에는 불충분하다고 판단했기 때문이다.

(2) 한국인이 바라보는 중국인

중국인 혐오는 외국인 혐오의 한 하위 분류라고 볼 수 있지만, 다른 국적의 외국인에 대한 혐오와는 다른 양상을 보인다. 일례로 한국인의 외국인에 대한 '사회적 거리감'을 조사한 여러 연구에서 외국인 혐오와는 구별되는 중국인 혐오의 특징적인 양상이 뚜렷이 드러난다.

통계청 통계개발원이 발간한 「한국의 사회동향 – 2019」에서는 전국의 18세 이상 성인남녀를 대상으로, 해당 국가나 지역 사람들은 '직장동료', '동네이웃', '친척' 등으로 받아들일 수 있는지 묻는 질문에 '그렇다'에 0점, '아니다'에 1점을 부여하여 합산한 후, 이를 평균한 점수를 '사회적 거리감'으로 수치화했다.

다음 <그림 3−1>과 <그림 3−2>에서 제시된 2008년과 2018년의 통계를 분석한 결과에 따르면, 중국인·동남아인·대만인·일본인·북미인·유럽인 중에서 한국인들이 가장 높은 사회적 거리감을 느끼는 집단은 중국인이었다. 더욱 괄목할 만한 점은 2008년과 비교했을 때 중국인을 제외한 모든 집단에 대한 사회적 거리감의 정도가 낮아졌지만, 중국인에 대한 사회적 거리감은 유의미한 정도로 높아졌다는 점이다. 성별과 연령대에 따른 구분에서도 같은 경향성이 관찰된다. 성별과 연령대를 불문하고 모든 집단에서 중국인에 대한 사회적 거리감이 조사 집단 중에서 가장 높은 것으로 조사됐다.

이형규, 차민우

〈그림 3-1〉 2008년과 2018년의 외국인 집단에 대한 사회적 거리감

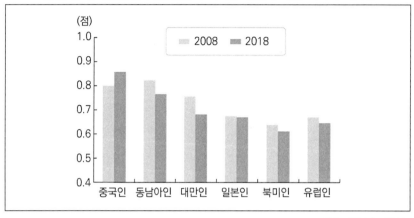

출처: 김석호. 2019.

〈그림 3-2〉 연령대에 따른 외국인 집단에 대한 사회적 거리감

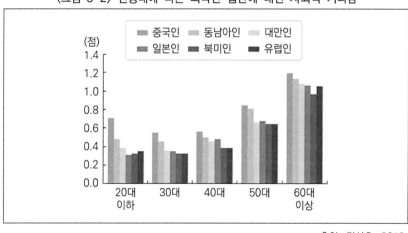

출처: 김석호. 2019.

해당 수치를 바탕으로 한국인의 이주민에 대한 사회적 거리감을
분석한 김석호(2019)에 따르면 한국인의 외국인 이민자와 외국인 노동

자에 대한 인식은 그 속도가 더디지만, 시간이 지날수록 긍정적으로 변하고 있다고 한다. 하지만 이러한 전반적인 경향성과는 반대로, 젊은 층인 20대에서 특히 중국인에 대해 상대적으로 심한 배타성이 관찰된다고 한다. 이와 같은 연구 결과는 전국 1,000명의 대학생을 대상으로 설문조사를 시행해서 대학생들의 다문화 인식을 조사한 임도경·김창숙(2011)의 연구 결과와도 일맥상통한다. 해당 연구에 따르면, 한국 대학생들의 중국인에 대한 사회적 거리감은 외국인 근로자 다음으로 높았다. 또한, 8개의 항목에 대한 다문화 인종별 이미지를 분석한 결과, 10개의 집단 중에서 중국인에 대한 이미지가 제일 부정적인 것으로 드러났다. 특히, 한국 대학생들은 중국인에게 '믿을 수 없다', '더럽다', '시끄럽다' 문항에서 중간점 이하의 평가를 한 것으로 조사됐다.

지금까지의 논의를 종합해 보면, 코로나19 국면을 맞이하기 전부터 우리 사회에서 외국인에 대한 포용력이 높아짐에도 불구하고, 유독 중국인에 대해서는 적대적인 감정이 고조됐다는 것을 관찰할 수 있다. 특히 20대와 대학생 집단에서 중국인에 대한 부정적이고 배타적인 인식이 강하게 나타나는 것으로 보인다.

(3) 코로나19로 심해진 중국인 혐오

코로나19 국면을 맞이하기 전부터 우리 사회에 만연하던 중국인 혐오는 코로나19 대유행 국면을 맞이하여 급격히 심화하였다. 다음소프트가 운영하는 빅데이터 분석 누리집 '소셜메트릭스 트렌즈' 조사 결과에 따르면, 중국인을 비하하는 의미의 '짱깨'라는 혐오 표현의 사용 빈도가 코로나19 국면을 맞이하여 눈에 띄게 높아졌다고 한다. 2019년 12월 다섯째 주 '짱깨'라는 혐오 표현이 뉴스·블로그·인스타그램·트

이형규, 차민우

위터에서 언급된 횟수가 총 710회였던 반면에, 2020년 1월 마지막 주에는 11,029회로 15.5배 증가했다고 한다. 또한, '중국'과 함께 언급된 주요 감성어가 코로나19 국면 이전에는 '고맙다', '좋은', '도움' 등이었던 반면에, 2020년 1월 18일부터 2월 26일까지 중국에 대한 부정적인 표현의 비중이 72%로 급증했다고 한다(오연서, 권오성, 2020).

이 글의 연구대상이 되는 '스누라이프'와 '에브리타임'에서도 언론 및 소셜미디어에서 발견할 수 있는 것과 같은 경향성을 발견할 수 있었다. 스누라이프와 에브리타임의 '자유게시판'에 게시된 글의 제목과 내용에서 '짱깨'라는 단어가 언급된 게시물의 수를 조사한 결과가 아래와 같다.

〈표 3-1〉 스누라이프 '자유게시판'의 '짱깨' 언급량

	2019년 10월	11월	12월	2020년 1월	2월	3월	4월	5월	6월
'짱깨' 언급량	8	6	5	19	96	56	14	5	8

〈표 3-2〉 에브리타임 모든 게시판의 '짱깨' 언급량

	2019년 10월	11월	12월	2020년 1월	2월	3월	4월	5월	6월
'짱깨' 언급량	9	20	5	27	32	7	4	2	1

코로나19가 중국 우한시에서 발원한 것은 2019년 12월이지만, 국내에서 최초 확진자가 발생한 2020년 1월 20일부터 국내 언론에 의해서 본격적으로 다뤄지기 시작했다. 초기 방역 대책의 효과로 2020년 1월 말과 2월 초에는 코로나19 확산이 통제되는 것처럼 보였으나, 2020

100

년 2월 18일 대구에서 '31번 확진자'가 발생하면서 2월 말에는 대구 신천지 교회를 중심으로 확진자가 급속히 증가하였다. 스누라이프의 '짱깨' 언급량도 이와 같은 코로나19의 국내 확산세와 같은 경향성을 보이는 것으로 조사된다. 가장 언급량이 많았던 2020년 2월에는 총 96개의 게시물의 본문이나 댓글에서 '짱깨'라는 단어가 언급되었고, 이는 2019년 12월과 비교하면 19배 이상 높아진 빈도이다. 즉, 코로나19의 국내 확산과 더불어 대학생 온라인 커뮤니티에서 중국인을 대상으로 하는 혐오 표현 또한 급속도로 확산한 것을 확신할 수 있다.

2. 국내의 중국인 혐오 담론과 온라인 커뮤니티에서의 실제 사례

대학생 온라인 커뮤니티에서 중국인 혐오가 얼마나 퍼져있는지를 조사하기 위해서 서울대학교 재학생과 졸업생을 위한 온라인 커뮤니티인 '스누라이프'와 전국 398개 캠퍼스를 위한 온라인 플랫폼을 제공하는 스마트폰 애플리케이션 '에브리타임'의 서울대학교 게시판을 분석 대상으로 삼았다. 두 커뮤니티 모두 포털 이메일이나 학생증을 통한 인증 절차를 거쳐서 서울대학교 구성원임을 인증해야 하므로 재학생과 졸업생들의 솔직한 담론을 파악할 수 있는 적절한 매체라고 판단되었다.

스누라이프는 서울대학교에서 공식적으로 운영하는 사이트가 아니라, 동아리 형태로 모인 학생들이 자발적으로 형성해서 관리하는 사이트이다. 스누라이프 이용자에 대한 정확한 통계가 없으므로 재학생과 졸업생의 비중이 어느 정도인지 알 수는 없으나, 게시판에 게재되는 글의 특성으로 미루어보아 졸업생 이용자의 비중이 높을 것으로 추정된다. 에브리타임은 2011년 성균관대학교 통계학과 졸업생들이 만든 핸드폰 애플리케이션으로, 2016~2017년 대학가를 중심으로 크게 유행하기 시작했다. 앱을 통해 시간표 생성, 학점 계산, 강의 평가를 비롯한 재학생들이 필요로 하는 서비스가 제공되기 때문에 스누라이프보다는 재학생들의 사용이 활발한 것으로 추정된다.

두 온라인 커뮤니티 모두 학내 정보 공유, 스터디 그룹 모집과 같이 실질적인 정보성 글도 많이 게재되지만, 익명 게시판을 중심으로 정치 관련 글도 활발히 게재된다. 이러한 두 온라인 커뮤니티의 사용자 및 게시판 특성으로 미루어보아, 스누라이프에서는 서울대학교 재학생과 졸업생들의 담론을, 그리고 에브리타임에서는 서울대학교 재학생들의 담론을 발견할 수 있으리라고 예상했다.

(1) 중국 식문화에 관한 담론

코로나19는 인수 공통감염 바이러스로서, 식용 야생동물을 판매하는 중국 우한시의 한 수산시장에서 유래된 것으로 알려져 있다. 특히 각종 인수 공통감염 바이러스의 온상이라고 알려진 박쥐로부터 인간에게 옮겨졌을 가능성이 큰 것으로 추정된다. 코로나19의 최초 유래에 대한 과학적 사실은 중국의 식문화에 대한 기존의 편견과 결합하여, 중국인의 '미개한' 식문화 때문에 전염병이 확산했다는 담론으로 이어졌다.

코로나19의 확신을 중국의 '미개한' 식문화의 탓으로 돌리는 담론은 우리나라에 고유한 것이 아니라, 세계적으로 흔히 발견되는 일반적인 담론이다. 한 BBC 기사에 따르면 유럽, 미국, 호주와 같이 동양인들이 가시적인 소수자집단으로 존재하는 곳에서는 중국인들이 '더럽고 미개하다(dirty and uncivilised)'라는 피상적인 고정관념에 기반한 혐오가 언론에서도 만연하다고 한다. 프랑스와 호주의 신문에서 "Yellow Peril", "Chinese virus panda−monium", "China kids stay home"과 같은 제목을 단 기사들이 연재되었는데, 이는 서양의 뿌리 깊은 중국인 혐오 담론이 코로나19 국면을 맞이하여 재부상하는 것이라고 분석했다.

코로나19가 유럽에 퍼지기 시작할 즈음인 2020년 2월 3일자 독일의 「Frankfurter Allgemeine Zeitung」 기사에서는 코로나19로 인해서 심해진 동양인에 대한 인종주의적 발언과 혐오 범죄의 심각성을 다루고 있다. 이 기사에서는 "광둥인들은 네 다리 달린 것은 책상 빼고, 날 수 있는 것은 비행기 빼고는 다 먹는다."라는 우리도 한 번쯤은 들어봤을 법한 중국인의 식문화에 대한 표현이 소개된다. 해당 기사에서는 중국인으로 보이는 여성이 중국의 전통음식이라는 '박쥐 수프'를 먹는 영상이 독일 유튜브에서 화제가 되었고, 이 영상과 함께 "미개한 식문화를 가진 문명화되지 않은 중국인들이 코로나19의 원흉이다."라는 담론이 유럽 사회에서 확산하였음을 지적한다(Priebe, 2020). 하지만 기사에 따르면 해당 영상은 우한이 아닌 팔라우에서 촬영된 것이며, 과거에 한 중국인 블로거의 여행 프로그램에 사용된 목적으로 촬영된 것이라고 한다. 즉, 코로나19 확산 초기 독일 사회에 이미 존재하던 중국인 혐오 담론이 가짜뉴스와 결합해서 코로나19를 인종화하는 양상을 발견할 수 있었다.

유럽에서의 경우와 마찬가지로 스누라이프에서도 바이러스의 원인으로 지목된 박쥐를 중국의 식문화와 결합하여 코로나19의 확산을 중국인의 식문화 탓으로 돌리는 댓글을 발견할 수 있다. 특히 외신 기사에서도 가짜뉴스의 사례로 언급된 '박쥐탕'을 언급하고, 박쥐를 섭취하는 식문화가 비위생적이고 미개하다는 의견이 주로 개진되었다. 또한, 이러한 담론에 근거해서 코로나19를 중국인의 탓으로 돌리는 듯한 담론도 자주 발견된다.

〈표 3-3〉 중국의 식문화에 관한 담론이 반영된 글/댓글

날짜	내용	추천/반대
1월 24일	[댓글] 그러게 박쥐 뱀을 왜 처먹냐	49/2
1월 29일	[댓글] 개고기 익혀먹는데 얘넨 박쥐나 쥐를 삶아먹기도 하지만 회로도 먹는대잖아.....원시인도 불발견하자마자 안죽으랴고 익혀먹었는데 중국은 그거마저 못하구만 무슨 비교할걸해라 (후략)	4/0
1월 29일	[댓글] 먹으려면 사육을 하든지 도축이라도 유통하는 곳에서 떨어진 곳에서 해야지 더럽기 짝이 없는 야생 박쥐를 다른 고기 파는 옆에 쌓아두고 팔면서 뭔 문화 상대주의냐 그게? (후략)	23/0
1월 29일	[댓글] 박쥐탕 보니까 무슨 박쥐들이 지옥에서 좀전에 튀어나온 표정을 하고 있던데 ㅋㅋㅋㅋ 어찌먹냐 그걸	12/1

　　한편, 코로나19를 중국의 '미개한' 식문화와 관련시키는 해당 담론은 코로나19 확산 국면의 초기인 1월 말에 주로 유행했고, 이후에는 관련 글이나 댓글이 많이 발견되지 않았다. 또한, 중국인의 식문화를 비판하려는 의도에서 작성된 글의 댓글에는 문화 상대주의에 기반한 비판이 많이 제기되었고, 해당 문제에 대해 게시판 이용자들 사이에서 비판적 토론이 발견되기도 한다. 그러므로 해당 담론은 이후 등장하는 다른 담론보다 그 지속력이나 영향력이 다소 미미한 것으로 판단된다.

(2) 중국동포에 관한 담론

흔히 '조선족'이라고 불리는 중국동포는 한족(漢族) 중국인과는 뚜렷이 구별되는 집단이다. 그들은 인종적으로는 한국인이라고 볼 수 있다고 할지라도 우리 사회에서 한국인과 중국인 사이의 중간자적 위치를 점하고, 다양한 제도적·문화적 차별에 직면한다. 코로나19의 지역 감염이 현실화되어 가던 2020년 2월 초에 중국동포 밀집 거주 지역이라고 알려진 대림동에서 확진자가 발생했다는 사실이 언론에 보도됨과 동시에, 중국동포를 겨냥한 혐오성 댓글과 게시글이 스누라이프에서도 게재되었다.

코로나19 국면의 중국동포와 관련된 온라인상의 담론에서 주목할 만한 점은 크게 두 가지이다. 첫째는 중국동포에 대한 기존의 부정적 인식이 반영되어 코로나19와는 무관한 중국동포에 대한 괴담을 담은 댓글과 게시글이 생산되었다는 점이다. 오원춘 사건 전후로 온라인 뉴스 댓글의 변화 양상을 분석한 박미화(2017)는 뉴스 수용자가 중국동포를 인식하는 유형을 '대세이익 편승자', '일자리 위협자', '잠재적 범죄자', '질서 미성숙자', '공생의 대상자', '사회적 약자', '경제적 조력자'의 7가지로 분류한다. 분석 대상인 3,241개의 댓글 중에서 뉴스 수용자의 중국동포에 대한 인식을 포착할 수 있는 댓글을 분류한 결과, '잠재적 범죄자(28.4%)'와 '대세이익 편승자(21.4%)'의 유형이 가장 우세한 것으로 드러났다(박미화, 2017: 109).

이처럼 중국동포를 잠재적 범죄자이자, 대세이익 편승자로 간주하는 기존의 부정적 인식이 코로나19 사태를 맞이하여 재생산되는 실상을 스누라이프에서도 발견할 수 있다. 다음 <표 3-4>에서 볼 수 있듯이, 중국동포를 동포가 아닌 외국인으로 인식하고, 이들을 추방해야 한다는 의견의 댓글이 다수 발견되었다. 또한, 과거 오원춘 사건 당시에 회자했던 소위 말하는 '조선족 괴담' 관련 글이 게시되었고, 잠재적 범죄자라는 기존의 부정적인 인식에 기반한 혐오가 만연했다.

〈표 3-4〉 중국동포에 대한 기존의 부정적 인식이 드러난 댓글

날짜	내용	추천/반대
2월 1일	[댓글] 대림동에서 혐오? 칼침맞을 일 있나 ㄷㄷ	23/0
2월 1일	[댓글] 1. 동포 아니고 2. 싫어할 만 하니까 싫어하는 거	4/0
3월 3일	[글] 조선족 관련 괴담 (카니발, 장기밀매)	141/11
3월 3일	[댓글] 한반도에서 일어나는 댓글 분탕 뿐 아니라 살인사건 실종사건 과반수 이상 조선족이 저지른다고 생각합니다. 친중 정부 비호 아래 이런식으로 브레이크 안달고 조선족이 폭주해대면 한국인들도 참다 못해 들고 일어나 한반도에서 아예 추방해버릴 거라고 예상해봅니다.	55/5
3월 12일	[댓글] 저 개버러지같은 짱깨새끼들은 그냥 다 색출해서 내쫓아버려야함.	44/0
3월 20일	[댓글] ㅋㅋㅋㅋㅋ중국인 불법체류자가 한국 정부한테 신속한 대책을 마련해달라네 ㅋㅋㅋㅋㅋ 아 미치겠다 진짜 ㅋㅋㅋㅋ	25/0

스누라이프의 중국동포 관련 담론의 두 번째 특징은 객관적인 근거가 없음에도 불구하고 중국동포 밀집 지역에서는 코로나19 확진자가 많이 발생했을 것이라고 주장한다는 점이다. 때로는 이 주장을 유지하기 위해서 정부의 확진자 통계와 같은 객관적인 지표마저 부정하기도 한다.

스누라이프에는 온라인 기사의 본문 내용이나 링크를 제시하는 소

위 '퍼 나르기'를 통해, 정치적인 이슈를 주제로 토론하는 글이 자주 게재된다. 대림동이나 구로구와 같이 중국인 밀집 지역으로 알려진 지역에서 확진자가 발생했다는 언론 보도가 있을 때, 해당 기사를 전하면서 이것이 필연적으로 중국동포와 관련되었을 것이라는 주장이 자주 발견되었다. 하지만 글이나 댓글에서 인용된 인터넷 기사의 원문을 보면, 확진자가 중국동포라고 확신할 수 있을 만한 대목을 발견할 수 없었다. 인터넷 기사를 퍼 나르는 과정에서 글쓴이의 선입견과 편견이 개입했고, 언론 보도 인용이라는 장치를 통해서 이 편견이 사실인 것처럼 둔갑하는 것이다.

〈표 3-5〉 중국인 및 중국동포 밀집 거주 지역에 관한 담론

날짜	내용	추천/반대
2월 2일	[댓글] 딱봐도 조선족이네요 ㅋㅋㅋㅋㅋㅋ 조선족 집단 거주지 주변 분들 조심	34/0
2월 21일	[글] 왜 대림동, 가리봉동에서는 확진자가 안 나올까요	80/2
2월 21일	[댓글] 이 사단이 났는데 짱깨들이 병원 가겠어요? 확진 나면 격리당한다, 매출 떨어진다, 이미지 안 좋아지니 아프더라도 절대 병원 가지 말고 약 먹고 버티라고 지령 받아서 지들끼리 단속하고 있을 겁니다.	60/0
2월 21일	[댓글] 불법체류자들은 병원을 안(못)가지요 허허… 그래서 지금 안산, 구로 이런데가 서류상 청정지역	48/0
2월 21일	[댓글] 대림동 모 병원에서 일하는 친구 말에 의하면 우한폐렴 터진 이후 감기만 걸려도 응급실에 오던 중국인들이 싹 사라졌답디다. 실제로 증상이 있어도 안 오고 있고, 그러다 사망하면 음성 당하는 거겠죠.	55/0

3월 1일	[댓글] 씨방 ㅜㅠ 전수검사하면 우리나라 병상 다 차지해서 국민들 누울자리 없을거같고 전수검사안하면 선민의식없는 새끼들 다 퍼트리고 다닐거같아 조깥고...하씨 발짱깨 ㅜㅠ	26/0

　　서울특별시에서 발표한 자치구별 확진자 현황을 살펴보더라도 중국동포 밀집 지역에서 코로나19 확산이 다른 지역에 비해서 심각한 상황이라고 볼 수 있는 객관적인 근거가 없다. 2020년 9월 21일 기준으로 서울에서 코로나19 확진자가 가장 많이 발생한 구는 관악구(350명), 송파구(328명), 성북구(320명) 순이다. 서울의 대표적인 중국동포 밀집 지역이 속해 있는 광진구(124명)나 영등포구(178명)는 오히려 확진자가 적은 축에 속한다. 하지만 스누라이프에서는 중국동포가 불법체류자라서 병원을 못 가고, 증상이 있다고 할지라도 의도적으로 이를 숨긴 채 병원에 가지 않기 때문에 확진자 수가 적은 것이라고 주장되었다. 또한, 중국동포 밀집 지역을 전수조사한다면 이 지역 확진자들이 병원의 병상을 모두 차지해서 우리나라 국민을 위한 병상이 부족할 것이라는 댓글도 발견할 수 있었다. 이는 중국동포를 우리나라 국민이 아닌 외국인으로 바라보고, 이들을 의료서비스를 독점하는 대세이익 편승자로 보는 시선이 잘 드러난 댓글이다. 이처럼 코로나19 사태가 촉발한 스누라이프의 중국동포 관련 담론은 위기의 상황을 맞이하여 소수자집단에 대한 부정적인 인식이 재부상하는 과정을 여실히 보여준다.

(3) '현 정권의 친중(親中)' 프레임과 관련된 담론

　　스누라이프의 '서울대광장' 게시판은 정치, 사회 이슈에 대한 글이 게재되는 게시판으로, 학내외 정치 및 사회 이슈에 대한 게시글은 해당 게시판에만 올릴 수 있다. 스누라이프의 특성상 정치 관련 글이 많이 작성되고 해당 게시판은 전체 게시판 중에서 이용자들의 이용이 가장 활발하다. 이와 같은 커뮤니티 특성에 따라 스누라이프에는 정치 관련 글이 자주 게재되고, 전반적으로 현 민주당 정권에 비판적인 우파 성향이 강하다. 이러한 커뮤니티의 정치적 성향 때문에 현 민주당 정권의 코로나19 대응을 비판하는 경향이 강했다. 특히 중국인에 대한 전면적 입국금지를 요청하는 청와대 청원에 761,833명이 참여할 만큼 국민의 요청이 있었음에도, 이를 "실효성이 없다."라는 이유로 시행하지 않자 이에 대해서 비판이 일었다. 요지는 문재인 대통령의 현 정권이 친중 (親中) 노선을 취하기 때문에 중국의 눈치를 보고 있으며, 이는 국민보다 중국인을 우선시하는 정책이라는 것이다.

이러한 '현 정권의 친중 프레임'에 기반한 담론은 김수경(2020)이 지적한 것처럼 코로나19 국면에 제노포비아가 전면에 등장하게 된 가장 큰 이유이다. 그는 코로나19가 국내의 정치적 지형과 이념 갈등을 반영해서 반중 정서로 발전했다고 분석한다. 장덕진 서울대학교 사회학과 교수는 코로나19를 둘러싼 정치적인 갈등을 '위험의 정치화'라고 명명하고, 그 논리를 다음과 같이 정리한다.

"진즉에 중국인 입국금지를 했어야 하는데, 북한이나 러시아조차도 시행하는 대책을 한국 정부는 안 하고 있다가 일을 키우는 무능을 드러냈다. 그 이유는 3월로 예정된 시진핑 중국 국가주석의 방한이 취소될까봐 두렵고, 그러면 시 주석의 도움을 얻어 꽉 막힌 대북관계의 실마리를 뚫어 총선에 승리하려는 전략이 망가지기 때문이다(장덕진, 2020)."

중국인의 전면적 입국금지, 시진핑 중국 국가주석의 방한, 21대 총선과 민주당의 대북정책을 연결하는 이러한 담론은 아래 <표 3-6>과 같이 스누라이프에서 쉽게 발견될 수 있었다.

〈표 3-6〉 '현 정권의 친중(親中)' 프레임과 관련된 댓글

날짜	내용	추천/반대
1월 24일	[댓글] 이번에 방역 뚫리면 총선 망할텐데 중국몽과 사이에서 똥줄 좀 탈 듯 아니 타야하는데 휘휘 재밌는 이쓔네요 거리고 말듯해서 불안	54/2
1월 31일	[댓글] 입국금지하면 선거자금 못 받아서 4월에 총선치르는게 불편해져서 그런게 아닐지 혼자 상상해봄... (주어 없음, 목적어 없음)	42/1
2월 1일	[댓글] 현정부를 '대한민국 정부'라고 생각해서 이해 못하는 것입니다. 현정부는 '대한민국 정부'가 아니고 사회주의에 공감하는 '깨시민'들의 정부이고 미국은 여기에 정면으로 반하는 세력이며 중국은 '깨시민'들의 강력한 동맹세력이라고 생각하면 모든 것이 이해됨.	80/2
2월 9일	[댓글] 중국과 친해야 북한에게 퍼주기를 할 수 있다는 생각에서 나온 전략 같습니다. 그리고 무엇보다 구라미터를 통한 여론조작 결과를 민주당 스스로도 믿어버린게 아닌가도 싶고요.	42/0
2월 24일	[댓글] 간첩 새끼 맞는 것 같아요. 아무리 개망신살 탄핵각 약점이 잡혔어도 우선순위가 대한민국이면 이럴 수가 없어요. 우선순위가 북한과 중국인 간첩이 우리나라 대통령인 듯 합니다. (후략)	153/0

이 담론은 질병이 어떻게 기존에 존재하는 정치적인 갈등 속에서 수용되고, 그 정치적인 갈등에 인종주의에 근거한 혐오가 이용되는지

여실히 보여준다. 표면적으로 봤을 때 이런 담론은 중국인 혐오가 아니라 정당한 정치적인 비판이라고 볼 여지는 있으나, 이는 정치·경제적으로 부상하는 중국의 영향력에 대한 두려움이 반영된 전형적인 중국인 혐오 담론으로 분석하는 것이 타당하다. 중국은 애초부터 국가 대 국가로 비자 면제나 무비자 입국 대상이 아니었고, 법무부는 중국에 이미 발급된 236만 건의 효력을 정지하는 조치를 통해서 사실상 중국인의 국내 입국이 금지된 것이나 다름없었다. 또한, 코로나19의 진원지인 후베이성 방문 외국인에 대한 입국은 이미 금지된 상태였고, 수개월이 지난 후에 중국인에 대한 전면적인 입국금지를 실행하는 것의 실효성이 없었으리라는 청와대의 주장이 타당했음이 사후적으로 밝혀졌다. 이처럼 실익이 없는 정책이었음에도 '중국인 입국금지'가 2020년 2월 대한민국에서 가장 뜨거운 논쟁거리가 된 것은 중국인 모두를 코로나19 확진자로 간주하고, 정부의 방역 대책을 정쟁화하려는 시도로 보는 것이 타당하다. 또한, 정치적·경제적으로 부상하는 중국의 영향력에 대한 두려움과 반감에 의해서 촉발된 전형적인 중국인 혐오 담론으로, 서양의 뿌리 깊은 '황화론'과도 일맥상통하는 현상이라고 볼 수 있다.

(4) '차이나 게이트'와 관련된 담론

'차이나 게이트'는 중국인 혹은 국내 거주 중국인 유학생, 중국동포들이 청와대 국민청원과 네이버·다음 등 포털사이트에서 게시글·댓글 작성, 공감수 조작 등을 활용해 대규모 여론 조작을 시도하고 있다는 주장이다. 차이나 게이트는 2020년 2월 26일 극우 인터넷 커뮤니티인 '일베저장소'에 "나는 조선족이다. 진실을 말하고 싶다."라는 제목의 글이 게재된 것을 시작으로 우파 성향의 온라인 커뮤니티에서 확산하기 시작했고, 3월에는 미래통합당 의원들이 관련 법안을 발의하며 정치권에도 큰 영향을 끼쳤다. 2020년 3월 11일에는 미래통합당 미디어특별위원회와 시민단체 '행동하는 자유시민'이 컴퓨터등장애업무방해 혐의로 네티즌 두 명을 검찰에 고발하면서 '차이나 게이트' 의혹에 대한 사건 수사가 시작되기도 하였다.

하지만 지금까지의 정황상 차이나 게이트는 근거가 부족한 허황된 음모론일 가능성이 큰 것으로 알려졌다. '차이나 게이트' 의혹을 제기한 측에서는 2020년 2월 26일자 "문재인 대통령님을 응원합니다!"라는 청와대 국민청원이 이틀 만에 100만 동의를 얻은 것을 두고, 2020년 1월의 국민청원 홈페이지 중국 내 접속량이 폭증했으니 중국이 조작한 것이라고 주장했다. 하지만 2020년 3월 2일, 청와대는 2020년 2월 청와대 국민청원 홈페이지 방문기록을 분석한 결과, 국내 접속이 96.9%, 중국이 0.06%에 불과하다며 해당 의혹을 정면 반박했다. 차이나 게이트 음모론자들의 또 다른 주장은 중국이 조선족을 통해 주요 포털사이트 댓글의 작성과 공감을 조작하고 있다는 것이었다. 이러한 의혹에 대해 미래통합당 박성중 미디어특위 위원장은 「차이나 게이트 방지법」을 발의하여 댓글에 작성자의 국적을 의무적으로 표시하도록 할 것이라고 했다. 미래통합당 김성태 의원도 차이나 게이트 의혹을 염두에 두고 SNS 해외 접속 표시제를 도입해야 한다고 주장했다. 극우 온라인 커뮤니티에서 제기된 이러한 의혹이 정치권에서도 보수정당 정치인들을 중심으로 논란이 일자, 포털사이트 네이버는 프록시나 가상사설망(VPN)을 통해 작성자의 위치를 알기 어렵게 하거나 IP를 우회한 경우가 통계적으로 매우 미미하다며 반박했다. 또한, '댓글 본인확인제' 규정 때문에 네이버 뉴스 댓글 작성자의 96% 이상이 핸드폰 본인확인을 거친 아

이디를 사용한다고 덧붙이며 차이나 게이트 음모론자들의 주장을 반박
했다.

이처럼 극우 온라인 커뮤니티에서 시작된 '차이나 게이트'가 근거
로 제시한 주장들은 대부분 사실에 부합하지 않는다는 것이 밝혀졌다.
하지만 스누라이프에서는 아래 <표 3-7>과 같이 차이나 게이트와
관련된 글이 많이 게재되었을뿐더러, 삼일절에 '차이나 게이트'라는 키
워드를 각종 포털사이트의 상위권 검색어로 노출시키기 위해서 계획되
었던 '검색어 총공'에 참여할 것을 촉구하는 글이, 많은 추천을 받아서
베스트 게시물로 노출되기도 했다.

〈표 3-7〉 차이나 게이트 관련 댓글

날짜	내용	추천/반대
2월 29일	[글] •3.1절 오후 1시 차이나게이트 네이버 검색•	199/1
2월 29일	[댓글] 현정권이 조선족을 여론조작 수단으로 이용하기만 했나요? 그 결과 현재 대한민국은 친중 노선이 되고 원자력 등 기간산업이 중국으로 넘어가고 있습니다. 누가 이득을 보고 있나요? (후략)	36/0
3월 2일	[글] 전국의 대학생들이여 이제 행동하라! 차이나게이트 전쟁이다.	–
3월 2일	[댓글] 비추 계속 1~2개 달리는 거, 아직도 남은 조선족인가, 아님 민주당에서 파견나온 스랄 관리당원? 아님 아직도 스랄 들락거리는 조씨 일가?	30/4
3월 3일	[댓글] ㅋㅋ저런거들이 동포? 이제껏 분란 조장한 것 생각하면 억장이 무너짐	120/0
3월 3일	[댓글] 중국인이 왜 이리 한국 일에 관심이 많을까? 다 티나는데 추하다	43/0

차이나 게이트 음모론에 대한 홍보와 더불어 스누라이프 내에도 아이디를 구매해서 여론 조작을 시도하는 중국인과 중국동포가 많이 있을 것이라는 주장이 제기되었다. 이러한 주장에 힘입어 차이나 게이트를 비판하거나, 중국인 혐오의 심각성을 지적하는 글의 글쓴이를 여론 조작을 시도하는 중국인으로 몰아가고 색출하곤 하는 문화가 자리 잡았다. 또한, 자신은 중국인 및 중국동포가 아니라는 것을 보이기 위해서 '시진핑 개새끼', '프리 티벳', '홍콩 민주화', '타이완 넘버원'과 같이 중국 당국의 지령을 받은 중국인이라면 쓰지 못할 것이라고 여겨지는 문구를 글의 처음이나 끝에 추가하는 문화가 자리 잡았다.

〈그림 3-3〉 '스누라이프' 내에서 여론 조작을 시도한다고 모함받는 댓글

5. 광명쉰김 (학생회장) 2020.4.8 신고(유효:0/무효:10) [수정내역 (3)]   👍 17 👎 254

지금 중국 거의 진압 되었어요... 시진핑이 미쳤다고 감염 재확대 가능성있는데 우한 사람들을 풀어 주겠어요? 지금이 무슨 냉전시대 모택동 치하도 아니고 지금 오늘 현재 중국 주재하면서 유튜브 업로드하고 트위터하고 페북하는 외국인이 한 두명이 아닌데 진짜 중국이 진압 못했는데 구라칠 수 있다고 생각하세요? 시진핑 개좆씹새끼 프리 티벳 시대혁명 광복홍콩 타이완 넘버 원 외치고 갑니다.

6/ 시진핑이 정직하다고 생각하는 게 아니라 걔도 자기 정치생명줄이 달린 문젠데 이제와서 중국내 감염을 증가시키는 조치를 하겠냐는 거에요. 그리고 제 뇌피셜이 아니라 업무 상 알고 지내는 수많은 한국인, 일본인, 미국인 재중 주재원 사업가 학자들이 일구동성으로 단 한명의 이론도 없이 말하는 게 중국은 일상으로 복귀했다는 겁니다. 공산당에 당연히 비판적인 사람들도요. 글쓴님은 대체 중국에 지인 한 명이라도 있으세요?

출처: 스누라이프

〈표 3-8〉 위의 댓글에 작성된 대댓글

날짜	내용	추천/반대
4월 8일	일구동성 이론 … 딱 봐도 중국어가 한국어보다 더 편해보이는 말투네요. 와. 스랖에 뿌리 깊게 박혀있는거 같은데 중공들 어떻게 몰아내죠?	76/5
4월 8일	'진압'부터 막줄 띄어쓰지까지 ㅋㅋ 한국인 아닌거 같은데요 '시대혁명' '광복홍콩'은 어디서 나온 말임?	53/2
4월 8일	짱깨시키야 한국어만 배우지 말고 한국에서 쓰는 표현을 익혀와라 ㅋㅋㅋㅋ 전염병은 '진압'라고 '일구동성' '이론'을 누가 그런 문맥에 쓰냐 ㅋㅋㅋ 그래갖고 댓글알바 해먹겠어? 우마오당 새키	75/2

이처럼 스누라이프에서는 중국인에 대한 지나친 혐오를 지적하거나 '차이나 게이트'를 비롯한 중국 관련 가짜뉴스를 지적하는 사람들을 중국인으로 몰아가는 마녀사냥 문화가 자리 잡았다. 특정 단어의 사용이나 문법이 어색하다는 지적을 하며 글쓴이가 중국인 혹은 중국동포라고 선동하며, 가짜뉴스와 혐오에 반대하는 사람들의 담론을 선동으로 간주하고 침묵시킨다.

Ⅲ. 대학 온라인 커뮤니티 내의 중국인 혐오 표현 대응방안

1. 혐오 표현 근절을 위한 자정적 노력

마사 누스바움(2019)은 혐오감에 대한 해결방법의 하나로 '정치적 감정'을 제시한다. 그는 혐오 표현을 규제하는 법과 제도가 마련되어 있더라도 그것을 긍정하고 뒷받침할 수 있는 사회 구성원들이 존재하지 않는다면, 그러한 제도는 사회에서 영향력을 잃게 될 것이라고 주장한다. 제도 그 자체를 마련하는 것만큼이나 제도를 지지할 수 있는 감정을 형성하는 것이 중요하다는 것이다. 법과 제도에 대한 충분한 공감과 이해가 바탕이 되어야 제도가 사회에 정착할 수 있기 때문이다. 그리고 이러한 정치적 감정은 국가 차원의 공적 예술 작품을 통해 그 작품과 상호작용을 하는 사람들의 감정을 깨우치도록 유도하는 방식으로 획득할 수 있다고 지적한다. 예컨대 독일의 유대인 학살 추모공원이나 한국의 위안부 소녀상과 같은 공공 설치물은 그것을 관람하는 사람으로 하여금 특정한 혐오와 배제의 역사를 환기하고 현재와 미래 곳곳에 도사리고 있는 혐오에 대한 경계심을 추동한다.

정치적 감정에 대한 논의는 중국인 혐오가 친중적인 정부의 태도를 비난하기 위한 전략적인 장치로 활용되고 있다는 점을 고려할 때 매우 합리적인 접근이 될 수 있다. 즉, 위험의 정치화에 기반한 혐오를 정치적 감정으로 다스리는 것이다. 누스바움의 관점에서 혐오 표현에 대한 하향식 접근은 산발적으로 생산되는 혐오 표현 자체를 근절하는 해결책이 되기는 어렵다. 그러므로 본 연구에서는 누스바움의 정치적 감정 논의에 착안하여 법을 통한 혐오 표현 그 자체의 억압보다는 근본적인 시각에서 혐오 표현에 대한 문제의식을 커뮤니티 이용자에게 사전에 심어주는 방식을 주된 대안으로 제시하고자 한다. 그리고 그러한 감정을 추동하기 위한 전략으로 삼진아웃 제도 및 시각적 효과와 같은 장치의 활용을 제안한다.

(1) 대안 1: 신고 제도 및 삼진아웃 제도

대학생 온라인 커뮤니티에서는 자체적인 내규를 마련하여 사이버

공간 내에서의 과도한 상호 비방을 예방하고 커뮤니티 사용자 간 상호 존중의 분위기를 형성하기 위해 노력하고 있다. 예컨대 서울대학교 학생 커뮤니티 '스누라이프'에서는 다음 <표 3-9>와 같은 규칙에 따른 신고 제도를 마련하여 커뮤니티 내의 혐오 표현에 대응하고 있다.

〈표 3-9〉 서울대학교 학생 커뮤니티 '스누라이프'의 신고 사유 및 구체적 내용

신고 사유	내용
타 회원을 모욕하는 게시물	비방, 인신공격, 욕설을 비롯해 타 회원(스누라이프 이용자)에게 심한 모욕을 주거나 명예를 손상시키는 게시물
성적 모멸감을 일으키는 게시물	성적 모멸감을 일으키는 게시물
불법정보의 유통	음란물, 심한 공포성 게시물, 사행성 게시물, 국가기밀 누설, 범죄 교사 및 방조 등
공서양속을 위반하는 게시물	공서양속에 위반되는 정보, 문장, 도형 등 유포
특정 개인/집단을 차별/혐오하는 게시물	특정 개인이나 집단에 대한 불리한 대우를 표시하거나 조장, 인종 및 출생 지역 등을 이유로 공연히 특정 개인이나 집단을 혐오, 조롱, 인신공격

이중 혐오 표현에 대한 대응과 가장 밀접한 관련이 있는 항목은 다섯 번째 '특정 집단을 차별/혐오하는 게시물'이다. 스누라이프의 사용자는 해당 규정에 근거하여 특정 게시물이나 댓글이 특정 집단을 차별하거나 혐오하는 내용을 담고 있다고 판단하는 경우, 이 규정을 신고 사유로 체크하여 해당 게시자를 신고할 수 있다. 신고 횟수가 10회 이상이 되면 신고를 받은 글은 자동으로 블라인드 처리되어 일반 사용자

는 경고창을 두 번 클릭해야만 게시글의 내용을 열람할 수 있다. 또한 신고 점수가 30점 이상 누적되면 게시자는 일정 기간 게시물 작성이 제한되고 3개월 동안 익명글의 작성이 비활성화되며, 신고 점수가 100 점 이상 누적되면 게시자는 영구히 게시물 작성이 제한된다. 아울러 허위 신고를 방지하기 위해 게시물에 대한 신고처리는 세 명 이상의 신고자가 신고 버튼을 누르는 순간부터 처리되도록 시스템이 설계되었다.

반면 신고에 대한 대응방법도 갖추고 있는데, 만약 특정 신고가 부당하다고 생각하는 경우 세 명의 다른 사용자가 '신고 무효'를 요청하면 해당 신고가 무효화되고, 반대로 무효화된 신고를 한 사용자는 부당한 신고를 한 것에 대한 패널티로 일정 기간 신고 기능이 제한된다. 이처럼 스누라이프의 신고 제도는 최대한 커뮤니티 이용자의 표현의 자유를 존중하면서도 게시자에게 자신이 작성한 글에 대한 책임을 부과하고, 사이트 내규와 이용자들의 자율적인 판단에 의해 혐오 표현의 자정 작용이 이루어질 수 있도록 체계적으로 운영된다는 점에서 혐오 표현의 효과적인 대응 방식 중 하나로 평가할 수 있다.

그러나 스누라이프의 내규에 따른 신고 제도에는 몇 가지 심각한 문제점이 있다. 먼저 특정한 주제에 관한 이야기가 오갈 때 대개는 한쪽으로 의견이 편향되어 있기에 신고 제도가 오히려 반대쪽 의견을 억압하는 도구로 전락해 버렸다는 사실이다. 또한, 글이 게시된 이후 24시간이 경과하면 신고 기능을 활용할 수 없도록 규정되어 있어, 그 이후의 게시글에 대해서는 비추천 버튼을 누르는 것 외에는 혐오 표현에 대항할 방법이 없다.

〈그림 3-4〉 '스누라이프' 내 중국인 혐오 게시글을 비판하는 댓글

3. 활맹송김 (개구리) 2020.2.1 신고(유효:6/무효:0) [수정내역 (1)]   👍 17 👎 120

중국인혐오 아니라더니
지금 유럽여행간 아시아인이
유럽인한테 취급받는 상황이랑 똑같네요.

신고자 목록 - (총 6개 / 유효 6개 / 무효 0개)

****	유효 [무효요청]	무효요청자 목록	[6] 영리 행위
****	유효 [무효요청]	무효요청자 목록	[9] 타 회원을 모욕하는 게시물
****	유효 [무효요청]	무효요청자 목록	[16] 특정 개인/집단을 차별/혐오하는 게시물
****	유효 [무효요청]	무효요청자 목록	[6] 영리 행위
****	유효 [무효요청]	무효요청자 목록	[16] 특정 개인/집단을 차별/혐오하는 게시물
****	유효 [무효요청]	무효요청자 목록	[3] SNULife 계정의 부정이용

출처: 스누라이프

〈표 3-10〉 위의 댓글에 작성된 대댓글

날짜	내용	추천/반대
2월 1일	한국분 아니시죠? 말이 좀 어색하네요 ㅋㅋㅋ	56/5
2월 1일	너 띄어쓰기가 외국인이야 ㅇㅇ 착해지고 싶니? 걍 다물어라	11/0
2월 1일	혐중은 한국만 하는게 아닐텐데요? ㅋㅋ 전세계에서 중국인에 대한 이미지가 좋은 나라가 있나요? … 본인의 나라가 혐오를 받는게 자기나라니까 마음이야 아프겠지만 지금까지 어떻게 살아왔는지 한 번 돌이켜 보시길	22/1
2월 1일	한국어 아직 멀었네요. 수정해도 이상하니 그냥 중국 싫어한다고 해서 짜증난다고 당신이나 위선떨지 말고 말하세요 중국국적님아.	12/0

위의 <그림 3-4>와 <표 3-10>에서는 중국인 혐오 표현을 담고 있는 게시글에 대해 커뮤니티의 또 다른 이용자가 비판하고 있는

데, 오히려 정당한 비판을 하는 사용자가 신고를 받고 댓글로 조롱을 당하는 상황이 드러난다. 이 외에도 서울대를 제외한 다른 대학을 원색적으로 비난하는 게시물에서 그 비난의 부당함을 주장하는 반박 댓글에 비추천과 신고가 10건 이상 제기되는 일도 있었으며, 일상적인 고민을 담은 글임에도 불구하고 특정 성별에 그 원인을 전가하는 댓글이 오히려 높은 추천을 받아 댓글의 상단에 게시되는 사례도 발견되었다. 이처럼 커뮤니티 사용자들의 자발적인 신고에 기반한 제도의 성공 여부는 이용자들의 양심에 따를 수밖에 없으며, 커뮤니티 문화가 편향되었을 경우 신고 제도가 오용될 위험성을 내포한다.

한편 전국 대학 커뮤니티 '에브리타임'에서도 신고 기능을 탑재하여 신고할 때 해당 사유를 명시하도록 하고 있는데, 스누라이프에 비해 다소 간결한 목록을 갖추고 있고, 모욕과 혐오를 구분하지 않고 단순히 욕설/비하라는 항목으로 처리하고 있다.

〈표 3-11〉 '에브리타임'의 신고 사유

정당/정치인 비하 및 선거운동	욕설/비하	음란물/불건전한 만남 및 대화
상업적 광고 및 판매	유출/사칭/사기	낚시/놀람/도배

에브리타임에서도 마찬가지로 다수에 의해 혐오 표현이 공공연하게 용인되고, 특정 집단에 대한 차별적 내용이 오히려 이용자 다수의 지지를 얻어 베스트 게시물에 등록되는 현상이 발견되었다. 이처럼 혐오의 대상이 되는 집단이 커뮤니티 내에서 전적으로 소수자에 해당하는 경우, 커뮤니티 이용자들의 판단에 내맡기는 배심원 형식의 신고 제

120

도를 운영하는 것이 혐오 표현을 근절하는 효과가 미미한 것으로 보인다. 오히려 신고 제도를 악용하여 혐오를 표출하는 발화가 지지를 받고, 이를 비판하거나 지적하는 발화가 신고처리 되어 침묵을 강요당하기도 했다.

〈그림 3-5〉 연세대학교 학생 커뮤니티 '세연넷'의 신고 화면

신고 카테고리

○ 개인정보 유출

○ 음란, 혐오(disgust), 법령 위반

○ 분란조장 또는 허위사실유포

○ 욕설 및 모욕적 언행

○ 해당 게시판에 부적합한 글

○ 차별적 게시물 ❷

○ 낚시 및 도배 ❷

○ 해킹, 어뷰징 등 ❷

○ 기타

상세 신고 사유

- 신고 기능은 해당 게시물이 대한민국 현행법상 위법하거나 공공도덕, 미풍양속에 현저하게 위배된다고 판단되는경우, 또는 지나친 인격모독, 명예훼손, 언어 성폭력에 해당하는 내용이 포함된 경우, 개인정보 유출의 위험성이 있는 경우 사용가능합니다.

- 신고 대상 게시물에 대해서는 운영진이 운영내규에 입각하여 처리하며, 이 과정에서 그 필요성이 인정될 경우 운영자는 신고자 및 신고대상자의 사이트 이용 기록 및 회원정보를 열람할 수 있습니다.

- 의견에 대한 지지나 반대입장을 표명하시려면 '추천', '반대' 기능을 이용해 주시기 바랍니다.

- 신고 내용이 부적절한 경우에는 신고자에 대한 제재가 이루어질 수 있습니다.

☐ 동의

출처: 세연넷

    연세대학교 학생 커뮤니티 '세연넷'에서도 역시 신고 제도를 활용해 혐오 표현에 대응하고 있다. 다만 스누라이프의 경우와는 달리, 신고 사유에 대한 신고자의 상세한 설명을 요구하고 있으며, 신고 버튼만으로 신고가 처리되는 것이 아니라 운영자의 내규에 따라 2차적으로 검수 과정을 거친다는 점에서 신고처리의 과정이 더욱 엄격하게 관리되고 있다는 것을 확인할 수 있다. 아울러 무분별한 신고를 방지하기 위해, 신고 내용이 부적절한 경우에는 신고자에 대한 제재가 이루어진다는 경고 문구를 명시적으로 표시함으로써 사이트의 균형 잡힌 운영을 최대한 도모하려는 의도를 포착할 수 있었다.

    한편 혐오 표현의 정도가 심한 게시물의 경우에는 아예 게시글을 지우고 해당 게시글의 작성자에게 불이익을 주어야 할 필요가 있다. 신고 제도를 도입하는 경우, 해당 게시물을 블라인드 처리할 수 있을 뿐만 아니라 게시글 작성자 자체를 커뮤니티 내에서 추방할 수 있게 된다. 앞서 살펴봤듯 서울대학교 커뮤니티 '스누라이프'에서는 신고 점수를 계산하여 일정 신고 점수 이상이 누적되는 경우, 글쓰기를 제한함으로써 사실상 게시자를 커뮤니티로부터 배제하는 방식을 택하고 있었다. 하지만 이러한 패널티를 부여받더라도 여전히 댓글 작성은 가능하므로 커뮤니티 전체의 담론에 영향을 미칠 가능성은 내포하고 있는 셈이다. 그러므로 본 연구에서는 삼진아웃 제도를 활용해서 신고 제도를 보완하는 방안을 제시한다. 예컨대 게시글이나 댓글의 내용에 신고횟수가 일정 정도 이상 누적되는 경우 해당 표현의 작성자에게 원 아웃을 부여하고, 이것이 삼 회에 도달하게 되면 아예 커뮤니티에서 퇴장시키는 방법을 활용하는 것이다. 그리고 추방당한 사용자는 커뮤니티에 재가입을 하지 못하게 막음으로써 공동체의 화합을 저해하는 혐오 표현의 생산자는 타인에게 환대받을 수 없다는 사실을 명확하게 보여주어야 한다.

이는 기존의 신고 제도가 다소 유연하게 운영되면서 실제로 혐오 표현을 근절하는 데에는 큰 효과를 미치지 못하게 되었다는 점을 반성하여, 더욱 철저하고 엄격한 신고 제도를 운영하고자 하는 취지에서 제안된 방식이다. 다만 이 경우에도 신고 제도를 악용하여 타당한 비판을 하는 사람들조차 커뮤니티에서 배제하려는 시도를 예방하기 위해 미리 커뮤니티의 자체 내규가 확립된 상태에서 사이트 운영자의 허가를 받아 신고를 처리하는 과정과 함께 병행되어야 할 것이다.

(2) 대안 2: 시각적 장치

고려대학교 커뮤니티 '고파스'에서는 혐오 표현에 대한 노출 자체를 제한하는 방식을 통해 혐오 표현에 대응하고 있다. 예컨대 과격한 표현이 쉽게 생산될 여지가 높은 익명 게시판은 사용자의 성향에 따라 '동물원'과 '식물원'을 선택하여 접속할 수 있다. 동물원 게시판에서는 반말 사용과 과격한 표현이 어느 정도 용인되는 반면, 식물원 게시판에서는 존댓말 사용을 원칙으로 하고 상대방을 과격하게 비방하는 표현은 자제하는 분위기가 형성되어 있다. 이처럼 커뮤니티 이용자의 성향에 따라서 커뮤니티의 게시판을 분류하는 방법은 혐오 표현에 대한 '시각적 노출'을 최소화한다는 점에서 일견 타당한 지점이 있다. 그러나 이 역시 동물원 게시판 안에서 자행되는 혐오 표현 자체가 사라지는 것이 아니라, 혐오 표현은 여전히 존재하지만, 사이트 이용자의 성향으로 간주되어 묵인되고 있을 뿐이라는 지적을 피할 수는 없다.

위에서 제시한 일련의 양상들은 단순히 커뮤니티 자체적으로 내규를 마련하는 대응만으로는 혐오 표현의 자정 작용을 기대하기 어렵다는 사실을 시사한다. 내규에 따른 신고 절차도 사실상 다수결의 방식으로 이루어지고 있으므로, 커뮤니티 전체의 분위기에 의해 처단 여부가 결정되기 때문이다. 따라서 혐오 표현 근절을 위한 대응책은 어느 주체의 일방적인 노력만으로는 부족하고, 커뮤니티 서비스 제공자·국가 기관과 함께 통합적으로 이루어져야 한다. 즉, 커뮤니티 사용자의 자율에 의해 사이트 규칙을 만들고 그에 근거하여 사이트를 운영하기 이전에 건전하고 분별 있는 사용자를 길러낼 수 있는 교육이 선행되어야 하고, 추가로 서비스 제공자의 주기적인 감시와 관리도 동원되어야 할 것이다.

한편 김경희 외(2019)에서는 인터넷 혐오 표현 문제에 대한 대응방안의 하나로, 관련 기업 및 유관기관에서 인터넷 혐오 표현 문제를 해결하기 위해 주체적인 역할을 할 것을 역설한다. 커뮤니티 이용자의 자체적인 노력만으로는 혐오 표현 근절이 어려울 수 있으므로, 인터넷 서비스를 제공하는 사업체가 주체가 되어 혐오 표현에 경각심을 가지고 자기비판이 이루어지는 커뮤니티 분위기를 형성해 주는 방식 역시 혐오 표현에 대한 효과적인 대처법이 될 수 있다.

또한 김경희 외(2019)에서는 혐오 표현이 생산되고 유통되는 원인 중 하나로 '인정 욕구'를 제시한다. 즉, 혐오 표현 발화자는 강도 높은 발언이나 표현으로 타인의 주목을 받는 상황을 즐기는 성향이 있으며, 이에 익숙해지면서 점차 혐오의 정도를 더해가는 메커니즘으로 인터넷 커뮤니티 내의 혐오 표현 발화가 심화한다는 것이다. 따라서 혐오 표현을 유발하는 동인을 제거한다면, 자연스럽게 인터넷 커뮤니티 내의 혐오 표현 발화 역시 줄어들 것으로 기대된다. 그러므로 인정 욕구를 억제하는 방식으로 '시각적 효과'를 활용할 수 있다.

<표 3-12> '시각적 효과' 활용 예

날짜	내용	추천/반대
2월 1일	한국분 아니시죠? 말이 좀 어색하네요 ㅋㅋㅋ	56/0
2월 1일	한국분 아니시죠? 말이 좀 어색하네요 ㅋㅋㅋ	70/4
2월 1일	한국분 아니시죠? 말이 좀 어색하네요 ㅋㅋㅋ	92/10
2월 1일	한국분 아니시죠? 말이 좀 어색하네요 ㅋㅋㅋ	112/20

　　뉴스나 커뮤니티의 댓글에는 추천/비추천 제도가 함께 활용되는데, 대개 추천수가 높은 댓글을 댓글창의 상위에 노출시키는 방식을 채택하고 있다. 인정 욕구가 강한 커뮤니티 사용자의 경우 자신과 동일한 생각을 하는 사람들의 추천수를 얻거나, 반대로 자신과 다른 생각을 하는 사람들이 그에 반박하려는 의도로 대댓글을 작성하는 상황을 즐긴다. 따라서 추천수와 상관없이 비추천수를 많이 받는 댓글의 경우, 그 비추천수에 비례해서 그 댓글의 폰트 크기를 점점 줄여서 나중에는 아예 보이지 않을 정도로 작게 만들거나, 댓글의 폰트 색깔을 점점 희미하게 만들어 보이지 않게 만드는 방식을 활용할 수 있다. 이처럼 시각적 효과를 통해서 커뮤니티 내에서 부정적 발화를 생산하는 사람들의 입지가 좁아지는 상황을 명시적으로 드러낸다면, 더 적은 비추천수를 받기 위해서 혐오 표현을 동원한 선정적인 내용 생산을 자제할 것이다. 이렇듯 인간에게 내재된 인정 욕구를 역으로 이용하여 혐오 표현을 억제하는 메커니즘으로 활용하는 접근은 강압적인 방식이 아니라 특정 행위를 자연스럽게 유도한다는 점에서 마치 행동경제학에서 '넛지'로 표상되는 전략과 유사하다. 이는 단순 규제보다 훨씬 효율적이라고 평가된다.

다만 커뮤니티 내부 성향 비중에 따라 합당한 비판마저 자신과 생각이 다르다는 이유만으로 비추천을 받고, 담론의 장에서 배제되고, 그러한 사용자는 해당 커뮤니티를 이탈하게 되면서 커뮤니티의 분위기 전체가 한쪽으로 치중될 우려가 존재한다. 이러한 부작용으로 미루어 보아 시각적 장치를 도입하기에 앞서 건전한 문화를 먼저 확립하는 일이 우선되어야 한다. 즉, 커뮤니티 사용자와 인터넷 서비스 제공업체의 쌍방향적인 노력이 함께 이루어졌을 때 인정 욕구 억제 장치가 효과적으로 작동할 수 있는 것이다. 또한 한 사람당 게시글 및 댓글에 답글을 달 수 있는 횟수와 추천·비추천 버튼을 누를 수 있는 횟수를 일부 제한해서 커뮤니티 내의 논쟁 과열 양상을 방지함으로써 의도적으로 혐오 담론을 만들어내는 사람들의 동인을 제거하는 방식도 가능하다.

2. 혐오의 특수성

(1) 동일 선상에 놓인 '혐오 표현들'

사회 문제를 해결하기 위한 가장 기본적인 접근의 틀은 문제에 내재한 원인을 파악한 뒤 이를 제거하는 방식이다. 비록 중국인 혐오 표현이 '소수자집단에 대한 다수의 원색적인 비난'이라는 점에서 혐오 표현의 공통적 요소를 지니고 있다고 하더라도, 그 대상이 지니는 특수성에 따라 혐오에 대한 접근법은 다르게 이루어져야 할 필요가 있다. 가령 여성 혐오, 난민 혐오, 노인 혐오는 모두가 '혐오'의 외향을 띠고 있지만, 발생 맥락이나 혐오의 양상에서는 상이한 모습을 보인다.

이처럼 대상 집단에 대한 특수성을 고려하지 않고 단순히 '혐오 표현'이라는 하나의 개념으로 묶어, 원인을 평면적으로 뭉뚱그리고, 혐오 표현을 억제해야 한다는 접근법만을 취한다면 문제의 근본적인 해결은 요원하거니와 더욱 명확하게 원인을 포착함으로써 정교하게 문제를 다루기도 어렵게 된다. 따라서 대상 집단과 표현이 지닌 특수한 맥락을 고려하여 주된 대응 방안을 고안하되, 다양한 혐오 표현을 관통하는 공통된 성질 또한 참작하여 대응 방안을 보완해야 할 것이다.

본 연구의 연구대상이 되었던 중국인 혐오는 '질병의 발원지가 되어 보건 당국을 위협하는 집단에 대한 합리적 비판'이라는 외양을 지녔으나, 앞서 살펴봤듯 비합리적인 감정에 기반하여 확인되지 않은 정보마저 사실로 둔갑되고 있었다. 이러한 상황은 질병 자체에 대한 무지와 공포에도 그 원인이 있는데, 코로나19 발생 초기에 '중국인들의 야만적인 식생활이 그 원인'이라는 말이 마치 입증된 사실로 유통되는 현상에서도 무지와 공포의 영향이 확인된다. 따라서 확실한 정보만을 수용하는 태도가 무지의 대상에 대한 막연한 공포를 해소하고 이로 인해 파생되는 혐오를 줄이는 데에 어느 정도 기여할 수 있을 것으로 보인다.

아울러 중국인 혐오는 기존에 이미 존재하던 조선족에 대한 공포감이 코로나와 결부되어 폭증된 결과라는 점에서 외국인 집단에 대한 혐오와 유사한 양상을 띤다. 즉, 표적 집단에 대한 무지가 공포로 바뀌고, 그들에 대한 원초적인 거부감이 '오원춘 사건'이나 '코로나19 대유행'과 같은 특정 사건으로 인해 명분을 갖고 폭발하는 것이다. 따라서 중국인이나 중국동포의 이야기를 경청하고, 이들에 대한 편견과 무지를 해소하는 방법을 생각해 볼 수 있다.

(2) 표적 집단에 대한 이해

이선(2018)은 누스바움의 논의를 확장하여 연민의 감정을 혐오의 감정에 대한 대항 수단으로 도입할 것을 제안하고 있다. 즉, 연민의 감정을 통해서만 타인의 고통에 공감하는 경험을 효과적으로 수행할 수 있으며, 이에 따라 혐오 표현이 초래하는 표적 집단에의 피해를 피해자의 관점에서 평가할 수 있다는 것이다. 피해 당사자에게 적극적으로 이입하는 태도를 취하는 것이 오히려 공평한 관찰자로서 접근하는 길이라는 화자의 지적은 혐오 표현에 대한 냉철한 분석을 요구했던 기존의 논의와는 사뭇 구별된다.

한편 윤은주(2019)는 혐오 표현에 맞서는 방법으로 이해를 제시하며, 공동체 구성원들 사이에 '이야기하기'를 수행할 것을 제안한다. 즉, 서로의 이야기를 공유하고 판단하는 과정을 활성화함으로써 소수자가 일방적인 폭력에도 침묵하는 상황을 방지할 수 있고, 타인에 대한 구체적인 이해를 도모할 수 있다는 것이다.

이상의 논의를 종합해 보면, 혐오 표현의 표적이 되는 집단의 이야기에 귀 기울이는 과정이 필요하다는 결론이 도출된다. 대부분 혐오의 감정은 상호에 대한 무지로부터 기원하고, 상대방에 대한 이해를 거부하는 태도에서 시작되기 때문이다. 한 가지 예로, 사회 공익 캠페인을 실시하여 외국인·난민·성소수자·여성·노인 등 사회적 소수자의 사연을 주제로 하는 서사를 적극적으로 알리는 것을 들 수 있다. 이러한 서사를 담은 매체는 동영상이 될 수도 있고, 누스바움의 제안처럼 공공 예술 작품이 될 수도 있고, 아니면 줄글이 될 수도 있다. 어떠한 형식을 취하든 피해자들의 고통을 구체적으로 이해할 수 있도록 구성해야 한다. 이를 통해 혐오 표현이 한 사람을 어떻게 파괴하고 배제하는지, 한국 사회에서 혐오의 표적이 되는 대상은 혐오를 감내하며 어떻게 살아가고 있는지, 그 구체적인 이야기를 '표적 집단의 관점에서' 풀어내는 방식으로 혐오의 대상이 되는 집단에 대한 이해를 증진하고, 혐오를 줄여나갈 수 있을 것이다.

Ⅳ. 결론

코로나19의 대유행 국면 속에서 각국 정부는 국민의 경각심을 고취하기 위해 "바이러스는 차별하지 않는다."라는 메시지를 강조했다. 바이러스에 감염될 확률에 있어서는 모두가 차별받지 않는다. 그러나 바이러스를 받아들이는 사람들은 소속 집단에 따라 타인을 차별한다는 사실이 코로나19 사태를 통해 표면상으로 드러나게 되었다. 이처럼 코로나19 사태는 우리 사회 속에 존재하는 다양한 소수자집단이 일상적으로 겪은 혐오와 차별이 위기의 국면 속에서 어떻게 격화되는지를 여실히 보여준다. 본 연구에서는 서울대학교 온라인 커뮤니티의 게시글과 댓글에 대한 분석 작업을 통해, 혐오의 중심에 놓인 중국인 및 중국동포 집단에 대한 혐오의 실상을 보이고자 했다. 분석 결과, 한국 사회 내에서 중국인 및 중국동포에 대한 혐오는 뿌리 깊은 역사적 맥락과 더불어, 중국과의 외교적 마찰, 극우파 온라인 커뮤니티의 선동 그리고 정치적인 갈등에 힘입어 급속히 양산되고 있었다. 특히 바이러스를 사회적으로 수용하는 맥락에서 인종주의와 제노포비아에 근거한 담론이 지배적이라는 사실은, 특정 정치적 이념이나 정책을 지지하기 위해 바이러스가 동원되는 '바이러스의 정치화' 현상을 보여주고 있다.

사회 발전과 맞물려 새로운 형태의 문제가 발생하면서, 이러한 문제들을 모두 강력한 법으로 다스려야 한다는 '법률 만능주의'가 성행하고 있다. 이는 법에 대한 국민들의 높은 신뢰를 의미할 수도 있지만, 한편으로는 사회의 시스템과 민주적인 문제 해결 방식에 대한 불신을 방증하기도 한다. 하지만 다양한 국면으로 자행되는 혐오의 특수성을 고려한다면, 맥락을 배제한 채 모든 혐오 표현을 '혐오 표현'으로 규정한 뒤 단일한 해결 방안만을 고집하는 것은 효과적인 방법이 될 수 없다. 아울러 문제 행위에 대한 징벌적 수단으로써 법적 제재를 남발하게 되면, 표면적인 층위에서 문제를 억제할 수는 있어도 근본적인 층위에서 문제 자체를 해소할 수는 없다. 아울러 법률적인 규제가 초래할 결과에 대한 충분한 검토 없이 시류에 따라 입법하는 방식으로 문제를 해결하려는 태도는 오히려 법에 의해 자유가 제한받는 부당한 상황을 초래하고, 사회의 자체적인 문제 해결 능력을 마비시키는 결과를 낳는다. 따라서 입법을 통한 문제 해결은 최후의 수단이 되어야 하며, 충분한 논의와 합의를 통해 추진되어야 하고, 그 집행 절차 역시 반드시 법률에 명시되어 있어야 할 것이다.

앞서 살펴봤듯, 상당한 수준의 지식을 갖추었을 것으로 간주되는 한국의 대학생 온라인 커뮤니티에서조차 별다른 반성 없이 중국인 혐오가 공공연하게 자행되고 있었다. 이러한 상황은 기존에 지식과 기능에 초점이 맞추어져 있던 한국의 교육 전반에 대한 문제를 제기한다. 정제된 지식을 완벽하게 주입받아 그대로 시험지에 풀어내야 하는 현행 교육 현장에서는 불합리한 주장에 대한 비판적 문식성도, 타자에 대한 공감과 이해의 능력도 생겨날 여지가 없다.

혐오 표현을 근절하기 위한 가장 효과적인 방법은 온·오프라인으로 자행되는 부당한 의견에 대해 비판하는 목소리를 낼 수 있는 사회의 분위기를 만드는 것이며, 법은 일선에 나서서 적극적으로 혐오 표현을 심판하고 검열하기보다는 민주사회 내부에서 이러한 비판과 자정 작용이 잘 일어날 수 있도록 보조하는 역할을 해야 한다. 그렇기에 혐 오표현에 대한 대응은 어느 한 주체의 일방적인 노력만으로는 효과적 으로 기능하기 어렵고, 사회의 다양한 주체들이 함께 연대하여 이루어 져야 한다.

본 연구에서는 이러한 문제의식을 바탕으로 먼저 '대학 온라인 커 뮤니티 내의 중국인 혐오'가 가지는 특수성을 분석한 뒤, 이를 토대로 커뮤니티 이용자를 주축으로 하는 건전한 분위기 형성·인터넷 서비스 제공자의 내규 마련·혐오 표현 방지 교육이라는 대안이 총체적으로 결 합하여 혐오 표현에 대한 대응이 이루어져야 함을 제안하였다. 지면상 의 한계로 해당 대안이 실제로 구현되었을 때의 모습을 제시하거나, 구 체적인 교육 내용을 수업으로 구상하지 못한 점은 한 가지 아쉬움으로 남는다. 그러나 이러한 연구가 보다 근본적인 차원에서 혐오 표현을 해 결하려는 다양한 후속 논의를 추동할 것으로 믿는다.

참고 문헌

▌단행본 ▌

마사 누스바움. 2019. 『정치적 감정 : 정의를 위해 왜 사랑이 중요한가』, 파주: 글항아리.

▌논문 ▌

김경희 외. 2019. "인터넷 혐오 표현 대응방안에 관한 탐색적 연구: 노출경험 사례 및 전문가 심층인터뷰 분석을 중심으로". 『한국콘텐츠학회논문지』, 20(2). pp.499 – 510.

김석호. 2019. "한국인의 이주민에 대한 사회적 거리감". 『한국의 사회동향 2019』. pp.347 – 356.

김수경. 2020. "감염병, 이념, 제노포비아: '코로나19'의 정치화와 반중(反中) 현상", 『다문화와 평화』, 14(1). pp.22 – 43.

박미화, 김솔. 2017. "온라인 뉴스 댓글 분석을 통해 본 한국 사회의 중국동포 혐오증: 오원춘 사건 보도 전후를 중심으로". 『다문화와 평화』, 11(3). pp.92 – 117.

윤은주. 2019. "혐오 표현에 맞서는 방법으로서 이해". 『인간·환경·미래』, 22. pp.229 – 250.

이선. 2018. "연민의 사회적 역할: 누스바움의 연민 분석을 중심으로". 『교육문화연구』, 24(6). pp.35 – 44.

임도경, 김창숙. 2011. "대학생들의 다문화 인식 및 선행요인에 관한 연구-사회적 거리감, 외국인 이미지, 한국인 인정조건을 중심으로". 『커뮤니케이션학 연구』, 19(1). pp.5 – 34.

Keli, Roger and Harris Ali. 2006. "Multiculturalism, Racism and Infectious

Disease in the Global City: The Experience of the 2003 SARS Outbreak in Toronto". 『TOPIA: Canadian Journal of Cultural Studies』, 16. pp.23－49.

Sander L.Gilman. 1987. "AIDS and Syphilis: The Iconography of Disease". 『AIDS: Cultural Analysis/Cultural Activism』, 43. pp.88－107.

▌신문 기사 및 칼럼 ▌

노석조. 2019.11.16. 中 대사관 '홍콩 시위지지 대자보 훼손, 중국인 학생으로선 당연한 분노의 표현'. 조선일보. www.chosun.com/site/data/html_dir/2019/11/16/2019111600158

오연서, 권오성. 2020.03.10. 중국 검색하면 감염·공포…'짱깨' 혐오 표현 사흘만에 31배. 한겨레신문. www.hani.co.kr/arti/society/rights/931870

장덕진. 2020.02.24. 생명 가치 넘어선 '위험의 정치화'. 경향신문. news.khan.co.kr/kh_news/khan_art_view.html?art_id＝202002242043035

최창근. 2018.05.13. 한국의 '오랜' 이방인, 화교의 어제와 오늘. 신동아. shindonga.donga.com/3/all/13/1298981/1

Leung Wing－Fai. 2014.08.16. Perceptions of the East –Yellow Peril: An Archive of Anti－Asian Fear. The Irish Times. www.irishtimes.com/culture/books/perceptions－of－the－east－yellow－peril－an－archive－of－anti－asian－fear－1.1895696

Manon Priebe. 2020.02.03. Wie Rassisten das Coronavirus für sich nutzen. Frankfurter Allgemeine Zeitung. www.faz.net/aktuell/gesellschaft/gesundheit/coronavirus/coronavirus－in－china－sinophobie－und－rassismus－im－netz－16614102

04

한국의 코로나19 방역체계와 프라이버시권의 조화 가능성

: 정당성 검토와 사회적 연결 모델의 적용

김소현, 이현찬, 지가영

04

한국의 코로나19 방역체계와
프라이버시권의 조화 가능성
: 정당성 검토와 사회적 연결 모델의 적용

김소현, 이현찬, 지가영

I. 서론

2019년 최초로 발병이 보고된 코로나바이러스감염증 – 19(이하 '코로나19')의 누적 확진자는 2020년 12월 말일을 기준으로 전 세계에 약 8천만 명에 이른다. 각국은 감염 확산을 억제하기 위해 이동권, 프라이버시권 등 개인의 권리를 상당 부분 제한하면서까지 방역을 강화하고 있다. 한국의 코로나19 방역체계는 외국인에 대한 전면적인 입국금지나 도시 봉쇄조치를 시행하지 않았다는 특징을 가진다. 그럼에도 2020년 12월 23일 기준으로 인구 10만 명당 코로나19 확진자 수가 OECD 37개 회원국 중 두 번째로 낮은 101명을 기록하는 등 감염병 확산을 안정적으로 통제하는 모습을 보였다(연합뉴스, 2020.12.24.). 이러한 시스템은 이른바 'K-방역'으로 일컬어지며 국제적인 모범사례로 소개되기도 하였다.

국내적 차원에서 'K-방역'의 핵심은 'Test-Trace-Treat'의 3T 과정이다. 3T는 하루에 많게는 10만여 명 분의 PCR 검사를 진행할 수 있는 높은 검사역량(Test) 확진자의 동선을 신속하게 추적하여 예상되는 접촉자를 빠르게 찾아내 지역감염 확산을 방지하는 방역조치(Trace) 그리고 감염자를 신속히 격리해 조기에 치료하는 과정(Treat)으로 연결되는 단계이다(보건복지부, 2020a). 시민들이 일상생활을 유지하고 활발하게 활동하며 감염이 확산되는 국면에서도 도시봉쇄와 같은 셧다운 조치 없이 코로나19 확산을 효율적으로 통제하기 위해서는 빠르게 감염자와 접촉자를 찾아내 지역사회 안에서의 광범위한 전파를 막아야 한다. 이를 위해서 정확한 동선추적이 중요한데, 진위 여부를 판단하기 어려운 개인의 진술에만 의존하는 시스템은 이 측면에서 성공적이지 못하다. 따라서 감염자가 양성 판정을 받기 전까지 사회에 남겼던 디지털 발자국을 꼼꼼히 추적해 접촉자를 빠르게 찾아내는 시스템이 필요하다. 우리나라는 상당한 수준의 디지털 인프라를 구축하고 있어 이러한 동선추적과 격리 과정에서 포괄적인 정보 수집이 상대적으로 용이한 환경을 갖추고 있다. 더불어 높은 인구밀도의 도시 내부에서 자유로운 이동이 보장되는 상황에서 방역망을 이탈한 감염자가 한 명이라도 발생할 경우 대규모 지역감염 전파의 위험이 매우 높아진다는 위험 요소 역시 존재한다. 이러한 점을 고려한다면 확진자의 동선을 추적해 격리하는 Trace 과정 속에서 포괄적인 개인정보 수집은 중요한 과정이다.

그러나 개인정보를 이용해 확진자 동선을 재구성하는 과정에서 프라이버시권 침해 문제가 제기되었다. 국내외를 막론하고 한국의 코로

나19 확진자 추적조사와 동선공개 과정에서 개인의 기본권이 침해된다
는 우려를 제기하는 등, 국가에 의한 프라이버시권 침해에 대한 크고
작은 논란이 빚어졌다. 개인의 디지털 족적이라는 민감정보의 수집, 처
리, 공개에 이르는 전반적인 과정은 엄격한 법적 뒷받침이 이루어져야
한다. 이러한 정보의 수집과 공개의 범위에 대한 폭넓은 사회적 합의
역시 필수적으로 동반되어야 할 것이다.

Ⅱ. 프라이버시권과 건강권

프라이버시권은 '사생활을 침해받지 아니하고 사생활의 비밀을 함
부로 공개당하지 아니할 권리'로 정의된다. '모든 국민은 사생활의 비밀
과 자유를 침해받지 아니한다.'라는 헌법 제17조의 내용은 프라이버시
권을 향유할 권리의 직접적인 근거이다. 시간의 흐름에 따라 정보통신
기술의 고도화로 정보의 이동과 처리가 대량화됨에 따라 프라이버시권
의 의미 역시 변화했다. 기존의 소극적 범위에서 '자신에 대한 정보를
언제 어떻게 어디까지 다른 사람에게 전달할지를 스스로 결정할 권리'
인 정보자기결정권의 내용으로까지의 개념으로 확대되었다(조수영,
2018: 125). 판례 역시 헌법 제10조의 인간존엄권과 제17조의 사생활의
비밀과 자유를 종합하여 인정하면서 종래의 소극적인 프라이버시권에
적극적인 정보자기결정권의 개념을 내포하게 되었다(대법원 1998.07.24.
96다42789 판결).

하지만 프라이버시권은 모든 상황에서 최우선적으로 보장되는 권
리는 아니며, 헌법 제37조 2항에 따라 특수한 상황에는 그 실현이 일정

부분 제한될 수 있다. 다만 이때에도 제한의 정당한 목적과 적절한 수단이 존재해야 하고, 기본권의 본질적인 내용은 침해할 수 없다. 이러한 조건에 비추어 보았을 때 코로나19라는 특수한 감염병 사태는 공공복리와 직결되는 문제로, 개인의 기본권 제한의 정당한 목적 요건을 충족한다고 볼 수 있다. 현재 방역을 위한 개인정보 수집은 개인정보보호법과 「감염병의 예방 및 관리에 관한 법률」(이하 '감염병예방법')이라는 법률에 근거해 이루어지고 있다.

　　그러나 감염병 확산 방지를 위한 개인정보 수집을 단순히 공공복리 차원에서만 볼 수는 없다. 방역은 국민의 건강권이라는 또 다른 기본권을 보장하기 위한 국가의 적극적인 조치이기 때문이다. 이는 감염병 유행을 차단하여 건강권을 보장하는 것을 그 목적으로 한다는 감염병예방법 제1조의 규정에서도 확인할 수 있다. 인간에게 있어 건강이라는 문제는 삶의 핵심적인 영역이며, 건강하지 아니한 상태는 인간의 생명을 위협하고 중단시키는 가장 큰 요인이 되기도 한다. 건강권을 규정하는 직접적인 근거는 국민은 보건에 관하여 국가의 보호를 받을 권리가 있음을 천명하는 헌법 제36조 제3항이다. 여기서 '보건'이라 함은 국민이 자신의 건강을 유지하여 생활하는 것으로 '건강'의 개념과 동일하다(김주경, 2001: 141). 따라서 국가는 국민의 건강할 권리를 보장할 의무가 있으며, 국민은 일정한 범위의 건강권을 국가로부터 보장받을 수 있다.

　　헌법재판소는 "헌법 제36조 제3항이 규정하는 국민의 보건에 관한 권리는 국민이 자신의 건강을 유지하는 데 필요한 국가적 급부와 배려를 요구할 수 있는 권리를 말하는 것으로서, 국가는 국민의 건강을 소극적으로 침해하여서는 아니 될 의무를 부담하는 것에서 한걸음 더 나아가 적극적으로 국민의 보건을 위한 정책을 수립하고 시행하여야 할 의무를 부담한다는 것을 의미한다."라고 판시하기도 하였다(헌재 전원재판부 2009. 11. 26. 2007헌마734). 즉, 건강에 위해가 되는 감염병으로부터 국민 개개인의 건강권을 보호하기 위해 정부가 적극적인 방역조치를 하는 것은 헌법에 정의된 국가의 책무이자, 국민의 권리보장이다. 이를 바탕으로 건강권이라는 기본권 보장을 위한 국가의 방역조치 과정에서 또 다른 기본권인 프라이버시권의 일정 부분 제한이 가해졌다. 이와 같이 감염병 사태에서 방역과 프라이버시권 사이의 문제는 공공복리를 위한 국가 권력과 국민 개인의 권리 사이의 충돌임과 동시에 개개인의 건강권과 프라이버시권 간의 충돌로도 해석할 수 있다.

1. 개인정보 수집의 규범적 근거

사생활과 개인정보자기결정권을 보호하는 다수의 국제규범 역시 특정 비상상황에서 권리의 행사가 제한될 수 있음을 인정한다. 대표적으로 WHO 헌장(조성은, 2020: 7), IHR 2005(박진아, 2012: 70−72) 그리고 시라쿠사 원칙(박진아, 2012: 83)의 내용을 살펴본 바 모두 감염병 확산이라는 국가적 비상상황에서 일정 정도 개인의 프라이버시권을 제한할 수 있음을 인정하고 있다. 코로나19라는 신종 감염병에 대처하기 위함이라는 목적은 그 시급성과 정당성이 인정된다. 따라서 이에 대응하는 과정에서 필연적으로 일어나는 국가의 개인정보 수집 자체는 정당성을 확보하고 있다고 볼 수 있다.

그러나 이러한 국제규약들은 또한 공통적으로 수집 범위가 목적을 달성하는 데 꼭 필요한 만큼으로 최소화되어야 함을 명시하고 있다. 국가가 지나친 권한을 행사할 경우 발생할 수 있는 여러 문제점을 경계하려는 의도가 엿보인다. 국제규약은 국가의 개인정보 수집을 정당화하고 있으나 그러한 행위는 목적을 달성하는 데 있어 필요한 수준에 머물러야 하며 엄격한 잣대를 바탕으로 이루어져야 함을 공통적으로 강조한다. 이는 방역조치와 프라이버시권 간의 조화를 꾀하고 있다는 점에서 의의를 지닌다.

이와 같은 국제규범은 국내 코로나19 대응 과정에서 유효한 가이드라인으로 작용할 수 있다. 우리나라에서의 코로나19 확진자에 대한 역학조사를 포함한 한국의 코로나19 방역체계 전반은 광범위한 개인정보 수집을 동반한다. 이 중 개인의 사생활 영역에 속하는 민감정보 역시 다수 포함되어 있음에 따라, 그 수집 과정은 개인정보 처리를 다루는 국내 법률에 엄격히 근거하여 처리되어야 한다. 현재 대한민국은 감염병예방법과 개인정보보호법 일부 조항을 통해 국가에 의한 개인정보 수집을 허용하고 그 한계를 규정한다.

2. 개인정보보호법

개인정보보호법 제1조는 '이 법은 개인정보의 처리 및 보호에 관한 사항을 정함으로써 개인의 자유와 권리를 보호하고, 나아가 개인의 존엄과 가치를 구현함을 목적으로 한다.'라고 규정함으로써, 개인정보에 대한 적극적 보호를 그 입법목적으로 두고 있다. 이후 동법 제3조(개인정보 보호 원칙), 제4조(정보주체의 권리), 제5조(국가 등의 책무)에서 국가는 명확한 목적을 가지고 적법한 수단을 통해 최소한의 정보만을 처리해야 하며, 그 과정에서 수집 대상자는 그 처리 범위에 대한 동의 권과 정보의 삭제, 파기를 요구할 권리를 가진다. 이는 국민 개개인과 비교하여 강제력의 측면에서 우위를 점하는 국가에 대항하여 능동적으로 개인정보에 대한 권리를 보장하기 위한 취지이다(송가영, 2020: 10-11).

그러나 개인정보보호법은 감염병 발병 등과 같은 특수상황 발생 시 정보 보호 조항 적용의 일부 예외를 둔다. 동법 제58조 제1항 제3호는 '공중위생 등 공공의 안전과 안녕을 위하여 긴급히 필요한 경우로서 일시적으로 처리되는 개인정보'에 대해 개인정보보호법 적용의 일부 제외를 인정한다. 따라서 코로나19 방역조치를 위해 이루어지는 국가의 개인정보 처리 과정은 개인정보보호법 제3장(개인정보의 처리), 제4장(개인정보의 안전한 관리), 제5장(정보주체의 권리 보장), 제6장(개인정보 분쟁조정위원회), 제7장(개인정보 단체소송)의 구속을 받지 않는다. 물론 이러한 예외조항이 국가의 무제한적인 개인정보 활용을 보장하는 것은 아니다. 제58조 제4항은 제1항의 예외조항에 따라 개인정보를 처리하는 경우에도 그 목적을 위하여 필요한 범위에서 최소한의 기간에 최소한의 개인정보만을 처리해야 함을 규정한다. 또한 개인정보의 안전한 관리를 위해 필요한 기술적·관리적·물리적 보호조치 등 개인정보의 적절한 처리를 위해 필요한 조치를 마련할 필요성을 명시하고 있다. 예외조항에 해당하지 않는 제59조는 개인정보 처리자의 금지행위를 규정하며 제2호에 따라 업무상 알게 된 개인정보를 누설하거나 권한 없이 다른 사람이 이용하도록 제공하는 행위 또한 금지하고 있다. 즉, 국가적인 위기 상황에서는 평시보다 완화된 개인정보 보호의 규정을 적용하나, 그러한 경우에도 최대한 개인의 기본권을 보장하는 방향으로 나아갈 수 있도록 제도적 장치를 마련해 둔 것이라고 볼 수 있다.

3. 감염병예방법

개인정보 수집의 보다 직접적인 근거가 되는 조항은 감염병예방법에 규정되어 있다. 2014년 중동호흡기증후군(MERS) 발병 당시 정부의 미비한 대응과 폐쇄적인 정보 공개 과정이 논란이 되었고, 2015년 감염병예방법 개정을 통해 제34조의2(감염병위기 시 정보 공개)와 제76조의2(정보제공 요청 및 정보 확인)를 추가하여 역학조사 과정에서 개인정보 수집, 공개의 근거를 처음 마련하였다(송가영, 2020: 7). 방역조치를 위한 정보 수집, 공개 정당화 조항은 코로나19 감염 확산을 계기로 지속적으로 그 범위가 확장되는 추세이다.

감염병예방법 제76조의2는 '보건복지부 장관 혹은 질병관리본부장에게 감염병 예방 및 감염 전파 차단을 위해 필요한 경우 관계 중앙행정기관, 지방자치단체장, 공공기관, 의료기관, 법인, 단체, 개인에 대하여 감염병환자 및 감염병의심자에 관한 정보 제공을 요청할 수 있으며, 요청을 받은 자는 이에 따라야 함'을 규정하고 있다. 또한 제76조2는 감염병환자와 의심자의 위치정보를 경찰청과 경찰서장에게 요청할 수 있는 권한 역시 부여한다. 개인 위치정보에 관한 사항은 원칙적으로 '위치정보의 보호 및 이용 등에 관한 법률' 제15조와 '통신비밀보호법' 제3조에 의해 보호받아 수집 대상자의 동의 없이 활용될 수 없음에도 불구하고 감염병예방법은 방역이라는 공익의 목적으로 이용되는 경우 개인정보의 수집을 '정당한 사유 없이는 거부할 수 없도록' 규정하여 실질적인 사전동의 절차를 무력화한다.

이러한 근거로 수집된 정보는 동법 제34조의2, 제6조 2항을 통해 국민들에게 지체 없이 공개된다. 제6조 2항은 국민은 감염병 발생 상황 및 감염병 대응 방법에 대하여 알 권리가 있으므로, 정부가 신속하게 관련 정보를 공개해야 할 의무를 가진다고 규정한다. 제34조2 역시 '보건복지부 장관은 주의 이상의 위기경보에서 감염병환자의 이동 경로, 이동 수단, 진료의료기관 및 접촉자 현황 등 국민들이 알아야 하는 정보를 정보통신망 게재 또는 보도자료 배포 등의 방법으로 신속히 공개해야 한다'라고 규정한다. 감염병이 확산되는 국가적 비상상황에서 국민의 사적 정보를 공적 영역에 공개할 수 있는 강력한 뒷받침 역할을 수행하고 있다.

대법원은 개인정보 보호의 연장선에서 '개인의 사생활 활동이 타인으로부터 침해되거나 사생활이 함부로 공개되지 아니할 소극적인 권리는 물론, 정보화된 현대 사회에서 자신에 대한 정보를 자율적으로 통제할 수 있는 적극적인 권리까지 보장하는 취지'로 개인정보자기결정권을 규정한 바 있다(대법원 1998.07.24. 선고 96다42789 판결). 이러한 점에 미루어 보아 개인정보보호법은 국가의 정보 수집에 있어 그 대상이 되는 개인의 보호에 초점이 맞춰져 있다고 해석하는 것이 바람직하다. 따라서 국가의 편의보다는 수집 대상이 되는 개인의 프라이버시에 초점이 맞추어져야 하고, 수집 과정에서 개인에게 실질적인 동의를 구하는 것과 같이 폭넓은 보호가 이루어지는 것이 본래의 입법 취지와 부합한다고 보아야 한다.

그럼에도 불구하고 감염병예방법의 경우에는 국가 비상사태 발생 시 포괄적으로 국가에게 개인정보 열람과 수집 권한을 위임하고 있다는 점에서 개인정보보호법의 입법 취지와는 크게 어긋나는 모습을 보이고 있다. 감염병 관련 개인정보는 상대적으로 느슨한 보호조치가 적용되고 있다는 점과 감염병예방법에 규정된 조항이 개인정보보호법의 일반적 규정보다 우위에 있음을 고려했을 때, 현행법은 감염병 예방에 있어 개인의 프라이버시권보다는 국가의 적극적인 방역조치에 확실한 힘을 실어주고 있다. 하지만 그에 비해 개인정보 보호와 사후관리 규정은 상대적으로 미약하게 규정되어 있는 실정이다. 이러한 개인정보 보호책이나 사후관리 처리에 대한 규정은 '감염병 관련 업무 종사자는 그 업무상 알게 된 비밀을 다른 사람에게 누설하여선 안 된다'라는 감염병예방법 제74조가 거의 유일하다(조성은, 2020: 11).

Ⅲ. 한국의 코로나19 방역체계 속 개인정보 수집 사례 분석

방역당국은 코로나19 역학조사 과정에서 개인정보를 폭넓게 수집하고 있다. 확진자와 그 접촉 의심자의 휴대폰 GPS와 기지국 접속기록, 신용/체크카드 사용기록, 현금영수증 발행내역, 교통카드 사용기록, QR코드를 이용한 전자출입명부 접속정보, CCTV 기록 등 개인이 일상생활에서 남긴 모든 발자취를 수집한다고 보아도 과언이 아니다. 이렇게 수집된 정보는 질병관리본부, 중앙정부, 지방자치단체, 전문가협회 등과 유기적, 효율적으로 공유된다. 이러한 정보들은 역학조사지원시스템(Epidemiological Investigation Support System, EISS) 내부에서 반자동화되어 처리되어 동선추적의 핵심이 된다(국토교통부, 2020a). EISS는 수집된 개인정보를 국내에 이미 구축되어 있는 디지털 인프라를 활용하여 프로파일링해 소수의 역학조사관 인원만으로도 확진자의 동선을 10분 이내에 파악한다. 실제로 방역당국은 2020년 5월 서울 이태원 클럽에서 시작된 수도권 지역 대규모 집단감염사태에서 개인정보 수집을 통해 대규모 역학조사를 신속하게 진행한 바 있다. 그 결과 이태원에 특정 시간 동안 방문한 대부분의 사람을 추려낼 수 있었다. 추적조사를 통해 빠르게 감염병의심자를 대상으로 진단검사를 실시함으로써 실제 감염 확산을 최소화할 수 있었다.

그러나 일각에서는 정부에 의한 과도한 개인정보 침해라는 우려의 목소리를 내비치기도 했다. 적은 인원으로도 높은 효율성을 발휘하는 EISS 시스템은 대규모 역학조사가 이루어지는 코로나19 방역체계의 Trace 과정에서 뺄 수 없는 부분이지만, 개인의 디지털 족적을 일일이 추적해 프로파일링하는 특성으로 인해 과도한 프라이버시 침해라는 비판이 제기된다(정종구 외, 2020: 114). 방역 과정에서의 광범위한 정보 수집이 감염병 대응이라는 정당한 목적에서 이루어졌다고 하더라도, 정부는 적절한 수단만을 이용해 필요한 범위에 한정하여 정보를 수집해야 한다. 이에 신속하고 정확한 방역을 목적으로 실행된 개인정보 수집 사례 각각에서 국민의 프라이버시권 침해를 최소화하는 방법에 대한 고민이 이루어졌는가를 점검해 볼 필요가 있다.

국민의 건강권 보호를 위해 일정 정도의 개인정보 수집은 정당화될 수 있지만, 앞서 살펴보았듯이 개인정보 보호 역시 중요한 기본권임은 이론의 여지가 없다. 따라서 충돌되는 두 권리를 함께 보장하기 위한 세밀한 노력이 필요한데, 이는 구체화된 제도로써 실현되어야 한다. 기본권 보장을 명문화된 방안 없이 정책결정자의 선한 의지에만 기댈 수 없고, 추상적인 수준에서 규정된 제도 역시 실질적인 프라이버시권 보장을 위한 구체적 역할을 할 수 없기 때문이다. 제도는 현실에서 시행되는 조치에 대한 가이드라인의 기능을 수행한다. 따라서 법률을 통해 프라이버시권을 보장하는 구체적 방안이 마련되어 있는지를 검토하는 과정이 필요하다. 이에 현재 한국의 코로나19 방역체계 과정에서 실행되고 있는 수기/전자출입명부 시스템, 휴대전화 기지국 데이터 수집 과정, 신용카드와 교통카드 이용내역 수집 시스템의 사례를 분석하여, 현행 제도 하에서 발생하는 개인정보 수집의 제도적 정당성을 검토한다. 수집된 정보의 관리와 폐기 과정 역시 방역체계의 연장선상에 있다고 볼 수 있으므로 함께 검토할 것이다.

1. 다중이용시설 수기/전자출입명부 시스템

수기/전자출입명부 시스템은 이용자가 코로나19 감염 우려가 있는 집합시설과 다중이용시설을 출입할 때 이름과 전화번호, 방문 시간과 발열 여부 등을 적어 추후 역학조사에 활용할 수 있도록 고안된 제도이다. 도입 초기에는 시설에 출입하는 이용자 개개인이 수기로 명부를 작성했다. 방문일자와 시각, 성명, 전화번호를 수기출입명부에 작성하며, 이 정보는 감염병 예방 및 전파의 차단 및 역학조사를 위해 4주간 보관된다. 이 정보를 역학조사를 위해 질병관리청(수기출입명부제 시행 당시 질병관리본부)에게 제공할 수 있다는 점이 명시되어 있다. 또한 명부에는 이용자에게 개인정보 수집과 이용에 대한 동의 거부권이 있음이 안내되어 있지만, 동시에 동의 거부 시 시설 이용이 제한됨을 명시해 실질적으로 출입자들은 예외 없이 자신의 개인정보를 작성해야 한다.

수기출입명부는 코로나19의 지역감염 확산 초기 단계부터 도입되었지만, 기재된 개인정보의 정확성을 판별하기 어렵다는 문제점에 노출되었다. 실제로 2020년 5월 이태원 클럽발 집단감염 발생 시 이용자 상당수가 허위로 정보를 적어 방역당국이 역학조사 과정에서 매우 큰 어려움을 겪기도 했다. 특정 시간대에 클럽을 방문해 코로나19 감염의 가능성이 있는 인원 5,517명 중 2,405명만이 수기명부에 기재된 정보를 바탕으로 유선 통화가 가능했을 정도로 정확성의 측면에서 허점이 있었다(중앙사고수습본부, 2020a). 이후 지역감염 확산이 가속화되자, 방역당국은 결국 개인의 위치정보와 CCTV 기록까지 파악하여 클럽 출입자를 찾아내는 등 상당한 시간과 비용을 투입해야만 했다. 이후 방역당국은 보다 정확한 출입명부 시스템 도입 필요성을 절감했으며 2020년 6월 10일 전격적으로 QR코드 기반 전자출입명부 시스템(KI-Pass)을 도입하게 된다(보건복지부, 2020b).

전자출입명부 시스템은 허위정보 작성과 정보 유출의 우려가 있는 수기출입명부를 대체하여 QR코드를 이용해 다중이용시설 이용자의 정보를 수집·관리한다. 보건복지부에서 개발한 이 시스템은 이용자가 네이버와 카카오톡을 통해 1회용 QR코드를 발급한 후 시설 출입 시마다 이를 스캔하는 방식으로 진행된다. 전자출입명부는 개인정보 데이터 수집 과정을 이원화하여 구성된다(보건복지부, 2020b). 네이버와 카카오 등 플랫폼 기업은 개인의 성명, 휴대전화 번호, 생성된 QR코드와 이용자 식별정보, QR코드 생성 당시의 시각을 수집한다. 보건복지부는 생성된 QR코드 및 해당 QR코드가 인식된 시설명(장소)에 대한 정보만 수집한다. 보건복지부와 플랫폼 기업이 가지고 있는 각각의 정보를 결합해야만 '특정 장소를 특정 시간에 방문한 개인의 온전한 정보'를 얻을 수 있다. 플랫폼을 통해 이미 본인인증이 완료된 상황에서 QR코드를 이용하기 때문에 보건복지부는 이 시스템을 신속하고 정확한 방역체계를 구성하는 동시에 개인정보 노출의 위험을 줄인 방식이라고 설명한다. 이러한 전자출입명부 시스템은 빠르게 도입되어 2021년 1월 현재 음식점과 공공도서관을 비롯한 다수의 다중이용시설에서 활용되고 있다. 정부는 특히 전자출입명부의 경우 개인정보 보호의 효과와 더불어 위험군 파악에 약 20여 분 밖에 걸리지 않는다는 효율성을 강조한다.

출입명부의 작성은 개인정보보호법과 감염병예방법, 「위치정보의 보호 및 이용 등에 관한 법률」(이하 '위치정보보호법')에 근거하여 이루어진다. 개인정보보호법 제15조 및 제17조, 위치정보보호법 제15조는 공통으로 개인위치정보주체의 동의가 있을 때 개인정보 수집이 가능하다고 명시한다. 수기출입명부와 전자출입명부 작성 과정에서 모두 개인정보 수집에 대한 고지와 동의가 이루어진다는 점에서 정보 수집 자체는 명확한 법률적 근거를 바탕으로 이루어진다고 볼 수 있다. 제3자에 대한 정보이관의 경우, 감염병예방법 제72조의2 제1항에 '감염병 예방 및 차단을 위해 필요한 경우 보건복지부 장관에게 개인정보 제공이 가능하다.'라고 기재되어 있다. 그러나 위 조항은 정보의 수집과 제공 과정만을 규정하므로, 이것이 개인정보 보관 시스템까지 정당화할 수 있는가에 대해서는 논란의 여지가 있다.

감염 확산 방지의 목적으로 시설을 출입하는 모든 사람의 개인정보를 감염 가능성과 관계없이 수집한다는 점에서 과도한 조치라는 비판 역시 가능하다. 출입명부를 통해 수집되는 대부분의 정보는 코로나19 보균 가능성이 낮은 사람들의 정보이다. 출입명부 시스템의 특성상 감염 가능성과 상관없이 모든 단순방문자의 정보를 수집하는데, 이는 발열과 마스크 착용 여부 등 전파의 위험성을 따지지 않고 일괄적으로 진행되는 조치라는 점에서 과잉수집이라고 판단할 수 있다. 이렇게 수집된 정보를 플랫폼 기업, 보건복지부, 질병관리청이 나누어 보관한다고 할지라도, 보건복지부 장관이 필요하다고 판단되면 이를 신속히 결합할 수 있다는 점에서 개인의 정보가 철저히 보호된다고 보기도 어렵다. 출입명부 시스템 도입 과정은 방역이라는 목적 달성을 위해 법학자, 보건학자, 인권위원회를 거치는 충분한 논의가 이루어지지 않았다. 여러 측면에 대한 검토 없이 졸속으로 추진된 정책은 개인정보의 과잉 수집으로 이어졌다. 정부가 잠재적으로 전 국민의 정보를 수집할 수 있는 시스템 구축 과정에서 이러한 논의를 배제하고 단독으로 추진했다는 점에서 문제제기가 가능하다.

나아가 수기출입명부 시스템의 경우 수집된 개인정보의 관리와 파기 측면에서도 우려를 제기할 수 있다. 수기출입명부 한 페이지에 여러 명의 이용자 신상정보가 기록되기 때문에 타인에게 정보가 유출될 가능성이 상존한다는 구조적 문제점을 안고 있다. 이용자가 명부에 적힌 타인의 개인정보를 유출할 경우에도 사업장이 알 수 없다. 실제로 수기출입명부에 적힌 개인정보를 이용해 타인에게 사적인 연락을 하는 사례가 발생하면서 사회적 문제로 부상하기도 하였다(부산일보, 2020. 09.09.). 이러한 문제는 수기출입명부 관리에 대한 책임이 개별 사업장에게 있지만, 정부로부터 명확한 관리지침이 전달되지 않고 있다는 점에서 기인한다. 정부의 필요에 의해 정보 수집이 이루어지는 반면에 이에 대한 관리 책임은 방임하고 있다는 비판에서 자유로울 수 없다. 제3자에 의한 개인정보 유출이 발생하였고, 4주의 정보 수집 기한 이후 관리자에 의해 명부 파쇄가 제대로 진행되는지에 대한 확인절차 역시 부재하다. 이는 명확히 정부의 정보 사후관리 실패이다.

김소현, 이현찬, 지가영

2. 휴대전화 기지국 데이터 조회 시스템

방역당국은 불특정 다수의 인원이 좁은 장소에 밀집되어 접촉자의 빠른 추적이 어렵고, 개인의 구술에만 의존한 역학조사가 불가능할 경우 개인의 휴대전화 기지국 통신정보를 수집한다. 휴대전화는 통신 기능을 유지하기 위해 약 5초마다 인접 기지국과 꾸준히 신호를 주고받는데, 기지국이 송신한 신호를 활용하여 해당 휴대전화 이용자의 위치를 추적할 수 있다. CPS(Cell Positioning System)라고도 불리는 이 방법은 확진자 발생으로 감염 위험이 높은 장소 인근의 기지국 정보를 수집하여, 해당 장소 근처에 30분 이상 체류한 사람의 명단을 확보한다. 휴대전화 전원이 켜져 있으면 무조건 기지국과 신호를 주고받으며, 이용자 트래픽이 많은 도심부의 경우 기지국이 약 50~100m 거리로 촘촘히 설치되어 있기 때문에 이러한 방식으로 감염병의심자의 위치를 추적해 동선을 파악할 수 있다. 실제로 구로 콜센터, 동대문 PC방, 서래마을 와인바, 이태원 클럽 등지에서 잇따라 발생한 코로나19 집단감염 사태 당시 해당 지역 기지국 정보를 이용해 감염의 위험이 있는 사람들을 단시간에 찾아낸 바 있다. 특히 2020년 5월 수도권 지역 코로나19 재확산을 촉발한 계기가 된 이태원 클럽발 집단감염사태에서는 1만 명이 넘는 사람의 휴대전화 위치정보를 이용해 신속한 역학조사가 가능했다(중앙사고수습본부, 2020b).

기지국 정보는 방역당국과 경찰이 이동통신 3사(KT, LG유플러스, SK텔레콤)에 정보 제공을 요청하는 형식으로 이루어진다(국토교통부, 2020b). 통신사는 요청 시간대에 특정 장소에서 30분 이상 체류한 것으로 확인된 사람의 이름과 휴대전화 번호 정보를 제공한다. 이러한 조치는 감염병예방법 제76조의2에 근거하여 이루어진다. 해당 조항은 방역당국과 지자체가 경찰에게 이동통신정보 제출을 요청하고, 경찰이 위치정보사업자로부터 해당 개인정보를 수집하는 전 과정을 서술하고 있다. 또한, 이동통신 3사의 약관은 '법령에 따라 동의 없이 수집할 수 있는 자동생성정보 등을 필수동의 사항에 기재된 목적범위 내에서 수집하여 이용할 수 있음'을 밝히고 있다. 휴대전화 기지국 데이터 수집은 법률에 근거를 두고 이루어지고 있고, 이는 정보 수집 대상이 되는 휴대전화 이용자에게 통보된다. 때문에 휴대전화 기지국 데이터를 역학조사에 활용하는 것은 명확한 법적 근거를 토대로 이루어지는 정당한 수집이라고 생각하기 쉽다.

그러나 동 조항에서 개인정보의 수집 대상으로 규정된 '감염병의심자'라는 용어는 지나치게 모호한 뜻을 가지고 있다. 감염병예방법은 여러 개념을 이용해 '감염병의심자'의 사례정의를 내리고 있다. 2020년 3월 법 개정으로 새롭게 추가된 '감염병의심자'라는 용어는 확진자의 밀접접촉자와 더불어 접촉 의심자까지를 포괄하는 넓은 개념이다. 어느 정도의 접촉이 있어야 접촉 의심자로 규정짓는지에 대한 확실한 기준 없이 포괄적으로 서술되어 있다. 확진자와의 물리적인 접촉 여부, 마스크 착용 여부, 2m 이내에서의 대화를 통한 비말접촉 여부 등의 구체적인 기준을 배제한 채로 감염병의심자를 규정한다는 점은 사뭇 우려스럽다. 지나치게 포괄적으로 규정된 조항은 법률로써 개인의 기본권을 제한할 때 지켜야 하는 명확성의 원칙을 위반하고 있다고 볼 여지가 높다. 동시에 이는 과도한 개인정보 수집을 정당화하는 방편으로 작용할 수 있어 방역과 프라이버시권 사이의 조화를 꾀해야 한다는 국내, 국제규범의 취지와도 배치된다.

실제로 방역당국은 이렇게 포괄적으로 규정된 조항을 이용해 '2020년 4월 24일부터 5월 6일까지 0시~5시 사이 이태원 클럽 주변에서 30분 이상 체류한 자 전원'을 감염병의심자로 간주, 이들의 휴대전화 기지국 데이터를 수집했다. 이들 중에는 해당 시간대에 클럽 밀집지역을 단순통과했거나, 클럽이 아닌 시설을 이용해 확진자와 접촉 가능성이 낮아 감염 위험에 노출되었다고 보기 어려운 사람이 다수 포함되어 있었으나, 방역당국은 이들의 정보를 일괄적으로 수집했다. 이태원 인근에 감염병 확진자가 발생했다는 사실만으로 해당 지역 방문자 1만여 명을 모두 감염병의심자로 간주하고 광범위하게 정보를 수집한 것은 그 적합성을 인정하기 어렵다. 특정하기 어려운 광범위한 용어를 사용해 프라이버시권 제한의 직접적 당사자를 규정했다는 문제점은 결국 정보의 과잉수집이라는 결과를 낳았다.

3. 신용카드, 교통카드 사용내역 조회 시스템

신용카드, 교통카드 사용내역은 코로나19 확진자를 대상으로 정확한 역학조사를 위해 수집되는 대표적인 정보이다. 역학조사는 1차적으로 확진자의 진술에 의존해 증상 발현 후의 동선을 추적하는데, 시간의 경과나 의도적 왜곡 등의 오류 요소가 개입하여 명확하지 않은 경우가 많다. 이에 빠른 방역조치를 위해 확진자의 카드 사용내역을 조회하여 보다 정확하게 확진자의 동선을 수집한다. 이 과정은 질병관리청과 8개 전업카드사와 여신금융협회 간 구축되어 있는 핫라인을 통해 이루어진다(국토교통부, 2020b). 우선 질병관리청은 확진자 이름과 생년월일, 증상 발현일과 시간 정보를 여신금융협회에 전송한다. 확진자에 대한 정보를 공유받은 여신금융협회는 증상 발현 이후 확진자의 카드 결제내역과 교통카드 내역을 수합한다. 결제내역의 경우 거래일자와 거래시간, 가맹점명이 포함된 정보를, 교통카드 내역의 경우 이용한 교통수단, 승하차 장소와 시간이 포함된 정보를 질병관리본부 측으로 전송한다. 핫라인 시스템은 원활한 역학조사를 위해 24시간 가동되고 있으며, 정보의 이전은 약 30여 분만에 이루어진다(뉴스핌, 2020.04.19.). 이러한 이용내역 수집은 코로나19 확진자만을 대상으로 이루어지는 것은 아니다. 확진자가 방문한 점포에서 동일한 시간에 승인된 카드 이용내역을 수집해 감염 우려가 있는 접촉자를 파악하는 방법으로도 사용된다. 우리나라에서 신용카드 이용이 보편적인 추세로 자리잡았음을 고려하면 이는 굉장히 높은 정확도로 역학조사가 이루어지는 데 기여한다고 볼 수 있다.

이 조치 역시 감염병예방법과 동법 시행령에 근거하여 이루어진다. 감염병예방법 제76조의2는 '방역당국이 감염병 예방과 전파 차단을 위해 관계기관에 감염병환자 및 의심자에 대한 정보 제공을 요청할 수 있고, 요청받은 자는 특별한 사유가 없다면 반드시 이에 따라야 함'을 명시하고 있다. 나아가 각 신용카드사의 약관에는 개인식별정보와 신용거래정보를 카드사가 필수적으로 수집하는 정보라고 규정하며, 이러한 정보를 '법률에 특별한 규정이 있는 경우' 제3자에게 제공할 수 있음을 명시하고 있다. 따라서 역학조사 과정에서 개인의 신용카드, 교통카드 이용내역을 수집하는 행위는 일련의 명확한 법적 토대를 기반으로 적절한 절차를 거쳐 이루어지고 있다고 볼 수 있다.

신용카드, 교통카드 이용내역 조회는 정확한 역학조사라는 목적 달성을 위해 필요한 정보만을 적절한 수준으로 수집하고 있어, 과도한 정보 수집이라는 문제로부터 자유롭다. 정확한 역학조사를 위해 개인의 진술을 뒷받침하는 객관적인 자료 이용은 필수적이다. 질병관리본부에서 여신금융협회로 이관되는 정보를 토대로 보아, 확진자의 증상이 발현되어 타인에게 전파의 위험이 있는 시간대를 측정해 이 시간 이후의 이용내역만을 수집하는 것을 알 수 있다. 이렇게 수집된 정보는 지역감염 확산을 방지하는 데 필수적으로 요구된다. 확진자 이름과 생년월일은 이용자 확인을 위해 수집하고, 증상 발현일과 시간 정보 제공을 통해 수집 대상이 되는 개인정보의 범위를 한정한 뒤 정확한 동선 추적을 위해 제공이 반드시 필요한 거래정보만을 이용하고 있다. 이는 적절한 수단에 의해 필요한 범위 안에서 개인정보 수집이 이루어지고 있는 바람직한 사례로 볼 수 있다.

4. 수집된 정보의 처리, 사후관리 시스템

지금까지 각각의 방역조치 사례별로 개인정보 수집 과정의 정당성을 살펴보았다. 그런데 정보의 처리 및 사후관리 과정 역시 수집 과정 못지않게 중요하다. 정당한 방법으로 수집된 정보가 적절한 절차를 거쳐 폐기 과정까지 온전히 마무리되어야 비로소 정당성을 확보할 수 있기 때문이다. 적법한 절차에 의거해 적절한 범위 안에서 수집된 정보라고 하더라도, 필요 이상으로 오랜 기간 보관되거나 방역조치와 관계없는 제3자에게 유출될 경우 큰 문제가 발생할 수 있다. 따라서 정보의 사후관리 규정 역시 프라이버시권 보장을 위해 반드시 검토되어야 한다. 이러한 측면에서 한국의 코로나19 방역체계는 아직까지 미진한 점이 많다. 포괄적으로 개인정보를 수집하는 만큼 보다 철저한 사후관리를 통한 개인정보 보호가 요구되나, 지나치게 부실한 관리 규정으로 인해 개인정보 관리 책임의식이 부족하다는 비판이 제기된다.

근본적인 문제점은 감염병예방법 제76조에 규정되어 있는 정보 파기 규정의 모호성이다. 제76조는 방역조치를 위해 당국에 제공된 정보는 업무 종료 시 지체없이 파기되어야 함을 규정하고 있다. 그러나 이는 상당히 추상적이고 포괄적인 기술로 그 구체적인 방법과 절차, 시기에 대한 규정은 전무하다. 특히 '업무 종료 시'의 시점이 불명확하게 기술되어 있다. 일례로 진보네트워크센터가 코로나19와 2015년 메르스 방역을 위해 수집된 개인정보의 관리와 파기 경과에 대한 정보 공개를 청구한 바 있다. 질병관리본부는 답변을 통해 코로나19 상황 종료 즉시 확진자들의 개인정보를 파기할 것이라는 입장을 밝혔다. 그러나 메르스 사태 때 수집된 확진자와 격리자 정보 중 일부가 아직 파기되지 않은 것으로 확인되었는데, 파기하지 않은 이유에 대해서는 언급이 없었다(파이낸셜뉴스, 2020.06.11.). 어떠한 방식과 과정에 의해서 정보 파기가 진행되는가에 대한 가이드라인이 부재한 것이다. 또한 어떤 시점을 감염병 종식 시점으로 파악할 것인지도 명확하지 않다. 국내 지역감염이 0명인 상태가 2주간 유지될 경우, 해외유입 확진자를 합쳐서 국내 신규 확진이 0명이 되는 경우, 국제적으로 코로나19 종식 선언이 발효된 이후 등 다양한 상황 중 어느 때를 '종식'으로 규정할 것인가에 대한 명확한 정의가 부재한 상황이다. 애매모호한 규정 하에서 수집된 개인정보가 파기되지 않고 영구적으로 보존될 가능성도 배제할 수 없는 것이다.

감염병 사태에서의 개인정보 취급은 개인정보보호법에서 제외되는 영역인 만큼 이를 보호하는 대안을 따로 마련해야 한다. 그러나 정보 처리에 대한 보호를 명시한 조항은 비밀을 누설해서는 안 된다는 감염병예방법 제74조가 유일하다. 따라서 현행 제도상 개인의 통신정보, CCTV와 카드 사용내역을 알게 된 사람이 그것을 외부로 누설하지만 않으면 법적인 개인정보 보호책임을 다했다고 볼 수 있다. 감염병예방법은 개인으로부터 정보를 수집 및 제공받을 수 있는 사항을 구체적으로 명시했지만, 프라이버시권을 보장하는 실질적인 법적 조항의 마련은 상대적으로 부족한 상태이다. 감염병예방법에서는 개인의 정보보호 규정이 미비하므로, 감염병 사태에서 정부가 마음대로 개인의 정보를 수집하고 이용해도 법적으로 큰 문제가 없다는 해석이 가능하다. 구체적인 권리 보호 조항의 부재로 인해 개인정보가 악용될 여지가 존재하는 것이다.

다수의 개인정보를 수집한 후 진행되는 역학조사의 주체인 역학조사반 및 조사관에 대한 규정도 살펴볼 필요가 있다(질병관리청, 2012). 역학조사는 감염원을 추적하고 접촉자를 격리하기 위한 목적으로 환자 발생 시 중앙과 지자체를 중심으로 역학조사반을 구성하여 신속하게 이루어진다. 역학조사반은 감염병의 차단과 확산 방지를 위해 발생 규모를 파악하고 감염원을 파악하는 과정에서 감염병환자 및 감염병의심자에 대한 정보를 요청할 수 있다. 따라서 역학조사 과정에서 개인의 신용카드 거래 기록, 휴대전화 위치정보와 이동 경로 등의 민감정보가 다수 수집된다. 이러한 수집은 역학조사관의 자의적인 판단에 의해 요청되어 이루어진다. 수사기관조차 범죄 수사의 목적으로 위치정보를 수집하려면 통신비밀보호법에 따라 법원의 허가를 받아야 하는데, 역학조사 과정에서의 정보 수집은 긴급한 공중보건 사태라는 이유만으로 별도의 허가나 보호절차라는 통제장치 없이 빠르게 수집된다. 개인정보를 제공받는 중앙행정기관 또는 지방자치단체 공무원의 개인정보 수집 및 열람 권한이 어디까지이며, 어느 범위까지 공개할 수 있는가에 대한 명시적인 규정은 존재하지 않는다.

「역학조사반 운영 등에 관한 규정(2012)」과 「역학조사관 교육에 관한 규정(2020 개정)」은 역학조사반 및 역학조사관에 대한 행정적인 절차, 소속, 역학조사에 필요한 교육 수료 요건, 학술적인 교육 내용만을 규정하고 있을 뿐 개인정보 수집 및 이용에 관한 관리자의 의무 규정은 별도로 두고 있지 않다. 개인정보 수집과 열람 범위에 대한 별도 규정 역시 존재하지 않으며, 개인정보 의식 교육 등의 노력이 이뤄지지 않는다. 오히려 수집되는 개인정보의 범위는 감염병의 전파 강도나 위험성에 따라 유동적으로 변화한다는 이유로 법령에 정해진 일괄적인 규정은 개인정보 수집 범위나 절차에 특별한 제한을 두지 않는다. 역학조사관들은 개인의 민감정보를 직접적으로 다수 다루는 만큼, 정보 보호에 대한 명확한 윤리적 지침 설정과 교육의 필요성이 제기된다.

평시의 개인정보를 규정하는 개인정보보호법 제4장에서 개인정보 처리자의 안전한 정보 관리 의무를 규정한다. 개인정보보호법 제29조는 개인정보 안전조치 의무를 규정하고, 제28조의4 제1항에서 개인정보 처리자의 책임성을 강화하는 관리적, 물리적 조치 의무를 부과한다. 동법 제12조에 의하여 개인정보 처리에 관한 기준, 침해의 유형 및 예방조치 등에 관한 표준 개인정보 보호지침(이하 '표준지침')을 정하여 처리자에게 그 준수를 권장할 수 있다. 반면 감염병환자 혹은 감염병의심자의 정보는 개인정보보호법보다 낮은 수준의 보호조치만을 규정하는 감염병예방법에 의거하여 수집·관리된다. 이 과정에서 공공기관과 감염병 대응 공무원들은 식별가능성이 높은 민감정보를 열람하고 공유하지만, 특별한 데이터 보안 의무사항은 규정되지 않은 상황이다.

김소현, 이현찬, 지가영

5. 감염병 확산 상황과 개인정보 보호

이를 종합하여 다음과 같은 결론을 얻을 수 있다. 감염병 확산 상황에서는 평상시와 달리 국가가 개인의 민감정보에 더 쉽게 접근할 수 있는 방역체계가 도입된다. 일상에서 개인의 다중이용시설 출입기록을 수집하고, 동선추적을 위해 신용카드 이용내역과 휴대전화 위치를 조사한다. 이러한 조치들은 기본권에 대한 직접적 제한을 가한다는 측면에서 정당한 목적, 적절한 수단, 최소한의 침해 원칙을 모두 충족하여야 한다. 우선, 감염의 연결고리를 끊기 위한 역학조사는 그 목적의 정당성이 인정된다. 높은 전파력을 가진 코로나19에 대응하기 위해 폭넓고 신속한 역학조사가 이루어져야 하고, 이를 위한 정보 수집은 필연적이기 때문이다. 개인정보 수집은 일정한 법적 근거에 기반하여 처리되고 있다는 점에서 전반적으로 적절한 수단을 통해 이루어지고 있다고 볼 수 있다. 그러나 특정 조치들의 경우 지나치게 포괄적인 규정을 바탕으로 진행되고 있어 그 범위가 불분명하다는 문제점을 가진다. 세밀한 근거 규정의 부재는 과도한 개인정보 수집으로 이어지고 있으며, 수집된 정보의 사후관리 측면에서도 부족한 점들을 발견할 수 있었다.

현행 제도는 원활한 역학조사를 위해 개인정보에 대한 과잉수집을 정당화하고 있다. 개별 수집 사례마다 형식적인 근거조항이 뒷받침되고 있으나, 방역과 프라이버시권 사이의 조화를 주문하는 헌법과 국제규범의 대원칙, 개인정보보호법과 위치정보보호법의 도입 취지와 어울리는가에 대한 의문을 제기할 수 있다. 정보 수집과 관리, 공개로 이어지는 총체적인 과정에서 개인의 프라이버시권에 대한 고민이 상대적으로 미약한 지점들이 다수 발견되며, 이에 보다 엄격하고 정밀한 제도설계를 통해 지금까지 발생한 개인정보 관련 문제점 해결이 필요하다.

지금까지의 개인정보 수집 사례 분석을 종합하여 도출한 한국의 코로나19 방역체계의 문제점은 다음과 같다. 우선적으로 개인정보 수집의 근거가 되는 법적 근거의 명확성이 부족했다. 국가에 의한 기본권 제한은 법률에 근거하여 진행되어야 한다. 명확한 근거 없이 진행되는 조치는 곧바로 국가의 자의적인 기본권 제한으로 이어져 과도한 침해를 유발할 수 있기 때문이다. 방역체계 속 개인정보 수집은 분명 감염병예방법이라는 법적 근거에 기반하여 전반적으로 적절한 수단을 취하고 있다. 그러나 특정 조치들의 경우 지나치게 포괄적인 규정을 바탕으로 진행되고 있어 그 규정 범위가 불명확하였다.

불명확한 법적 근거는 과도한 정보 수집이라는 문제점을 파생시켰다. 방역조치라는 목적에는 부합하나 필요 이상의 범위로 이루어지는 정보 수집은 국민의 프라이버시권을 위협한다. 따라서 해당 목적을 달성하기 위한 필수적인 정보만이 이용되고 있는지에 대한 검증이 필요하다. 세밀한 근거 규정의 부재는 개인정보 수집의 범위 역시 불분명하게 정의하였고 이는 과도한 개인정보 수집으로 이어지고 있었다. 수집된 정보가 체계적으로 관리되지 않는다는 사후적 문제 역시 존재했다. 정당한 목적에 의해 수집된 정보라고 할지라도 이에 대한 사후관리 역시 수집 과정만큼이나 중요한 문제이다. 그럼에도 불구하고, 적절한 과정의 정보 파기와 그 과정에서 정보 수집 당사자의 의사 보장에 대한 문제의식은 간과되었다. 사후관리에 대한 법적, 제도적 마련을 통해 적절한 사후관리 체계에 대한 인식이 필요하다.

감염병 확산 상황에서는 평상시와 달리 정부가 개인의 민감정보에 더 쉽게 접근할 수 있는 방역체계가 도입된다. 개인의 일상적인 다중이용시설 출입 기록을 수집하고, 동선추적을 위해 개인의 카드 이용내역과 휴대전화 위치를 조사한다. 개인의 기본권에 대한 직접적 제한을 가한다는 측면에서 이러한 조치들은 정당한 목적, 적절한 수단, 최소한의 침해 원칙을 모두 충족하여야 한다. 감염의 연결고리를 끊기 위한 역학조사는 그 목적의 정당성이 인정된다. 높은 전파력을 가진 코로나19에 대응하기 위해서는 폭넓고 신속한 역학조사가 이루어져야 하고, 이를 위한 정보 수집은 필연적이기 때문이다.

결론적으로 현행 제도는 방역당국의 원활한 역학조사를 위해 개인정보에 대한 수집을 정당화하고 있다. 개별 수집 사례마다 형식적인 근거조항이 뒷받침되고 있으나, 방역과 프라이버시권 사이의 조화를 주문하는 헌법과 국제규범의 대원칙, 개인정보보호법과 위치정보보호법의 도입 취지와 어울리는가에 대한 의문을 제기할 수 있다. 정보 수집과 관리, 나아가 공개로 이어지는 총체적인 과정에서 개인의 프라이버시권에 대한 고민이 상대적으로 미약한 지점들이 다수 발견되며, 보다 엄격하고 정밀한 제도설계를 통해 지금까지 발생한 개인정보 관련 문제점을 해결할 필요가 있다. 추후 감염병의 위기가 재차 도래할 수 있고, 코로나19 대응 과정이 하나의 표준으로 자리매김할 수 있다는 점을 고려했을 때 이는 더욱 중요한 문제로 대두된다. 이번 사례를 분석해 정부의 방역조치와 프라이버시권의 조화를 꾀하는 작업이 특히 중요한 이유이다.

Ⅳ. 사회적 연결을 통한 방역과 프라이버시권의 조화

지금까지 감염병 확산 상황에서 신속한 초기 방역 대응의 중요성과 그 과정에서의 개인정보 보호 필요성을 살펴보았다. 이를 통해 한국의 코로나19 방역체계 속에서 일부 과도한 개인정보 수집이 존재함을 알 수 있었다. 그럼에도 불구하고 대부분의 국민들은 이러한 방역 기조에 찬성하는 모습을 보인다. 2020년 7월 실시된 조사에서 국민 10명 중 7명은 "코로나19 대응 과정에서 정부 대처가 우수했다."라고 평가하였다(한국리서치, 2020a). 이들은 정부의 방역체계에 대해서 큰 문제를 느끼지 못했으며, 오히려 현재와 같은 강력한 방역 지침을 유지하기를 희망하는 경향을 보였다. 국민들은 방역 과정에서 과도한 개인정보 수집과 관리부실이 일정 부분 일어난다고 하더라도, 그를 통해 효율적으로 감염병 확산 통제에 성공한다면 제도와 시스템에 만족하는 모습을 보였다. 방역조치를 위한 프라이버시권 제한을 정당한 것으로 평가하고 있음을 알 수 있었다.

코로나19 확진자만을 대상으로 실시된 인식조사의 결과는 사뭇 다른 양상을 나타낸다. 지난 7월 실시된 코로나19 확진자·접촉자 인식조사에서 확진자들은 '완치가 될 수 없을지도 모른다.'라는 불안보다 주변으로부터의 '비난과 피해'에 대해 더 큰 두려움을 느낀다는 점이 드러났다(조선일보, 2020.07.01). 코로나19 감염자들은 비감염자와 달리 방역의 필요성보다 프라이버시권의 위협을 더 크게 인식한다는 것이다. 실제로 확진자를 향한 사회적 비난은 국내 코로나19 첫 확진자 발생 시점부터 SNS와 언론사 댓글 등을 통해 끊임없이 지속되었다. 여론은 확진자에게 감염의 책임이 있다는 인식과 이를 개인의 부주의로 인한 잘

못으로 간주하는 경향을 보였다(한국리서치, 2020b). 확진자를 힐난하는 사회적 분위기는 그들로 하여금 사회적 낙인에 대한 두려움을 불러일으키는 데 일조했다. 이는 자발적인 진단검사의 문턱을 높여 감염병 대응을 어렵게 만드는 장애물로 작동했다.

확진자들을 향한 사회적 낙인의 시초에는 확진자 동선을 개인별로 세세히 공개한 방역 방침이 있었다. 코로나19 확산 초기의 동선 공개는 개인의 신상과 서사를 전부 드러내는 방식으로 이루어졌다. 성별, 연령, 거주지 등 개인을 특정할 수 있는 정보와 함께 확진자가 방문했던 장소와 시간을 세세히 공개함으로써 불필요한 사생활 노출을 야기했다. 심지어 중앙정부의 통일된 지침이 부재함으로 인해 일부 지방자치단체에서 지나치게 자세한 확진자 동선 공개가 진행되었는데, 이는 정부의 개인 프라이버시권 보호에 대한 책임 방기 행위로 평가된다. 이러한 동선 공개는 확진자가 인신공격성 모욕을 듣고 감염 책임자로 낙인찍히는 주요한 원인이 되었다. 당초 동선 공개는 확진자와 동선이 겹치는 감염 의심자의 조기 파악을 통해 원활한 방역을 달성하려는 목적이었다. 그러나 개인 서사를 드러내는 방식으로 진행된 동선 공개는 사생활에 대한 평가와 비난이라는 부작용을 초래했다.

이러한 문제점을 인식한 정부는 공개 범위의 기준을 마련한 권고 지침을 세 차례에 걸쳐 배포하였다. 확진자 동선 등의 정보 공개를 안내한 1차 지침은 동선 공개의 법적 근거를 명확히 했고 공개 대상과 시점, 범위를 한정지었다. 이전과 달리 동선 공개의 대상과 시점, 범위의 통일적 기준을 제시했다(중앙방역대책본부, 2020a). 2차 지침은 1차 지침에 더해 동선 공개 후 충분한 시간이 지났다면 이미 방역이라는 공적 목적을 달성했으므로 감염병환자 개인정보는 삭제해야 한다는 내용을 추가했다(중앙방역대책본부, 2020b).

　2020년 6월에는 성별, 연령, 국적, 거주지 및 직장명 등 개인을 특정 하는 정보와 읍, 면, 동 이하의 작은 단위 지역 정보를 공개하지 않음으로서 공개 범위를 더 구체적으로 확정했다. 또한 '장소 및 이동 수단을 특정하지 않으면 다수에게 피해가 발생할 수 있으므로'라는 문구를 추가하여 장소와 이동 수단을 공개의 정당성을 설명했다. 시간에 따른 개인별 동선을 공개하지 않고 장소 목록 형태로 지역(시도, 시군구), 장소 유형, 상호명, 세부주소, 노출일시, 소독여부 정보와 같이 개인 프라이버시를 보호할 수 있는 정보 공개의 형식을 제시했다. 그리고 해당 공간 내 모든 접촉자가 파악된 경우에는 확진자 동선을 공개하지 않도록 기준을 강화했다. 이러한 개정을 반영하여 정부는 3차 지침을 통해 개인을 특정할 수 있는 정보와 방역 목적에 부합하지 않는 정보가 상당 부분 사라진 형식의 동선 공개 방식을 새로이 도입하였다. 개인을 특정하는 동선 공개 방식이 인권침해로 이어질 수 있는 만큼, 공개 과정에서 개인의 서사 언급을 지양하자는 취지를 수용한 것이다(중앙방역대책본부, 2020c).

　그러나 여전히 '확진자별' 동선 공개 방식를 취함에 따라 개인에게 감염 확산의 책임을 지운다는 비판이 가능하다(국가인권위원회, 2020a). 현재의 동선 공개 방식은 감염 경로의 추적과 예방이라는 본래의 목적을 넘어 확진자 개인을 특정짓는 데 초점을 맞추게 한다. 이는 확진자로 하여금 감염병의 확산에 기여한 책임자로써 사회적 비난을 지우는 환경 조성에 기여했다. 이러한 형태는 대규모 감염사태에서도 나타났다. 정부와 언론은 '슈퍼전파자'라는 용어를 사용함으로써 감염병 확산의 책임을 개인에게 떠미는 모습을 보였다(박미정, 2016: 303). 감염병은 수많은 개인들의 상호작용을 통해 확산되므로 확산의 원인을 특정 개인에게서만 찾는 '슈퍼전파자'라는 표현은 과학적으로 정확하지 않다. WHO를 비롯한 전문가들은 슈퍼전파자라는 용어가 감염자를 낙인찍을 수 있으므로 대규모 감염사태 시 '슈퍼전파사건(Super Spreading Event)'라는 명칭을 사용할 것을 권고했다. 그러나 방역당국은 현재까지도 질병청의 정례브리핑 등을 통해 슈퍼전파자라는 용어를 사용하고 있다(중앙방역대책본부, 2020d), 이는 언론 등을 통해 빠르게 확산되어 감염의 책임을 확진자 개개인에게 돌리는 모습을 형성하는 데 기여했다.

이러한 사회 분위기는 일부 감염병의심자들의 자발적 방역 협조 의지를 방해하는 요소로 작동했다. 확진자로 판정된 이후 쏟아질 비난에 대한 두려움이 진단검사를 받지 않으려는 기제로 이어진 것이다. 이러한 우려는 확진자 차별과 배제가 방역에 대한 방해로 이어짐을 언급한 5월 9일 질병청 정례브리핑에서도 확인할 수 있다(중앙방역대책본부, 2020e). 사회는 확진자와 비확진자를 이분법적으로 구별하여 사고하기 시작했고 확진자에게는 감염의 책임을 씌우고 이들을 제외한 나머지 공동체 구성원에게는 암묵적으로 감염병 확산의 책임을 면제했다. 이는 일부 감염병의심자들이 방역망 밖으로 이탈하는 결과로 이어졌다.

음지화된 감염병의심자에 의한 지역감염 확산을 막기 위해 방역당국은 점점 더 폭넓은 개인정보 수집으로 대응해야 했다. '숨은 감염병의심자'를 신속하게 찾아내기 위해 출입명부 조사, 휴대전화 기지국 접속 정보 확인 등의 강력한 대응조치가 이루어졌고 이는 프라이버시권의 과도한 제한이라는 악순환으로 이어졌다. 이 과정에서 특정한 개인의 책임은 지나치게 강조되었다. 책임 추궁을 두려워하는 감염병의심자들은 방역에 대한 소극적 태도를 보였다. 이는 또 다시 정부의 강력한 정보 수집을 초래하며 개인의 프라이버시권을 제한하도록 만들었다.

이러한 방역체계와 분위기 속에서 수많은 사람들의 개인정보를 강제적으로 이용하지 않고도 자발적 검사 의지를 이끌어내기 위해 익명검사제도가 시행되었다. 2020년 5월 8일부터 이태원 클럽가 방문자를 중심으로 집단감염이 발생했으며, 5월 12일에는 100명 이상의 확진자가 나타났다. 언론 보도에 의한 성소수자 혐오 및 아웃팅 우려, 사회적 비난 여론이 맞물리면서 일부 이용자들은 방역 협조를 기피하는 모습을 보였다. 이때 정부는 검사자에게 금전적 부담 없이 개인 프라이버시를 보장하는 무료 진단검사 시행을 결정했다. 더불어 서울시와 전라북도는 신분확인 절차가 빠진 형태로 연락 가능한 휴대전화 번호만 밝히면 보건소 선별진료소의 고유번호를 부여하는 익명검사 방식을 도입했다. 이는 신분 노출을 두려워하는 사람들이 검사를 기피해 감염이 확산될 가능성을 줄이기 위한 것이었다(중앙사고수습본부, 2020b). 익명성을 보장한 진단검사를 도입함으로써 '숨은 감염자'를 보다 신속하게 찾아내 지역감염 확산을 막고자 했다. 사회적 비난이 두려워 진단검사를 기피하는 현상이 방역 실패로 연결될 것을 우려한 일부 지방자치단체가 기존의 원칙을 깨고 긴급히 익명검사제도를 실시한 것이다. 이 같은 방식이 방역에 효과가 있었음을 고려했을 때, 프라이버시권의 보호와 방역이 서로 상충되는 관계가 아님을 확인할 수 있다(중앙사고수습본부, 2020b).

한국의 코로나19 방역체계가 개인에게 비난의 화살을 돌리는 구조를 만드는 것은 일반적인 책임 부과 방식을 적용하고 있기 때문이다. 해악을 유발한 과실이나 죄를 법적으로 추론하여 해당자를 찾아내 책임을 부여하는 것이 사회의 가장 일반적인 책임 부과 형태이다. 주로 도덕과 법의 체계에서 적용하는 이 책임 형태는 '누구의 행위가 결과를 야기했는가'를 밝혀내 책임을 부과하고자 하는 문제에 선형적으로 연결시킨다. 이렇게 해악을 유발한 과실이나 죄를 법적으로 추론하여 해당자를 찾아내 책임을 부여하는 방식은 특정 책임자를 제외한 다른 공동체 구성원들에게 암묵적으로 책임이 면제되도록 만든다(아이리스 영, 2018: 176–183). 이 과정에서 비감염자들은 감염자에게 책임을 묻고 사회적 비난 여론에 동조하면서 자신과 별개의 문제로 인식한다.

일반적인 책임 모델을 적용하기 위해서는 분명한 인과적 연결을 증명해야 할 뿐만 아니라 의도와 동기, 결과를 평가하는 분명한 논증규칙이 있어야 한다. 그러나 감염병 사태는 이와 같은 일반적인 책임부과 방식만으로 설명할 수 없다. 어떠한 경로에서 어떤 접촉자에 의해 감염병이 전파되고 있는지 파악할 수 없는 이른바 '깜깜이 전파'가 다수 등장하기 때문이다. 이는 누구로부터 시작했는지 인과적 연결을 설명할 수 없을 뿐만 아니라 어떤 행위가 감염의 근원인지 설명할 수 있는 논증 규칙이 존재하지 않는다.

현재의 감염병 확산 사태는 '구조적 부정의'의 특성을 지닌다. 구조적 부정의는 간접적이고 집단적인 형태로 누적하여 생산되기 때문에 일반적인 도덕적·법적 책임과 달리 선형적인 연결로써 인과를 밝히는 추적이 불가능한 상황을 의미한다(아이리스 영, 2018: 93–109). 감염병 확산은 감염의 시작과 끝을 확신할 수 없는 구조이다. 이는 선형적으로 모든 인과를 밝히는 것이 불가능하다는 특징을 지닌다. 현재 사회는 감염자와 비감염자라는 이분법적 구조에서 감염병의 책임을 감염자에게 떠넘기고 있다. 그러나 감염병의 가장 핵심적 특성은 모두가 전파의 주체가 될 수도, 옮겨지는 객체가 될 수도 있다는 점이다. 모든 공동체 구성원은 잠재적 감염자이다. 아이리스 영은 "우리 자신이 사회 부정의 (Social injustice)로 이어지는 수많은 인과관계 망의 일부라는 사실은 우리가 대면해야 할 진리"라고 이야기한다(아이리스 영, 2013: 7). 우리 자신은 타인과 함께 사회의 일부로서 살아가는 한, 감염병의 확산과 방역의 책임을 동시에 지고 있다.

구조적 부정의에 대한 책임을 정의하기 위해서는 기존과는 다른 책임 개념이 필요하다. 아이리스 영은 그러한 대안적 책임 개념을 "책임에 관한 사회적 연결 모델"로 제시했다(아이리스 영, 2018: 188-200). 감염병 확산 상황에 사회적 연결 모델을 적용하면, '책임을 진다'는 모든 공동체 구성원들이 책임을 공유함으로써 함께 성공적 방역 과정에 참여할 의무를 지님을 의미한다. 방역의 주체는 정부만이 아니며, 감염의 책임은 감염자에게만 있지 않다. 구조 속에서 생활하는 모든 사람들은 법적인 면에서 직접적이고 특별하게 영향을 끼치지 않더라도 현 방역 구조에 대한 책임을 진다. 이때의 감염자들은 죄를 지은 것이 아니기 때문에 비난해서는 안 되며, 개인에게만 책임을 씌우는 것이 아니라 공동체 전체가 문제를 해결하기 위해 노력을 기울이는 것이 필요하다. 한국의 기존 코로나19 방역체계는 정부를 방역의 주체로 두고 확진자를 책임의 주체로 두었다. 그러나 사회적 연결 모델은 사회 구성원 모두에게 방역의 주체성과 책임을 부여한다.

사회적 연결 모델은 사회라는 집단과 공동의 참여라는 집단행동을 전제한다. 연대와 협력을 통해 문제 해결을 모색한다는 점에서 미래지향성을 가진다(아이리스 영, 2018: 194-195). 기존의 방역 모델은 가시적인 '책임자'를 찾아 그들을 비난하고 사회로부터 격리시켰다. 이때의 격리는 감염을 막기 위한 물리적인 '격리'가 아닌, 같은 공동체의 구성원으로서 함께 연대하는 대상으로 받아들이지 않음을 의미한다. 이와 달리 사회적 연결 모델에서는 정부와 국민, 감염자와 비감염자 사이에 어떠한 책임의 비대칭성을 발견할 수 없다. 모두가 책임자이기 때문에 공동의 책임을 다하기 위한 미래 지향적 행위를 도모한다. 또한 원활한 방역 과정을 만들고 감염 확산을 막기 위한 해결책을 찾기 위해 모두가 힘을 합친다. 사회적 연결 모델을 적용함으로써 책임성과 비책임성이라는 이분법적 구분법을 버리고 방역이라는 공동의 확실한 목표를 향해 협력하는 것이다.

이 모델을 적용하기 위해서는 정부가 방역을 목적으로 개인의 프라이버시와 대립하는 역할을 수행해서는 안 된다. 책임을 공유하는 공동체가 조율된 행동을 할 수 있도록 하는 데 초점을 맞춰야 한다(아이리스 영, 2018: 212-213). 따라서 정부는 방역이 모두의 책임임을 강조하는 한편, 특정 개인이 지나치게 드러나는 방역 모델을 지양해야 한다. 제도적 조치를 공동의 책임 선상 안에서 수행하고자 한다. 이를 위해서는 '확진자-비확진자의 분리'와 '확진자 개인에 대한 과도한 사회적 책임 부과'와 같은 사회 전반의 방역에 대한 책임 비대칭성을 정부가 나서서 개선해야 할 필요가 있다. 적절한 개인정보 수집을 통해 이루어지는 정부의 방역조치 과정은 그대로 이어지되, 공동의 책임성을 강조하고 연대를 통한 방역을 이끌어가야 한다.

효과적인 방역체계를 완성하기 위해 정부 주도의 아주 강력한 통제 시스템을 도입하는 방법을 고려할 수 있다. 그러나 경험적으로 보았을 때 '사회적 거리두기' 초기에는 방역에 성공적일지라도 시간이 지날수록 국민들의 피로감이 높아져 지속적인 효과를 기대하기 어렵다. 아무리 강력한 방역체계라고 하더라도 감염을 완전히 막아낼 수 없으며 국민 모두를 감시할 수 없으므로 정부가 모든 것을 일괄적으로 통제하는 것은 근본적 해결 방법이 아니다. 따라서 정부 주도 방역체계를 보완할 수 있는 새로운 방역 모델에 대한 제고가 필요하다. 감염자와 감염병의심자들의 프라이버시를 실질적으로 보호함으로써 자발적 의지를 끌어낼 수 있는 방향의 시스템을 만들어야 한다.

감염병은 일정한 주기를 가지고 끊임없이 재출현하며 공동체를 위협하고 있다. 2003년의 사스, 2010년의 신종플루, 2015년의 메르스, 그리고 2020년의 코로나19로 이어지는 역사는 앞으로도 감염병의 출현과 확산이 반복해 일어날 것임을 암시한다. 이는 현재 자리매김한 방역 모델이 추후 감염병 대응 과정에서 하나의 표준으로 자리할 수 있음을 의미한다. UN 사무총장 역시 지난 1월 <코로나19와 인권 유엔 사무총장 정책 보고서>에서 '긴급 대응기간 동안 정당화되는 사항들이 위기 이후에도 표준화될 수 있다'며 "모든 대책은 유의미한 개인정보 보호 장치를 반영해야 하고 합법적이고 불가피하며, 균등해야 한다."라고 말한 바 있다(국가인권위원회, 2020b). 방역 과정과 프라이버시권 보장의 조화 문제는 비단 코로나19만의 문제는 아니다. 인류가 감염병을 완전히 정복하는 날이 오지 않는 이상 끊임없이 맞닥뜨릴 수밖에 없는 문제이므로 이번 사례를 교훈삼아 온전한 모델을 구축할 필요성이 요구된다.

우리는 대부분의 감염자 또한 자신의 의지와 무관하게 누군가로부터 감염병에 전염된 피해자라는 점을 기억해야 한다. 현재 시스템에서 감염자를 100% 찾아내 추가전파를 차단하는 것은 사실상 불가능하다. 이러한 상황에서 물리적으로 드러나는 확진자만을 찾아내 개인에게 책임을 씌우는 방식은 불합리할 뿐만 아니라 효과적인 방역에도 도움이 되지 않는다. 즉, 지금까지 한국의 코로나19 방역체계가 만들어낸 구조적 부정의의 성격은 현재의 일반적 책임 부과 방식만으로는 근원적인 해결을 이룰 수 없다. 강화된 방역조치가 일상화 된 지금, 프라이버시권에 대한 근본적 검토까지도 동반되어야 하는 시점이다. 적절한 정보 수집기술의 활용으로 감염자를 빠르게 추적하는 기존 시스템과 공동체 전체의 연대 책임을 강조하는 사회적 연결 모델의 조합으로 새로운 한국의 방역체계를 구축해야 할 것이다. 효과적 방역과 프라이버시권의 보장은 대치되지 않는다. 추후의 감염병 대응 과정에서 양자 간 조화가 이루어진 성공적인 시스템 구축을 기대한다.

참고 문헌

▌논문 및 단행본 ▌

김주경. 2011. "헌법상 건강권의 개념 및 그 내용".『헌법판례연구』, 12.
　　pp.137－180.

박미정. 2016. "감염병 대응관련 언론보도와 개인정보 보호".『언론과법』, 15
　　(3). pp.289－316.

박진아. 2012. "국제보건규칙(2005) 상의 전염병 통제 보건조치와 인권의 보
　　호".『국제법학회논총』. pp.63－89.

송가영. 2020. "감염병환자 개인위치정보자기결정권의 침해위험성 증대에 따
　　른 개선방안에 관한 연구".『범죄수사학연구』, 6(1). pp.5－31.

아이리스 M. 영. 2013. 허라금 외 역.『정치적 책임에 관하여』. p.7.

아이리스 M. 영. 2018. 허라금 외 역.『정의를 위한 정치적 책임』. 이화여자
　　대학교출판문화원.

정종구, 손정구. 2020. "코로나19 동선공개에 대한 법적 고찰-개인정보 및 사
　　생활 침해의 문제를 중심으로－".『법학논고』, 70. pp.103－131.

조성은. 2020.『감염병 대응에서 개인정보 처리 이슈와 과제』. 정보통신정책
　　연구원. pp.7－10.

조수영. 2018. "개인정보보호법과 EU의 GDPR에서의 프라이버시 보호에 관
　　한 연구".『법학논고』, 61. pp.117－148.

Kevin Olson. 2016. 문현아 외 역.『불평등과 모욕을 넘어: 낸시 프레이저의
　　비판적 정의론과 논쟁들』. 그린비. : 오정진. 2016. "우리는 연결되어 있다/
　　정의는 모두의 책임이다".『한국여성학』, 32(4). pp.157－164. 재인용.

UN Commission on Human Rights. 1984. E/CN.4/1985/4.

Westin, A. 1967. Privacy and Freedom, Newyork: Atheneum.: 이윤복. 2017.

“CCTV와 프라이버시”. 『철학연구』. pp.215－244. 재인용.

▌신문 기사▐

강경주. 2020.05.12. ‘박원순식’ 익명검사 통했다…이태원 방문자 검사 2배 급증. 한국경제. www.hankyung.com/life/article/2020051299377

고학수 외. 2020.04.23. Information Technology－ Based Tracing Strategy in Response to COVID－19 in South Korea－Privacy Controversies. JAMA. jamanetwork.com/journals/jama/fullarticle/2765252

김규희. 2020.04.19. ‘흔적 30분만에 통보’… 역학조사 숨은 주역 신용카드사. 뉴스핌. www.newspim.com/news/view/20200407000932

김성호. 2020.06.11. 코로나19 수집 개인정보, 폐기 규정은 ‘없다’. 파이낸셜뉴스. www.fnnews.com/news/202006111630046828

김수완. 2020.05.25. “사생활 감시” vs “예방 위해 필요” ‘QR 코드’ 전자출입명부 도입 논란. 아시아경제. www.asiae.co.kr/article/2020052512393062682

김재섭. 2020.06.22. ‘뉴노멀’ 물결에 정보인권 휩쓸려간다. 한겨레. www.hani.co.kr/arti/science/issue/950338

뉴시스. 2020.07.01. 확진자 36.4%는 무증상…“질병보다 비난이 두렵다”. www.newsis.com/view/?id＝NISX20200630_0001078990

백지수. 2020.05.09. 방역당국 “확진자 차별·배제, 방역에 방해”. 머니투데이. news.v.daum.net/v/20200509111729943

신창용. 2020.12.24. 한국 10만명당 코로나19 확진자 수, OECD 두 번째로 적어. 연합뉴스. www.yna.co.kr/view/AKR20201224106800530?input＝1195m

윤영혜. 2020.05.19. 국민 90% “코로나 확진자 정보 공개 적절”. 한의신문. www.akomnews.com/bbs/board.php?bo_table＝news&wr_id＝39433

윤종석. 2020.04.10. 10분 내 확진자 동선추적…외신 50곳이 궁금해한 한국의 역학조사(종합). 연합뉴스. www.yna.co.kr/view/AKR20200410149451003

이승섭. 2020.01.07. '메르스 슈퍼전파자' 낙인 찍힌 순간…"모든 것 잃어." MBC 뉴스. news.naver.com/main/read.nhn?mode＝LPOD&mid＝tvh&oid ＝214&aid＝0001005652

조경건. 2020.09.09. '출입명부' 보고 사적 연락한 남성, 뉴스 오르고도 "고집 세네". 부산일보. www.busan.com/view/busan/view.php?code＝20200909 15472554379

조아라. 2020.08.21. 기지국은 알고 있다…이통사 위치추적 얼마나 정확할까. 한국경제. news.naver.com/main/read.nhn?mode＝LSD&mid＝sec&sid1＝ 105&oid＝015&aid＝0004402055

조혜정. 2020.02.28. 각기 다른 불안 요인...지역 맞춤형 '심리 방역' 필요. 한 겨레. www.hani.co.kr/arti/society/health/930241

희우. 2020.07.04. 코로나19 확진자들은 '재감염'보다 'OOOO'을 더 무서워했 다. 오마이뉴스. www.ohmynews.com/NWS_Web/View/at_pg.aspx?CNTN _CD＝A0002658069&CMPT_CD＝P0010&utm_source＝naver&utm_mediu m＝newsearch&utm_campaign＝naver_news

▌기타 온라인 자료 ▌

국토교통부. 2020.03.25b. 스마트시티 기술로 코로나19 확진자 동선 파악이 더 빠르고 더 정확해집니다. www.molit.go.kr/USR/NEWS/m_71/dtl.jsp?lc mspage＝1&id＝95083710

국토교통부. 2020.06.12a. 코로나19 역학조사 지원시스템 설명자료 및 Q&A. smartcity.go.kr/2020/06/12/%EC%BD%94%EB%A1%9C%EB%82%9819－% EC%97%AD%ED%95%99%EC%A1%B0%EC%82%AC－%EC%A7%80%EC%9 B%90%EC%8B%9C%EC%8A%A4%ED%85%9C－%EC%84%A4%EB%AA%8 5%EC%9E%90%EB%A3%8C－%EB%B0%8F－qa/

국가인권위원회. 2020.03.09a. 코로나19 확진자의 과도한 사생활 공개 관련 국가인권위원장 성명. www.humanrights.go.kr/site/program/board/basicb

김소현, 이현찬, 지가영

oard/list?boardtypeid=24&menuid=001004002001

국가인권위원회. 2020.05.b. 코로나19 관련 국제 인권 규범 모음집. www.humanrights.go.kr/site/program/board/basicboard/list?boardtypeid=7065&menuid=001003007007

보건복지부. 2020.06.10b. 전자출입명부 활용 안내(안). ncov.mohw.go.kr/shBoardView.do?brdId=2&brdGubun=25&ncvContSeq=2603

보건복지부. 2020.06.11a. 'K-방역모델'을 세계의 표준으로 만들 길잡이 나왔다(관계부처 합동). www.mohw.go.kr/react/al/sal0301vw.jsp?PAR_MENU_ID=04&MENU_ID=0403&CONT_SEQ=354963

인천광역시 부평구. 2020.09.09. 수기출입명부 작성에 대한 개인정보 수집·제공 동의서(견본). www.gov.kr/portal/locgovNews/2257815

중앙방역대책본부. 2020.02.19d. "31번 확진자가 슈퍼전파자인지는 아직 확인되지 않았다". ncov.mohw.go.kr/tcmBoardView.do?brdId=&brdGubun=&dataGubun=&ncvContSeq=352997&contSeq=352997&board_id=140&gubun=BDJ

중앙방역대책본부. 2020.03.14a. 확진환자의 이동 경로 등 정보 공개 안내. ncov.mohw.go.kr/bdBoardList_Real.do?brdId=1&brdGubun=12

중앙방역대책본부. 2020.04.12b. 확진환자의 이동 경로 등 정보 공개 안내(2판). ncov.mohw.go.kr/bdBoardList_Real.do?brdId=1&brdGubun=12

중앙방역대책본부. 2020.05.09e. 코로나바이러스감염증-19 국내 발생 현황. ncov.mohw.go.kr/tcmBoardView.do?brdId=&brdGubun=&dataGubun=&ncvContSeq=354449&contSeq=354449&board_id=&gubun=ALL

중앙방역대책본부. 2020.06.30c. 확진환자의 이동 경로 등 정보 공개 안내(3판). ncov.mohw.go.kr/bdBoardList_Real.do?brdId=1&brdGubun=12

중앙사고수습본부. 2020.05.12a. 코로나바이러스감염증-19 중앙재난안전대책본부 정례브리핑. ncov.mohw.go.kr/tcmBoardView.do?contSeq=354491

중앙사고수습본부. 2020.05.14b. 코로나바이러스감염증-19 중앙재난안전대

책본부 정례브리핑. ncov.mohw.go.kr/tcmBoardView.do?brdId＝&brdGub
un＝&dataGubun＝&ncvContSeq＝354535&contSeq＝354535&board_id
＝140&gubun＝BDJ

질병관리청. 2012.09.19. 역학조사반 운영 등에 관한 규정. www.law.go.kr/a
dmRulSc.do?menuId＝5&subMenuId＝41&tabMenuId＝183&query＝%E
C%97%AD%ED%95%99%EC%A1%B0%EC%82%AC%EB%B0%98

질병관리청. 2020.12.14. 역학조사관 교육에 관한 규정. www.law.go.kr/adm
RulSc.do?menuId＝5&subMenuId＝41&tabMenuId＝183&query＝%EC%9
7%AD%ED%95%99%EC%A1%B0%EC%82%AC%EB%B0%98#liBgcolor0

참여연대 외. 2020.03.26. [공동 성명] 코로나19 대응, 정보인권을 존중해야
한다. www.peoplepower21.org/PublicLaw/1693910

한국리서치. 2020.03.25b 코로나19를 통해 본 대한민국 시민사회와 혐오. hrc
opinion.co.kr/archives/15221

한국리서치. 2020.07.29a. [코로나19] 12차 인식조사(상황 인식, 공적 주체
신뢰도 등. hrcopinion.co.kr/archives/16099

❚ 판결 ❚

대법원 1998.07.24. 선고 96다42789 판결.

대법원 2014.07.24. 선고 2012다49933 판결.

헌재 전원재판부 2009.11.26. 2007헌마734.

05

시·청각장애 학생을 위한 대학교 비대면 교육운영 매뉴얼 연구

: 코로나19 시기에 Zoom을 이용하는
  장애학생의 사례를 중심으로

정예린, 조영진, 박지희, 최원빈, 손정우

05

시·청각장애 학생을 위한 대학교 비대면
교육운영 매뉴얼 연구

: 코로나19 시기에 Zoom을 이용하는 장애학생의 사례를
  중심으로

정예린, 조영진, 박지희, 최원빈, 손정우

Ⅰ. 코로나19로 인해 재조명된 장애학생의 학습권

1. 코로나19와 장애학생의 학습권

코로나바이러스감염증－19(이하 '코로나19')는 사람 또는 집단을 차별하지 않으나, 그로 인한 피해는 결코 평등하지 않다. 코로나19가 불러온 긴급 재난 상황은 우리 사회가 우선순위에 두고 있는 것이 무엇인지를 드러내었고, 사회구조적으로 취약계층에 있는 사람들이 더 큰 타격을 입고 있다. 이는 대학가의 교육 현장에서도 여실히 드러났으며, 장애학생들의 학습권이 비장애학생들의 학습권에 비해 제대로 보장받지 못하고 있는 상황이다.

정예린, 조영진, 박지희, 최원빈, 손정우

장애로 인해 차별받지 않고 교육을 받을 수 있는 권리는 인간의 기본적인 권리이다. 교육권은 대한민국의 헌법에 명시되어 있을 뿐 아니라 세계인권선언, 경제적, 사회적 및 문화적 권리에 관한 국제규약과 같은 주요 국제인권문서에도 명시되어 있다. 게다가 고등교육은 보편적 권리 보장뿐만 아니라 사회적 차원에서는 전문 인력 양성과 노동력 활용을 위해, 개인적 차원에서는 삶의 만족도를 향상시키고 자아실현의 기회를 제공하기 위해 매우 중요하다(손지영 외, 2011: 3). 특히 장애인이 동등한 사회 구성원으로서 존중받으며 고등교육을 받을 수 있는 환경이 조성되어야 한다. 그러나 코로나19로 인해 대학교육이 비대면으로 전환되면서 장애학생의 학습권이 소외되고 있다.

코로나19로 인해 대면으로 이루어지던 수업들이 비대면으로 전환되면서 수업 운영 및 수업 참여 방식에 많은 변화가 생겼다. 비대면 수업이라는 전례 없는 상황에서 각 대학에서는 신속하게 대처방안을 마련하였다. 그러나 대학의 대처가 비장애학생에 초점을 맞추고 있었기 때문에 장애학생은 소외되고 있었다. 대면 교육이 비대면 교육으로 전환되면서 학생들의 물리적인 이동이 줄고 온라인 플랫폼을 활용하는 수업이 늘었기 때문에 다른 유형의 장애학생에 비해 시·청각장애 학생 등 감각장애 학생이 겪는 어려움이 크다. 예를 들어, 원격으로 실시간 속기가 지원되지 않을 경우 청각장애 학생들은 수업 내용을 이해하는 데 어려움을 겪는다. 하지만 장애학생이 겪는 구체적인 문제 상황에 대한 이해가 부족하고, 이들의 어려움을 해소할 수 있는 구체적인 방안에 대한 논의가 부족하기 때문에 시·청각장애 학생이 비대면 교육 상황에서 겪는 어려움이 가중되었다.

2. 장애학생을 위한 비대면 교육운영 매뉴얼의 필요성

수많은 재난 피해자들은 재난 이후의 회복은 원상복구가 아니라 재난 이후의 사회를 재조직하는 일이라고 말해왔다(코로나19 인권대응 네트워크, 2020: 11). 본 연구는 코로나19 이후의 사회를 재조직하려는 노력의 일환으로, 비대면 수업에서 장애학생의 학습권이 보장되도록 하는 매뉴얼을 마련함으로써 모든 학생이 실질적인 학습권을 보장받을 수 있는 사회를 조성하는 데 기여하고자 한다.

대학의 교육과 운영이 비대면으로 급격하게 전환되는 상황에서 장애학생의 학습권이 실질적으로 보장받지 못하는 이유는 무엇일까? 우리는 그 원인을 체계적인 매뉴얼의 부재에서 찾았다. 긴급한 대처가 요구되는 상황에서 교수, 학생 그리고 직원으로 이루어진 대학이라는 대규모의 공동체가 필요로 하는 것은 공통의 행동지침이다. 대학의 구성원들을 대상으로 장애학생의 학습권 보장을 위한 체계적인 매뉴얼이 권고되어야 장애학생의 학습권은 교수자의 재량이나 비장애학생의 배려에 의존하는 시혜적인 차원의 것이 아닌 마땅히 지켜져야 할 권리로서 보장받을 수 있을 것이다.

그러나 2020년 7월을 기준으로 비대면 교육 상황에서 장애학생을 지원하기 위한 대학 차원의 교육운영 매뉴얼이 마련되어 있지 않다. 다섯 개 주요 대학의 홈페이지와 장애학생지원센터 홈페이지를 참고하여 장애학생을 위한 비대면 교육운영 매뉴얼의 현황을 분석한 결과, 대구대학교를 제외한 네 개교에서는 장애학생 지원에 관한 비대면 수업 매뉴얼이 존재하지 않았다.[1] 대구대학교 역시 '2020-1학기 재택 수업

---

1) 주요 대학을 선정하기 위한 기준으로 2017년 장애대학생 교육복지지원 실

운영에 따른 지원 방안'을 공지하고 있지만(대구대학교 장애학생지원센터 공지사항, 2020) 두 쪽에 해당하는 분량으로 간단하게 안내되어 있기 때문에 구체적인 매뉴얼을 제공하고 있다고 보기는 어렵다.

　비대면 교육운영 상황에서 장애학생의 학습권을 보장하기 위한 구체적인 방안을 탐색한 학술연구도 찾아보기 어렵다. 지금까지 진행되었던 장애학생과 학습권에 관한 선행연구는 주로 장애 학생들의 요구에 대한 실태조사나 장애 지원 현황에 대한 교수자들의 인식조사 중심이었다(손지영·정소라·김동일, 2011: 5). 예를 들어, 이현수(2009)는 특별전형 제도의 구조적인 문제점과 장애학생 지원 전담기구의 활용 미비, 담당자의 인식 부족을 지적하였고, 김동일과 손지영(2000)은 교수자를 중심으로 연구를 진행하여 비장애학생들과 교수자들의 장애인식개선 교육과 대학의 보조인력 제공 제도에 대한 필요성을 분석하였다. 이수경과 최승숙(2018)은 당사자인 장애대학생과 장애학생 지원 전문가들의 면담을 바탕으로 수업 방식의 조정, 교수자의 인식 및 실행 능력, 정서적 지지 제도, 겸직이 아닌 전담인력제도에 대한 요구를 파악하였다. 그러나 인식 수준이나 현황을 파악하기 위한 연구에서 나아가서 실질적인 해결방안이나 제도에 대한 연구는 상대적으로 부족했다(손지영·정소라·김동일, 2011: 14). 장애학생을 위한 교육운영 매뉴얼은 일부 대학교의 자체적인 연구를 통해 제시된 사례가 있으나, 이외의 매뉴얼에 대한 체계적인 연구는 거의 존재하지 않았다. 코로나19 시기의 비대면 교육이 본격적으로 시행된 것이 얼마 되지 않았기 때문에 이와 관련한

　태평가 보고서를 참고하였고, 이 보고서에서 최우수 캠퍼스로 선정된 33개교 중 대구대학교, 나사렛대학교, 연세대학교, 이화여자대학교, 한양대학교를 선정했다.

학술연구 역시 부족한 실정이다.

　이러한 선행연구의 경향과 달리 본 연구에서는 비대면 교육 상황에서 대학이 시·청각장애 학생들의 학습권을 보장하기 위해 마련해야 할 구체적인 매뉴얼을 제안하고자 한다. 매뉴얼의 구체성과 실현 가능성을 확보하기 위해 일부 대학교의 비대면 수업의 운영 방침과 장애학생 지원 현황을 조사하여 참고하였다. 본 연구에서 제안하는 '시·청각장애대학생을 위한 비대면 교육운영 매뉴얼'을 기반으로 하여 다양한 기관에서 각 기관의 특성에 맞는 매뉴얼을 개발함으로써 비대면 시대에 장애인의 권리가 온전히 보장되기를 희망한다.

Ⅱ. 온라인 교육 분야의 보편적 설계

1. 보편적 학습설계

　보편적 학습설계(Universal Design for Learning: UDL)란 미국의 응용특수공학센터(Center for Applied Special Technology: CAST)가 개발한 가이드라인으로서, 다양한 학습자의 개별 요구에 부합하도록 교육에 있어 다각적인 접근을 하는 것을 의미한다. 이를 통해 학습자의 학습권을 보장할 수 있다. 보편적 학습설계는 수업 준비를 비롯하여 수업 진행, 평가 등 전 교육과정에 적용되어야 하며 내용제시, 표현, 참여 방법의 다양화라는 세 가지 원리가 있다(손지영·정소라·김동일, 2011: 157).

〈표 5-1〉 UDL의 원리와 교수방법

UDL의 세 가지 원리	UDL 원리를 적용한 교수방법의 예
내용제시에 대한 다양한 방법	• 복합적인 예 제공 • 정보의 중요한 특징 강조 • 복합적인 매체와 형태 제공 • 배경 지식 및 맥락에 대한 정보 제공
표현에 대한 다양한 방법	• 융통성 있는 수행 모델 제공 • 연습을 지원하는 기회 제공 • 지속적이고 관련된 피드백 제공 • 기술 시연을 위한 융통성 있는 기회 제공
참여에 대한 다양한 방법	• 내용과 도구의 선택사항 제공 • 적절한 목표 수준 제공

출처: 김동일 외. 2013. p.77.

특히 내용제시와 표현에 대한 다양한 방법이 화상강의 매뉴얼 개발을 위해 유용하게 쓰일 수 있다. 복합적인 내용제시를 위해서는 예시와 중요 특징을 상세히 설명하고, 자료전달 매체나 형태를 다양화해야 한다. 예를 들어, 청각장애 학생이 수강하는 수업이라면 필담으로 할 것인지, 아니면 구화 중심으로 소리를 확대해 줄 것인지, 수어 통역으로 할 것인지 등 의사소통 방법의 다양한 선택이 가능해야 한다(이학준·권순우·김용성, 2018: 290). 또한 수업 중 배경 지식 및 맥락에 대한 정보를 제공하는 것이 필요하다. 나아가 복합적인 표현 방법을 위해서는 융통성 있는 수업 모델, 학습자의 참여 기회, 교수자의 지속적인 피드백을 제공해야 한다(김동일 외, 2013: 77).

2. 온라인 환경에서의 보편적 설계의 적용

보편적 설계(Universal Design: UD)란 제품과 환경을 가능한 한 많은 사람이 특수한 설계나 적응장치 없이 쉽게 사용 가능하도록 설계하는 접근방법을 말한다(이성일, 2000: 406). 선행연구 중에는 UD의 기본 원리와 온라인 환경을 접목한 연구도 있고, UDL 자체를 온라인 환경에 적용한 연구도 있다. 이들은 공통적으로 UDL의 예와 달리 디지털 매체 및 전자 텍스트 등에 더 중점을 둔 것이다(김동일·손지영·윤순경, 2008: 115). 김동일 외(2008)는 이러닝에서 보편적 설계의 적용에 대해 UD의 7가지 원리에 맞춰 온라인 학습 프로그램의 보편적 설계 원리 전략을 제시하고 어떻게 적용되었는지를 구체적으로 제시하였다. 미국 버지니아 주(Virginia Government, 2013)는 UDL을 적용한 이러닝의 설계 원리로 '학습을 위한 자연적 지원의 통합', 장애에 관계없이 사용자가 '간단하고 직관적으로 사용할 수 있는 디자인', 이러닝 학습 과정 또는 웹 기반 학습에서 사용되는 모든 영상은 자막 및 오디오 설명을 포함하는 등의 '인지할 수 있는 정보 제공', '접근성 증가와 사용자 인터페이스가 동작 가능하도록 보장할 수 있는 기술의 사용', 모든 페이지를 쉽게 접근하고 사용을 위한 '충분한 공간', '작은 물리적 노력', 오류 메시지나 도움말 등의 '오류에 대한 포용력' 제공의 7가지 원리를 제시하였다(황윤자·박현미·안미리, 2014: 130).

온라인 환경과 접목되었을 때 도출되는 세부 원리는 연구마다 다르기에 UD의 7가지 원리 중 본 연구에서 사용될 수 있는 5가지 원리를 정리하고 온라인 환경에 적용될 시의 예시를 참고하고자 한다. ① 공평한 사용의 원리에 따라 모든 학생들이 접근 가능한 웹사이트를 제공하고 중요한 정보를 구어로만 제시하지 않고, 다른 매체로 함께 제공해야 한다. ② 사용 시 융통성의 원리에 따라 개별적으로 다양한 선호와 능력에 따라 조정할 수 있는 수업 설계를 해야 한다. 예시로는 온라인 그룹을 사용하여 학습자 간의 상호작용 기회를 증가시키고 화면 크기 조절을 가능하게 하는 것이 있다. ③ 단순하고 직관적인 사용의 원리에 따라 온라인 사전을 제공하고 수업의 핵심 내용을 강조하는 선행 조직자를 제공해야 한다. ④ 인식 가능한 정보의 원리에 따라 사용자의 감각능력에 관계없이 필요한 정보가 효과적으로 전달되는 설계를 해야 한다. 예를 들어, 동영상에 자막을 제공하고, 스크린 리더에 읽힐 수 있도록 메뉴에 텍스트 설명을 제공해야 한다. ⑤ 오류에 대한 포용성의 원리에 따라 키보드를 잘못 누르는 것을 방지하는 장치를 사용하고, 되돌리기, 자동 저장, 오류 수정, 맞춤법 검사 프로그램 등을 통해 오류를 방지해야 한다(손지영·김동일, 2010: 401). 이 글은 장애학생들의 교육 접근성을 보장하는 UDL의 원리와 온라인 환경에서의 UD 적용원리를 근거로 매뉴얼을 제안할 것이다.

Ⅲ. 연구 방법

연구 참여자는 Zoom을 사용하여 비대면 수업을 진행하는 대학교에 재학하고 있는 시·청각장애 학생으로, 본 연구에서는 이들이 겪는 불편사항의 구체적인 내용에 대해 분석하였다. 본 연구에서는 다양한 비대면 수업 매체 중 대학교에서 실시간 수업을 위해 활용하는 실시간 화상회의 플랫폼 Zoom으로 연구범위를 한정하였다. 또한, 장애의 유형과 정도마다 비대면 수업에서 겪는 경험이 상이하고, 모든 유형의 장애학생들을 인터뷰하는 것이 현실적으로 어렵기 때문에 장애의 유형도 특정할 필요가 있었다. 이에 시각장애나 청각장애를 가지고 있는 학생들이 비대면 수업의 특성상 가장 많은 어려움을 겪고 있을 것이라고 예상하여 시·청각장애 학생들만을 대상으로 연구를 진행하였다.

우리는 인터뷰와 문헌조사 방법을 활용하였다. 우선 장애학생 대상 인터뷰는 비대면 수업의 현황과 문제점을 파악하려는 목적으로 진행하였다. 인터뷰 참여자는 <표 5-2>와 같다. 구체적인 기준은 Zoom을 활용한 비대면 수업을 1학기 이상 수강한 학생이다.

〈표 5-2〉 장애학생 인터뷰 대상

대상	장애 유형	대학교	인터뷰 방법 및 날짜
A	시각	서울대학교	전화 1시간 (2020.04.08.)
B	시각	한국체육대학교	전화 1시간 (2020.07.09.)
C	시각	대구대학교	전화 1시간 (2020.07.08)
D	청각	서울대학교	대면 1시간 (2020.06.08)
E	청각	연세대학교	서면 (2020.07.28.)
F	시청각	연세대학교	전화 1시간 (2020.07.10.)

장애학생을 위한 교육운영 매뉴얼 관련 전문가들을 대상으로도 인

터뷰를 진행하였다. "시·청각장애 학생을 위한 비대면 교육운영 매뉴얼(가안)"을 제작한 후, 전문가들에게 자문을 받음으로써 매뉴얼의 완성도와 실현 가능성을 높이고자 하였다. 과거 장애학생을 위한 대면 매뉴얼을 제작하는 데에 참여한 교수자, 특수교육이나 장애인 복지 등 관련 분야의 교수자 그리고 일부 대학의 장애학생지원센터를 대상으로 자문을 요청하였고, 답변 내용을 적극적으로 반영하여 매뉴얼을 수정 및 보완하는 작업을 거쳤다.

문헌조사는 대학의 비대면 교육운영 매뉴얼 현황을 파악하고 분석하기 위한 목적으로 이루어졌다. 일부 대학에서 학생들과 교수자들을 대상으로 배포한 비대면 교육운영 매뉴얼을 분석하였고, 장애학생을 위한 비대면 교육운영 매뉴얼의 존재 여부도 확인하였다. 또한 대면 수업 상황에서 장애학생을 위해 마련된 교육운영 매뉴얼들도 분석하였다. 분석 대상 학교는 서울대학교, 연세대학교, 대구대학교, 단국대학교, 이화여자대학교, 한양대학교 등이다. 2017년 장애대학생 교육복지 지원 실태평가 결과, 최우수등급을 받은 33개교에 속한 대학교들을 중심으로 분석하였다(국립특수교육원, 2018). 더불어 서울대학교 장애학생지원센터의 대면 교육운영 매뉴얼도 분석하였다. 대면 수업 상황에 적용되는 매뉴얼이기는 하지만, 우수 사례로 참고할 수 있는 근거이자 현황분석을 보충하기 위한 참고자료로 활용될 수 있다. 분석 결과를 바탕으로 비대면 수업에서 시·청각장애 학생들이 겪고 있는 어려움을 해소하고 학습권을 보장받을 수 있는 환경이 조성될 수 있도록 매뉴얼을 제작하였다.

Ⅳ. 시·청각장애 학생이 겪는 비대면 교육의 문제점

1. 교육지원인력제도

교육지원인력은 장애대학생의 교육활동을 지원하는 사람들을 가리키는 용어이다(교육부, 2020: 3). 2019년까지는 '도우미'라는 용어를 사용하였으나, 도우미 단어에 대한 부정적 이미지를 고려하여 2020년부터는 교육지원인력으로 명시하였다. 교육지원인력은 일반교육지원인력과 전문교육지원인력으로 나뉜다. 일반교육지원인력은 대학생으로 구성되며 이들을 '장애학생도우미'라고 부르기도 한다. 한편, 전문교육지원인력은 일반인 중 속기사, 수어 통역사, 점역사와 같이 통역이나 속기 등의 전문적인 지원을 맡는 사람들을 의미한다.

비대면·원격 수업이 진행되면서 교육지원인력제도는 다양한 문제점을 드러내고 있다. 기존의 교육지원인력제도가 대면 수업을 전제로 구축되었기 때문에, 비대면 상황에 그대로 적용되기 어려웠던 것이다. 우선, 장애학생도우미 활동가이드가 부재하여 교육활동 지원이 제대로 이루어지지 않는다. 서울대학교 장애학생지원센터는 홈페이지에 '도우미 활동가이드'를 공지하였지만, 여전히 대면 수업을 기준으로 작성되어 있었다. 같은 유형의 장애학생도우미라도 비대면 수업에서는 구체적인 활동 방법이 달라질 수밖에 없으므로, 비대면 수업에 적합한 활동 지침을 제시하여야 한다. 예를 들어, Zoom을 통해 실시간 수업이 진행될 때 대필도우미가 교수자의 말뿐만 아니라, 채팅창의 내용까지도 필기해야 하는지 등과 관련하여 사전에 구체적인 안내가 필요하다.

둘째, 비대면 수업에서 장애학생들이 겪는 어려움이 새롭게 나타나면서, 기존의 교육지원인력제도만으로는 실질적인 지원에 한계가 존재한다. 예를 들어, 교수가 실시간 수업을 하며, '이것', '저것'과 같이 지시어를 지나치게 사용하는 까닭에 시각장애 학생들은 각각의 지시어가 무엇을 의미하는지 이해하지 못할 때가 많다. 대면 수업에서는 장애학생도우미와 수업을 함께 들으면서 지시어가 의미하는 내용을 바로 물을 수 있었지만, 비대면 상황에서는 불가능하기 때문에 어려움을 겪을 수밖에 없다. 이 경우 속기사와 같은 전문교육지원인력이 실시간 속기를 제공하는 것으로 문제를 해결할 수 있지만, 재원 부족 등의 이유로 모든 수업에 제공되기는 어렵다. 따라서 비대면 수업 특성을 고려하여 장애학생도우미 제도를 유연하게 운영하되, 실시간 속기 지원과 수어 통역 등의 전문적인 지원이 체계적으로 이루어져야 할 것이다.

2. 장애학생-교수자 소통

비대면 수업 상황에서 학생과 교수자가 대면하는 상황이 줄어들면서 장애학생과 교수자 간의 소통이 어려워지고 있다. 장애학생과 교수자가 경험하는 비대면 교육 상황에서의 소통의 문제는 다음과 같다.

첫째, 교수자는 자신의 수업을 수강하는 학생들의 상태 및 이해도를 파악하는 것이 힘들다. 장애학생이 직접 교수자에게 메일을 보내 자신의 장애 여부를 알리지 않는 한 교수자도 이를 직접 파악하고 지원하는 것이 어려운 상황이다. 교수자가 장애학생의 수강 여부 조차 파악하지 못한 채로 수업을 마무리하는 경우도 있다.

둘째, 장애학생이 교수자에게 자신의 장애 사실을 알리고 지원을 요청하는 과정도 비대면에서 훨씬 어려움을 확인할 수 있다. 교수자와

대면이 어려운 상황에서 학생은 반언어적 표현이나 비언어적 표현을 전혀 사용할 수 없고, 자신의 상황과 요구사항을 글로만 전해야 하기 때문에 그 과정에서 오해가 생기는 것에 대한 우려도 있다. 비대면 상황에서 장애학생과 교수자 간의 소통이 어려워졌으며, 장애학생이 교수자에게 도움을 요청하는 상황에서 추가적인 부담을 감수해야 하는 상황이 있음을 파악할 수 있다.

> "교수님들한테 다 메일로 설명을 드려야 하는 거잖아요. (중략) '저를 전혀 모르시는 분한테 말로만 설명을 드리니까 잘 전달이 됐나?' 하는 게 조금 걱정이 됐었고, 학생들이 저를 직접 보고 하는 게 아니다 보니까 교수님이 고려를 해줬으면 좋겠다 얘기를 해주시거나, 제가 '이런 부분에서 조금 양해를 구합니다.' 이런 식으로 이야기를 하거나 하는 게 전부니까. 전달이 어떻게 되었을지 신경이 많이 쓰이긴 했는데, 다행히 오해가 생겨서 트러블이 생긴 일은 없었어요. 저도 최대한 오해가 안생기게 불필요한 말은 빼고 확실하게 전달을 하려고 하죠. 메일 하나 쓰는 데 거의 30–40분씩 걸리고, 쉽지 않더라구요."(학생 F, 시청각)

코로나19로 인해서 교수자와 학생이 직접 대면하기 어려운 비대면 교육 상황에서 이 두 주체 간의 소통을 도울 수 있는 새로운 방안을 강구할 필요가 있다. 대학 내 장애학생과 관련된 업무를 담당하는 장애학생지원센터의 역할을 활성화하는 것이 중요하게 고려될 수 있을 것이다.

3. 수업 준비

수업 준비는 수강신청부터 수업 진행 직전까지의 전 과정을 포괄하는 의미로 이해하여야 한다. 수업 준비와 관련된 문제점은 다음과 같다.

첫째, 비대면 수업이 진행되면서 강의계획서가 모호하고 불명확한 탓에 장애학생이 수강신청을 할 때 어려움이 있다. 강의계획서는 장애학생이 해당 수업을 수강하고자 할 때 중요한 참고자료가 되므로 필요한 정보를 누락하여서는 안 된다. 하지만 강의계획서가 교수자의 편의에 따라 제작되면서 수업마다 강의계획서 내용의 편차가 존재하기도 한다. 일부 교수자의 강의계획서에는 '장애학생 지원 사항'에 관한 내용이 부재하거나 구체적인 수업 일정이나 수업 방식이 정확하게 명시되지 않아, 장애학생이 수강하는데 어려움을 겪기도 하였다. 따라서 수강신청에 관하여 장애학생이 장애학생지원센터와 연계하여 적절한 지원을 받을 수 있게 하고, 장애학생에 대한 지원 방법이나 수업 방식 등 강의계획서에 필요한 정보를 포함해야 한다.

다음으로, 수업 자료가 장애 유형에 따라 적절한 형태로 제공되지 않는다는 점이다. 대부분의 수업은 수업 진행 과정에 활용되는 수업 자료를 사전에 제공하는데, 비대면 수업으로 전환되면서 수업 자료에 의존하는 수업들도 많아지고 있다. 하지만 자료와 제공 매체에 접근하기 어렵다면 장애학생들이 수업 자료를 원활하게 활용하지 못한다. 특히 시각장애 학생은 스크린 리더를 통해 자료에 접근하는데, 수업 자료의 형태가 기기와 호환되지 않아 수업 자료를 읽지 못하는 문제점이 발생한다.

"eTL은 스마트폰과 노트북 스크린 리더로 접근이 가능해서 접근성이 괜찮은 편이예요. 하지만 수업 자료를 받을 때, 사진이나 스캔 제본으로 자료를 올리면 스크린 리더로 읽지 못하거든요. 그래서 이러한

경우에는 교수님과 다른 학생들의 설명에 의존할 수밖에 없죠."(학생 A, 시각)

따라서 교수자는 장애 유형과 정도를 고려하여 수업 자료를 적절히 제공할 수 있어야 한다. 또한 자료 제공 매체의 접근성을 반드시 확인하고, 자료를 제공하는 과정에서 장애학생지원센터와 교수자가 긴밀히 협력하여 문제점을 효과적으로 개선하여야 할 것이다.

4. 실시간 수업

여러 대학의 장애학생지원센터는 시·청각장애 학생의 불편함을 최소화할 수 있도록 교수자를 대상으로 수업진행 상의 주의사항 및 권고사항을 제시하고 있다. 하지만 2020년도 1학기부터 대부분의 수업이 Zoom을 이용하는 실시간 비대면 수업으로 전환되었음에도 교수학습지원안에는 추가적인 내용이 담기지 않았다. 이후 제기할 문제에서는 실시간 수업으로 인해 새롭게 추가된 문제뿐만 아니라 기존에도 존재했던 문제이지만 비대면 수업일 때 더욱 주의해야 할 점을 포함하여 다루고자 한다.

첫째, 실시간 수업에서 교수자의 지시어 사용 빈도가 높거나 자료에 대한 설명이 부족할 시 장애학생들은 어려움을 겪는다. 시각장애 학생은 세계 지도, 수학적 기호들, 한자어, 복잡한 모형, 컴퓨터 프로그램 등을 글을 통해 이해해야 한다. 따라서 수업 중 교수자의 잦은 지시어 사용과 이미지, 한자, 수식 등이 많은 자료에 대한 설명 부족은 특히 청각을 주 감각으로 정보를 습득하는 시각장애 학생에게 불편함을 초래한다.

> "수업 중 하나가 소통을 해야 하는 쌍방향 수업이었어요. 아무래도 교수님들이 지시대명사를 많이 사용하다보니, 정확하게 알기에는 한계가 존재했어요."(학생 B, 시각)

> "컴퓨터 관련 (C언어)과목을 수강을 했는데, 설명이 다 '화면을 봐주세요', '화면을 보고 문제를 푸세요.' 혹은 '이 그림을 보면~, 이 표를 보면~' '0이 뭐가 되고, 1이 뭐가 되고, 숫자가 변합니다.' 이렇게 설명을 하셨어요. 초반부터 '이건 내가 들을 수 없겠구나.'라고 감이 왔어요."(학생 C, 시각)

둘째, 시각장애 학생들은 Zoom의 많은 기능 중에서도 특히 채팅창 사용에 어려움을 겪고 있다. 채팅창은 주로 출석 확인, 질의응답 및 토론 등에서 다양하게 활용된다. 시각장애 학생들은 마우스보다 키보드를 더 많이 사용하는데, Tab 키를 여러 번 눌러서 채팅창에 글을 쓰는 부분을 찾기 때문에 채팅창까지 도달하는 데 시간이 걸린다. 채팅을 읽으려고 해도 Zoom의 채팅읽기 기능은 느린 편이며, 1−2초 사이에 많은 채팅이 올라오는 경우 오히려 혼란이 가중된다.

> "채팅 찾아가기가 힘들었어요. 일단 느리다는 게 어려웠고. 가끔 교수님이 채팅으로 이야기하는 예도 있어요. (또한 학생들이) 개인적인 답을 채팅으로 하면, 그런 것도 실시간으로 읽는 게 어려웠어요."(학생 A, 시각)

"한 번은 교수님이 채팅창에 출석을 확인할 수 있는 설문지를 올려주셨는데, 그 설문지를 못 찾아서 다른 학부생의 도움을 받아서 링크를 받았어요."(학생 C, 시각)

또한 채팅창의 글을 소리로 들으려면 진행되고 있는 수업을 듣지 못하는 경우가 발생한다. 비장애학생의 경우 교수자의 설명을 들으면서 수업 자료를 읽고 채팅을 치는 것이 동시적으로 편하게 이루어질 수 있지만, 시각장애 학생은 이를 동시에 수행하는 것이 어렵다. 스크린 리더의 소리와 발화자의 소리가 겹치기 때문이다.

"저는 교수님 말씀하시는 거 들으면서 속기록도 보면서 그리고 학생들이 메시지 보낸 것도 스마트폰에서 나오는 음성으로 들으면서 쓰거든요. 여러 개 동시에 듣고 읽고 하기가 정신이 없더라구요. 한 번은 교수님이 출석체크를 하시기 위해 채팅창에 학번하고 이름을 남기라고 하시고 계속 수업을 진행하시는 거예요. (중략) 학생들이 우르르 보내니까 저도 타이핑을 쳐야 되는데 계속 오니까 헷갈리잖아요."(학생 F, 시청각)

셋째, 시·청각장애 학생들은 Zoom 소회의실 활동에 적극적으로 참여하지 못하는 어려움을 겪는다. Zoom 소회의실은 교수자가 학생들을 조별로 나누어 토론을 진행할 수 있도록 하는 기능이다. 그러나 수업 참여자들이 장애학생의 수강 여부를 알지 못해 장애학생이 물리적·심리적 불편함을 겪는 경우가 있다. 시각장애 학생들은 특히 소규모 수업이나 Zoom 소회의실 사용 시, 자신의 행동이 다른 학생들에게 이

정예린, 조영진, 박지희, 최원빈, 손정우

상하게 비춰지지 않을지 걱정이 많았다. 소회의실 내에서는 학생들 간의 활발한 상호작용이 이루어지므로 장애학생이 적극적으로 참여하기 위해서는 수업 참여자에게 올바른 활용법을 안내할 필요가 있다.

> "화면이 잘 보이지 않아 얼굴을 화면 가까이 대야 하는 모습들을 (다른 학생들에게) 모두 보여주어야 한다는 점이 힘들었고 위축되었어요. 또한 교수님께서 제가 장애학생이라는 점을 인지하였지만, 크게 신경을 쓰지 않으셨어요."(학생 B, 시각)

청각장애 학생들의 경우, Zoom 소회의실 활동에서 다양한 의사소통 방법(필담 및 구어)을 사용하지 못하고 있다. 수업 중 소회의실 조별 토론의 경우에는 10~15분 이내로 진행되기 때문에 청각장애 학생은 자신의 의사소통 방식을 다른 수업 참여자에게 매번 설명하기가 번거롭다. 게다가 간혹 눈만 보여주거나 이마만 보여주는 학생들이 있어서 구어를 사용하는 청각장애 학생들은 대화 내용조차 파악할 수 없는 상황에 놓인다.

> "1:1이나 1:2 정도의 팀별 과제는 괜찮았지만, 4-5명을 넘어가면 말도 빠르고 입 모양이 안 보이게 화면을 띄우는 학생들도 간혹 있어서 못 알아듣는 경우가 많았어요."(학생 A, 청각)

넷째, 실시간 수업에서 구어를 사용하는 청각장애 학생들은 Zoom의 '기본 화면설정'에 불편함을 겪고 있다. Zoom으로 교수자가 수업 자료를 공유한 상태로 수업을 진행할 시, Zoom의 '화면공유' 기능이 자동으로 실행된다. '화면공유' 기능이 활성화되면, 발화자인 교수자의 화면이 모니터 화면의 1/30도 채 되지 않는 크기로 줄어든다. 입 모양을 알아보기에는 쉽지 않은 화면 크기이다. '화면공유' 기능이 활성화되었을 때 수업 참여자에게 공유되는 수업 화면은 <그림 5-1>과 같다.

〈그림 5-1〉 화면공유 실시간 Zoom 수업 기본 화면설정

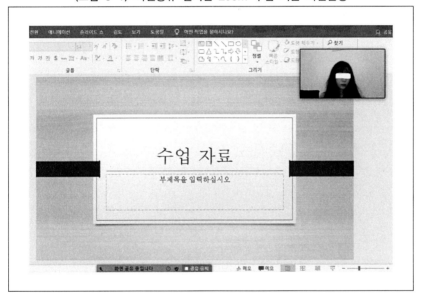

"실기 과목이나 영상수업은 교수님의 입 모양을 보느라, 동시에 설명 부분을 보느라 정신없고 따라가기 힘들어요. (중략) 화면공유하면 교수님의 모습이 작아지고 수시로 설명 부분과 왔다 갔다 하다 보니까 정신이 없고 답답한 것 같아요."(학생 D, 청각)

다섯째, 청각장애 학생들은 충분한 실시간 속기 및 수어 통역 지원을 받지 못하고 있다. 속기록 및 수어 보조 관련 제도에 따르면, 서울대학교는 '전문도우미(속기사)'와 '대필도우미' 지원을 제공한다. 전문도우미는 전문 자격을 지닌 속기사이며, 실시간 문자 통역을 제공한다. 대필도우미의 경우에는 대면 수업 시 수업을 함께 참여하여 실시간 속기록이 제공되었으나, 비대면 수업에서는 속기록이 수업 종료 후에 전달된다. 하지만 비대면 수업에서는 전문도우미 인력이 부족하고 대필도우미의 속기 지원이 실시간으로 제대로 이루어지지 않는다. 청각장애 학생에 대해서 원격으로 실시간 속기를 지원할 때에는 비대면이라는 특수한 상황을 고려해야 한다. 또한, 재학 중인 청각장애 학생 가운데 수어를 사용하는 학생이 없다고 하더라도, 추후의 상황에 대비하여 수어 통역 지원 체계가 마련되어야 한다.

5. 시험 및 과제

학생 평가 방식은 크게 시험을 치르는 방식과 과제를 제출하는 방식이 있다. 이때 장애학생들이 비장애학생들과 실질적으로 동등한 조건 하에 평가를 받을 수 있도록 각 대학의 장애학생지원센터에서는 교수자를 대상으로 장애학생에 대한 평가 조정안을 권고하고 있다. 대면 수업의 경우, 평가 조정안을 바탕으로 장애학생의 장애 유형 및 정도와 교과목 및 시험의 특성 등을 고려하여 장애학생, 교수자, 장애학생지원센터 담당자가 함께 구체적인 평가 조정의 내용을 결정한다. 그러나 코로나19로 인해 수업이 비대면으로 진행되면서 평가 방식과 장애학생에 대한 지원 방식에도 변화가 요구된다.

먼저, 비대면 시험에서 사용하는 플랫폼은 시험시간을 연장하기에 적합하지 않은 경우가 있다. 교수자는 시각장애 학생의 읽는 속도를 고려하여 시험시간을 적절하게 조정해야 하지만 온라인 플랫폼에 시간제한이 걸려있는 경우 장애학생은 연장된 시간을 보장받지 못한다. 이에 대해 세심한 매뉴얼이 부재하기 때문에 장애학생이 교수자에게 직접 연락하여 대안을 마련해야만 한다. 그러나 이는 장애학생이 추가적으로 노력과 시간이라는 비용을 들여야 한다는 점에서 문제가 되며, 해결방안을 쉽게 모색할 수 없는 경우 장애학생이 시험 상황에 집중하지 못하여 형평성 있는 평가를 받지 못할 수도 있다. 온라인으로 시험을 치를 경우, 추가적인 시간이 필요한 장애학생에게 연장된 시험시간을 보장하기에 적절한 플랫폼이 마련되어야 한다.

"온라인 시험 자체가 처음이어서 힘들었고, 교수님들께 일일이 말씀드리고 협조를 구하는 것도 어려웠어요."(학생 A, 시각)

또한, 비대면으로 수행해야 하는 과제의 양이 늘면서 시·청각장애 학생들이 느끼는 부담이 커졌다. 대면 수업이 비대면 수업으로 전환되면서 출석 확인의 필요성 등을 이유로 과제의 양이 늘었다. 비대면 과제는 주로 읽기 자료와 같은 시각자료를 활용하는 경향이 있는데, 시각장애 학생들은 pdf 형식의 논문을 읽고 쓰는 데 비장애학생보다 더 많은 시간을 투자해야 한다. pdf 파일이 이미지로 제공될 경우 스크린 리더가 접근 가능한 형태로 변환하는 데 시간이 든다. 청각장애 학생은 수업 속기록을 받기까지의 시간이 지체되어 과제제출기한을 맞추기가 어렵다. 비대면 과제는 시·청각장애 학생이 접근가능한 형식으로 제공되어야 하며, 교수자가 과제제출기한을 설정할 때에는 이들의 과제 수행 속도를 고려할 필요가 있다.

"이번에 과제가 좀 많이 있었잖아요. 온라인이다 보니까 일반학생보다는 타이핑치는 것도 그렇고 점자로 읽는다는 게 눈으로 보는 것만큼 빨리 빨리 되지 않잖아요. 한 번에 딱 읽는 게 아니라 한 줄씩 더듬어서 읽고 그래야 하니까 시간이 너무 많이 걸리는 거예요. (중략) 속기사분도 속기 지원하시는 게 많다보니까 바로 당일에 못 올려주시고 2-3일씩 지나서 올려주시고 이런 상황인데 제출기한은 똑같으니까 너무 힘든 거예요."(학생 F, 시청각)

"자료 조사하는 게 어려워요. 예를 들면, 논문을 참고해야 할 과제가 많은데, 논문이 pdf로 되어 있어서 이걸 다시 센터에 맡기면 도우미들이 매일같이 일을 하실 수 없어서 시간이 오래 소요돼요. 하지만 제출기한은 똑같아요."(학생 C, 시각)

마지막으로, 비대면 수업에서 시험만 대면으로 치를 경우에 교수자가 학생들에게 시험 날짜를 갑작스럽게 통보한다면 시각장애 학생들이 이동지원을 받는 데 어려움을 겪을 수 있다. 시각장애 학생의 경우 이동지원 보조를 받기 때문에 일정을 미리 계획하고 장애학생도우미와 협의하는 것이 중요하지만, 교수자가 이를 고려하지 못하고 대면 시험의 일정을 빈번하게 조정한다면 시각장애 학생이 적절한 지원을 받기가 어렵다. 따라서 시각장애 학생들이 이동지원을 적절하게 이용할 수 있도록 교수자는 대면 시험의 날짜를 충분한 시간을 두고 미리 공지해야 한다.

"시험 날짜에 맞추어 시험을 치르는 것이나, 학교에서 행사를 하
는 것도 다 온라인으로 대체되다 보니까 계속 일정이 바뀌어서 미리 준
비할 수가 없다는 게 어려워요. 당일치기로 결정되는 경우도 많거든
요." (학생 C, 시각)

Ⅴ. 보편적 학습설계(UDL)를 적용한 매뉴얼 제안

1. 교육지원인력제도

교육지원인력제도의 운영 과정에서 장애학생도우미들의 활동가이
드가 부재하고, 장애학생들에게 교육지원을 제공하는 장애학생도우미
와 속기사를 비롯한 전문교육지원인력이 부족하다는 문제점이 존재한
다. 이를 해결하기 위해 UDL의 '참여에 대한 원리' 중 '내용과 도구의
선택사항을 제공'을 참고할 만하다. 교육지원인력제도는 장애학생들이
수업 내용과 이에 따른 수업 도구를 선택할 수 있도록 필수적인 지원
을 제공해야 하며, 선택사항은 충분하고도 효과적인 방법으로 제공될
필요가 있다. 따라서 비대면 수업에서 장애학생도우미와 속기사, 수어
통역사를 포함하는 교육지원인력이 장애학생에게 충분하고도 효과적인
지원을 할 수 있도록 매뉴얼을 구성해야 한다. 이에 따라 매뉴얼의 기
본 내용을 다음과 같이 제안할 수 있다.
첫째, 비대면 수업에서 장애학생도우미들의 활동가이드는 비대면
수업 상황에 적합한 지원 방법을 포함하여야 한다. 실제로, 대구대학교
장애학생지원센터는 '2020학년도 1학기 장애대학생도우미 교육자료'라
는 제목으로 장애학생도우미 활동가이드를 홈페이지에 게시했다. 교육

정예린, 조영진, 박지희, 최원빈, 손정우

자료 내용 중 '코로나19 관련 재택 수업 학습 도우미 활동 안내'에서는 재택 수업과 등교 수업을 비교하여, 비대면 수업 시 장애학생도우미의 활동 영역과 지원 방법을 구체적으로 제시하고 있다. 또한 '코로나19 자주하는 질문'은 활동 방법의 변화를 보여주는 것으로, 비대면 상황에서 야기되는 장애학생도우미 활동의 어려움을 최소화하고자 노력했다. 이처럼 장애학생도우미가 장애학생에게 효과적인 지원을 제공하기 위해서는 체계적인 활동가이드가 필요하며, 특히 비대면 수업은 대면 상황과는 다른 추가적인 지원 방식이 필요하므로 이를 구체적으로 포함해야 할 것이다.

둘째, 비대면 수업의 특징을 고려하는 것으로 교육지원인력제도를 유연하게 운영하여야 한다. 비대면 수업은 Zoom과 같은 실시간 수업 플랫폼을 통해 온라인으로 수업이 진행되므로 장애학생에게 즉각적인 지원을 제공하기 쉽지 않다. 특히 속기사 등의 전문교육지원인력은 턱없이 부족한 실정이므로 장애학생도우미를 적절히 교육함으로써 다양한 지원 방법을 도모해야 한다. 대구대학교는 '문자통역도우미'에게 실시간 속기 프로그램인 '팀뷰어 프로그램 사용법'을 교육하여, 장애학생도우미를 통해 장애학생들이 실시간 속기 지원을 폭넓게 받을 수 있도록 했다. 이와 더불어, 장애학생들이 비대면 수업 특성에 맞는 장애학생도우미를 필요로 하는 경우, 이에 따라 적절한 유형의 장애학생도우미를 지원하였다.

"수업 중에 교수님이 '화면을 봐주세요.', '화면을 보고 문제를 푸세요.'라고 설명하는 것들이 많아, 초반부터 이건 내가 제대로 이해할 수 없겠다고 느꼈어요. 그래서 장애학생지원센터에 문의하여 도우미를 붙여주었는데, 도우미가 수업을 같이 들으면서 그림과 표를 설명해 주고 이미지화된 자료들을 한글 파일로 정리해서 준 것을 바탕으로 수업을 따라갈 수 있었어요."(학생 C, 시각)

하지만 장애학생도우미만으로는 수어 통역과 같이 전문적인 지원은 제공될 수 없기 때문에, 학교 측의 예산을 적극적으로 활용하여 전문교육지원인력까지도 폭넓게 확보할 수 있어야 한다. 또한 각 학교마다 장애학생의 유형과 수가 상이하므로 장애학생의 유형과 정도에 맞게 교육지원인력제도를 운영할 필요가 있다.

2. 장애학생-교수자 소통창구

비대면 교육 상황에서 장애학생과 교수자가 대면하기 어려워지면서 이들 간의 소통이 어려워졌다. 우리가 제안하고자 하는 '장애학생-교수자 소통창구'는 장애학생지원센터가 담당할 수 있는 업무로서, 대학의 비대면 교육 상황에서 장애학생과 교수자의 소통을 촉진하기 위한 장치라고 할 수 있다. 황윤자·박현미·안미리(2014)의 연구에서는 사이버대학 이러닝 콘텐츠의 UDL 요소 분석을 위한 체크리스트를 개발했다. 본 체크리스트에 따르면 장애학생에게 교수자와의 직접적인 상호작용 및 피드백 기회가 제공되어야 한다(황윤자·박현미·안미리, 2014: 14). 이러닝 콘텐츠는 학습자와 교수자 간의 상호작용을 위한 기능을 제공해야 하며 두 주체 간의 원활한 상호작용을 촉진할 수 있어야 한다. 이를 비대면 교육에 적용해 보았을 때, 비대면 수업에서도 마찬가지로 교수자와 학생 간의 소통이 원활하게 이루어지도록 하는 요소가 마련되어야 할 것이다. 비대면 상황에서 장애학생지원센터가 학생과 교수자 사이의 소통을 촉진하는 매개 역할을 하기 위해서 다음과 같은 모형을 제안할 수 있다.

〈그림 5-2〉 장애학생-교수자 소통창구 모형

<그림 5-2>는 다음과 같은 특징이 있다. 첫째, 장애학생지원센터가 장애학생의 지원요청 내용을 조정하는 과정을 거친 후 교수자에게 전달한다. 이는 장애학생지원센터에서 해결할 수 있는 내용은 우선적으로 해결하고, 부적절한 내용이 있다면 조정하여 전달함으로써 교수자의 부담을 최소화하기 위한 조치이다. 실제로 미국 캘리포니아 버클리대학(University of California at Berkeley)의 경우, 장애학생이 직접 교수자와 연락하여 지원요청을 하는 것이 아니라 장애학생을 위한 지원프로그램(The Disabled Students' Program: DSP)의 장애전문가와 상담을 거친 후 조정방법을 정하여 이를 편지의 형태(Letters of Accomodation: LOAs)로 교수자에게 전달하도록 한다.

둘째, 장애학생지원센터가 주체가 되어 사후 실행과정에 개입함으로써 지원의 효과성을 보장하도록 한다. 구체적으로, 장애학생지원센터에서 장애학생을 대상으로 만족도조사를 실시하여 비대면 상황에서 적절한 도움을 받고 있는지 확인하고, 교수자가 어려움을 호소할 경우 안내자료 제공 및 장애 관련 교육 등을 지원할 수 있도록 한다. 대구대학

교 장애학생지원센터에는 장애학생과의 개별면담을 진행하여 구체적인 요청 사항을 파악하고, 이후에 장애학생의 의견을 반영하고 평가하는 과정이 마련되어 있다. 지속적인 대면 소통이 어려운 비대면 수업 상황에서는 장애학생에 대한 지원 현황을 파악하고, 그 내용을 평가하여 보완하는 절차는 필수적이라고 할 수 있다.

추가적으로, 장애학생지원센터는 장애학생에게 먼저 연락을 하여 동의를 구한 후 교수자에게 장애학생에 대한 기본적인 정보를 안내할 수 있다. 비대면 학기가 시작하기 전에, 장애학생지원센터는 장애학생의 기본정보를 교수자에게 전달하는 것에 대한 장애학생의 동의 여부를 파악한다. 이후 장애학생의 이름, 장애 유형 및 특징, 기본적인 지원 사항 등의 기본정보를 이메일 등을 이용하여 교수자에게 간단하고 신속하게 안내한다. 장애학생지원센터에서 교수자에게 장애학생의 수강정보를 제공한다면, 비대면 수업 상황에서 장애학생의 지원요청이 없을 경우에도 교수자가 장애학생의 수강 여부조차 모르는 상태로 수업을 진행하는 것을 방지할 수 있다. 다만, 새롭게 제안한 모델이 실현되기 위해서는 장애학생지원센터의 역할이 확대되는 만큼 센터에 추가적인 인력 및 자원이 제공되는 것이 필수적이라고 할 수 있다.

3. 수업 준비

수업 준비와 관련하여서는 강의계획서의 내용이 불충분하여 장애학생들의 수강신청이 어렵고, 수업 자료를 제공할 때 적절하지 않은 형태로 수업 자료를 제공함으로써 장애학생들의 접근성을 확보하지 못한다는 문제점이 있다. 이를 해결하기 위해서는 UDL의 '내용제시에 대한 다양한 원리' 중 '정보의 중요한 특징 강조'를 참고할 만하다. 수업 준비 과정에서 강의계획서와 수업 자료는 수업 정보를 포함하는 기본적인 매체이므로, 시·청각장애 학생이 수업과 관련된 정보에 접근할 수 있도록 효과적인 수단을 강구해야 한다는 것이다. 이에 따라 매뉴얼의 기본 내용을 다음과 같이 구체적으로 제안할 수 있다.

첫째, 강의계획서에는 구체적이고도 전반적인 수업계획 및 수업방법을 포함하되, 장애학생이 지원받을 수 있는 내용과 방법을 명시해야 한다. 바람직한 예시로 서울대학교의 강좌인 "특수교육학개론" 강의계획서를 들 수 있다.

<표 5-3> 특수교육학개론(2020-1학기)의 강의계획서 중 일부

7. 장애 학생 지원 사항 ※ 기본 내용 수정 가능	강의수강 관련	• 시각장애: 교재 제작(디지털 교재, 점자 교재, 확대 교재 등), 대필도우미 허용 • 지체장애: 교재 제작(디지털 교재), 대필도우미 및 수업보조도우미 허용 • 청각장애: 대필 및 문자통역도우미 활동 허용, 강의 녹취 허용 • 건강장애: 질병 등으로 인한 결석에 대한 출선 인정, 대필도우미 허용 • 학습장애: 대필도우미 허용 • 지적장애 / 자폐성장애: 대필도우미 및 수업 멘토 허용
	과제 및 평가 관련	• 시각장애 / 지체장애 / 청각장애 / 건강장애 / 학습장애: 과제제출기한 연장, 과제제출 및 응답 방식의 조정, 평가 시간 연장, 평가 문항 제시 및 응답 방식의 조정, 별도 고사실 제공 • 지적장애 / 자폐성장애: 개별화 과제제출 및 대체 평가 실시

비고		본 강의를 수강하는 장애학생들에게는 이상의 지원서비스 이외에도 장애학생 개개인의 특성과 요구에 따라, 지도 교수 및 장애학생지원센터와의 상담을 통하여 적절한 수준의 지원서비스를 제공합니다. 장애학생에 대한 지원서비스와 관련하여 문의사항이 있는 학생들은 담당 교수 ○ ○ ○ (02-880-****) 혹은 장애학생지원센터(02-880-8787)로 문의바랍니다.

<표 5-3>으로 제시되어 있는 해당 강의계획서는 장애학생 지원 사항을 강의수강, 과제 및 평가로 나누어 비교적 자세히 설명하고 있다. 또한 '비고'에는 개개인의 특성과 요구에 따른 지원서비스가 가능하다는 점과 담당교수와 장애학생지원센터의 연락처를 첨부하여 원활한 수업지원을 제공하고자 하였다. 또한 어떤 강의 방식과 자료를 바탕으로 수업을 진행할지 강의계획서에 구체적으로 제시하고 있다. 이처럼 강의계획서에는 장애학생이 지원받을 수 있는 내용을 구체적으로 밝히고, 수업방법과 매체 등을 구체적으로 적시함으로써 장애학생의 수강신청 시의 선택권을 최대한 보장해야 한다.

둘째, 장애 유형과 장애 정도를 고려한 적절한 형태의 수업 자료를 접근성이 확보된 경로로 제공해야 한다. 시각장애 학생의 경우에는 스크린 리더를 통해 읽을 수 있는 텍스트로 수업 자료를 변환하고, 청각장애 학생의 경우에는 자막을 첨부한 동영상을 제공하는 방식이 이에 해당한다. 구체적인 사례로 한국체육대학교의 일부 수업은 시각장애 학생이 수업 자료를 쉽게 읽을 수 있도록 자료의 형태를 전환하여 게시했다. 또한 수업 사전에 교수자가 장애학생과 적극적으로 소통하여 장애학생에게 수업 준비 과정에 필요한 지원을 제공했다. 또한 서강대학교는 비대면 수업 이전부터 교수자 대상으로 '장애학생 교수·학습

지원편람'을 제작하여, 장애학생이 이해할 수 있는 "대체 형태의 자료"를 장애 특성에 맞게 제공하도록 명시하였다(서강대학교, 2013: 3).

이처럼 장애학생들을 고려하여 복합적인 형태로 수업 자료를 제공한다면, 비대면 수업에서 시·청각장애 학생이 수업에 제대로 참여할 수 있을 것으로 기대된다. 하지만 모든 수업 자료를 접근 가능한 형태로 제공하는 역할을 교수자에게 일임한다면 교수자에게 부담이 될 것이다. 따라서 교수자와 장애학생지원센터 그리고 장애학생도우미가 사전에 협의하여 수업 자료 제공의 역할을 적절히 분담할 필요가 있다.

4. 실시간 수업

실시간 수업에서 교수자의 지시어 사용 빈도가 높거나 자료에 대한 설명이 부족할 시 장애학생들이 어려움을 겪는다는 문제가 있었다. 서울대학교 장애학생지원센터 홈페이지(2020)에서는 대면 수업 상황에서 효과적인 강의 진행을 위해 교수자가 지켜야 할 주의사항을 제시하고 있다. 특히, 설명식 강의를 할 때는 '이것' 또는 '저것' 등과 같은 지시대명사를 사용하는 대신, 해당 내용을 구체적으로 설명하기를 바란다고 명시되어 있다. 또한 교수자가 판서하고 있는 내용을 설명하도록 권고하고 있다. 이는 대면 수업이 아닌 비대면으로 이루어지는 실시간 수업에도 적용되어야 할 지침이다. 이는 UDL의 원리 중 '내용제시에 대한 다양한 방법'에 해당한다. 학생의 선호와 능력을 반영하여 시각적, 청각적 제시를 해야 하며, 교수자는 영상, 글, 그림, 문서 파일 등 자료 사용의 다양한 옵션을 가지고 있어야 한다는 것이다(한경근, 2012: 30).

둘째, 시각장애 학생들은 Zoom의 많은 기능 중에서도 특히 채팅창 사용에 어려움을 겪고 있다. 대구대학교(2020)의 "Zoom 사용 설명서(학생용)"는 하단 메뉴의 도구들에 대해 자세하게 설명하고 있다. 해당 도구들의 기능에 대해 설명할 뿐만 아니라, 어떤 버튼을 클릭하여야 사용할 수 있는지에 대한 설명도 텍스트로 제공하고 있다는 점에서 바람직하다. 따라서 Zoom 안내자료를 제작할 때 대구대학교의 사례와 같이 도구를 사용할 수 있는 방법 등에 대한 구체적인 설명을 포함해야 한다. 채팅창 단축키 이외에 발화자 오디오와 채팅창, 수업 지원 인력과의 소통을 병행하는 방법에 대한 지침 등 Zoom 채팅창의 올바른 활용에 관해 다뤄진 사례가 아직 없다. 하지만 시각장애 학생의 경우, 화면 속 상대방이 이야기할 때 채팅방에 누군가 메시지를 올린다면 그 메시지를 바로 센스리더가 읽어내서, 두 목소리가 포개서 들리는 문제점이 알려져 있기에, 이를 방지하는 방향으로 매뉴얼이 제작되어야 한다. UD의 7가지 원리 중 '인식 가능한 정보의 원리'에 따라 사용자의 감각능력에 관계없이 필요한 정보가 효과적으로 전달되는 설계를 해야 한다. 채팅창 사용은 당사자의 표현과 참여와 관련이 되어 있는데, UDL의 세 가지 원리 중에는 '다양한 표현 방법 제공'과 '다양한 참여 방법 제공'의 원리가 있다. Rose & Meyer(2002)는 다양한 표현 방법 제공을 위해 숙련된 수행을 보여주는 유연한 모델을 제공할 것, 도움을 받으면서 연습을 할 수 있는 기회를 제공할 것, 즉각적이고 관련성 있는 피드백을 제공할 것을 언급하였다(최정임·신남수, 2009: 39). 이는 장애학생이 발화자 오디오를 들으면서도 채팅창을 통해 다른 학우들, 교수님, 수업지원인력과의 소통을 원활히 할 수 있는 환경을 제공하는 근거가 된다. 또한 Rose & Meyer(2002)는 다양한 참여 방법 제공을 위해 장애학생에게 내용과 도구, 학습 상황에 대한 선택권을 제공할 것을 언급하였다(최정임·신남수, 2009: 39). 이는 장애학생이 꼭 채팅창을 활용하지 않더라도 자신이 원하는 참여 방법으로 수업을 무리 없이 들을 수 있는 대안이 마련되어야 하는 근거가 된다.

셋째, 시·청각장애 학생들은 Zoom 소회의실 활동에 어려움을 겪고 있다. 이를 해결하기 위해 연세대학교에서는 교수자가 장애학생의 불편함을 인지하고 다른 수업 참여자들에게 이를 알려서 소회의실 조별 활동을 원활하게 진행하려는 모습을 보였다. 이처럼 모두가 참여할 수 있는 수업 분위기를 형성하는 것은 비대면 수업을 운영하는 데 중요한 요소이다. UDL의 원리 중 '참여에 대한 다양한 방법'은 소회의실 활동과 큰 관련이 있다. 참여는 장애학생의 정서·정의적 네트워크에 영향을 미친다(황윤자·박현미·안미리, 2014: 130). 물론 학습자들의 성향에 따라 학습에 동기를 부여하는 방식은 각자 현저히 다르다. 어떤 학습자는 적극적으로 임하기도 하고, 어떤 학습자는 공개적인 참여를 꺼리기도 한다. 하지만 확실한 것은 소회의실을 통한 조별 활동의 분위기에 관계없이 장애학생이 수업에 참여할 수 있는 권리를 보장받아야 한다는 것이다. 다양한 참여 방법을 제공하기 위해서 교수자는 소회의실 내에서 장애학생들이 필요로 하는 지원을 고려하고, 그들의 상황에 대해 관심을 가져야 한다.

"같은 학과이다 보니까 학생들이 어느 정도는 제 상황을 알잖아요. 교수님이 한 번씩 언급해 주시는 것도 있고요. 그렇다 보니까 소회의실에서 그룹별 토의를 할 때 말로 안하고 채팅으로 하시는 분은 없었어요."(학생 F, 시청각)

여기서부터는 실시간 수업에서 청각장애 학생에게 제공되어야 할 지원 매뉴얼의 근거를 다룰 것이다. 실시간 수업에서 청각장애 학생들은 Zoom 소회의실 활동, Zoom의 '기본 화면설정', 실시간 속기 및 수어 통역 지원 세 가지 방면에서 다양한 의사소통 방식(구어, 필담 등)은 존중되지 못한다는 불편함을 겪고 있다. 이를 해결하기 위해서는 청각장애 학생이 수업 참여에 있어서 내용과 도구를 선택할 수 있는 환경이 마련되어야 한다. 이는 자료의 형태(필담, 구어 등)를 강조하는 UDL의 '참여에 대한 다양한 방법' 중 '내용과 도구의 선택사항 제공'과 '복합적인 내용제시 방법' 중 '복합적인 매체와 형태 제공'을 참고할 만하다.

넷째, 구어를 사용하는 청각장애 학생들의 학습권을 보장하기 위해서 입 모양을 파악할 수 있도록 얼굴 전체를 비추는 Zoom 소회의실 카메라 안내가 매뉴얼에 포함되어야 한다. 안내를 설정할 때 다음과 같은 사항을 주의해야 한다. 소회의실 카메라의 경우에는 비장애학생의 자율성과 직결되는 문제이기 때문에 실시간 수업 시 Zoom 화면 카메라를 켜는 것에 대한 선택권 또한 고려해서 안내해야 한다.

다섯째, 장애학생지원센터는 Zoom 안내자료를 제작할 때 Zoom의 기능 중 시각자료화(Speech to Text)와 관련된 기능을 포함해야 하며, Zoom의 업데이트에 따라 추가되는 기능을 신속하게 반영하여 제공해야 한다. 화면 크기 조정 기능이 예시 중 하나이다. 실제로 UDL에서는 '시각자료화 선택 기능 제공'과 같은 인지적인 측면과 아울러 '단축키 및 화면키보드, 대체 포인트 기능 제공'의 전략적 기능 또한 강조되기에 이를 참고할 만하다(이국정·최성규, 2013: 14). Zoom의 '기본 화면설정'에서는 '다양한 의사소통(구어, 필담 등)을 지원해주는 안내자료의 필요성'이라는 기술적 차원의 문제가 중점이 되기에 UDL 외에는

Zoom에서 제공되는 기본 기능 단축키 안내서를 참고하여 매뉴얼을 제작하였다.

여섯째, 청각장애 학생들의 장애 정도를 고려하여 실시간 속기를 지원해야 한다. 장애학생 수가 많은 대구대학교와 연세대학교는 청각장애 학생들의 장애 정도를 고려하여 실시간 속기 지원을 제공하고 있다(한국대학신문, 2020). 두 대학교는 장애학생의 유형과 정도에 맞게 온라인 수강 지원이 제공되고 있다는 점에서 참고할 만하다. 연세대학교 학생 E는 총 7과목을 들었는데, 실시간 강의는 학생과 전문속기사가 함께 Zoom에 접속하여 쉐어타이핑(share typing)을 통해 실시간 속기를 공유하는 방식으로 진행되었다. 대구대학교는 실시간 속기와 수어 통역을 기본으로 제공하고 있다.

이처럼 청각장애인의 원활한 실시간 수업을 위해서는 비장애학생, 장애학생, 교수자, 장애학생지원센터 모두가 주체가 되어야 한다. 장애학생의 학습권을 보장하기 위해서 비장애학생의 학습권과 조화를 이뤄야 하며, 이를 충분히 고려하여 매뉴얼을 제작할 필요가 있다.

5. 시험 및 과제

시험 및 과제가 비대면으로 이루어지면서 장애학생은 새로운 어려움에 직면했다. 시험을 치를 때에는 플랫폼의 접근성이 떨어진다는 문제가 있었고, 과제에 관해서는 제시되는 자료의 형태가 부적절하거나 기한이 촉박한 경우가 있다. 또한 시험일정이 갑자기 조정되는 경우, 시각장애 학생은 적절한 지원을 받기가 어려웠다. UDL의 세가지 원리 중 '참여에 대한 다양한 방법'에 따르면 보편적으로 설계된 학습내용은

학생에게 내용과 도구의 선택사항을 제공해야 한다. 이를 평가에 적용
했을 때, 교수자는 장애학생이 물리적인 장벽의 제약 없이 시험에 참여
할 수 있도록 적절한 플랫폼을 제공할 필요가 있다. 인터넷 플랫폼 중
일부는 시·청각장애 학생의 접근성이 보장되지 않는다. 교수자는 이를
고려하여 다른 플랫폼을 이용하거나, 대안적인 방안을 모색하여 장애
학생이 공정한 상황에서 평가를 받을 수 있도록 지원해야 한다.

　　장애학생들과의 인터뷰 내용을 바탕으로 '시험 및 과제'에 관련된
매뉴얼에 담겨야 할 내용을 마련하였다. 첫째, 비대면 평가가 이루어질
경우, 교수자가 강의계획서에 비대면 시험에 대한 안내를 포함해야 한
다. 비대면 시험의 진행방식에 대한 안내(예. 어떤 플랫폼을 사용하는지,
실시간 진행 여부 등)가 강의계획서에 포함되어 있다면 장애학생이 비대
면 시험에 대비할 수 있기 때문에 시험기간이 임박하여 시간과 노력을
들여야 하는 문제를 방지할 수 있다. 둘째, 장애학생에 대해서는 시험
제출 시간이 정해져 있는 기존의 플랫폼 대신 이메일로 시험지를 제공
하고, 연장된 시간 동안 시험을 치르도록 한 후 교수자에게 이메일로
답안지를 제출하도록 할 수 있다.

　　"시험시간을 연장하다 보니, 온라인 시험보다는 메일로 시험지를
　　받고, 종료 시간이 되면 교수님께 메일로 보내드리는 형태로 했었어
　　요."(학생 C, 시각)

　　셋째, Zoom을 활용하여 실시간 비대면 시험을 치를 경우, 교수자
가 장애학생에 대해 직접 시험시간을 연장해주는 방법이 있다. Zoom
을 활용하여 실시간으로 시험을 치를 경우 교수자가 Zoom 시작 시간

을 정규 수업시간 이전으로 설정해 둔다면, 장애학생이 연장된 시간동안 시험을 치를 수 있다. 다만 부정행위 등의 우려로 인해서 교수자의 감독 아래 시험이 치러져야 할 경우에는 대체과제를 부여하는 방법도 고려할 수 있다.

마지막으로, 시각장애학생이 이동지원을 적절하게 이용할 수 있도록 하기 위해서는 비대면 시험과 관련된 일정을 학교 차원에서 신속하게 공지를 하는 것도 문제를 해결하는 방안이 될 수 있다. 일례로 연세대학교의 경우 2020학년도 1학기 중간고사에 대해서 대면 시험과 비대면 시험 모두를 폐지하겠다고 일찍이 선언했다(한국경제, 2020). 확실하게 시험 방식을 공지함으로써 결과적으로 학생들의 혼란을 가중하는 것을 방지할 수 있었다.

VI. 연구의 한계 및 의의

본 연구는 다음과 같은 한계를 갖는다. 첫째, 연구 참여자의 범위를 시·청각장애 학생에 국한하였고, 장애 유형을 구체적으로 세분화하지 않았다. 우리는 시·청각장애 학생이 비대면 수업 상황에서 다양한 문제점을 경험한다는 점을 고려하여 시·청각장애 학생을 중심으로 매뉴얼을 구성하였다. 현실적으로 모든 장애 유형을 연구할 수 없었기 때문이다. 또한, 시각장애 학생 중에서도 전맹과 저시력 혹은 약시 학생의 차이가 분명하고, 청각장애 학생 중에서도 농학생과 난청 학생의 차이가 분명함에도 불구하고, 보다 세부적인 유형들을 고려하지 못했다는 한계가 있다. 시·청각장애 유형 외에도 다른 장애 유형의 학생들을 대상으로 비대면 수업 지원 매뉴얼을 제안하는 후속 연구가 이루어진 다면, 비대면 수업 시 모든 장애학생들에게 유용한 지원 매뉴얼이 구축될 수 있을 것이다.

둘째, 다양한 실시간 수업 플랫폼 중 Zoom에 대한 매뉴얼만 제안하였다. 비대면 수업과 관련하여 대학별로 실시간 수업 매체가 달랐다. 따라서 본론 중 '실시간 수업지원'의 구체적인 내용은 다른 비대면 수업 플랫폼에 동일하게 적용되기 어려울 수 있다. 후속 연구에서는 다른 실시간 수업 매체들도 고려하여 장애학생들의 학습에 효과적인 수업 매체를 지원하는 노력이 필요할 것이다.

셋째, 용어 사용의 한계가 있었다. 2020년부터 '도우미'라는 용어가 '일반교육지원인력'이라는 용어로 교체되었음에도 연구 내용의 이해를 돕기 위해 '장애학생도우미'라는 용어를 사용할 수밖에 없었다. 하지만 '도우미'라는 용어가 갖는 부정적 함의를 고려해 볼 때, 공식 연구에서 '일반교육지원인력'이라는 용어를 사용하려는 점진적인 노력이 필요하다.

그럼에도 불구하고, 본 연구는 다음과 같은 중요한 의의를 지닌다. 첫째, 비대면 상황에서 장애학생들이 겪는 문제점을 부각했다는 점에서 구체적인 현황조사로서의 의의를 지닌다. 그동안 장애학생이 경험한 비대면 수업 관련 문제점이 산발적으로 존재하여, 문제 상황에 적절한 대응까지 오랜 시간이 소요되었다. 본 연구는 각각의 상황별로 시·청각장애 학생이 겪는 문제점을 분류하여, 비대면 교육으로 전환되면서 드러난 장애학생 지원제도의 한계점을 상세히 제시할 수 있었다.

둘째, 비대면 수업과 관련하여 장애학생 지원 매뉴얼을 통합적으로 제안함으로써, 장애학생의 학습권을 보장하고자 노력했다. 2020년 1

정예린, 조영진, 박지희, 최원빈, 손정우

학기부터 비대면 수업이 갑작스럽게 진행됨에 따라 수업 진행에 관한 간단한 지침만 존재하였을 뿐, 장애학생 지원을 효과적으로 도모하는 매뉴얼 자체가 부재하였다. 본 연구는 비대면 수업을 둘러싸고 시청각 장애 학생이 겪는 문제점들에 대한 대응지침을 각 이행 주체에 따라 구체적으로 제안함으로써, 비대면 상황에서도 장애학생의 학습권을 보장하고자 노력했다.

셋째, 본 연구를 통해 대학 내 장애 인권에 대한 구성원들의 관심이 증가할 것으로 기대된다. 본 연구에서 제안한 매뉴얼의 이행 주체는 장애학생지원센터, 교수자, 학생을 모두 포함한다. 매뉴얼의 효과적인 이행을 위해서는 대학 내 다양한 주체들의 적극적인 관심과 참여가 전제되어야 하며, 이는 대학 내 장애 인권에 대한 담론을 자연스럽게 활성화할 것으로 보인다.

넷째, 비대면 수업과 관련한 장애학생 지원 매뉴얼의 형식과 내용을 제안함으로써 대학 및 다른 기관이 참고할 수 있는 선례를 남겼다는 의의가 있다. 매뉴얼의 구체적인 내용은 각 대학의 교육환경 및 교수방법에 따라 차이가 존재할 것이다. 그럼에도 불구하고 본 연구는 비대면 수업 상황에서 각 주체가 어떤 노력을 해야 하고, 대면 수업과 달리 장애학생에게 어떤 지원이 구체적으로 필요한가에 대하여 전체적인 방향성을 논하였다. 앞으로 다양한 분야의 비대면 교육이 확대될 것이라 예측되는 상황에서 비대면 교육과 관련된 장애인 지원 체계의 구축에 본 연구가 도움을 줄 것으로 기대된다.

[부록1]

시·청각장애 학생을 위한 대학교 비대면 교육운영 매뉴얼
- 장애학생지원센터용 -

본 매뉴얼은 대학교의 비대면 수업 과정에서 시·청각장애 학생들의 학습권을 보장하는 것을 목적으로 한다. 비대면 교육운영의 지원 주체(매뉴얼 이행 주체)는 교수자, 장애학생지원센터로 구분하였으며, 특정 장애 유형에만 해당되는 내용은 별도의 표시 '장애 유형'를 통해 명시함으로써 매뉴얼의 지원 대상을 구체적으로 밝히고자 하였다. 장애학생지원센터가 지원 주체인 경우, '1. 교육지원인력 제도'와 '2. 장애학생-교수자 소통창구'로 매뉴얼을 구성하였다.

1. 교육지원인력 제도

▶ 장애학생지원센터는 홈페이지에 장애학생도우미의 구체적인 활동 방법, 활동 시간, 활동 변화 등에 관하여 공지해야 한다. 구체적으로, 아래의 항목들을 포함해야 한다.
① 장애학생도우미 유형에 따라 대면 수업과 비교하여 비대면 수

정예린, 조영진, 박지희, 최원빈, 손정우

업 도우미 활동 시 특별히 유의해야 할 점 또는 달라진 점
② 원격으로 활동하는 경우, 활동 시 사용하는 보조 프로그램 및
  앱(APP)의 사용 방법
③ 장애학생도우미 활동에 관한 기본사항(활동 기간, 활동 영역, 근
  로 시간 인정에 관한 사항들)

[비대면 수업 시 장애학생도우미 활동가이드의 적절한 예시]

비대면 수업 시 대필도우미의 활동 지침은 다음과 같습니다.

◆ 도우미 활동 전

장애학생과 사전에 연락하여, 도우미 활동 과정에서 인지해야 하는
사항들을 미리 확인합니다. 비대면 수업 시 실시간 속기를 지원하는 대필도
우미의 경우, 사전에 실시간 속기 관련 프로그램을 교육받아야 합니다.(*프로그
램 사용 방법에 관한 교육 안내는 별도로 공지될 예정임.)

◆ 도우미 활동 중

Zoom을 통한 실시간 수업을 할 때, 대필도우미는 수업 내용을 요약
해서 적지 않고, 강의내용을 그대로 받아 적습니다. 대필 시, 실시간 채
팅에 올린 강의 자료 및 질의응답에 관한 내용도 반드시 포함해야 합니다. 또한
시각장애 학생에게 실시간 속기를 지원하는 경우, 수업 분위기나 교
수자의 제스처(gesture)와 같이 수업 내용을 이해하는 데 도움이 되는
비언어적 요소들도 최대한 적도록 합니다.

◆ 도우미 활동 후

대필한 자료는 수업이 끝난 후 당일 장애학생에게 보내야 합니다. 근
로 시간으로 인정받기 위해서는 활동 후 출근부를 입력하는 등과 같
이 정해진 절차를 따라야 합니다.

▶ 장애학생지원센터는 장애학생의 의견을 종합적으로 수렴하여, 비대면 수업 특성과 장애 유형에 적합한 장애학생도우미 제도의 운영을 도모해야 한다. 비대면 수업 상황에서는 다음과 같은 장애학생도우미의 유형을 적절히 지원할 수 있어야 한다.

[장애학생도우미 유형의 예시]

① 수업 내용 전반을 실시간으로 속기하는 대필도우미
   실시간 채팅이나 수업 분위기, 교수의 몸짓 등과 같이 수업을 적절히 이해할 수 있는 요소들을 적어야 함.
② 수업 준비자료 및 실시간 수업 시 그림과 같은 시각자료를 문자로 설명하는 교재제작도우미
   사전에 제공된 강의 자료뿐만 아니라, 강의 중 공유된 자료에 첨부된 시각자료를 문자화하여 시각장애 학생에게 전달하여야 함.
③ 장애학생의 신청에 따라 구체적인 상황에 대응할 수 있는 장애학생도우미
   기존 장애학생도우미의 유형으로 지원할 수 없는 사항인 경우, 해당 장애학생의 상황에 적절한 장애학생도우미를 최대한 빠른 시일 내에 모집·선발하여 지원할 수 있어야 함.
   예. 서울시립대의 자막제작도우미

청각장애 학생

▶ 장애학생지원센터는 청각장애 학생의 장애학생도우미에게 다음과 같이 권고한다.

① 장애학생이 선호하는 실시간 속기 프로그램을 미리 알아둔다.
② 교수자가 말하는 내용 외에도 'Zoom 그룹 채팅'에 올라오는 모든 채팅 내용을 기록한다. 자의적으로 내용을 누락해서는 안 된다. Zoom 그룹 채팅 저장하기 기능을 활용한다.

정예린, 조영진, 박지희, 최원빈, 손정우

[Zoom 그룹 채팅 저장하기]의 세 가지 방법

① Zoom 실시간 수업 중 채팅을 저장하는 방법: 채팅[🖳]을 클릭하면, 받는 사람이 표기된 콘솔창 [받는 사람: 모두 ⌄   📄 파일 …]이 뜬다.

더보기 […]를 클릭하면, '채팅 저장' []이 뜬다.

② 별도의 설정을 하지 않은 Zoom 기본값 상태로 저장하는 방법: [내 문서] > [Zoom 폴더] > [미팅 이름] > [날짜] > [시간이 담긴 폴더] 순으로 가면 채팅 내용이 남긴 폴더를 찾을 수 있다.

③ 자동으로 채팅 내용이 저장되도록 설정하는 방법: Zoom 웹사이트 (zoom.us/) profile settings에서 'In Meeting(Basic)'에서 'Auto saving chats'를 선택하고, 'Save Changes'를 누르면 된다. 그러면 자동으로 [내 문서] > [Zoom] > [미팅 이름] > [날짜] > [시간이 담긴 폴더]에서 저장된 채팅을 찾을 수 있다.

---

③ 부득이한 사정으로 실시간 수업에 참여하지 못할 때 교수자에게 녹화 강의를 받는다. 다음 수업이 진행되기 전까지는 속기를 제공해야 한다.

④ 비대면 교육 학습 지원사(수어 통역사)를 배치하는 경우에 청각 장애 학생이 Zoom '비디오 화면고정 기능'을 활용하도록 안내한다.

[비디오 화면고정 기능]

고정하기를 원하는 화면에 마우스를 가까이 가면, 더보기 표시 [⋯] 가 뜬다. 이를 클릭한다. 그리고 '비디오 고정'을 클릭하면, 해당 화면 을 고정할 수 있다.

---

⑤ 장애학생지원센터는 Zoom 안내자료를 제작할 때 화면 크기 조정 기능에 대한 안내를 포함해야 한다. 업데이트되는 Zoom 의 기능을 최대한 이른 시일 내에 매뉴얼에 추가하여 장애학생 들에게 제공해야 한다.

[화면 크기 조정 기능 안내 예시]

[Zoom 5.0.2 버전 기준]
① 화면 크기를 조정하고자 하는 발화자의 화면에 마우스를 가까이 대면, 더보기 표시[⋯]가 뜬다. 이를 클릭하면, '비디오 고정하기' 가 뜬다. 이를 클릭한다. 다음으로, 아래 사진에 '클릭' 표시된 부 분을 클릭한다.
② 화면 가장자리에 마우스를 대면, 쌍방향 화살표가 뜬다. 해당 조정 키를 활용하여, 화면 크기를 조정할 수 있다.
③ 교수자의 화면을 고정 및 확대하는 법을 안내하여 구화를 사용하 는 청각장애 학생이 교수자의 입 모양을 확인할 수 있도록 한다.

정예린, 조영진, 박지희, 최원빈, 손정우

[Zoom 5.4.7 버전]

① 위와 같이 [⋯]를 클릭한다. 그러면 '핀'이 뜬다.('음소거', '비디오 중지', '채팅', '이름 바꾸기', '핀' 순으로 뜬다.) 이를 클릭한다.
② 이외는 기존 버전과 동일하다.

2. 장애학생-교수자 소통창구

▶ 비대면 수업 상황에 적합한 장애학생지원센터의 '장애학생 − 교수자 소통창구' 모형은 다음과 같다.

▶ 장애학생지원센터는 장애학생의 지원요청 사항을 검토한 후 교수자에게 전달한다. 이때, 다음과 같은 사항을 구체적으로 검토할 수 있다.

① 장애학생지원센터에서 우선적으로 해결할 수 있는 사항이 있는가?

② 교수자가 지원할 수 있는 사항인가?

③ 지원요청의 내용이 더욱 구체화될 필요가 있는가?

▶ 장애학생지원센터는 비대면 학기가 시작한 후에도 지원 현황을 파악한다.

① 장애학생을 대상으로 만족도조사를 시행한다. 조사 결과 지원 현황의 미흡한 점이 발견되면, 교수자와 연락을 취하여 문제를 해결한다.

② 교수자에게 장애학생지원센터에 도움을 요청할 수 있는 방법을 안내한다.

▶ 장애학생의 특별한 지원요청이 없을 경우, 장애학생이 동의한다면 해당 과목의 교수자에게 장애학생에 대한 기본적인 정보를 안내한다.

① 비대면 학기가 시작하기 전에 장애학생지원센터는 장애학생의 기본정보를 교수자에게 전달하는 것에 대한 장애학생의 동의여부를 파악한다.

② 기본적인 정보에는 장애학생의 이름, 장애 유형 및 특징, 기본적인 지원 사항 등이 포함된다. 이때, 이메일 등을 이용하여 간단하고 신속하게 안내한다.

▶ 교수자는 장애학생 – 교수자 소통창구에 아래와 같은 내용을 지원요청할 수 있다.

① 교재제작도우미 지원요청: 수업 자료 중 시·청각장애 학생을 위해 별도의 스캔, 복사 및 타이핑이 필요한 경우 교재제작도우미의 지원을 요청할 수 있다.

② 평가 조정: 시·청각장애 학생들을 고려해 시험시간을 연장하거나 과제제출기한을 늘릴 때, 평가기준을 보다 공정하게 마련하기 위해 면담을 요청할 수 있다.

▶ 장애학생지원센터는 교수자에게 장애학생의 수강정보를 사전에 알려야 하고, 교수자가 요청할 경우 수업 자료를 제작하는 장애학생도우미를 지원해야 한다.

[부록2]

시·청각장애 학생을 위한 대학교 비대면 교육운영 매뉴얼
- 교수자용 -

　본 매뉴얼은 대학교의 비대면 수업 과정에서 시·청각장애 학생들의 학습권을 보장하는 것을 목적으로 한다. 비대면 교육운영의 지원 주체(매뉴얼 이행 주체)는 교수자, 장애학생지원센터로 구분하였으며, 특정 장애 유형에만 해당되는 내용은 별도의 표시 '장애 유형'를 통해 명시함으로써 매뉴얼의 지원 대상을 구체적으로 밝히고자 하였다. 교수자가 지원 주체인 경우, 각 학기의 진행 순서에 따라 '1. 수업 준비', '2. 실시간 수업', '3. 시험 및 과제'로 매뉴얼을 구성하였다.

1. 수업 준비

▶ 교수자는 강의계획서에 수업 진행방식, 강의 자료, 준비사항 등을 최대한 구체적으로 제시하고, '장애학생 지원 사항'을 의무적으로 기재해야 한다. 이에 따라 구성된 강의계획서의 적절한 형식은

정예린, 조영진, 박지희, 최원빈, 손정우

다음과 같다.

[강의계획서의 적절한 형식]

1. 강의 내용 및 진행 설명

주차	강의 방법/매체	강의 내용
1~7주차	Zoom을 통한 실시간 강의	(-)
8주차	eTL 퀴즈를 통한 비대면 중간고사	중간고사 일에는 따로 강의를 진행하지 않습니다.
9주차	대면으로 진행	전문가 특강
10~14주차	Zoom을 통한 실시간 강의	(-)
15주차	대면 기말고사 예정	기말고사 일에는 따로 강의를 진행하지 않습니다.

* 중간고사와 기말고사의 대면, 비대면 실시 여부는 시험일 1주 전에 확정하여 공지할 예정입니다. Zoom 접속 사이트 및 구체적인 안내는 수강자가 확정된 후 eTL에 공지될 것입니다.

2. 장애학생 지원 사항

본 강좌를 수강하는 장애학생은 다음과 같은 지원을 받을 수 있습니다. 그 외에도 수업 시 필요한 지원이 있거나 교수가 인지해야 하는 내용은 첨부한 연락처로 문의해 주세요.(장애학생지원센터: 02-XXX-XXXX, 교수: 010-XXXX-XXXX)

시각장애 학생	대필도우미(실시간 속기 지원), 교재제작도우미
청각장애 학생	속기사 및 대필도우미, 교재제작도우미

* 위 강의계획서에서 교과목명, 학습목표 등의 기본사항은 생략하였음.

▶ 교수자는 사전에 장애학생의 의견을 수렴하고, 장애 유형 및 자료 접근성을 고려하여 수업 자료를 사전 제공하여야 한다. 수업

자료 제공 시 다음과 같은 항목을 확인해야 한다.

① 자료 형태: 자료의 형태는 장애 특성에 맞게 교수자가 변형하여 공지하여야 한다.

장애 유형	자료 형태의 예시
시각장애	• 텍스트 파일(확장자가 txt)로 전환한 저장 파일 • 내용을 구체적으로 설명해주는 '문자 설명'을 병기한 시각자료 〈서울대학교 학부 생활관 사진〉 서울대학교 내 생활관의 도로를 찍은 사진으로, 도로를 기준으로 양쪽에 가로수가 울창하게 솟아나 있고 맑은 하늘이 보임.
청각장애	• 강의 내용을 자세히 포함하는 수업 자료[2] • '유튜브 자동 자막'을 사용한 동영상 자료

② 자료 제공 매체: 수업 자료를 제공하는 매체(예. eTL, 유튜브)가 장애학생들이 충분히 접근 가능한지 교수자는 사전에 확인하여야 한다.

• 해당 매체에 간편하게 진입할 수 있는가?(예. 로그인 절차 등)
• 자료 제공 매체의 화면 구성이 쉽게 이해 가능한가?(예. 명료한 목차 구성 등)

---

2) 강의 내용을 글과 그림 등으로 자세히 설명한 자료를 의미한다. 청각장애 학생의 경우 수업 자료에 의존할 가능성이 높으므로 수업 자료가 수업 내용을 상세히 포함할 수 있어야 한다.

③ 자료 제공 경로

- 수업 자료 제공 전, 장애학생지원센터는 교수자에게 해당 수업을 수강하는 장애학생의 장애 정도 및 특성을 전달한다.
- 미리 파악한 장애학생의 정보를 바탕으로 교수자와 장애학생 도우미는 적절한 자료 제공 매체를 통해 적절한 자료 형태로 수업 자료를 제공한다.
- 수업 자료 제공 후, 교수자는 수업 자료의 적절성 및 자료 제공 매체의 접근성에 대하여 장애학생으로부터 피드백을 구한다. 이를 반영하여 문제점을 개선한다.

2. 실시간 수업

시각장애 학생

▶ 시각장애 학생을 고려하여 수업을 진행할 때, 자료 설명과 관련하여 다음과 같은 사항들을 고려해야 한다.

① 교수자는 지시어의 사용을 가급적 지양해야 하며, 시각자료에 대해 충분히 설명해야 한다.

- 새로운 용어나 축어, 외래어, 외국어 등을 사용하여 설명할 때는 철자 등을 분명히 말해야 한다.
- 강의 시 파워포인트를 활용할 경우, 화면의 글씨를 분명하게 읽어준다. 칠판 수업이나 유인물을 설명할 때도 마찬가지이다.
- 수학 공식이나 어려운 한자, 특수한 기호 등을 설명해야 한다.
- 스크린 리더로 호환되지 않는 특수문자나 기호 등을 설명해야 한다.

② 교수자는 수업을 진행할 때 중요한 내용 위주로 설명한다.
  • 교재로 수업할 때, 설명하고 있는 페이지를 명확하게 알려준다.
  • 교재나 유인물에 쓰여 있는 내용을 구두로 읽어준다.
③ 시각자료를 자세히 설명할 수 없다면 교수자는 자료를 미리 제
  공해야 한다.

▶ 시각장애 학생을 고려하여 수업을 진행할 때, 채팅창과 관련하
  여 다음과 같은 사항들을 고려해야 한다.
① 교수자는 수업 진행과 동시에 채팅창을 활용하지 않고, 채팅창
  만 단독으로 사용한다.
② 시각장애 학생이 수업에 있는 경우, 모든 수업 참여자에게 채
  팅창으로 진행해야 하는, 또는 채팅창을 이용하면 좋을 대화·
  질문·토론이 아니라면 최대한 구두로 하도록 안내한다.
③ 교수자는 장애학생지원센터의 Zoom 안내자료나 Zoom 플랫폼
  '비디오 설정'에서 '바로 가기 키' 메뉴를 참고하여, 수강 중인
  시각장애 학생이 Zoom 채팅창 단축키를 알고 있는지 확인한
  다. Zoom에는 다음과 같은 단축키가 있으며 채팅창 단축키는
  Alt + H이다.

도구	단축키	도구	단축키
참가자	Alt + U	손들기/손내리기	Alt + Y
채팅	Alt + H	로컬 기록 시작/중지	Alt + R
화면공유 시작/중지	Alt + S	스크린샷	Alt + Shift + T
음소거/음소거 해제	Alt + A	카메라 전환	Alt + N
비디오 중지/비디오 해제	Alt + V	회의 종료	Alt + Q

▶ 시각장애 학생을 고려하여 토론수업을 진행할 때, 다음과 같은 사항들을 고려해야 한다.

① 교수자는 비장애학생들에게 시각장애 학생과 함께 토론을 할 경우, 토론 중 발언을 시작할 때 이름을 언급하고, 큰 목소리로 천천히 명확하게 발언할 것을 안내한다. 또한, 채팅창 이용을 가급적 자제할 것을 안내한다.

② 교수자는 토론수업을 Zoom 소회의실을 활용하여 수업을 진행할 경우, 시각장애 학생과 장애학생도우미를 같은 조에 편성한다.

청각장애 학생

▶ 청각장애 학생을 고려하여 토론수업을 Zoom 소회의실 기능을 활용하여 수업을 진행할 경우, 수업 참여자가 얼굴 전체(눈, 코, 입)가 보이도록 카메라를 조정할 것을 안내한다.

3. 시험 및 과제

▶ 비대면 시험을 치를 경우, 교수자는 강의계획서에 비대면 시험을 치르는 방식에 대한 안내를 포함한다. 이때, 어떤 플랫폼을 사용할 것인지를 명시하여 장애학생이 이에 대비할 수 있도록 한다.

① 교수자가 기본적으로 제한 시간이 설정되어있는 플랫폼(예. eTL)을 활용하여 비대면 시험을 치를 경우, 장애학생에 대해 적절한 시험시간의 연장을 보장할 수 있는 부가적인 방안을 마련하여 제시한다. 이때, 가능한 방안의 예시는 다음과 같다.

- 동일한 시험문제를 제시하되, 장애학생의 답안지는 이메일을 통해 회수하는 방안
- 시험지 제출기한은 동일하게 하되, 장애학생에게 시험지를 미리 제공하는 방안

② 비대면 시험이 Zoom을 이용하여 실시간으로 이루어지는 경우에도 교수자는 장애학생에 대해 필요한 경우 시험시간을 연장해주어야 한다. 이때, 가능한 방안의 예시는 다음과 같다.

- 교수자가 Zoom 회의실을 정규수업 이전(혹은 이후)에 열어두어 장애학생이 연장된 시간만큼을 보장받을 수 있도록 하는 방안
- 교수자의 감독 아래 Zoom을 통해 실시간으로 시험을 치러야 할 경우 대체과제를 부여하는 방안

시각장애 학생

▶ 시각장애 학생에게 과제를 부여할 때, 다음과 같은 사항들을 고려한다.

① 시각적으로 접근할 수 없는 과제(동영상 자료, 그림 자료 등)에 대해서 교수자는 시각장애 학생에게 비슷한 난이도 및 내용의 대체과제를 부여하며, 이로 인한 불이익이 없도록 한다.

② 과제의 특성상 동영상 자료를 참고해야 할 경우, 교수자는 시각장애 학생에게 화면 해설이 지원되는 자료를 추가적으로 안내한다.

③ PDF를 활용해야 하는 과제를 부여할 경우, 교수자는 시각장애 학생에게 스크린 리더가 접근 가능한 형식의 파일을 제공한다.

④ 이미지로 되어 있는 PDF 파일을 활용하는 것이 불가피할 경우, 교수자는 시각장애학생이 이를 텍스트 혹은 점자로 변경하기까지 소요되는 시간을 고려하여 과제제출기한을 연장한다.

▶ 교수자는 시각장애 학생을 고려하여 비대면 학기 시작 이전에 수업의 진행방식(대면/비대면/혼합)을 확정한다.

▶ 교수자는 시각장애 학생을 고려하여 수업의 진행방식과 일정에 맞추어 시험일정을 정하고 안내하여 시각장애 학생들이 대비할 수 있도록 한다. 불가피하게 일정에 변동이 생길 경우, 교수자는 최소 일주일 전에 공지하여 시각장애 학생이 장애학생도우미와 협의할 수 있도록 한다.

청각장애 학생

▶ 청각장애 학생에게 과제를 부여할 때, 다음과 같은 사항들을 고려한다.

① 동영상을 활용한 과제를 부여하는 경우, 교수자는 자막이 제공되는 영상을 활용한다.

② 청각장애 학생이 속기록을 제공받기까지 시간이 소요된다는 점을 고려하여 교수자는 과제제출기한을 연장한다.

참고 문헌

▌단행본 ▌

김동일, 손승현, 전병운, 한경근. 2013. 『특수교육학개론: 장애·영재아동의 이해』. 서울: 학지사.

코로나19 인권대응 네트워크. 2020. 『코로나19와 인권, 인간의 존엄과 평등을 위한 사회적 가이드라인』.

한경근. 2005. 『장애대학생 학습 활동 지원 교강사 가이드북』. 단국대학교 출판부.

▌논문 ▌

김동일, 손지영. 2009. "장애대학생 수업 지원에 대한 교수자의 인식과 지원 방안". 『특수교육저널: 이론과 실천』, 10(1). pp.85－112.

김동일, 손지영, 윤순경. 2008. "e－러닝에서 보편적 설계의 적용에 대한 사용성 평가: 시각, 청각, 지체장애대학생을 중심으로". 『특수교육저널: 이론과 실천』, 9(2). pp.97－127.

손지영, 김동일, 2010. "교육 현장에서 보편적 학습설계를 적용한 연구의 적용 전략 및 효과성 고찰". 『특수교육저널: 이론과 실천』, 11(1). pp.385－411.

손지영, 정소라, 김동일. 2011. "국내 장애학생 고등교육의 연구동향과 과제". 『특수교육학연구』, 45(4). pp.157－178.

이성일. 2000. "장애인의 정보 접근권 향상을 위한 보편적 설계에 관한 연구". 『대한산업공학회지』, 26(4). pp.402－410.

이수경, 최승숙. 2018. "장애대학생의 고등교육 지원 현황 및 요구에 대한 교육 수요자 인식 연구". 『지체·중복·건강장애연구』, 61(1). pp.39－65.

이학준, 권순우, 김용성. 2018. "청각장애인 평생교육 프로그램의 방향성: 보편적 학습설계(UDL) 원리 중심의 논의". 『특수교육재활과학연구』, 57(4). pp.283 – 300.

이현수. 2009. "장애대학생들의 학습권 현황과 개선방안". 『법과인권교육연구』, 2(1). pp.92 – 109.

최정임, 신남수. 2009. "보편적 학습설계(UDL)를 반영한 디지털 교과서 설계 원리". 『교육공학연구』, 25(1). p.39.

한경근. 2012. "특수교육 장면에서의 UDL 적용: 교수방법적 실제". 『한국특수교육학회 2012년도 추계 학술대회 자료집』. p.30.

황윤자, 박현미, 안미리. 2014. "사이버대학 이러닝 콘텐츠의 보편적 학습설계 현황과 개선방안". 『평생학습사회』, 10(2). pp.125 – 153.

┃ 인터넷 자료 ┃

강혜민. 2020.09.24. '줌'이 편하다고? 장애학생 배제돼도 속수무책인 대학. 비마이너. www.beminor.com/news/articleView.html?idxno = 15118

대구대학교 장애학생지원센터 공지사항. 2020.03.12. 2020 – 1학기 재택 수업 운영에 따른 지원 방안. disable.daegu.ac.kr/hakgwa_home/disable/sub.php?mode = view&idx = 254359&page = 1&menu = page&menu_id = 18&search_field = BOARD_ALL&search_key = %EC%9E%AC%ED%83%9D%EC%88%98%EC%97%85&search_cate

Berkeley Disabled Students Program. 2020.09.20. Letters of Accommodation. test – dsp – ob.pantheon.berkeley.edu/students/policies/letters – accommodation

대구대학교 장애학생지원센터 공지사항. 2020.03.13. 2020학년도 1학기 국가근로장학사업 장애대학생 봉사유형(장애대학생도우미) 교육자료(학생용). disable.daegu.ac.kr/hakgwa_home/disable/sub.php?mode = view&idx = 254058&page = 1&menu = page&menu_id = 18&search_field = BOARD_ALL&search_key = %EC%9E%A5%EC%95%A0%EB%8C%80%ED%95%99%EC%

83%9D&search_cate

박종관. 2020.03.27. 연세대, 올 1학기 중간고사 폐지…온라인 시험도 금지. 한국경제. www.hankyung.com/society/article/202003274834i

서울대학교 장애학생지원센터 도우미 게시판. 2020.08.14. 도우미 활동가이드. snudanbi.snu.ac.kr/help/guide.php

서울대학교 장애학생지원센터 자료실. 2020.09.20. 장애학생 교수학습지원. snudanbi.snu.ac.kr/data/info3.php

▌기타▌

교육부. 2020. "장애대학생 교육복지지원 활성화('20~'22) 방안".

국립특수교육원. 2018. "2017 장애대학생 교육복지지원 실태평가 결과".

대구대학교. 2020. "Zoom 사용 설명서(학생용)".

서강대학교. 2013. "장애학생 교수·학습 지원 편람".

06

퀴어 의제의 실질적 대표성 검토

강문정, 김용훈, 배민재, 정채영

06

퀴어 의제의 실질적 대표성 검토

강문정, 김용훈, 배민재, 정채영

Ⅰ. 서론

포괄적 차별금지법은 오랫동안 무거운 질문이었다. 신앙의 자유로 혐오가 용인될 수 있는지, 사적 자치의 영역에 평등권이 개입할 수 있을지, 차등적인 대우와 부당한 차별은 어떻게 구분되는지 등등. 특히 열거한 질문들이 '성적 지향'을 둘러싸고 첨예한 대립을 펼쳐왔음을 떠올리면 결국에는 퀴어의 사회·경제적 권리를 보장할 것인지 여부, 어디까지 어떻게 보장할 것인지의 논점이 중심에 놓여 있었다고 볼 수 있다. 법안 자체로는 그렇다.

하지만 20년 가까이 차별금지법이 국회 문턱을 넘지 못한 역사는 법안의 내용과 다른 화두를 던지고 있다. 퀴어는 최소한 '평등한 정치권력'을 보장받고 있는가. 여러모로 그렇지 않다는 징후가 관측됐다. 정계가 귀 기울이는 방향에는 항상 보수 개신교회의 십자가가 있었고, 숱한 정치인이 퀴어 인권 법제를 지지하길 포기하여 '퀴어를 대표할 수 있는 대표자는 없다.'라는 인식을 심었으며, 제도권에서 공공연하게 발화되는 혐오는 정치에서 어느 누구는 차별받아도 괜찮다는 신호가 됐다. 여느 소수자집단 가운데서도 이만큼이나 정치적으로 존중받지 못하는 경우가 흔치 않다는 점에서도 가벼이 넘길 수 없는 현상이다.

정치권력은 제도권에서 대표자에 의해 대표될 권리 그리고 공론장에서 목소리를 낼 권리로 이어진다. 다시 말해 평등한 정치권력 아래서 퀴어는 공동체의 의사결정에 참여할 수 있고, 그 바탕으로 여타의 권리도 주장할 수 있다. 때문에 동성혼 법제화, 군형법, 성별정정 등의 개별 의제에서 차별의 심대함을 확인하고 당위적인 변화를 요구하는 일만큼이나, 향후 변화를 가능케 할 퀴어의 정치권력을 검토하는 연구가 필요한 것이다.

아울러 이는 비단 퀴어만이 당사자로 지목되는 문제가 아니다. 퀴어 인권 법제를 지지하는 유권자가 대표되지 못하는 현실과도 관련되며, 더 나아가서는 한국 민주주의의 수준을 결정하고 위기를 뛰어넘는 과제이다. 1인 1표제와 '국민은 모두 평등하다.'라는 신화 아래서 국민의 일부분을 소외시켜 온 현실이 경험적으로 입증된다면, 불균형한 정치권력의 역사를 아프게 읽는 일은 민주주의를 심화하는 데 가장 주요한 작업일 수 있다.

상기한 문제의식에서 본 연구는 퀴어의 정치권력을 살피고자 했으나, 현실적인 한계와 윤리적인 고민으로 말미암아 퀴어가 아닌 퀴어 의제를 연구대상으로 삼는 우회로를 택했다. 퀴어 의제가 제도권에서 대표되는 양태를 묘사함으로써 퀴어의 정치권력을 윤곽이나마 목격하리라는 희망에서다. 하여 본 연구는 다음의 내용으로 전개된다. Ⅱ장은 한국 민주주의에서 소수자의 대표성이 가지는 함의를 논하고, 연구의 대상을 구체적으로 적시한다. Ⅲ장은 퀴어 의제 전반이 국회에서 논의되는 양상을 확인한다. 차별금지법, 군형법, 동성혼 법제화, 성전환자 성별정정 등 다양한 의제를 종합해 대표성을 검토하고 평가했다. Ⅳ장은 앞선 결론의 원인을 추론한다. 구체적으로 제도권 정치의 행태를 정당의 갈래로 나누어 살폈고, 정당 계열별로 나타나는 차별적인 흐름을 정치적인 동학 및 환경과 연결 지어 인과를 구성했다.

Ⅱ. 연구 배경

민주주의는 인권 개념의 발달, 선거권 보편화 등을 통해 모든 사람이 정치에 참여하기를 목표해 왔다. 그러나 오늘날 민주주의는 마냥 그렇지 않다. 한국만 보더라도 정치 양극화, 포퓰리즘, 정치 불신, 거리 정치 등이 화두로 오르내리는데, 공통적으로 제도권 정치에 반기를 들며 자신들의 정치권력이 소외되어 왔음을 주장한다. 이는 비단 한국만의 사례가 아니다. 극우 포퓰리스트 정치인이 급부상하는가 하면, 트럼프 지지자들이 의회를 점령하는 등 거리 정치가 활성화되어가고 있다.

즉, 최근 민주주의 사회에서 벌어지는 정치적 운동들은 모든 이들이 평등한 정치권력을 보장받고 있는지를 재고하게 하며, 세계적으로 민주주의가 어딘가에 정체되어 있다는 신호를 보낸다. 이에 본 연구는 민주주의를 위협하는 요인으로서 민주주의를 절차로 축소시켜 규정하는 '최소주의적 민주주의'에 주목했다. 특히 절차라는 명분으로 정당화되는 소외와 배제에 초점을 둔다. 양극화, 포퓰리즘 등의 문제가 그에서 기인한다고 판단한 터이다.

1. 최소주의적 민주주의

최소주의적 민주주의자들은 민주주의에 공동선, 국민의 의지 등 지나친 과제를 부여하는 것에 부정적이다. 우리 사회에 유의미한 시각을 제기하기 어렵고, 자칫 먼지처럼 공허할 수 있다는 것이 그들의 주장이다. 더욱이 그들은 민주주의를 국민의 표를 얻고 집권하기 위한 합리적인 경쟁으로 보아야 한다고 주장한다(Downs, 1957: 135–136; Schumpeter, 1942/2011: 380–396). 그러한 이해(interest)에 기반한 과정이 오히려 인간을 전쟁과 반목에서 구원했다는 것이다(Przeworski, 1999: 45–50).

그러나 민주주의의 최소주의적 정의는 민주주의를 형식적인 차원에 국한시켜 정치적 평등의 사각지대를 형성했다. 이는 "모든 인민으로부터 권력이 나오므로, 모든 국민은 정치적으로 평등하다."[1]라는 명제의 '정치적 평등'과 '국민'의 개념, 두 지점에서 문제를 야기했다. '정치적 평등'이 투표권과 같은 형식적 차원의 평등으로 국한되었으며, 모든 사람에게 투표권이 부여되고 나니 정치적 평등에 이목이 쏠려 '국민'이 무엇을 의미하는 것인지를 놓치고 말았다. 그 결과, 최소주의적 민주주의는 절차적 정당성을 갖춘 독재자와 포퓰리스트의 등장에 대응하지 못했다. 보다 구체적으로는 아래와 같다.

---

1) 엄격히 따지면 인민과 국민은 동일하지 않다. 다만 이 글은 인민 내부의 경계에서 소외되었던 이로서 퀴어를 조명하기 때문에, 본 연구에서 가리키는 인민과 국민은 정치권력을 부여하기 전후로 나뉠 뿐 사실상 같은 이들이다. 따라서 맥락에 따라 두 용어를 혼용하여 서술했음을 밝힌다.

2. 소외된 이들에 대한 조명

첫째로, 인민의 정의는 지나치게 복잡하고 모호하다. 캐노번은 "인민이란 이 용어는 전체 정치공동체와 그 내부에 있는 좀 더 작은 집단 두 가지 모두를 의미하는 말로 쓰였다."라며 전체적 인민과 부분적 인민을 구분하고, 엘리트 집단부터 배제된 하층민까지 다양한 집단이 부분적 인민으로 호명될 수 있음을 지적했다. 전체적 인민과 부분적 인민은 각각 국외적으로 국민에 포함되지 않는 이들을 만들고(난민, 이주 노동자), 국내에서는 특정 집단을 소외시킬 수 있다(하층 노동자, 장애인, 여성, 퀴어 등).[2] 이러한 인민의 모호함은 경계 바깥의 이들을 만들어낸다. 즉, 국민의 개념은 그 자체로 포함과 배제의 논리를 내포한다.

국민이라는 개념이 필연적으로 경계를 형성한다는 사실을 경시하면, 경계 바깥에서 소외된 이들에게 '모든 국민의 평등한 정치권력'이라는 명제는 공허할 뿐이다. 따라서 최소주의적 민주주의가 온전히 작동하기 위해서는 국민이라는 개념의 복합성을 인지하고, 국민의 경계 안팎에서 소외되어 온 이들이 누구인지를 유심히 고찰해야 한다.

그럼에도 인민 개념의 다층성은 그 자체로 해결할 수 없다. 경계와 타자화는 정치의 필수적 요소이므로(Mouffe, 2018/2019: 137-140) 정치적 개념으로서 인민은 필연적으로 경계를 초래한다. 다만 전체적 인민과 부분적 인민의 변증법 하에서 경계를 확장하여, 최대한 소외된 이들이 줄어들도록 민주주의를 정초해 나가야 하는 것이다. 우리는 인민을 획일적으로 정의할 수도, 부분적 인민의 목소리를 터부시할 수도 없다. 가능한 작업은 인민이 포섭하지 못하고 있던 이들을 다시금 민주주

---

2) 국내 퀴어들의 정치적 대표성을 검토하는 이 연구의 경우, 후자에 집중한다.

의에 포섭하며 전체적 인민과 부분적 인민을 순간마다 현현시키는 일이다.

3. 실질적 대표성 연구의 필요성

둘째, 형식적인 평등으로는 충분하지 않다. 이 글에서 주목하는 퀴어에게도 형식적 차원의 권리는 부여되어 있다. 예를 들어, 선거권, 국회 구성과 같은 절차가 그렇다. 허나 수적인 측면에서만 결과를 바라보기 시작하면 실제로 소수자들이 정당이나 국회의 대표 과정에서 어떻게 재현되고, 차별받는지를 놓치고 만다. 따라서 소외된 이들-이 연구에서는 퀴어-의 정치적 대표성과 차별의 행태를 점검할 때에는 투표권 같은 형식적인 평등과 더불어, 그들이 대표되는 실질적인 내용을 함께 점검해야 한다.

실제로 핏킨(1967)은 대의기구 및 대표라는 절차에는 투표, 선거 등의 형식적 대표성뿐 아니라 더 다양한 형태의 대표성이 존재한다고 제시했다. 그는 정치적 대표를 제도형식적 대표성, 인구사회학적 대표성, 상징적 대표성, 실질적 대표성으로 구성한다. 인구사회학적 대표성과 상징적 대표성(대리 이론)은 제도형식적 대표성이 갖는 한계를 보완하기 위해, 실질적 대표성(대행 이론)은 다시 인구사회학적 대표성과 상징적 대표성의 한계를 보완하기 위해 등장한 개념이다. 대표성 개념이 형식적인 대표에만 머무르지 않고, 대표자들이 피대표자들의 이익과 기대에 호응하는지 등에 따라 실질적으로 피대표자들이 민주적으로 대표되는지를 검토할 수 있어야 한다는 것이 그의 생각이었다(홍철기, 2014: 277-279).

이는 민주주의의 절차적 정의가 선거권 같은 형식적 측면이나 국회 구성이라는 구성적 측면 등에 머물러서는 안 되며, 대표의 실질적인 내용까지 다룰 수 있어야 함을 뒷받침한다. 즉, 대의기구의 대표성을 다룬 핏킨은 민주주의의 절차적 중요성을 분명 인지했고, 다만 대표라는 민주주의의 절차가 실질적으로 이루어지기를 희망했던 것이다.

위의 문제의식을 바탕으로 한 본 연구는 민주주의의 개념을 확장하여 국민의 의지, 공동선, 기회의 균등, 포용 등을 포함[3]시키려 한다기보다는, 정확히는 민주주의 사회 내부에 벌어지는 역동적인 양상들을 분석하여 절차적 민주주의의 온전한 달성을 겨냥하고자 한다. 그것이 곧 오늘날 한국 민주주의의 심화를 위한 작업이기 때문이다. 이를 위해 그간 인민이 포섭하지 못하고 있던 이들은 없는지 검토하는 데에서 출발하여 소외된 이들이 정치공동체 내에서 평등하게, 또 실질적으로 대표될 수 있는 방안을 고민해야 할 것이다. 따라서 본 연구자들은 한국의 주요 대의 기관인 국회와 정당에서 퀴어 의제들이 '실질적으로 대표'되고[4] 있는지를 검토한다.

---

3) "None of these belong exclusively to democracy defined as rule of the people. Moreover, any demos could afform one or more of the folloing: extreme inequality; invasive policing and surveillance; limited or nonsupervenient rights; nonuniversal rights; severe restrictions on speech, assembly and worship (⋯) Many have done so. It will not do sat that such phenomena are undemocratic, if the demos willed or sanctioned them." / Wendy Brown. (2015). Undoing the Demos: Neoliberalism's Stealth Revolution: Vol. First Edition. Zone Books. pp.204－205.

4) 물론 핏킨은 여러 대표성 중 어느 하나의 대표성이 우월하다고 주장하지 않았고 정치적 대표성을 다차원적으로 분석해야 한다고 역설했다. 다만 이 글은 그간 최소주의적 민주주의가 모든 국민의 형식적 평등에만 머물러 왔음을 문제의식 삼아, 한국 민주주의의 심화를 위해서는 실질적 대표를 검

4. 퀴어 의제의 실질적 대표성?

혹자는 퀴어 의제의 실질적 대표성을 검토한다는 본 연구에 다음과 같은 의문을 제기할 것이다. 첫째는 왜 퀴어인가 하는 질문이다. 이 질문에 대한 대답을 두 가지로 제시하려 한다. 하나는 왜 여러 집단 중 퀴어를 조명했는지에 대한 대답이고, 둘은 왜 연구대상을 성소수자, LGBT 등이 아닌 퀴어라고 서술했는가에 대한 답변이다. 한편, 왜 퀴어의 대표성이 아니라 퀴어 의제의 대표성인지 설명을 요구할 수 있다. 많은 선행연구들은 여성의 정치적 대표성, 이주 노동자의 정치적 대표성과 같이 연구 제목을 붙이는데 반해 이 글은 왜 '의제'라는 용어를 사용했는지 규명하려 한다.

(1) 왜 퀴어인가

한국 제도권 정치에서 소외되는 이들을 수없이 지목할 수 있겠지만, 그중에서도 퀴어 집단은 '인민'의 경계에서 가장 위태로운 이들이라 의심된다. 그들은 정치적인 논의에서 일반적 국민, 바람직한 국민에서 벗어나는 이들로 표현된다. 2017년 8월 21일 자유한국당은 '동성애·동성혼 합법화를 온 국민과 함께 저지할 것이다.'라는 제목의 논평을 게시해 국민의 의지를 받들어 동성애에 맞서 싸우겠다고 선언한다. 국민의 대리인을 자칭하고 정책 입장을 정당화하는 것이야 드물지 않은 수사이나, 국민의 뜻으로 특정 집단 자체를 배격하는 일은 이례적이다.

문제는 이것이 특정 정당 하나의 인식이 아니라는 점이다. 적극성에서 차이가 있을 뿐, 양당의 다른 축인 민주당도 수없이 동성애에 대

토하는 작업이 필요하다고 판단했다.

한 반대를 선언해 왔다. 소수자의 권리 증진을 놓고 재원 등의 경제적인 측면에서 논쟁하는 것이 아니라, 그들의 속성을 인정할지 여부부터 따지는 일은 퀴어에 한정되는 이야기이다. 제도권 정치에서 퀴어는 권리를 하나씩 쟁취하고 증진하는 것 뿐 아니라 우선 그들의 존재 자체를 인정받아야 하는 상황이다. 십수 년간 이어온 차별금지법 논쟁도 결국 퀴어 집단을 국민의 정당한 일원으로 받아들일지가 논점이었다. 퀴어를 반사회적이고 비윤리적인 속성으로 규정해 국민, 사회, 국가의 대척점에 세우려는 이들과 퀴어에게 공동체의 평등한 일원으로서의 자격을 부여하려는 이들 간에 벌어진 다툼인 것이다. 이런 맥락을 보건대 국민과 인민의 경계에서 퀴어는 가장 시급히 주목되어야 할 이들일 것이다.

(2) LGBT, 성소수자, 퀴어

상기한 문제의식 하에서 이 글은 한국 사회의 소외된 이들 중 퀴어 집단을 조명한다. 그들을 굳이 퀴어라고 표현한 이유는 퀴어의 정의가 성소수자, 동성애자, LGBT 등의 용어가 갖는 정체성 규정의 한계를 보완해주기 때문이다.

동성애자, LGBT, 여성처럼 섹슈얼리티를 매개로 한 사회적 주체를 '정치적 대표'와 연관 짓는 일은 간단치 않다. 그들을 어떻게 사회적으로 가시화할지는 그 자체로 인식론적·정치적인 논쟁을 제기하기 때문이다(서동진, 2005: 70). 예컨대 동성애자의 권리 신장을 요구하기 위해서는 동성애자를 정치적으로 드러내야 하는데, 이때 동성애자가 누구인지를 역규정해야 한다. 우리는 동성애자를 성적 행위로만 규정해서는 안 되며, 그들을 성적 욕망만으로 정의하는 일도 복잡한 논쟁을

야기한다. 특히 동성애자의 정의가 근대화라는 역사적 맥락에서 정상 가족 이데올로기와 군대문화에 엮여 폭력적으로 규정되어 왔기 때문에, 그들을 정체화하는 일은 매우 조심스럽다.

'퀴어'라는 개념은 상기한 정체성 규정의 문제들을 우회하게 해주며, 그 자체로 대응책이 될 수 있다. 퀴어는 "거칠게 말하면 염색체적성, 젠더 그리고 성적 욕망 사이의 소위 안정된 관계에 모순들이 있다는 것을 극적으로 드러내는 태도 혹은 분석 모델"을 의미한다(Jagose, 1996/2017: 10). 퀴어 정의의 더 중요한 특징은 퀴어가 "그것의 정확한 규모와 비균질한 영역이 원칙적으로 미리 정해질 수 없는 가능성의 지평"이며, "항상 작업 중에 있는 정체성이고, 영구적인 되기의 장"이라는 것이다(Jagose, 1996/2017: 206). 즉, 퀴어는 본래적으로 정체성 규정의 한계를 보완하기 위해 태동했으며, 이에 따라 확장적으로 정의된 개념이다.

따라서 본 연구는 성소수자들의 정치적 대표성을 점검하는 과정에서 그들을 폭력적으로 정의하지 않기 위해 '퀴어'라는 단어를 선택하였다. 비록 본 연구에서 분석 대상으로 삼은 한국 제도권 정치에서는 '동성애자', '성전환자'들을 문제의식 없이 호명하지만, 본 연구는 국회나 정당에서 내놓은 동성애자 의제들을 분석하면서도 그 의제들이 퀴어를 필요충분적으로 구성하는 것이 아님을 표현하려 했다. 이를 통해 국내에 미진하게 존재하는 의제들 말고도, 퀴어 관련하여 수많은 가능성의 공간들이 비어있음을 강조하고자 하였다.

(3) 왜 의제인가

한편 퀴어의 실질적 대표성이 아닌 퀴어 '의제'의 실질적 대표성으로 연구 주제를 선정한 이유를 규명하려 한다. 그 전에 먼저 본 연구에서 가리키는 퀴어 의제는 퀴어에 의한 의제가 아니라 퀴어와 관련한 제반 논의 모두를 의미함을 짚고 넘어가겠다.5) 퀴어의 권리 신장을 목표로 한 법안, 논평, 공약과 더불어 그들의 권리를 억압하는 의제 모두를 분석 대상으로 삼아야 했기 때문이다. 따라서 본 연구에서 명기하는 퀴어 의제는 곧 '퀴어에 대한 의제'와 동치이다.

퀴어가 아닌 퀴어 '의제'의 실질적 대표성으로 연구를 명명한 이유는 다음과 같다. 우선 퀴어의 실질적 대표성이라고 연구를 명명하면, 퀴어라는 집단의 크기가 어떻고 그들의 기대와 이익이 무엇인지를 검토해야 한다. 그런데 문제는 퀴어의 인구를 정확히 집계하기가 어렵고 그나마 존재하는 추측들도 제각기라는 점이다. 이 문제를 해결하는 일은 간단치 않다. 우선 퀴어의 인구를 집계하기 위해서는 사람들에게 본인이 퀴어인지를 물어야 하고 자연스레 퀴어가 누구인지를 규정해야 한다. 상술했듯, 이 작업은 어려울뿐더러 자칫 폭력적일 수 있다.6)

---

5) 의제가 퀴어와 관련되어 있는가를 판단한 기준은 두 가지이다. 우선, 발의안, 논평, 공약 등의 내용이 실질적으로 퀴어를 다룬 경우 퀴어 의제라고 판단했다. 밑에서 살펴볼 성전환자의 성별변경 특례법안이나 미래통합당 논평들이 대표적이다. 또한 퀴어만을 겨냥하지 않았고 간접적으로 퀴어에 영향을 미칠 안이지만, 발의안의 취지, 논평문, 공약 등에 퀴어를 적시했다면 퀴어 의제라고 판단했다. 예시로는 포괄적 차별금지법, 형법 일부 개정법률안, 건강가정기본법 등이 있다.

6) 이는 퀴어의 정치적 대표성을 다룰 때 인구사회학적 대표성을 다루기는 어려우며, 현 시점에서는 실질적 대표성을 검토해야 하는 이유를 제공하기도 한다. 퀴어들의 인구를 집계하기 어렵고 그들에게 주체화되기만을 요구할 수 없는 상황에서 그들의 인구와 비례한 국회의원이 존재해야 한다는 등의 인구사회학적 대표성을 따지기 어렵다. 앞서 본 연구가 실질적 대표성을

또한, 오늘날 대부분의 퀴어들은 프라이버시와 사적 영역에서 머무를 권리에도 관심이 많다. 대표적으로 '아우팅' 반대라는 적극적 운동이 나타나는가 하면, 성소수자 운동 자체에 부정적인 시각을 견지하는 소극적 경향성이 존재한다(서동진, 2005: 81). 즉, 퀴어와 정치적 대표의 관계는 사적으로 드러내지 않을 권리와 대표되기 위해 드러내야 하는 긴장관계에 들어선다. 따라서 무작정 그들의 기대가 무엇인지 파헤치기에는 무리가 있다.

게다가 퀴어들의 인구를 알 수 없지만, 이성애 규범적 사회에서 그들이 수적으로 소수일 것이라 추론된다. 때문에 퀴어 집단의 대표성 ─을 배제해서도 안 되겠지만─만을 조명하면 자칫 다수주의를 원칙으로 하는 민주주의에서 퀴어들이 받는 차별을 정당화할 위험이 존재한다. 따라서 퀴어들의 권리 신장을 위해서는 퀴어 집단과 퀴어 친화적인 진영의 대표성을 모두 검토해야 한다. 그런데 서상했듯 퀴어 집단을 검토하기에는 현실적인 여건이 안 되고, 그러한 현실을 바꾸어야 한다고 말하기도 조심스러운 실정이다. 따라서 이 글은 전체 유권자의 퀴어 이념과 대표자 집단을 분석하는 데에 집중하였고, 이를 반영하여 퀴어의 실질적 대표성이라는 제목보다는 퀴어 의제의 실질적 대표성이라고 적시하였다.

다루는 규범적인 원인을 서술했다면, 그와 대별되는 현실적인 이유도 존재하는 것이다. 실질적 대표성 점검 등이 한국 사회에서 퀴어들이 진정 가시화되고 대표되는 데에 기여했을 때 인구사회학적 대표성을 검토할 수 있으리라 사료된다.

Ⅲ. 국회 내 퀴어 의제의 실질적 대표성

실질적 대표성을 확인하려면 유권자 차원의 기대, 이익과 대표자의 행동을 모두 살펴야 한다. 현대 민주주의에서 대표의 주체는 단연국회와 정당이다. 이 절에서는 먼저 국회에 초점을 두어, 유권자들의퀴어 의제에 대한 이념분포와 국회의원들의 의정활동을 순차적으로 분석하겠다.

1. 퀴어 의제에 관한 유권자의 이념분포

국내에서는 퀴어 의제 관련 여론조사 자체가 드물고 최근에 들어서야 국민 대상 여론조사 문항에 성소수자 의제가 등장하는 반면, WVS 설문조사[7]를 통해서는 1980년대부터 국내 동성애 의식을 확인할수 있다. wave별[8] 응답 결과는 아래와 같다.

---

7) World Values Survey(세계 가치관 조사, 이하 'WVS')는 사람들의 가치관변화가 사회적, 정치적 삶에 미치는 영향을 연구하는 사회과학자들의 네트워크이다. 이들은 4–5년을 주기(wave)로 전 세계 수많은 국가들의 국민의식을 조사, 발표한다. 다만 4–5년 주기에 속한 모든 연도의 평균이 아니라 그중 하나의 연도를 택해 수집한 데이터이기 때문에 연도별 퀴어 이념 변화를 더 연속적으로 확인하기는 힘들다.

8) wave1(1981–1984)은 970명, wave2(1990–1994)는 1,252명, wave3(1995–1998)는 1,249명, wave4(1999–2004), wave5(2005–2009), wave6(2010–2014)는 1,200명, wave7(2017–2020)은 1,245명을 표본 수로 한다. 해당 wave의 대푯값으로는 아래 설문 문항에 대한 각 wave별 응답자 전원의 응답 평균값을 사용했다.

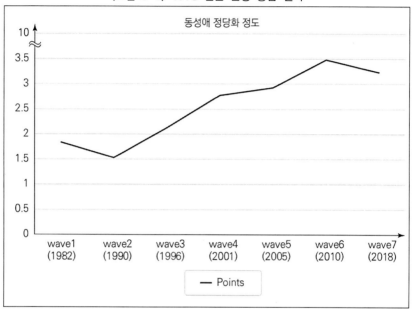

〈그림 6-1〉 WVS 설문 문항 응답 결과

WVS 설문 문항은 동성애가 정당화될 수 있는가를 1점부터 10점까지의 척도로 묻는다. 응답 결과의 점수가 높을수록 퀴어 친화적인 성향이 짙다고 해석할 수 있다. <그림 6-1>을 보면 여전히 절대다수의 유권자는 퀴어 의제에 반대하지만, 1990년을 기점으로 퀴어 친화적 의식이 꾸준히 성장해 왔다는 사실이 확인된다.

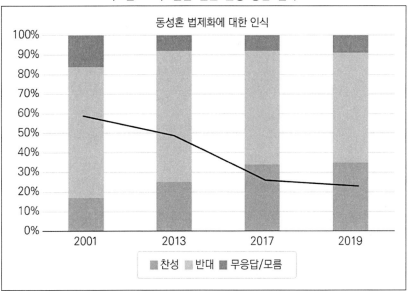

〈그림 6-2〉 갤럽 설문 문항 응답 결과

퀴어 친화적 의식의 성장과 더불어, 퀴어 의제에 대한 선호의 변화도 확인할 수 있다. 갤럽의 설문 문항은 동성애자 커플에게 합법적으로 결혼할 수 있는 권리를 주는 것에 찬성하는가를 묻는다. <그림 6-2>의 결과를 보면 동성혼 법제화에 찬성하는 비율은 2001년 17%부터 2019년 35%까지 꾸준히 성장해 왔다. 또한 찬성과 반대를 택한 유권자 비율의 차이가 2001년 약 50%에서 2019년 약 20%로 줄어들었다는 점도 특기할 만하다.

종합하면 여전히 과반수의 국민은 퀴어 인식과 퀴어 의제에 부정적이었다. 그러나 두 지표에서 모두 퀴어 친화적인 진영이 증가해 왔다는 점도 눈에 띈다. 따라서 변화 추이에 상응하는 법제도적 변화, 퀴어 관련 발의안의 증가, 원내 논의의 질적 증가 등을 기대해 볼 수 있겠다.

강문정, 김용훈, 배민재, 정채영

만일, 살펴본 퀴어 이념분포의 변화와 원내 의정활동이 호응한다면 국
회의 실질적 대표성이 보장되고 있다는 결론을 도출할 수 있을 것이다.
반대로, 유권자의 퀴어 의식과 괴리되는 흐름이 원내에서 확인된다면,
원내 퀴어 의제의 실질적 대표성이 충분치 않음을 의미하겠다.

2. 원내 의정활동 분석: 발의안과 회의록을 중심으로

(1) 발의안 수

앞서 국내 전체 유권자의 퀴어 이념과 특징을 검토하였다. 다음으
로는 원내 퀴어 의제의 실질적 대표성을 측정하기 위해 국회의원들의
원내 의정활동을 분석한다. 기존 미국과 한국의 경험적 연구들은 의원
의 실질적 대표성을 평가할 때 원내 의정활동 중 법안발의와 의제설정
화에 주목한다. 발의안은 원내 의원들의 실질적 대표성을 검토하기에
가장 적합한 대상이기 때문이다(박영환 외, 2018: 74). 따라서 이 연구에
서도 원내 의정활동을 발의안과 회의록을 중심으로 조명하려 한다.

〈표 6-1〉 제16대~21대 국회의 퀴어 관련 발의안

법안(연도)	결과	회의록 유무	참여 인원 및 정당
군형법중개정법률안(2003)	임기만료 폐기	무	이경재 의원 등 12인
군형법중개정법률안(2004)	임기만료 폐기	유	이경재 의원 등 35인
군형법일부개정법률안(2009)	대안반영 폐기	유	이주영 의원 등 10인
군형법일부개정법률안(2009)[9]	공포	유	법사위장
군형법일부개정법률안(2013)	대안반영 폐기	유	김광진 의원 등 10인
군형법일부개정법률안(2013)	대안반영 폐기	유	권성동 의원 등 13인

256

법안(연도)	결과	회의록 유무	참여 인원 및 정당
군형법일부개정법률안(2013)	임기만료 폐기	유	남인순 의원 등 17인
군형법일부개정법률안(2013)	공포	유	법사위장
군형법일부개정법률안(2014)	임기만료 폐기	유	진선미 의원 등 10인
군형법일부개정법률안(2017)	임기만료 폐기	유	김종대 의원 등 10인
건강가정기본법 일부개정법률안(2014)	임기만료 폐기	유	남인순 의원 등 12인
건강가정기본법 일부개정법률안(2018)	임기만료 폐기	유	남인순 의원 등 10인
건강가정기본법 일부개정법률안(2020)	진행 중	무	남인순 의원 등 16인
형법 일부개정법률안(2008)[10]	임기만료 폐기	유	최영희 의원 등 15인
경찰관직무집행법 일부개정법률안(2009)	임기만료 폐기	유	강기정 의원 등 16인
경찰관직무집행법 일부개정법률안(2010)	임기만료 폐기	유	조승수 의원 등 13인
행형법 전부개정법률안(2006)	대안반영 폐기	유	정부
행형법 전부개정법률안(2007)[11]	공포	유	법사위
행형법 전부개정법률안(2007)	임기만료 폐기	무	노회찬 의원 등 10인
차별금지법안(2007)	임기만료 폐기	유	정부
차별금지법안(2008)	임기만료 폐기	유	노회찬 의원 등 10인
차별금지기본법안(2011)	임기만료 폐기	무	박은수 의원 등 11인
차별금지법안(2011)	임기만료 폐기	무	권영길 의원 등 10인
차별금지법안(2012)	임기만료 폐기	유	김재연 의원 등 10인
차별금지법안(2013)	철회	유	김한길 의원 등 51인
차별금지법안(2013)	철회	유	최원식 의원 등 12인

법안(연도)	결과	회의록 유무	참여 인원 및 정당
차별금지법안(2020)	진행 중	무	장혜영 의원 등 10인
성전환자의성별변경에관한특례법안(2002)	임기만료 폐기	유	김홍신 의원 등 20인
성전환자의성별변경에관한특례법안(2006)	임기만료 폐기	유	노회찬 의원 등 12인
국가인권위원회법 일부개정법률안(2017)	임기만료 폐기	유	김태흠 의원 등 17인
국가인권위원회법 일부개정법률안(2019)	임기만료 폐기	무	안상수 의원 등 44인

---

9) 당시 대안반영 폐기된 의안에는 이주영 의원의 의안 말고도, [1803890] 군형법 일부개정법률안(김옥이의원등 35인), [1800191] 군형법 일부개정법률안(양승조의원등 14인), [1802900] 군형법 일부개정법률안(이혜훈의원등 12인), [1800739] 군형법 일부개정법률안(최영희의원등 15인), [1803783] 군형법 일부개정법률안(최영희의원등 10인)이 있다. 다만 이들은 퀴어와는 관련성이 낮다고 생각하여 생략하였다.(물론 개중에는 성폭력, 여성과 연관되어 퀴어 의제에 파급효과를 미칠 수 있는 의안들도 있지만, 취지 자체가 직접적으로 퀴어를 겨냥하지 않았기 때문에 퀴어를 대표하는 발의안이라고 보기 어려웠다.)

10) 최영희 의원안 외에도 유사한 취지의 형법 일부개정법률안들이 존재한다. 다만 최영희 의원이 발의안의 취지에서 "성폭력범죄의 사각지대에 놓여있던 군대내 남성간 강간과 성전환수술을 한 남성에 대한 강간도 강간죄로 처벌하고자 함"이라고 적시한 것과 달리, 다른 의안들은 명시적으로 퀴어를 겨냥하지 않아 생략하였다.

11) 당시 대안반영 폐기된 의안에는 정부안 말고도, [174602] 행형법 일, 부개정법률안(손봉숙의원등 22인), [174607] 행형법 일부개정법률안(이성권의원등 10인), [174929] 행형법 일부개정법률안(문병호의원등 21인), [175426] 행형법 일부개정법률안(이성구의원등 12인)이 있다. 다만 이들은 퀴어와 관련성이 없어 생략하였다.

<표 6-1>은 제16대부터 제21대 국회에서 발의된 법안 중 퀴어 의제와 관련된 법안만을 종합한 표이다. 표를 통해 20년 동안 발의된 퀴어 관련 법안의 수는 총 35개이며, 그 수가 절대적으로 적다는 것을 알 수 있다. 그런데 35개의 발의안에는 「국가인권위원회법 일부개정법률안」과 같이 퀴어의 권리를 억압하는 발의안들도 존재하므로, 진정 친-퀴어 진영을 대표하는 입법 노력은 35개보다도 적다.

또한, 35개의 법안 중 22개가 임기만료 폐기되었고, 2개는 철회되며 이후 대안마저 나오지 못했다. 나머지 11개 발의안 중 5개의 발의안은 4개의 대안으로 흡수되어 공포되었으나 그 과정에서 기존 발의안의 취지를 온전히 반영하지 못했다.[12] 즉, 그나마 발의된 적은 수의 법률 개정안들마저 상당 부분 타협 속에서 퀴어들의 권리 신장과 멀어져 갔다. 결론적으로 상기했던 유권자 차원의 인식 변화를 원내 입법 과정이 전혀 반영하지 못하고 있다.

한편 퀴어 의제의 실질적 대표성을 점검할 때 발의안의 '수'만을 고려해서는 안 된다. 우선 발의안의 수와 논의 양은 반드시 일치하지 않는다. 적은 발의안을 두고도 대표자들이 심도 있는 논의를 진행했을 수 있고, 반대로 '발의'에만 초점을 두고 본격적인 입법 노력이 부족했을 수도 있다. 이처럼 발의안의 수와는 별개로 원내 논의에서 퀴어들이 어떻게 대표·재현되고 있는지도 살펴보아야만 비로소 정치적 영역에서 퀴어들이 어떻게 차별받는지를 확인할 수 있다.

이에 다음 절에서는 발의안의 논의에서 드러난 퀴어 재현 방식을 살핀다. 다만 대부분의 의안들이 실질적인 논의를 거치지 못하여 논의

---

12) 나머지 2개의 발의안은 현재 제21대 국회에서 진행 중에 있다.

양상까지 확인하기 어려웠다. 따라서 공통된 특징들을 일일이 열거하기보다 실질적인 논의의 양이 부족했다면 왜 부족했는지 분석할 수 있었던 의안(①), 상대적으로 퀴어 의제를 다루는 태도를 확인할 수 있었던 의안(②), 그리고 근래에 가장 이슈가 되었던 안들을 선별(③)하여 분석 결과를 서술하였다. 대표적으로 '군내 동성애 문제'를 규율하는 '군형법 일부개정법률안'(①, ②)을 분석한다. 그리고 '성적 지향과 차별'을 논의했던 '포괄적 차별금지법안'(①. ③)을 검토한 뒤, 성전환자의 정체성을 다룬 '성전환자의성별변경에관한특례법안'(①)을 살핀다. 마지막으로 가족형태의 다양성과 동성혼 담론을 간접적으로 확인할 수 있었던 '건강가정기본법 일부개정법률안'(①, ②)을 조명한다.

(2) 의제별 논의양과 대표 방식 분석

1) 군내 동성애 문제: 군형법 상 추행죄

포괄적 차별금지법 등 여타 발의안들에 비해 상대적으로 회의록과 회의 내용이 많은 「군형법」은 원내에서 퀴어 의제의 최전선이었다. 실례로 정성조(2018: 459)는 "군대가 성소수자 인권운동과 반동성애 보수 세력 간 대결에서 가장 격렬한 투쟁의 공간 가운데 하나였"으며 "군대는 섹슈얼리티의 투쟁에 있어서 핵심적인 공간"이라고 지적했다.[13]

---

13) 군형법 관련 발의안의 핵심은 현행 「군형법」 상 제92조의6에서 규율하는 '추행죄'이다. 1962년 제정된 구「군형법」은 제92조(추행)에서 "계간 기타 추행을 한 자는 1년 이하의 징역에 처한다."라고 규정했고, 해당 조항은 2009년 제92조의5로 이동하며 "계간이나 그 밖의 추행을 한 사람은 2년 이하의 징역에 처한다."로 개정되었다. 2009년의 개정은 추행죄의 법정형을 높이고, 추행죄를 비친고죄화 하였다. 이후 구「군형법」 제92조의5는 2013년에 제92조의6으로 이동하면서 "제1조 제1항부터 제3항까지에 규정된 사람에 대하여 항문성교나 그 밖의 추행을 한 사람은 2년 이하의 징역에 처한다."로 개정되었

관련 군형법들의 회의록을 검토한 결과, 동성애를 다룬 군형법 의
안들은 복잡하고 사회적 합의가 우선적으로 필요한 문제로 인식되었
다. 그 결과 다른 의제에 비해 우선순위가 밀리며 제대로 된 논의가 이
루어지지 못했다. 예컨대, 2007년에 이경재 의원의 의안을 두고 국방부
법무관리관 박동수와 소위원장 이상민은 "저희가 조직법이 너무 급해
가지고 이게 지금까지 뒤로 미루고 있는...", "하여간 할 수 있는 것은
빨리빨리 (...) 쉽게 결론이 날 것은 빨리 해야 되니까."라고 발언했다.
또한 2013년 법안심사제1소위에서도 김도읍 의원은 "서기호 의원님 말
씀은 사회적으로 상당한 논의를 거쳐서 인식 변화와 함께 정리해야 할
뿐이기 때문에 (...) 논의가 성급하지 않나."라고 회피했다.[14]

퀴어 의제는 사회적 합의에 맡겨야 한다는 인식이 만연한 와중에
도 불구하고, 2013년과 2017년에는 적게나마 논의가 존재했다. 그러나

다. 이는 추행 행위의 객체를 '군인'으로 국한 짓고, 통상 남성 간 성교 행위를
비하했던 '계간'이라는 용어를 '항문성교'로 바꾼 것이었다.
2차례의 개정을 거쳤으나 현행 「군형법」 제92조의6은 여전히 위헌성 담론
에서 자유롭지 않다. 가령 2015년 유엔 시민적 정치적 권리규약 위원회(UN
Human Rights Committee)는 군대에서 남성 간 합의에 의한 동성 성관계를
처벌하는 현행 「군형법」 상 추행죄를 폐지해야 한다고 권고하였다. 또한 헌
법재판소가 당해조항에 내린 결정에서—아직까지 합헌 결정으로 유지되고는
있지만—위헌의견을 낸 재판관의 수도 증가하는 추세이다. 근래로 2016년
헌재의 결정에서 재판관 김이수, 재판관 이진성, 재판관 강일원, 재판관 조
용호가 「군형법」 제92조의6이 죄형법정주의 명확성 원칙에 위배된다고
결정하였다. 이외에도 학계, 시민단체 등 다양한 분야에서 당해조항의 위헌
성을 검토하고 있다. 즉, 오늘날에도 군대 내 동성애의 문제는 퀴어 의제와
섹슈얼리티 투쟁의 핵심이다. 이에 2014년과 2017년에 군형법 일부개정법
률안이 다시금 발의되었지만 모두 임기만료 폐기되었다. / 국회 법제사법위
원회. 2017. 「군형법 일부개정법률안」. 검토보고서. pp.2−3.
14) 제19대국회 제313회국회(임시회) 제1차, 법안심사제1소위 회의록, 2013.02.
    21., pp.22−24.

두 해에 전개된 의안 심사 내용은 상이했다. 2013년에는 서기호 의원과 박범계 의원이 퀴어 친화적인 입장을 대변했는데, 그들의 발언은 다시금 사회적 합의가 필요하다는 여타 의원들에 의해 좌절되었다. 예컨대 서기호 의원은 추행죄 조항이 결과적으로 동성애자를 처벌하기 때문에 해당 조항을 삭제하거나 '의사에 반하여'라는 문구를 추가해야 한다고 주장했고, 박범계 의원은 당사자 간의 같은 성별의 두 사람이 지나친 친밀감을 보였다고 해서 군형법 상 추행죄로 처벌하는 것은 부적절하다고 피력했다.15) 20년간 군내 동성애 문제를 다룬 회의록에서 드물게 퀴어 친화적인 입장을 대변한 발언이었다. 그러나 두 발언은 사회적 합의가 부족하고 법원의 판단에 맡겨야 한다는 등 반박에 부딪히며 결과적으로 좌절되었다.

반면, 2017년의 회의록에서는 보수진영이 퀴어 집단을 폭력적으로 재현하는 모습이 다수 발견되었고, 민주·진보진영에서의 반박도 발견할 수 없었다. 가령 2017년의 원내 논의는 군대 내 성범죄 문제를 반복해서 동성애로 치환했다. 대표적으로 정갑윤 의원은 송영무 국방부장관에게 "사실 군 동성애를 허용하자는 내용입니다. (...) 군기가 생명인 군에서 이렇게 되면 전투력 상실 등 많은 부작용이 발생할 우려가 있다. (...) 자기가 경험해 본 바에 의하면 절대다수가 성희롱 내지 성추행 그런 것이 다반사를 차지한다."라며 동성애가 군기를 망치고 군대 내 성범죄를 야기한다고 주장했다.16)

그러나 동성애와 군내 성범죄의 동치는 과장된 측면이 있다. 과거

---

15) 위의 글.
16) 제20대국회 제354회국회(정기회) 제1차, 법제사법위원회 회의록, 2017.09. 19., p.46.

2004년 국가인권위원회는 국방부의 협조를 얻어 '군대 내 성폭력 실태 조사'를 실시했다. 이는 당시의 군이 동성애를 남성 간 성폭력 원인으로 꼽았기 때문이었다(국가인권위원회, 2004: 4). 그러나 해당 조사의 결과는 남성 군인 간 성폭행의 원인을 동성애가 아닌 위계적이고 폐쇄적인 군대 문화에서 찾았다. 위계질서가 강력한 군대에서 성적 수치심을 유발하는 행위들은 약자에 대한 지배욕구 행사로 이해될 필요가 있다는 것이다.

우리 군이 동성애를 대하는 태도도 주목할 만하다. 송영무 국방부 장관은 "국방부의 견해는 동성애자에 대한 처벌을 명백히 금지하고 있습니다. 그런데 다만 군의 전투력 유지를 위해서 군의 성 도덕과 군 기강을 와해시킬 수 있는 동성애 군인의 성행위는 금지하도록 이렇게 지금 조치는 하고 있는데 (...)"라고 발언했다.[17] 이에 정성조(2018: 463)는 동성애를 대하는 군의 이중적인 태도가 "섹슈얼리티를 성적 욕망이나 성적 대상 선택의 차원으로 축소시키고, 행위와 존재를 구분하겠다는 군의 인식"에서 비롯된다고 주장한다.

그는 특히 위 국방부장관의 발언이 있던 해에 발생한 동성애자 병사 색출 사건을 지적한다. 2017년 4월 13일 군인권센터는 장준규 당시 육군참모총장이 동성애자 병사를 색출해 처벌하라고 지시했다고 폭로했다. 육군 중앙수사단은 성소수자 남성들이 사용하는 애플리케이션과 소셜미디어를 추적하며 현역 군인 중 동성애자를 색출하려 했다. 또한 수사팀은 진술 확보 목적이라며 성관계 시 성향, 체위, 사정 위치, 샤워 여부, 야동 취향, 첫 경험 시기 등 피해자에게 성적 수치심을 가했다(군

---

17) 위의 글.

인권센터, 2017).

　이 사건은 결국 군내 동성 간 성행위는 처벌하고 동성애자 병사의 인권을 보호하겠다는 군의 태도가 얼마나 모순되며 쉽게 무력화되는지를 보여준다. 공연성이나 강제성의 기준 없이 동성애 행위 모두를 처벌하기 위해 행위와 존재를 구분하는 군의 인식은 그 자체로 폭력적인 목적을 내포하고 있어 모순적이고 현실과 괴리될 수밖에 없다. 게다가 같은 해 4월에 이처럼 심각한 인권 침해 사태가 발생했는데도, 9월 국방부장관의 발언은 동일한 태도를 내비쳤으며 그 어떤 국회의원도 이를 문제시하지 않았다. 의원들이 당시 사건을 알았는지 여부와 무관하게 동성애자를 포함한 퀴어 진영이 원내에서 얼마나 대표되고 있지 않은지가 여실히 드러나는 대목이다.

　정리하자면 전반적으로 사회적 합의가 안 되었다는 명목 하에서 의원들은 군내 동성애 문제에 소극적 태도를 보여 왔다. 또한 미약하게 존재하는 논의들을 분석하건대, 퀴어들을 폭력적으로 재현하는 때에는 명시적인 반박이 없지만 반대로 퀴어 친화적 입장을 대표하는 순간 사회적 합의의 필요성이 강화된다. 퀴어 의제에 사회적 합의가 필요하다는 인식이 얼마나 작위적이고 이중적으로 활용되는지 알 수 있는 대목이다. 결국 원내에서 퀴어 의제의 실질적 대표성은 전혀 보장받고 있지 못했으며, 퀴어들은 제도권 정치 하에서 숱한 차별적 인식 위에 놓여있다.

2) 성적 지향과 차별: 포괄적 차별금지법안

　최근 몇 년간 퀴어 의제와 관련하여 가장 여론의 주목을 받았던 법안은 단연 「차별금지법안」[18]이다. 우리 사회에서 차별금지법은 '동

---

18) 포괄적 차별금지법은 "성별, 장애, 나이, 언어, 출신국가, 출신민족, 인종,

성애'를 주요 담론으로 한다. 차별금지법에 '성적 지향(sexual orientation)' 문구를 포함할지가 여러 갈등을 수반하고 있기 때문이다. 김종우는 2007 년, 2010년, 2012년 3차례 입법 시기를 거치며 '동성애에 대한 논란'이 포 괄적 차별금지법의 주요 담론으로 구축되었으며, 따라서 추후 포괄적 차 별금지법 제정이 좌초된다면 동성애/반동성애 담론이 가장 큰 영향을 미 칠 가능성이 크다고 평가한다(김종우, 2016: 451-453). 이처럼 차별금지법 의 논의는 국내 퀴어 의제와 긴밀하게 연관되어 있으며, '동성애 담론의 양지화'에 상당히 중요한 위상을 차지한다.

그러나 <표 6-1>에서 확인했듯이, 차별금지법안이 국회의 문턱 을 넘기란 쉽지 않았다. 차별금지법 관련하여 원내 논의는 사실상 부재 했으며, 퀴어들을 어떻게 대표하는지는 확인할 수조차 없었다. 그간 발 의된 8개의 차별금지법안 중 5개의 의안이 임기만료 폐기되었고, 2개 의 의안은 반대 여론을 의식한 의원들에 의해 자진 철회되었다. 제16대 국회 이후 차별금지법과 관련하여 열람 가능한 상임위원회 및 소위원 회 회의록을 모두 검토했지만, '성적 지향과 관련된 차별'에 관한 구체 적인 논의는 어디에서도 찾을 수 없었다. 대개 차별금지법이 발의되어

국적, 피부색, 출신지역, 용모 등 신체조건, 혼인여부, 임신 또는 출산, 가 족 및 가구의 형태와 상황, 종교, 사상 또는 정치적 의견, 형의 효력이 실 효된 전과, 성적지향, 성별정체성, 학력(學歷), 고용형태, 병력 또는 건강상 태, 사회적신분 등을 이유로 한 정치적·경제적·사회적·문화적 생활의 모 든 영역에서 합리적인 이유 없는 차별을 금지·예방하고 복합적으로 발생 하는 차별을 효과적으로 다루"는 것을 목표한다. 현재 <국가인권위원회 법>과 국가인권위원회의 결정이 권고적 효력만 가질 뿐 법적 구속력이 없 고, 매번 구체적인 차별 사유와 차별의 정의를 법원에 기대야 한다는 점에 서 포괄적 차별금지법의 필요성이 대두되었다. / 안진. "포괄적 차별금지법 의 입법쟁점에 대한 일고찰 -현행 차별금지법제의 문제점을 중심으로-". 전남대학교 법학연구소. 2018.02. pp.563-566.

원내에 진입하더라도 대체토론에서 관련 질의가 부재했으며, 소위원회에 회부하여 논의하자는 발언만 확인할 수 있을 뿐 추후 관련 소위원회에 의안이 상정되지 않아 심사가 진행되지 않았다.

이처럼 차별금지법은 실질적으로 원내에서 다뤄지지 못한 채 시민사회나 원외에서의 논의에 그쳤다. 퀴어 의제에서 가장 핵심적으로 다뤄져 온 주제인 만큼 원내에서 충분히 다뤄졌어야 마땅하나, 관련 논의는 '부족'을 넘은 '부재'의 상태이다. 최근 2020년 6월, 정의당 장혜영 의원의 대표 발의로 차별금지법 논의가 되살아났다. 국가인권위원회도 전원위원회를 소집하여 차별금지법 입법을 권고했다. 이번에는 차별금지법과 관련된 논의가 원내에 진입하여 충분한 논의를 거칠 수 있을지, 귀추가 주목된다.

3) 성전환자의 권리: 성전환자의성별변경에관한특례법안

다음으로 성전환자의 권리를 다룬 국회 내 발의안, 회의록 등을 살펴보겠다. 우리 사회는 사람의 성별을 구별할 때 일반적으로 출생 시에 신생아의 성기를 기준으로 하고, 그것이 법적 절차를 거쳐 변경되기 전까지는 기존의 판단을 유지한다(김태명, 2003: 30). 그런데 대법원 1996.06.11. 선고 96도791 판결로 성별을 판단하는 법원의 입장이 변화했다. 당시 사건에서 대법원은 "형법 제297조에서 말하는 부녀, 즉 여자에 해당하는지 여부도 (...) 성선, 외부성기를 비롯한 신체의 외관은 물론이고 심리적, 정신적인 성 그리고 사회생활에서 수행하는 주관적, 개인적인 성역할(성전환의 경우에는 그 전후를 포함하여) 및 이에 대한 일반인의 평가나 태도 등 모든 요소를 종합적으로 고려하여 사회통념에 따라 결정하여야 한다."라고 판시하였다(강태경, 2014: 209). 성의 결정에

있어 생물학적 요소와 더불어 정신적·사회적 요소를 종합적으로 고려
하여야 한다는 점을 명백히 한 것이다(박찬걸, 2010: 85).

이처럼 성전환자의 성정체성에 대한 인식이 변화하면서 그들의 성
별 변경을 규율하는 법안의 필요성이 증대되었다. 성전환자의 정체성
과 관련하여 대표적으로 '성전환자의성별변경에관한특례법안'이 발의되
었고, 김홍신 의원 대표 발의안과 노회찬 의원 대표 발의안 총 두 개가
존재한다. 김홍신 의원안은 발의자 제안설명, 전문위원 검토 이후 질의
없이 대체토론을 거쳤고 소위원회 회부되었다. 그러나 관련 소위원회
회의록을 찾을 수 없었다. 노회찬 의원안은 상대적으로나마 회의록이
존재했으나 의원들은 계속해서 의사절차를 피하며 끝내 논의를 다루지
않았다. 상임위원회 회의에서는 "어차피 소위원회에 회부될 안"이기 때
문에 의사절차를 마무리했고[19], 소위원회에서는 "사실 우리는 전공을
안 했잖아요. 다른 의원들 얘기 들어봤자 그렇고 (...) 지금 노회찬 의원
께서 발의한 내용 가지고 논의하면 시간낭비 아니겠어요?", "오늘 논의
하기는 숨차다.", "조금 부담이 되네요." 등 발언을 피하며 다음 해 2월
에 공청회를 열 것을 합의했다.[20] 그러나 국회회의록 시스템에서 해당
시기의 공청회 일정을 확인한 결과 공청회는 열리지 않았으며, 결국 의
안은 임기만료 폐기되었다.

상기한 의안 심사과정처럼 찬반 의견이 대립하는 경우에 공청회나
청문회가 거의 형식적으로 운영되곤 한다. 공청회는 의안 심사과정에
서 의견을 수렴하고 전문가의 의견을 듣는 자리임에 현실적인 문제를

---

19) 제17대국회 제268회국회(임시회) 제5차, 법제사법위원회 회의록, 2007.06.
   p.22., p.7.
20) 앞의 글, 제17대국회 제269회국회(정기회) 제3차, pp.25−26.

수정·보완해 가는 과정이어야 할 터인데, 논의 회피나 의사 지연의 수단으로 활용되는 측면이 발견된다(임종호, 2005: 59). 특히나 성전환자를 포함한 퀴어 의제들은 의원들이 입법 부담을 느끼기 때문에, 공청회 등 악용 문제에 더 치명적일 가능성이 농후하다.

한편 적게나마 존재하는 논의에서 원내 성전환자 담론의 쟁점은 '외부 성기의 유무'였다. 노회찬 의원은 "성전환 수술을 통해서 외부 성기를 갖출 것을 강제할 것이냐의 문제인데 그 수술의 비용이 매우 비싸고 또 그 수술이 여전히 안전도가 그렇게 충분치 않"으며 다른 나라의 입법례를 보건대 외부 생식기를 완전히 요구하는 경우가 거의 없기 때문에, 성전환자의 성별 정정 기준으로 외부 성기의 유무를 둘 수 없다고 주장했다. 이에 김명주 의원은 "사회통념상 외부적 성기의 문제는 아주 중요하다고 저는 생각합니다."라며 우려를 표했다. 또한 앞서 지적한 소위원회 회부, 공청회 개최 등의 과정은 모두 외부 성기 유무가 쟁점화되며 전개된 과정이었다. 다만, 결과적으로 이에 대한 실질적인 숙고가 이뤄지지 못했기 때문에 우리 국회에서 성전환자를 어떻게 바라봐야 하는지 토론한 바가 확인되지 않는다. 결국 성전환자의 권리는 입법 과정의 전개에서 스러져갔다. 여전히 성전환자의 성별 정정관련해서는 입법 노력이 부족한 실정이며 이들의 정치적 대표성을 담보하기 위해서 무엇이 필요할지 고민해야 한다.

4) 가족형태의 다양성과 동성혼 법제화: 건강가정기본법 일부개정법률안

이상 군형법, 차별금지법, 성전환자의성별변경에관한특례법안 개정 과정의 회의록을 통하여 각 발의된 법안들이 얼마나 논의되었고 퀴어들을 어떻게 다루고 있는지를 살폈다. 동성애 인식, 성적 지향과 차별, 성전환자의 권리 등 몇몇 퀴어 의제의 국회 내 논의를 보건대, 변화된 유권자의 인식과 퀴어 친화적인 진영은 국회에서 대표되지 못했다. 그런데 위의 의안들에서 '동성혼' 논의는 유독 찾기 어렵다. 동성혼과 직결된 법안은 발의조차 된 적이 없다. 따라서 다소 우회적인 측면이 있지만, 건강가정기본법을 둘러싸고 벌어졌던 논의가 정상 가족 규범의 해체를 목표로 했다는 점을 고려하여, 이를 통해 동성혼 의제의 정치적 대표성을 간접적으로 점검했다.

남인순 의원은 2014년, 2018년 그리고 2020년, 3번에 걸쳐 건강가정기본법[21]의 용어 사용을 문제시하며 건강가정기본법 일부개정법률안을 발의했다. '건강가정'이라는 용어가 건강한 가족의 형태와 그렇지 않은 가족을 구분하며, 일명 '정상 가족 이데올로기'를 야기한다는 것이다. 특히 2014년 남인순 의원의 건강가정기본법 일부개정법률안은 <표 6-1>에 있는 대부분의 법안들과 달리 발의 이후에도 지속적인 입법 노력이 관찰되었고, '건강가정' 용어를 고치기로 공감대마저 형성했다. 예컨대 남인순 의원은 "이것(건강가정)은 너무 올드(old) 개념이에요. 그래서 지금 변화되고 있는 부분에 대해서 가족형태에 따른 차별 문제, 인식 차별 문제 때문에 굉장히 심각하게 받는 문제가 많거든요."라며 발의 이후에도 입법 노력을 꾸준히 전개해 나갔다.[22] 그 외에도 당시 소위 회의에서 거의 모든 의원들이 해당 의안의 취지에 동감하며

---

21) 「건강가정기본법」은 이혼으로 인한 가족 해체, 출산율의 하락 등 급변하는 현대 사회에서 새롭게 제기된 다양한 가족 문제를 예방·해결하고 가족 및 가정에 대한 복지서비스 체계를 확립할 수 있는 법적·제도적 기반을 마련하고자 2004년 제정되었다.
22) 제19대국회 제323회국회(임시회) 제1차, 법안심사소위 회의록, 2015.02.23., p.38.

입법 정책적 결단을 시도했다.

그러나 의안은 법사위, 제1소위 그리고 제2소위를 오가며 오랜 기간 같은 논의를 반복했다. 예컨대 가족, 가구, 가정 등의 용어 사용이 문제시되어 특정 회의에서 결단을 내려도, 같은 문제가 다시 다음 회의에서 쟁점화되며 입법을 지연시켰다. 결국, 의안은 지지부진해지는 논의 끝에 여느 퀴어 의제처럼 다시 소위원회에 회부된 후 "신중한 판단이 필요하다."23)라는 말을 끝으로 임기만료 폐기되었다. 거의 동일한 취지의 건강가정기본법 일부개정법률안이 2018년에도 발의되었지만, 당시에는 논의가 아예 부재했다. 결국, 우리 국회 내에 건강가정, 정상가족 등의 관념은 여전히 잔존하며, 소위 비정상으로 분류되는 이들은 대표되지 못하고 있다.

게다가 의안은 열거한 다양한 가족형태의 예시로 '동성가족'을 명시했음에도, 논의 과정에서는 퀴어를 포함하지 않는 명백한 모순을 보인다. 2015년 소위원회 회의록을 보면, 여가부장관이 논의 중 "예를 들어서 말씀을 드리면 동성인 경우에도..."라고 말하자, 진선미 의원과 남인순 의원 모두 동성혼은 가족이라는 개념 자체에서 배제가 된다고 발언했다. 동성혼과 관련이 없기에 의안에는 문제가 없다는 인식이다. 즉, 정상성을 부정하는 취지의 의안에서도 퀴어는 여전히 비정상으로 치부되거나 의안 발의에 걸림돌로 간주된다. 물론 이에는 여러 복합적인 요인이 작용했겠지만, 결과적으로 정상가족 규범을 해체하기도 힘든 상황에 동성혼이라는 퀴어 의제는 더욱이 대표되기 어려웠음을 알 수 있다. 최근 2020년 9월, 건강가정기본법 일부개정법률안이 다시 발

---

23) 제19대국회 제342회국회(임시회) 제2차, 법안심사제2소위 회의록, 2016.05. 16., p.26.

의되었다. 이번에는 의안이 국회의 문턱을 넘기며 가족의 정상성에 관한 기존의 통념을 해체하기 시작할지 그리고 동성혼 등 퀴어들에 대해 어떤 태도를 취할지 눈여겨볼 지점이다.

(3) 원내 대표성 미비의 양상: 입법 과정상의 절차를 중심으로

앞서 발의안과 회의록 분석을 통해 원내에서 퀴어 의제가 대표되지 못하고 스러져 갔음을 확인했다. 혹자는 의원들의 소극적인 입법 태도를 원내 대표성 미비의 원인으로 지적할 수 있으나, 이를 유일한 원인으로 보기는 힘들다. 관련 법안이 전혀 발의조차 안 되었으면 모르지만 지금은 발의가 된 상황에서도 논의가 잘되지 않고 있기 때문이다. 적게나마 발의된 안들이 실질적 논의를 거치지 못했던 이유를 설명하기 위해서는 의원들의 소극적인 태도가 국회의 입법 과정에서 용인되어 왔던 양상을 살펴야 한다. 따라서 이 절에서는 어떠한 제도적 특성이 퀴어 의제가 공론화되기에 불리한 환경을 조성해 왔는지 따져보기로 한다.

본 연구는 상임위 중심주의와 소위원회 중심주의에 주목한다. 현행 국회법 제81조에 따르면, 발의 또는 제출된 법률안은 소관 상임위원회에 회부하며, 심사가 끝나면 본회의에 부의하는 절차로 진행된다. 즉, 법률안이 법으로 만들어지는 입법 과정에서 법률안을 심의할 것인지의 여부에 대한 판단은 상임위원회가 하게 된다(박경미, 2018: 227). 게다가, 그동안 우리 국회에서의 법안 처리 과정을 보면 상임위원회에서의 결정이 사실상 최종적인 것이 되는 경우가 많다. 실제로 제16대 국회에서 상임위원회가 의결한 법안이 본회의에 상정되어 부결된 경우는 4건에 불과하며 제17대 국회에서는 5건에 그쳤다(강원택, 2011: 18).

본회의가 아닌 상임위원회 회의가 실제 정책적 논의의 공간으로 기능하고 있는 것이다.

한편 상임위 중심주의는 소위원회 중심주의로 이어진다. 국회법 제58조 제2항은 상임위가 안건을 심사할 때 소위원회에 회부하여 심사·보고하도록 규율한다. 즉, 상임위 내부의 실질적인 법안심사는 소위원회에서 이루어지고 있다. 국회법 제57조에 '소위원회는 축조심사를 생략할 수 없다.'라는 조항을 둔 것도 소위원회의 기능적 중요성을 의식한 바이다. 법률안에 대한 본회의의 질의와 토론이 거의 이루어지지 않으며, 위원회에서도 법률안의 실질적이고 구체적인 심사업무 및 조문화 작업이 소위원회에서 이루어진다는 점을 고려할 때(석인선, 2008: 13-14), 우리 국회는 엄밀한 차원에서 '소위원회 중심주의'를 채택하고 있다 해도 과언이 아니다.

따라서 퀴어 의제의 원내 대표성 미비는 본회의보다는 상임위원회와 소위원회의 내부 동학에 주목하여 살펴야 한다. 퀴어 의제에 소극적인 의원들의 태도가 실질적인 '대표성 부재'로 나타날 수 있게끔 한 기존의 상임위 중심주의 절차에 주목하여, 왜 퀴어 의제는 외면받았으며, 어떻게 이러한 양상이 지금까지 유지될 수 있었는지 분석하겠다.

1) 상임위원회에서 소위원회로

대체로 상임위원회에 회부된 퀴어 의제는 상임위원회에서 주의 깊게 다뤄지지 않고 곧바로 소위원회로 회부된다. 우선 국회가 직면하고 있는 발의안의 과적 문제는 상임위원회 내에서 퀴어 의제의 논의가 미진하게끔 한다. 상임위원회 회의에서 의원들은 현실적인 시간, 비용상의 한계와 마주한다. 제20대 국회에 접수된 전체 법안은 총 2만 4천

996건이며, 하나의 상임위원회는 적게는 100여 개에서, 많게는 3000개 이상의 법안을 담당하고 있다. 군형법이 다뤄진 법제사법위원회에 접수된 법안은 총 1,948개, 경찰관직무집행법이 다뤄진 행정안전위원회에 접수된 법안은 3,076개에 달한다.[24]

이처럼 발의안이 과적되면 의원들은 법안 간 우선순위를 두게 되고, 쟁점법안을 제외한 나머지 법안들은 소위 '날림 처리'될 가능성이 생긴다. 그 결과 법안심사 과정에서 쟁점법안을 놓고 의원들이 대립할 경우 다른 법안들은 상대적으로 상임위에서 심사가 미진해진다. 안상수 위원장의 "어차피 소위에서 다룰 거니까 질의하실 위원이 안 계시면 이상으로 질의를 종결하고 토론과 축조심사는 생략하고 의결하고자 합니다."라는 발언을 예시로 들 수 있겠다. 꼭 위원장의 발언이 없더라도 <표 6-1>에서 제시된 많은 의안들이 상임위 대체토론에서 질의가 없었고 이내 소위원회로 회부되었다는 점이 상기한 바를 뒷받침한다. 따라서 핵심은 소위원회에서 드러난 퀴어 의제 심사의 양상이겠다. 따라서 다음으로는 소위원회의 어떤 입법절차가 퀴어 의제의 사장을 용인했는지 살펴보겠다.

2) 소위원회 회부 이후 입법 과정

우선 소위원회에 회부된 퀴어 의제 중 많은 의안들은 심사 대상으로 상정되지 않거나 관련 회의록이 부재했다. 상술했듯 회의록을 검토해 보면 '소위원회에 회부하여 자세히 논의하자.'라는 발언이 자주 등장하지만, 그 이후의 자세한 논의를 찾을 수 없는 경우가 많았다. 상임위원회에 의안자동상정제가 있는 것과 달리 소위원회에는 관련 조항이

---

24) 의안정보시스템 처리의안통계: 위원회별 법률안: 제20대 국회

없기 때문이다. 의안자동상정제는 일정한 기간이 지나면 위원회에 회
부된 법안이 자동으로 상정되게 하는 제도로서, 쟁점법안의 입법 교착
과 지연을 개선하고자 도입되었다(전진영, 2013: 1-4). 법안이 소관위원
회에 회부되면 관행적으로 위원장과 교섭단체 간사 간 협의를 거쳐 상
정 여부를 결정하였는데, 원내정당이 대립하는 쟁점법안의 경우 위원
회의 의사일정에 상정조차 되지 못하는 경우가 빈번했기 때문이다. 상
임위원회의 자동상정과는 달리, 우리 국회에는 소위원회에 안건이 상
정되지 않아 논의가 완결되지 못해도 이에 제재를 가할 제도적 장치가
없다. 따라서 소위원회에 상정되지 못한 퀴어 관련 법안들은 원내에 계
류되다가 임기만료 폐기되고, 퀴어 의제의 논의는 끝없이 미뤄진다.

한편 퀴어 의제가 소위원회에 상정되어 의안 심사를 거치는 경우
에는 사회적 합의라는 수사가 다시 고개를 들곤 했다. 그리고 이는 만
장일치제를 관례로 하는 소위원회의 특성과 결부되어 퀴어 의제 같은
소수자 의제에 치명적으로 작동했다. 소위원회의 합의제적 관례 속에서
퀴어 의제는 다수의 합의를 이끌어내기 어려울 것이 쉽게 예측되기 때
문에, 논의가 미뤄지거나 상정되지 않는다. 게다가 본회의에서 상임위
원회로, 상임위원회에서 소위원회로의 분업화는 위원회 전체회의, 전원
위원회, 본회의 등 다수의원들이 참여하는 심사과정까지 형식적으로 만
들었다(김윤정, 2006: 229). 즉, 형식화된 본회의, 소위원회로 회부하는
상임위 그리고 만장일치의 소위원회가 연속될 때, 퀴어 의제 같은 소수
자 의제가 먼저 넘어야 할 산은 다수제이기보다 합의제이다. 이러한 입
법 과정을 보건대, 퀴어 의제는 '과대대표된 다수'의 횡포에 놓여 있다.

3) 기타 입법 과정 양상

아울러 상임위원회와 소위원회에서 공통적으로 인적 구성의 문제가 발견된다. 상임위원회, 소위원회로 의원들이 분화되다 보면 각 위원회에 속한 의원들의 전문분야는 한정적이게 된다. 퀴어 의제는 법리적 문제뿐 아니라 젠더적 쟁점을 포함한다. 그런데 보통 퀴어 의제들이 회부되는 위원회는 법제사법위원회이기 때문에 논의되는 층위가 협소해진다. 위에서 인용한 "사실 우리는 전공을 안 했잖아요. 다른 의원들 얘기 들어봤자 그렇고 (...) 시간 낭비 아니겠어요?"라는 당시 이상민 소위원장의 발언은 분화된 위원회의 협소한 인적 구성을 방증한다. 또한, 상기한 문제점을 보완하기 위해 공청회 등의 제도를 마련하고 있지만, 진술인들 역시 위원회의 위원장과 간사들이 협의하여 선정한다(임중호, 2005: 59)는 점에서 협소한 인적 구성의 문제를 벗어나기는 어렵다. 게다가 대개 두 거대 양당에서 법제사법위원회와 내부 소위원회의 위원장이 나오기 때문에, 그나마 퀴어 의제를 다루는 진보정당의 영향력은 더욱 미비해진다. 상기한 성전환자의성별변경에관한특례법안에서 지적했듯, 공청회가 형식화되며 악용되는 현상마저 관찰된다.

그 외에도 위의 양상들이 중첩되며 발의안의 취지 중 소위 '쟁점화되지 않을 부분'만 골라 위원회안, 정부안 등으로 우회하는 모습도 발견된다. 또, 퀴어들의 정체성에 관한 이슈를 행정부나 사법부의 판단에 맡기며 마치 법이나 제도가 중립자적이라는 신화를 재현하기도 한다(정성조, 218: 464). 그 결과 발의된 안들은 핵심 취지가 실현되지 못하거나, 법과 제도가 퀴어를 차별해 온 역사적 맥락을 일축시켰다. 물론 행정입법, 위원회안, 사법부의 판단 등은 그 자체로 해결되어야 할 문제점들은 아니지만, 적어도 퀴어 의제와 관련해서는 의원들의 소극적인 태도가 의회의 부작위로 이어질 수 있게끔 작동하고 있었다.

이상 유권자 전체 차원에서의 이념과 국회의 태도가 호응하는지를 살폈다. 발의안의 수, 논의 양, 논의양상 모두를 보건대, 우리 국회에서는 퀴어 의제가 실질적으로 대표되지 못하고 있었다. 퀴어 관련 의제는 발의되지 않는 경우가 대부분이었으며, 발의가 되더라도 사회적 합의를 이유로 논의가 지연되거나, 이를 회피하는 모습이 목격되었다. 또한 논의가 이루어지더라도 오히려 퀴어에 대한 우리 사회의 인식적 한계가 드러났다. 의원들의 발언 하나하나에 퀴어 자체를 문제시하는 내용이나 차별적 요소가 내포되어 있던 것이다. 현상을 파악한 후에는 퀴어 의제가 국회 내에서 실질적으로 대표되지 않는 원인으로 두 가지를 지적했다. 하나는 의원들의 소극적 태도, 다른 하나는 그것을 실체화하는 구조적 동인이다. 현황을 들여다보면 논의를 회피할 수 있는 구실이 원내에 제도로서 존재했고 이는 퀴어 의제 같은 소수자 의제에 치명적으로 작용했다. 때문에 국회의 대표성을 다뤘던 이 장에서는 특히 후자에 방점을 두었다.

비록 입법 과정의 양상을 서술하는 데에 치중했으나, 의원들의 소극적 입법 태도를 배제한 채로는 대표성의 미비를 논할 수 없는 것이 사실이다. 이에 왜 국회 전반에서 소극적 입법 태도가 발견되는지를 검토해야할 터인데, 정당기율이 강한 한국 정치의 특성상(전진영, 2011) 의원의 활동은 정당의 영향력 하에 놓인다. 즉, 의원들의 태도는 국회라는 집합체보다는 소속 정당에서 그 원인을 확인할 수 있다. 그러므로 다음 장에서는 정당을 주체로 삼아 논의를 전개한다.

IV. 정당과 실질적 대표성

의회 정치가 발전하는 과정에서 정당은 정치적 대표(representation) 의 핵심적인 주체로 떠올랐다. 공천, 당론 등의 기제로 정당이 개별 의 원의 행동을 제약하고 결정하면서, 대표자와 피대표자의 주된 연계가 시민 – 의원에서 시민 – 정당의 구도로 바뀐 것이다(박영환, 2016: 250; 윤 혜영·정태일, 2019: 15 – 16). 퀴어 의제도 예외는 아니다. 의원이 퀴어 의 제를 다루는 양태를 설명할 때 정당의 영향력을 고려하지 않는다면 중 요한 흐름을 놓치게 되며, 국회가 퀴어 의제에 소극적이라는 분석은 정 당 계열별로 나뉘어 서술될 때 새로운 결을 드러낸다. 따라서 이 장은 국회가 퀴어 의제를 적실히 대표하지 못한 원인을 규명하기 위해 정당 차원의 맥락을 조명했다.

1. 정당 계열별25) 태도

(1) 민주계 정당

더불어민주당은 강령에서 "모든 시민의 권리를 보호하고 … 사회 적 약자를 보호하는 정부의 적극적인 역할을 확립한다."라고 선언한다. 그 말마따나 민주계 정당은 인권에 크나큰 강조점을 두고 경쟁에 임해

---

25) 한국에서 개별 정당은 이합집산과 당명 변경으로 유동적이고 불안정한 모 습을 보이지만, 정당 각각의 명멸에도 불구하고 한국 정당체계는 보수계, 민주계, 진보계, 세 블록의 형태로 안정적으로 제도화되어 있다(노기우·이 현우, 2019). 잦게 단절되는 개별 정당의 내력을 보아서는 분석이 의미를 가질 수 없으므로, 지지층과 인적 구성, 정책 태도를 비교적 연속적으로 유 지하는 정당 계열을 분석 대상으로 설정했다.

왔다(이지호, 2020: 21 – 22).[26] 하지만 민주계에게 다양한 이들의 인권 중에서도 퀴어의 인권은 다루기 껄끄러운 사안이었다. 민주계의 당혹은 모호한 입장과 모순된 행보로 나타났는데, 그 태도는 20년간 변함없이 지속되어 왔다.

1) 민주계 식(式) 퀴어 인권: 대통령 후보자의 입장과 민주계의 논평·브리핑

민주계 정당이 퀴어 의제를 마주하는 태도는 퀴어 인권을 발화하는 맥락에서 드러난다.

〈표 6-2〉 민주계 대통령 후보자의 기본 입장

시기	후보자(정당)	발언 및 입장
제15대	김대중 (새정치국민회의)	"나는 동성애에 동의하지 않지만 … 동성애자 활동 역시 인권보장의 한 부분으로 접근하는 시각이 필요하다."
제16대	노무현 (새천년민주당)	"심정적으로 동성애 정서에 동의하지 못하는 점이 많지만, 차이로 인해 차별을 받아서는 안 된다는 입장은 분명하다."
제17대	정동영 (대통합민주신당)	"성소수자의 인권보호는 필요하다." "공약은 따로 없다."
제18대	문재인 (민주통합당)	"성적 지향과 성적 정체성으로 인해 사회에서 차별을 겪지 않도록 지원하겠습니다."

---

26) 총선과 대선의 공약을 분석해 한국 정당 간 경쟁의 속성을 규명한 연구에 따르면 "'자유·인권'이 한국 정치에서는 평화와 민주주의 같은 좌의 정책범주와 강하게 연계되어 있다. … 권위주의 시기에 야당으로서만 존재했던 민주당 계열정당이 자유와 인권을 강조해 왔고, 이러한 이슈 제기에 대한 소유권(ownership)이 민주화 이후에도 지속되고 있는 것이다."(이지호, 2020: 21)

시기	후보자(정당)	발언 및 입장
제19대	문재인 (더불어민주당)	"사회적 약자와 소수자에 대한 차별의 금지·예방 및 구제를 통해 사회적 갈등 요인을 제거하고, 사회 통합을 도모할 필요가 있습니다. 다만, 지난 10년간 차별 사유와 관련하여 이해를 달리하며 갈등이 있었던 만큼 이해와 설득을 통해 사회적 합의를 도출하는 과정이 선행되어야 할 것입니다."
		• 홍준표 "동성애 반대하십니까." • 문재인 "그럼요." • 홍준표 "그런데 박원순 시장은 동성애 파티도 서울 그 앞에서, 시청 앞에서 하고 있는데요." • 문재인 "서울광장을 사용할 권리에 차별을 주지 않은 것이죠. 차별을 금지하는 것하고 인정하는 것하고 같습니까?"

<표 6-2>는 구체적인 정책 입장이 아닌, 퀴어에 대한 후보자의 포괄적 태도로 이해되는 발언을 모아 정리한 것이다. 후보들은 일관된 입장을 견지하고 있다. '동성애에 동의하지 않으나, 그들의 인권은 보장해야 한다.' 지금껏 민주계의 후보자가 어떠한 소수자집단(예컨대, 외국인 노동자, 빈자, 여성)에 개인적 호불호를 밝히는 일이 없었음을 고려하면 꽤나 이례적인 입장이다. 아울러 보장해야 한다 말한 퀴어 '인권'이 의례적인 수사라는 면도 눈여겨볼 지점이다. 시민사회계가 해결을 촉구하는 퀴어의 제도적·문화적 차별은 다양하고 퀴어 단체는 필요한 정책을 대선 후보자들에게 전달했지만,[27] 위의 민주계 후보자들이 도입

---

27) 2012년 11월 29일 '성소수자 차별반대 무지개행동'은 '대선에 들이대고픈 성소수자 정책 기자회견'을 열어 동성 간 파트너십 법률 제정 등을 촉구했다('성소수자를 위한 정책 마련하라', 2012).

을 공약한 정책은 전무하다시피 했다. 제16대 선거에서 노무현 후보가 포괄적 차별금지법을 제시하고, 제17대와 제18대에서 정동영, 문재인 후보 또한 약속하지만, 제19대부터는 사실상 폐기되었다.[28] 선거 경쟁에서 제시되는 공약 밖으로 시선을 옮겨도 민주계가 당 차원에서 추진한 퀴어 인권 법제는 찾아보기 힘들다.

후보자들의 모호한 입장은 당의 논평에서도 확인된다. 더불어민주당 홈페이지의 논평·브리핑 게시판에는 하루 두세 개의 대변인 브리핑이 올라오고, 다양한 회의의 모두발언이 기록되어 게시된다. 그 수많은 발언 중 퀴어와 퀴어 의제를 논하는 것은 지극히 일부이다. '퀴어, 성소수자, 성적 소수자, 동성애, 동성혼, 게이, 레즈비언, 트랜스젠더, 성전환, 차별금지법, 군형법'의 키워드로 검색했을 때 관련이 있는 발언[29]은 20년 가까운 시간[30] 동안 총 22개였다. '노동자' 키워드에 2,423건, '국가보안법'에 488건, '장애인'에 969건이 검색되는 게시판에서 22이라는 수가 가지는 의미도 상당하거니와, 그 논평에 담긴 의중도 독특하다.

---

28) "실제로 민주당계 정당에서는 2013년 이후 차별금지법 제정 추진이 사실상 중단되었다. 2008년 정동영 대선 후보와 2012년 문재인 대선 후보는 차별금지법 제정을 약속했지만, 2017년 문재인 후보 공약에는 차별금지법 제정이 빠졌고 국정 과제로도 채택되지 못했다."(홍성수, 2020)

29) 예컨대 2015년 3월 9일 최고위원회의에서 유승희 최고위원이 세계여성의 날을 기념하며 "여성운동은 다른 사회적 약자들과의 연대를 더욱 강화해 나가야한다. 노동자, 노인, 청년, 성소수자, 이주민 등 한국 사회에 수많은 을들과 연대해서 여성운동의 지평을 확대해 나갈 것이다."라고 발언해 검색에 잡힌 것 또한 셈에 포함한 결과이다.

30) 확인한 바에 따르면 더불어민주당은 열린우리당 창당일인 2003년 11월 11일 이래의 자료를 해당 게시판에 보관하고 있다.

〈표 6-3〉 민주계 논평·브리핑(1)

①	6건의 발언이 일주일간(2017년 9월 15일~21일) 집중적으로 게시되었다. 김명수 대법원장 후보자의 인준 문제로 국회에서 갈등이 빚어진 시기이다. 발화자는 당대표와 원내대표, 세 대변인으로 모두 중책이었고 논지는 동일했다. '김명수 후보자는 동성애를 지지하지 않는다.' 동성애 지지가 마치 잘못이자 낙인이라도 되는 양 "색깔론"과 "마타도어(Matador)"를 멈추라 주문하는데, 그 단호한 어조가 추미애 당대표의 발언에서 드러난다. "… 명백히 이분은 동성애 지지자가 아니다." 김명수 후보자 또는 동성애와 무관한 '스마트시티와 지역경제활성화 토론회'에서 축사 중 1/6 가량이 할애된 주장이다. 6건 모두 주장을 뒷받침하는 주된 논거로 '김명수 대법원장 후보는 그저 인권을 중시할 뿐'이라는 설명을 내놓았다.
②	2016년 4월 10일과 11일 김성수 대변인이 연달아 새누리당 김무성 당대표를 비판한다. 남인순 의원의 군형법 개정안은 "군대 내 성폭력범죄에 대한 처벌을 강화하고자 한 것" 뿐 동성애를 조장하는 것이 아니라며 더불어민주당 의원들이 동성애를 옹호한다는 "악의적인 왜곡에 대해 강력 규탄한다."라는 논평이었다. 마찬가지로 당이 동성애와 연관되는 일을 피하려는 노력으로 보이며, 이후 살펴보겠지만 남인순 의원의 개정안에 대한 대변인의 단호한 설명이 실제 입법 내용과 취지에 부합하는지는 다시금 찬찬히 돌아봐야 할 사항이었다.
③	김조광수 감독의 동성 결혼식이 관심을 받던 2013년 9월 8일 박용진 대변인은 결혼식에서 오물이 투척된 것을 비판한다. 다만 단서가 달린다. "동성커플의 법적 권리 인정을 반대하고 동성애를 혐오할 수는 있다. 그렇다고 그들의 표현의 자유와 소중한 행사를 망치는 것은 누구에게도 허용되지 않은 일이다." 민주계의 퀴어 인권관을 드러내는 지점에서 앞과 궤를 같이한다. 동성애를 지지하지 않거나 동성애를 혐오하는 일이 그들의 인권을 인정하는 일과 양립할 수 있다는 암시이다.

앞서 민주계 대통령 후보자들이 '동의하지 않는다'라고 밝힌 입장이 똑같이 반복되고 있다. 민주계는 정당과 동성애의 연관성을 필사적

으로 부정한다. 퀴어의 인권을 보장하는 것과 퀴어의 존재를 인정하고 지지하는 것은 상이한 문제이며 민주당은 인권 정당일 뿐 퀴어를 지지하는 정당이 아님을 수차례 강조한다. 지지와 인권보장을 어떻게든 나누려는 의도에 의해 '퀴어 인권'은 어딘가 훼손된 채로 발화된다. 예컨대 민주계의 논평에서 퀴어 인권은 군대 내에서 형법으로 처벌될 수 있는 인권이고, 누군가에게 '혐오될 수 있는' 인권이다. 모종의 이유로 동성애를 지지할 수는 없지만 동시에 인권 정당의 이미지를 포기할 수도 없는 민주계가 고뇌 끝에 다다른 결론이 이같은 태도였으리라 추측된다.

〈표 6-4〉 민주계 논평·브리핑(2)

④	2017년 1월 25일 박경미 대변인은 '반기문 전 유엔사무총장을 우려한다.'라는 제목으로 "(반기문 전 UN사무총장이) 한국기독교총연합회를 찾은 자리에서는 성소수자의 인권은 지지하지만 성소수자는 지지하지 않는다고 말했다. 유엔에서 '성소수자, 당신들은 혼자가 아닙니다. 오늘 저는 당신들의 편에 섭니다.'라는 연설로 박수갈채를 받았던 예전의 그 사람과 같은 인물인지 놀라울 따름이다."라고 비판했다. 2019년 5월 22일에는 문상필 전국장애인위원장이 "황교안 자유한국당 대표는 성적 취향에 대해서 개인적, 정치적으로 반대한다고 성소수자에 대한 차별적 발언을 했다."라고 지적한 것도 유사한 맥락이다.
⑤	'성적 지향'이라는 차별금지 사유와 관련한 논평도 함께 볼 법하다. 2018년 2월 2일 현근택 부대변인과 박완주 수석대변인은 동일한 논지로 충남인권조례 폐지에 항의했다. 성적 지향을 잣대로 한 차별을 금하는 인권조례는 인권을 보장하는 "최소한의 장치"라는 시각 위에서 자유한국당 소속 충남도의원들이 정치적 실리를 좇아 인권에 반하는 행보를 펼쳤다고 꼬집는다. 동일한 법적 취지를 가지는 포괄적 차별금지법을 민주계가 수년간 포기해 왔다는 배경과 함께 고려하면 의미가 깊다.

<표 6-4>의 논평에서 확인할 수 있듯 "성소수자의 인권은 지지하지만 성소수자는 지지하지 않습니다."는 말이 비판의 대상이 된다는 사실과, 성적 취향에 개인적으로 반대한다는 말이 차별이라는 사실을 민주계, 최소한 민주계 일부는 알고 있다. 그들을 인정하지는 않지만 인권을 보장해야 한다는 입장이 지극히 공허함을 민주계가 의식하고 있다면, 위의 태도가 의식적으로 설정되었다는 추론은 설득력이 강하다.

2) 일보전진, 이보후퇴: 차별금지법안과 군형법 제92조

구체적인 법제 차원에서도 똑같은 태도가 적용된다. 차별금지법, 군형법 의제에서 민주계 일부는 진보계 의원과 함께 개혁을 시도하기도 했다. 하지만 그것이 대중 차원에서 정치 쟁점으로 떠오르려 하자 당은 어김없이 당과 퀴어의 관계를 부정하고 신속히 후퇴했다.

〈그림 6-3〉 민주계와 포괄적 차별금지법의 관계

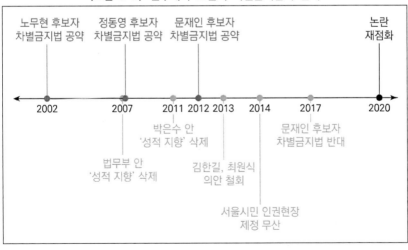

민주계와 포괄적 차별금지법 간 관계는 <그림 6-3>과 같이 흘러왔다. 2002년 노무현 대통령 시기부터 약속된 차별금지법 제정이었으나 결과는 모두 실패였다. 의안 중 일부는 차별금지 사유에서 '성적 지향'이 삭제되거나(법무부 안) '성적 지향' 대신 '성적평등'이라는 모호한 표현이 삽입되어(박은수 안) 본래의 취지를 잃었고[31], 민주계 의원 51인과 11인이 발의에 참여해 제정의 실마리가 보였던 김한길, 최한식 안은 반대에 밀려 철회되었다. 그나마 제18대 대통령 선거까지는 차별금지법을 추진하겠다는 후보자의 약속이라도 있었으나 제19대부터는 차별금지법 제정에 반대하는 것이 민주당의 당론이라고 입장을 뒤집었다. 그 사이에는 2014년 박원순 시장이 공약한 서울시민 인권헌장이 '성적 지향'이라는 똑같은 이유로 제정이 무산되는 일도 있었다.

최근 정의당을 주축으로 장혜영 의원의 차별금지법 의안이 발의되어 사회적 논의가 촉발되고 있다. 하지만 성소수자의 인권을 보장하는 일과 그에 필요한 법제 도입을 구분해서 발화하는 민주계의 태도는 여전한 것으로 보인다. 불과 반년 전 제21대 총선에서 더불어민주당이 사회적 합의를 단서로 달며 차별금지에 관한 기본법 제정에 "공감한다"라고 답했지만, 당내에서 의견이 분분할뿐더러[32] 누구도 아닌 당대표

---

31) 두 안 모두 '등'이라는 표현을 두어 명시되지 않은 차별 사유의 가능성을 열어두고 있다고는 하나, "차별금지 입법 과정에서는 논의되었으나 차별금지 사유에서 제외된 사유라면 입법 후 해석을 통하여 차별금지 사유에 포함시키기 더욱 어려울 수 있다."라며 '성적 지향'이 삭제된 법률은 그 자체로 차별 요소를 포함하고 있는 것이라는 김명수(2014: 192-194)의 지적대로, 당시의 논의 구조를 고려하면 퀴어를 보호하겠다는 취지는 사실상 포기된 것이었다.

32) 더불어민주당 다문화위원회와 성소수자위원회 준비모임이 당의 참여를 촉구하고(노지민, 2020; 송창한, 2020) 당내 중진인 이상민 의원이 '성적 지

와 대통령은 사실상 교계를 의식한 원론적인 답변을 내놓았다.[33]

〈그림 6-4〉 민주계와 군형법 제92조의 관계

민주계는 군형법 제92조의 문제에 대해서도 동일한 흐름으로 움직였다. 성소수자 차별반대 무지개행동(2012 대선, 2020 총선)과 국제엠네스티(2017 대선)가 군형법에 관해 정책을 질의했을 때 대통령 후보 또는 당은 뚜렷한 입장을 내놓길 피했다. 합의된 동성 간 성관계를 형법으로

향'을 포함한 차별금지법 발의를 예고하기도 했으나(이지혜, 2020.7.9.), 다른 한편으로는 원내부대표 김희재 의원이 교계와 함께 차별금지법에 반대하는 토론회를 준비하고 있다(이지혜, 2020.8.13.).

33) 이낙연 더불어민주당 당대표는 심상정 정의당 당대표의 차별금지법 제정 동참 요구에 "교계 일부의 우려를 충분히 알고 있기 때문에 그걸 감안해가면서 관련 상임위에서 논의가 되도록 했으면 좋겠다."(박정연, 2020)라고 답했고, 문재인 대통령은 개신교 인사와의 자리에서 "교계의 우려를 알고 있으니 걱정하지 말라."(한승곤·강주희, 2020)라고 전했다.

처벌하는 것에는 답을 하지 않거나 "잇따른 헌법재판소 위헌심판제청의 취지, 유엔 각 인권위원회의 폐지권고의 취지, 국가인권위원회의 의견, 군당국의 입장 등을 종합적으로 수렴하여 논의하겠다."(2020년 총선)라고 원론적으로 답했다.

공식적인 답변으로 뚜렷한 입장을 확인하기 어렵지만 민주계의 태도를 짐작할 단서가 전혀 없지는 않다. 몇몇 입법 시도의 결과를 살피는 일로 민주계의 속내를 들여다 볼 수 있다. 2013년 남인순 의원은 군형법 일부개정법률안을 발의했다. 제안이유 및 주요내용에는 적시하지 않았으나 세부 내용 중 하나로 '계간이나 그 밖의 추행을 한 사람'을 '제1조1항부터 제3항까지에 규정된 사람을 그 의사에 반하여 추행한 사람'으로 개정할 것을 제안했다. 전문위원의 검토보고나 법안심사제1소위원회 회의 내용을 고려하건대 분명 동성애와 관련해 군형법을 개선하려는 시도였다.[34] 이후 2014년 진선미 의원도 비슷한 내용의 군형법 일부개정법률안을 발의하는데, 해당 안은 "동성 간의 성적 행위가 비정상적이며 사회의 성도덕을 심하게 침해한다는 부정적인 시각에서 점차 벗어나 … 사회적 변화에 따른 법 개정이 필요"하다고 입법 취지를 분명하게 밝혔다.

이러한 입법 시도는 다시금 당론으로 부정되었다. 상술했듯 2016년 4월 더불어민주당 김성수 대변인은 논평 두 개를 연달아 내어 2013

---

34) 전문위원은 검토보고에서 "개정안과 같이 '의사에 반하여' 추행하는 경우만이 해당되도록 행위 태양을 제한한다면, 이 법 제92조의2(강제추행)과의 관계가 애매해지고, 당초 별도로 추행죄를 둔 입법 취지와는 다르게 되므로 신중한 검토가 필요하다."(문광섭, 2013.2)라고 지적했고, 법안심사제1소위원회 회의에서 군대 내 합의된 동성 간 성관계를 허용하는 문제와 군의 기강이 쟁점이 되며 남인순 안이 대안에서 제외되었다(법제사법위원회회의록, 2013.2.21.).

년의 남인순 안은 동성애를 "옹호하고 조장"하지 않는다며 그 취지는 강간의 객체를 확대하고 군대 내 성폭력 범죄의 처벌을 강화하는 것뿐이라고 주장했다. 남인순 안에 분명히 존재하고 심지어 논의된 군형법 제92조 추행죄의 내용을 애써 숨기는 논조는 해당 의안을 당론으로 인정하지 않으려는 의도를 내비친다. 남인순 안 이후 진선미 의원도 명료한 취지의 안을 발의했음에도 말이다. 이에 더해 2017년 대통령 선거 토론회에서 문재인 후보가 군대 내 동성애가 전력을 약화시킨다는 데 동의하고, 군대 내 동성애에 반대한다고 답한 것 또한 남인순, 진선미 의원의 시도가 당론에 부합하지 않음을 보여준다.

즉, 민주계 정당은 퀴어 의제를 제도권에서 다루길 원하지 않았다. 의제 각각에는 명확한 답을 내놓지 않고 모호한 '인권'만 거듭 말하는 것으로 쟁점화를 회피했으며, 당내 일각이 개혁적인 의안을 발의하거나 보수계가 동성애와 관련해 공격했을 때는 당과 퀴어의 관련성을 부정했다. 양당 중 한 축, 게다가 양당 중에서도 그나마 퀴어에 우호적일 수 있는 한 축이 의도적으로 퀴어를 둘러싼 사회 균열의 부상을 외면해왔다는 점은 정당체계에 미치는 영향이 작지 않았을 것이다.

(2) 보수계 정당

2017년 대통령 선거에서 홍준표 후보가 동성애에 대한 입장을 강하게 밝히고 더불어민주당을 몰아친 모습은 보수계와 반-동성애를 연결하는 상징적인 장면이었다. 그 광경이 이례적임을 지적하는 의견이 제기되고[35] 보수계 정당이 새로운 전략을 택했다는 해석이 중론으로

---

35) "(자유한국당과 홍준표 후보는) 양당제적 경합에서는 조심스럽게 피했을 성소수자나 젠더, 사형제 등의 매우 논쟁적(dividing) 이슈들에 대한 입장

떠올랐다. 이 항에서는 퀴어 의제 여럿에 대한 보수계의 입장 선회와 두드러진 공세적 태도를 확인한다. 2017년 이래를 따져보건대 홍준표 후보는 보수계에서 일탈한 것이 아니라, 오히려 계열의 전반적인 태도 변화를 대표하는 신호였다.

1) 수용 범위의 축소: 군형법과 국가인권위원회법

퀴어 의제에서 보수계의 폐쇄적 입장은 그리 오래된 현상이 아니다. 과거 보수계는 퀴어 의제, 구체적으로 군형법과 '성적 지향' 문제에 있어서 제한적이나마 개혁을 수용하려는 모습을 보였다. 그런 흐름이 돌연 비타협적이고 불관용적인 모습으로 뒤바뀐 것은 2017년을 전후한 일이었다.

〈표 6-5〉 보수계와 군형법의 관계를 보여주는 의안

시기	의안	발의자(정당)	내용 및 비고
2003	군형법중개정법률안	이경재(한나라당)	추행죄를 "위계 또는 위력"으로 추행한 경우에 한정함
2004	군형법중개정법률안	이경재(한나라당)	상동
2009	군형법 일부개정법률안	이주영(한나라당)	폭력 또는 협박, 위계 또는 위력, 그 외, 세 유형으로 처벌을 차등화
2013	군형법 일부개정법률안	권성동(새누리당)	'계간' 표현을 삭제하는 등을 제하면 사실상 현행 유지
2017	군형법 일부개정법률안	김종대(정의당)	추행죄 조항 삭제

을 밝히는 데 주저함이 없었다."(박원호, 2019: 12)

2003년과 2004년 한나라당의 이경재 의원은 군형법중개정법률안을 발의한다. 합의된 동성 간 추행도 처벌하는 추행죄 조항을 "위계 또는 위력"으로 한정하는 개정안으로, 제안이유에서 개인의 성적 자기결정권에 대한 고려가 분명하게 드러났다.36) 동성애 행위에 대한 여타 제제를 조건으로 언급하고 있으나 성적 자기결정권을 존중하고 형법의 규율을 부적절하게 여긴다는 입장은 지금껏 군형법을 둘러싼 입법 시도 중에서도 상당히 나아간 것이었다. 2009년 한나라당 이주영 안 또한 이경재 안만큼은 아니더라도 최소한 현행보다는 개혁적인 의안이었다.37) 이러한 의안들을 보수계 의원 일부의 일탈로만 보기는 어려웠다. 이경재 의원의 2003년, 2004년 각 의안에서 공동발의자 12인 중 10인, 35인 중 22인이 한나라당 소속이었고, 이주영 안의 공동발의자 10인 중 9인이 한나라당 의원이었다. 앞서 소개한 민주계 진선미 의원의 군형법 개정안 발의자 10명 중 5명이 진보계(통합진보당, 정의당) 소속이었다는 점과 비교되는 사실이다.

2013년까지만 해도 현행을 유지하려 하되 점잖은 입장을 보였다. 권성동 안은 '계간'이라는 표현을 고칠 뿐 합의된 동성애를 처벌한다는 점에선 현행을 유지하는 의안이었다. "의사에 반하여"라고 추행죄를 한정하는 내용의 남인순 안이 같이 논의될 때, 권성동 의원은 남인순 안

36) "개인의 성적 자기결정권 측면에서 형법으로 이를 규율하는 것이 타당치 않다고 보여짐. 동성애 행위에 대해서는 군기문란에 대한 제제로서 행하는 현행의 내부징계의 방법과 현역복무부적합 회부 등의 방법으로 행함이 적절함."

37) 합의된 동성 간 성행위를 형벌로 다스리는 것을 인정하되 명확성의 원칙과 과잉금지의 원칙을 들어 폭행 또는 협박, 위계 또는 위력에 의한 것과 합의된 것을 차등적으로 처벌하려 했다.

이 "진짜 군내의 동성애를 허용할 것이냐, 군내의 동성애 행위를 하는 것을 허용할 것이냐까지 복잡한 문제에 도달하니" 자신의 안을 위주로 대안을 반영하되 남인순 안은 차후 논의하자고 제안했다. 비록 그것이 논의를 미루려는 속마음을 포장한 것일지라도, 최소한 해당 문제가 논의될 수 있다는 가능성을 부정하지는 않았다.

한데 2017년 추행죄를 삭제하는 정의당의 김종대 안을 논의할 때는 자유한국당 의원 사이에서 비타협적인 발언이 난무했다. 정갑윤 의원과 김진태 의원, 주광덕 의원 세 명이 나서서 군의 기강을 언급하며 적극적으로 반대의 입장을 밝혔다. 심지어 2013년 회의에서는 추행죄가 "복잡한 문제"라고 나름 정제된 언어로 의견을 냈던 권성동 의원마저 "군대 내의 기강 문란뿐만 아니라 에이즈 확산을 막는 데도 이 조항은 필요하다 그렇게 말씀드립니다. 그리고 이것은 또 하늘의 섭리에 반하는 거예요."라고 매우 논쟁적인 말을 내뱉기에 이른다. 2017년 자유한국당 홍준표 후보가 대선 토론회에서 "군에서 동성애가 굉장히 심합니다. 군동성애는 국방전력을 약화시키는데 어떻습니까."라고 질문한 것과 동일한 입장이었고, 이러한 시각은 2019년 10월 23일 자유한국당 장능인 상근부대변인의 논평에서까지 이어졌다. "우선 군인권센터가 추구하는 인권이 군대 내의 동성애 허용인지 묻고 싶다. 과거 '게이예비입영자 인권캠프'를 공동주최한 군인권센터는 계급적 질서를 바탕으로 움직이는 우리 군의 특성과 인륜과 관련된 기본질서의 총체적 파괴에 대해 아무런 감수성을 가지고 있지 못한 것으로 보인다."

〈표 6-6〉 보수계와 국가인권위원회법의 관계를 보여주는 의안

시기	의안	발의자(정당)	내용 및 비고
2001	국가인권위원회법안	이인기(한나라당)	차별 사유를 나열하지 않음
2001	국가인권위원회법안	대안	차별 사유 나열. '성적 지향' 포함
2017	국가인권위원회법 일부개정법률안	김태흠(자유한국당)	차별 사유에서 '성적 지향' 삭제
2019	국가인권위원회법 일부개정법률안	안상수(자유한국당)	차별 사유에서 '성적 지향' 삭제

　　국가인권위원회법에 관해서도 타협에서 비타협으로 전환되는 흐름이 확인되었다. 비록 2001년 국가인권위원회법 제정 당시 한나라당에서 당론으로 채택한 안은 차별 사유를 나열하지 않고 있어 '성적 지향'이 적시되지 않았으나, 한나라당이 의안을 준비하던 중에는 "동성애 등과 같은 성적 성향"에 따른 차별을 금지하는 조항이 포함되었고 해당 안을 준비하던 이인기 당내 인권법 소위원장은 "국내 법체계 상 동성애에 관한 조항이 명문화되기는 이번이 처음"이라며 높이 평가했다. 이후 민주당 중심의 대안과 그에 반발한 한나라당의 수정안이 대립한 본회의에서도 쟁점은 '성적 지향'을 넣을지 여부가 아니라 국가인권위원회의 권한이었다.[38]

---

38) 심지어 한나라당의 수정안은 국가인권위원회가 특검제를 요청할 수 있도록 하여 권한을 강화한 내용이었고, 이는 당시 민주당 중심의 대안이 시민단체에게 "껍데기뿐인 인권법"이라는 평가를 들었다는 사실과 대비하면 흥미로운 지점이다(김인수, 2001.4.24.; 김인수, 2001.5.1.; 윤동영, 2001.4.30.).

2001년만 해도 쟁점이 아니었던 '성적 지향'은 20년 가까운 시간이 흘러 쟁점으로 지목됐다. 2017년에는 김태흠 의원이, 2019년에는 안상수 의원이 국가인권위원회법 일부개정법률안을 내놓는다. 각각 공동발의자 17인 중 모두, 44인 중 37인의 자유한국당 의원과 함께였다. 요지는 동성애가 청소년과 청년 그리고 국가 보건에 악영향을 미치니, 그에 대한 차별을 금하는 조항을 삭제하라는 것이었다.

> 헌법상 보장된 국민의 기본권인 양심·종교·표현·학문의 자유가 현행법 "성적 지향" 조항과 충돌하는 등 법질서가 훼손되는 문제가 발생하고 있고, 성정체성이 확립되기 전인 청소년 및 청년들에게 악영향을 주고, 신규 에이즈 감염이 세계적으로 유례없이 급증하는 등의 수많은 보건적 폐해들이 초래되고 있는 실정임.(안상수 안 中)

국가인권위원회법과 유사하게 '성적 지향'이 쟁점이 된 다른 법제에서도 김태흠, 안상수 의원과 동일한 입장이 나타났다. 첫째, 2018년 2월 2일 충남도의회에서 인권조례가 폐지되었다. 자유한국당 도의원들이 조례에 포함된 '성적 지향' 문구를 문제 삼으며 주도한 일이었다. 둘째, 최근 차별금지법안이 다시 발의되고 관심이 모이자 미래통합당은 부정적인 신호를 수차례 내비치고 있다. 미래통합당 소속 의원들이 '성적 지향'만을 삭제한 차별금지법을 준비하고 있다고 알려진 한편, 미래통합당 기독인회는 동성애와 성소수자가 "선량한 도덕관념"에 반하는 것이라 규정하고 "동성애 보호법"인 차별금지법에 반대한다고 밝혔다. 중책에 있는 주호영 원내대표 또한 '차별금지법에 숨겨진 여성의 역차별 대응방안'이라는 토론회에 참석해 "차별금지법 때문에 성전환자의 여성 화장실 사용 문제, 성전환 남성의 여자 경기 참여 등 생각지도 못한 여성의 역차별 문제가 발생할 수 있다."라고 발언했다.

2) 뚜렷하고 공세적인 태도: 논평·브리핑과 선거 국면의 발언

또한 중요한 점은 입장뿐 아니라 태도도 바뀌었다는 사실이다. 입장이 폐쇄적이고 비타협적으로 변했다 하더라도, 그 입장을 적극적으로 드러내며 공세의 일환으로 이용하는 태도는 별개의 문제이다. 하지만 보수계는 그 둘 모두를 택했다.

민주계에서 확인했던 것과 같은 방법으로 보수계의 논평과 브리핑을 확인했고, 아래 특기할 만한 것들을 정리했다.

<표 6-7> 보수계 논평·브리핑

①	2006년 7월 31일 '비현실적인 차별금지법 재검토하라!'라는 정책성명이 발표됐다. 한나라당은 "이번 권고법안은 헌법이 보장하는 자유민주주의와 시장경제를 왜곡하고 이상적인 평등주의에 매몰돼 오히려 사회갈등과 국민혼란을 증폭시킬 수 있는 조항들이 다수 포함돼 있다는 점에서 심도 있는 재검토가 필요하다."라고 주장한다. 세부적인 내용을 살피면 "재산권", "자유시장 경제질서", "기업의 자율경영"을 강조하고 있다. 당시에도 '성적 지향'이 차별금지법과 관련한 주요 쟁점이었음을 떠올리면 한나라당의 반대 사유가 기업 문제에 치중되어 있었다는 점은 꽤나 흥미롭다. "우리사회의 다양한 차별문제에 관심을 갖고 사회적 소수자의 인권보호 및 국민인권의 전반적인 향상을 도모하고자 하는 법안 취지에 대해서는 원칙적으로 공감한다."라고 서두에서 밝힌 것 역시 주목할 법하다.
②	2017년 4월 27일 동성애 문제에 문재인 후보가 입장을 명확히 밝혀야 한다는 내용의 논평 2개가 게시됐다. 그중 하나에서 전희경 중앙선대위 대변인은 "동성애 찬반 문제는 단순 선호 문제를 넘어 동성결혼의 법제화, 동성애에 대한 의학적 평가의 허용 여부, 종교계의 동성애 비판에 대한 법적 제재 여부 등 수많은 사회적 이슈들이 얽혀있는 중대한 가치

문제이다."라고 밝혔고, 퀴어 퍼레이드에 대해서도 "통념상 인정하기 어려운 의상을 입거나 나체에 가까운 모습으로 거리를 활보하는 등 그것이 가져다 줄 사회적 위화감과 논란이 충분히 우려됨"이라고 입장을 분명히 드러낸다. 논평의 주장은 문재인 후보가 토론회에서 "표를 의식해 (동성애에) 반대했지만" 속마음은 그렇지 않으며 그는 동성애를 지지한다는 것이었다. 이윤정 부대변인 역시 같은 논조로 "만약 부정특혜 취업 의혹을 받고 있는 문 후보의 아들이 동성연애를 하고 있고, 더 나아가 동성과 결혼을 하겠다고 하면, 문재인 후보는 앞서 주장한대로 차별에는 반대하므로 아들의 요구를 받아들일 것인가?"라고 공격적으로 나섰다.

③ 2017년 8월 21일 강효상 대변인이 '동성애·동성혼 합법화를 온 국민과 함께 저지할 것이다.'라는 제목으로 논평을 냈다. 논평은 "제1야당인 자유한국당은 동성애 조장 및 합법화 시도를 막기 위해 적극적으로 의견을 개진하고 공론화의 장을 개최하는 등 가능한 모든 노력을 마다하지 않을 것이다."라고 입장을 분명히 설정하며 "서울시는 …사실상의 동성애 옹호·지지 행사인 '성평등 여름캠프'를 열었다. 지난 5월 민주당은 군형법 제92조의6 소위 '군동성애 처벌법'을 삭제하는 군형법 일부개정안을 발의했으며"라고 민주당을 동성애 옹호와 연결 지어 자당과 대비하고 공격했다.

④ 2017년 9월 6일 전희경 대변인은 '전교조의 동성애 교육 결의문 채택, 하늘 아래 무서운 일이 없는가?'라고 논평을 띄운다. 전교조가 "왜곡된 성의식을 심어주고 결국 사회의 건전한 가치관, 제도와 시스템에 대한 반기를 들도록" 성교육을 한다는 내용이다. 논평은 동성애, 퀴어 퍼레이드("서울광장의 반라 퀴어 축제")가 교육에서 언급되는 것 자체를 부정적으로 묘사하고 있으며, "자유한국당은 동성애 합법화에 대한 반대의사를 명확하게 표명해 왔다. 가치관이 제대로 정립되지 않은 자라나는 학생들에게 그릇된 성의식을 심어줄 수 있는 전교조 동성애 교육은 절대로 묵과할 수 없다."라고 보수계의 입장을 강조한다. "교육부", "문재인 대통령", "문재인 정부"를 호명하며 "문재인 정부에서 전교조의 극단적인 결의문 발표에 침묵하고 있는 의미"를 공격적으로 묻는 일도 빠지지 않았다.

⑤ 2019년 5월 20일 더불어민주당에 대한 노골적인 공격이 게시된다. 민경욱 대변인의 논평 '민주당은 차라리 퀴어당으로 커밍아웃하라.'에서는 퀴어 퍼레이드를 "과도한 노출과 노골적인 행동, 선정적인 문구들로 논란이 되어 온 행사"로 표현하고 그에 더불어민주당 일각이 참여하는 것에 항의한다. 마찬가지로 "반대하는 국민의 환심도 얻고 싶고, 찬성하는 국민의 지지도 얻고 싶다면 차라리 정당이기를 포기하는 것이 낫다."라며 더불어민주당의 분명한 입장 제시를 요구한다.

2017년을 지나며 분명한 입장 표명과 공세가 이어짐을 확인할 수 있다. 논평들은 공통적으로 퀴어에 대한 노골적인 혐오를 드러내며 자당을 퀴어의 반대에 위치시키고 민주계를 퀴어 옹호 세력으로 추정하거나 분명한 입장을 밝히라 요구하고 있다.

이러한 경향은 논평과 브리핑뿐 아니라 선거 국면의 발언에서도 나타난다. 2017년 홍준표 후보가 대선 토론회에서 문재인 후보를 동성애 이슈로 공격한 것은 잘 알려져 있는데, 그뿐만이 아니다. 2019년 5월 황교안 대표는 세종시의 행사에서 "정통 가치를 가진 정당에서는 동성애 그리고 학생들의 인권조례 이런 부분에 대해 현장에서 교육이 제대로 이뤄져야 한다는 생각을 갖고 있다."라고 발언했다. 이를 두고 손호숙 외(2019.5.22.)는 정치권에서 동성애에 찬성 의견을 표명하는 일이 드물지만, 그만큼이나 반대 의견을 명확히 하는 것도 이례적이라며 "동성애에 대해선 가급적 언급을 피한다는 정치권의 공식이 깨졌다."라고 표현했다. 2020년 총선에서도 유사한 모습이 관측됐다. 민주계의 연합정당 구성 당시 녹색당과 동성혼 법제화가 논란이 되었을 때 미래통합당의 심재철 원내대표와 이준석 최고위원이 공식 석상에서 민주당이 동성혼 법제화에 입장을 명확히 할 것을 주장했고, 오세훈 미래통합당 국회의원 후보가 "저는 동성애에 반대합니다. 고민정 후보는 반대합니까, 찬성합니까?"라고 노골적으로 질문하기도 했다.

　시민사회계에서 퀴어 갈등이 격화되는 가운데 보수계는 2017년을 기점으로 퀴어 사회 균열을 제도권으로 끌어들일 것을 결심한 듯 보인다. 전략은 두 가지이다. 첫째, 비타협적 입장을 설정하고 이를 알려 반(反) 퀴어 유권자에 구애하고 그들을 동원한다. 둘째, 동원의 효과를 보장하기 위해 민주계를 상대방으로 밀어낸다. 퀴어 사회 균열을 축으로 유권자를 가르려는 시도에 민주계가 모호한 태도로 대응하지 않자, 민주계를 동성애 지지 정당으로 몰아세우며 입장을 밝히길 강하게 요구하는 것이다.[39)]

(3) 진보계 정당

　진보계 정당은 민주노동당 시절부터 퀴어 의제에 우호적인 태도를 취해왔다. 진보계 행보의 대부분이 긍정적이라는 설명으로 짧게 정리되기에 본 연구는 민주계와 보수계를 분석한 만큼 구체적으로 진보계를 서술하지 않았다. 진보계의 전체적인 성향은 몇 가지 사항에서 다른 정당과 비교하는 것으로 갈음하고, 특징적인 지점을 몇몇 다루었다.

　첫째, 보수계의 공세와 민주계의 당황이 인상적으로 비춰진 2017년 대선 토론회에서 심상정 정의당 후보의 입장 역시 상징적이었다. "동성애는 찬성이나 반대를 할 수 있는 게 아닙니다. 성정체성은 말 그대로 개인의 정체성입니다." 보수계가 공격하고 민주계가 후퇴한 자리에 스스로를 위치시켰다. 둘째, 정의당은 현재 원내 정당 중 유일하게

---

39) 다만 2020년 제21대 총선의 참패 이후 김종인 비상대책위원장 지도 아래서 미래통합당이 중도로 노선을 바꾸고 있다는 분석이 나온다. 이 흐름이 퀴어 의제에 대한 태도에도 변화를 불러올지는 아직 확인되지 않았다.

성소수자위원회가 설치되어 퀴어와 관련한 사안에 적극적으로 논평을 내고 있다. 진보계의 논평은 민주계의 그것과 논조의 차이가 크다. 예컨 대 김조광수 감독의 동성 결혼식 때 민주계는 '동성애자를 혐오할 수는 있지만 그들의 행사를 망칠 수 없다.'라고 이야기했다면, 진보계의 성소 수자위원회는 결혼식을 축하한다는 말과 함께 "성소수자의 가족구성권 보장"을 위해 힘쓰겠다고 약속했다. 셋째, 진보계는 민주계가 포기한 법 제를 그 이후에 꾸준히 발의하고 있다. 진보계는 제17, 18, 19대 그리고 21대에 포괄적 차별금지법을 발의했고, 지난 제20대에 군형법 일부개정 법률안을 발의했다.

1) 후순위 의제

진보계가 퀴어 의제에 우호적이고 법제 도입에 적극적이었다고 하 나, 그것이 곧 퀴어 의제가 진보계의 핵심 정책 영역임을 뜻하지는 않 는다. 진보계가 선거에서 승리하기 위해 집중하고 홍보하는 우선 의제 는 다른 것일 가능성이 높다. 중앙선거관리위원회 정책·공약 알리미 사이트에서 열람 가능한 제19대 대통령 선거, 제7회 동시지방선거, 제 21대 국회의원선거의 정당 공약을 열 수 있다. 그중 정의당의 공약을 뽑아 <표 6-8>로 정리했다.

정의당은 세 번의 선거 모두에서 동반자 등록법을 약속했고, 둘에 서는 포괄적 차별금지법을 약속했다. 제19대 대통령 선거에서는 "성소 수자 차별금지(HIV감염인 인권보호, 성별변경 조건완화 및 치료지원, 성소수 자를 차별하는 군형법 개정)"라 명시하기도 했다. 퀴어 의제에 침묵하거나 적대적으로 반응했던 다른 원내 정당과 비교했을 때 진보계는 구체적이 고 우호적인 정책 공약을 갖춘 유일한 정당이었다.

〈표 6-8〉 정의당의 10대 공약 정리

정책 순위	제19대 대통령 선거	제7회 동시지방선거	제21대 국회의원선거
1	촛불혁명 완수하는 국민주권형 정치개혁	희망찬 청년의 미래를 만들어가겠습니다	그린뉴딜경제로 한국 사회 대전환
2	튼튼한 안보, 적극적 평화 외교로 평화공영 시대	노동이 당당한 도시, 노동이 존중되는 지방자치	청년에게 부모찬스 대신 사회찬스를
3	조세개혁과 재벌개혁 등 정의로운 경제	여성이 안전한 마을, 아동이 행복한 도시	부동산 투기 근절, 서민 주거 안정
4	고용이 안정되고 차별이 없는 사회 실현	건강과 노후가 보장되는 모두가 행복한 마을	유치원부터 대학까지, 국가 책임 평등교육
5	여성이 건강하고 행복한 성평등사회 실현	농업·골목상권 활성화로 지역경제를 살리겠습니다	차별 없고 안전한 일터, 땀에 정직한 나라
6	농어민·중소상공인 보호와 서민주거 안정	서민 주거복지 확대· 교통 공공성 강화	골목경제 활성화, 농어민 삶의 질 제고
7	보육, 의료, 노후 안심복지 실현	풍족한 삶과 행복을 위한 교육·문화예술	정의롭고 안전한 복지국가 실현
8	사람 중심의 교육혁명과 과학기술·정보통신	생태친화적인 지속가능하고 건강한 나라	모두가 존중받는 차별 없는 대한민국
9	탈핵생태 사회, 공정한 언론과 문화 국가로	평화, 인권, 동물권 보장으로 더불어 함께 사는 마을	국민주권을 위한 정치·국회·정부·사법 개혁
10	아동, 청년, 장애인, 소수자에게 희망을	자치분권 확대로 풀뿌리 지방자치 강화	평화와 협력의 새로운 한반도

주: 음영 처리된 순위에 퀴어 관련 공약 포함.

하지만 퀴어 공약이 위치한 순서를 보건대 퀴어 의제는 진보계에 후순위 의제로 인식되고 있을 가능성이 높다. 공약의 순서에는 어느 정도 정당과 후보자의 강조가 반영된다는 점을 고려했을 때(강원택, 2010: 31) 퀴어 의제는 중요도 상 노동, 경제, 여성, 환경 의제 뒤에 놓여 있으리라는 추측이 가능하다.

> 심상정, 이정희, 김소연, 김순자 후보는 진보정당을 표방하면서 진보적 정책생산을 해왔던 역사와 성소수자 인권운동과의 연대활동을 통해 높은 이해수준을 보였으며 전반적으로 구체화된 정책을 제시하였습니다. 그러나 김소연 후보를 제외하면 이러한 공약을 적극적으로 알리거나 성소수자 대중과 소통하고자 하는 노력이 보이지 않아서 아쉬운 측면이 남습니다(나영정·장병권, 2012).

성소수자 차별반대 무지개행동이 제18대 대통령 선거에서 후보자들에게 성소수자에 관한 정책을 질의하고 답변을 분석한 결과 위와 같이 평가한 것은 같은 맥락일 것이다.

2) 미약한 영향력

진보계가 퀴어 의제에 우호적으로 반응하고, 법제 도입을 추진하고 의제화에 노력한다고 한들, 보수 양당으로 칭해지는 한국의 정당체계에서 진보계가 미칠 수 있는 영향력은 제한적이다. 매 선거마다 진보계의 의석은 전체의 10%도 미치지 못했고, 이는 퀴어 법제를 추진해 통과시키기는커녕 의안을 독자적으로 발의하기도 어려운 수준이었다. 진보계는 개원 기준으로 제17대 국회부터 제21대 국회까지 10석(이후 조승수 의원 당선 무효로 9석), 5석(이후 재보궐 선거로 7석), 13석(이후 분당

강문정, 김용훈, 배민재, 정채영

및 해산), 8석(이후 윤종오 의원 당선 무효로 6석)40), 7석41)의 의원이 속해 있었다. 제19대를 제하면 의안 발의에 필요한 10인의 의석도 가지지 못한 것이다.

<표 6-9> 진보계가 대표 발의한 의안의 공동 발의자 구성

시기	국회	의안	공동 발의자 구성
2006	제17대	성전환자의 성별변경 등에 대한 특별법안	진보계 9명과 민주계 3명
2007	제17대	행형법 전부개정법률안	진보계 9명과 민주계 1명
2008	제17대	차별금지법안	진보계 9명과 민주계 1명
2011	제18대	차별금지법안	진보계 7명과 민주계 3명42)
2012	제19대	차별금지법안	진보계 6명43)과 민주계 4명
2017	제20대	군형법 일부개정법률안	진보계 8명과 민주계 2명
2020	제21대	차별금지법안	진보계 7명과 민주계 3명

진보계가 대표 발의한 의안을 살피면 진보계 의원만으로 공동 발의자를 구성한 경우가 없다. 제19대 국회에서는 당내 갈등을 겪으며 공

---

40) 정의당 6석과 무소속으로 당선된 민중당 윤종오, 김종훈 의원 2명을 합해 8석으로 적었다.
41) 정의당 6석과 사회당 탈당 인원으로 창당된 기본소득당 1석을 합해 7석으로 적었다.
42) 민주통합당 안민석 의원과 창조한국당 유원일 의원, 무소속 유성엽 의원을 민주계로 분류했다.
43) 2012년 9월 10일 통합진보당에서 진보정의당 세력이 탈당하였고, 해당 차별금지법안은 같은 해 11월 6일 통합진보당 잔류 의원들만 참여한 채로 발의되었다.

동 발의에 13석이 함께하지 못한 것이라 해도, 그 외의 의안은 모두 진보계 의석이 10석을 넘지 못하기 때문에 민주계의 도움을 받은 상황이었다. 최근의 차별금지법안 역시 "발의 사흘 전에서야 간신히 10명을 채웠다."라는 소식이 보도되기도 했다. 발의까지 나아가더라도 원내의 영향력이 미미한 탓에 진보계의 의안 모두는 쟁점법안으로 다뤄지지 못한 채 임기만료 폐기되었다.

2. 갈등축과 정당-지지자 배열

국회의 모습이 정당 각각의 행보로 구성되는 것이라면, 모든 정당의 행보를 관통하는 일관된 논리는 국회를 설명하는 논리이기도 할 것이다. 이에 따라 각 정당이 퀴어를 대하는 태도의 원인을 분석하기 위해 퀴어 의제를 중심으로 형성된 갈등축과 정당-지지자 배열을 검토했다.

샤츠슈나이더(1960/2008)에 따르면 정치 세계에는 무수히 많은 갈등이 잠재되어 있지만, 그중 극히 소수만이 실제 정치에 영향을 미치고 정당 정치를 가르는 축이 된다. 어떠한 갈등이 새로이 떠오르는 상황은 필연적으로 기존의 갈등이 쇠퇴하는 결과를 낳는다. 이러한 정치 환경에서 정당은 다음의 두 행동 중 하나를 따르게 된다. 첫째, "경쟁자들은 상대편의 갈라진 틈을 활용하는 동시에 자기편의 통합을 유지하고자 노력한다." 자당 내부에 존재하는 긴장 관계는 관리의 대상이고 발현을 막아야 할 위험이다. 둘째, "모든 패배한 정당·대의·이익은 기존의 노선을 따라 계속 싸움을 벌일 것인지 아니면 낡은 싸움을 포기하고 새로운 연합을 형성하고자 노력할 것인지 결정해야 한다." 즉, 소수

파는 다수파 내의 긴장을 노려 기존 균열이나 연합의 해체를 유도하는
반면, "다수파는 자신을 형성시켜준 갈등 구도를 기반으로 자신들의 단
결을 유지해 나간다." 이로써 소수파와 다수파의 전략은 차별화된다.

  일견 당연하게 들리는 위의 연역은 퀴어 의제와 관련한 정당의 태
도 대부분을 설명할 수 있다. 민주계가 어찌 그리도 모호한 입장으로
일관하며 항상 방어적인 자세로 나오는지, 보수계는 어떤 이유로 2017
년부터 공세적으로 분투하는지 말이다. 구체적인 추론을 위해 동성혼
법제화에 대한 조사 결과에 기초했다.[44] 그에 따른 <그림 6-5>는
정당 계열별 지지자가 동성혼 법제화에 찬성하는 비율을 나타낸다. 보수
계에서는 20% 내외, 민주계에서는 40% 내외, 진보계에서는 40-50% 정
도의 지지자들이 동성혼 법제화에 찬성하고 있다.

---

44) 퀴어 의제 각각에 따라 여론 분포가 다르게 나타날 수 있다는 점을 인지하
고 있으나, 국내에서 퀴어 의제(동성혼 법제화, 군형법, 차별금지법 등)에
대한 여론조사와 설문이 미진한 가운데 동성혼 법제화에 대한 설문이 개중
가장 풍부하다는 점과 퀴어 권리의 제도화에서 동성혼 법제화가 어느 정도
대표적인 위치를 차지한다는 점을 고려했다. 엄격하게 본다면 '동성혼 법제
화에 관한' 정당의 행동을 추론한 것이겠지만 퀴어 의제 전반에 관한 정당
의 행동에 대한 설명과 크게 괴리되지 않는다고 판단했다.

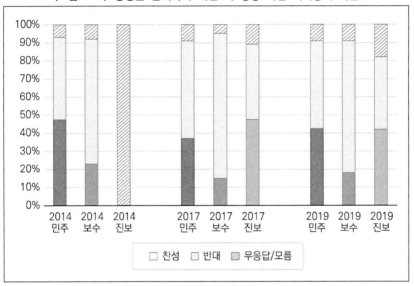

〈그림 6-5〉 동성혼 법제화에 대한 각 정당 계열 지지층의 여론

주: 한국갤럽 데일리 오피니언 제356호(2019년 5월 5주)를 편집

(1) 민주계 정당

민주계 정당은 자신의 이미지를 구성할 때 '인권'을 강하게 내세우지만 퀴어 의제에서는 모호하고 방어적인 태도를 취한다. 자칭 '인권 정당' 민주당의 지지층에서 동성혼 법제화에 찬성하는 비율이 과반이 되지 않는다는 점, 찬성과 반대 비율이 비등한 점과 관련된 것으로 추측된다.

동성애가 민주당 또는 진보의 약한 고리라는 지적(오승재, 2020; 토리, 2011)은 합리적이다. 선거에서 승리하기 위해 지지층의 통합을 강하게 유지해야 한다는 측면에서 동성애 의제는 민주계에게 가장 당혹스러운 약점이다. 지지자 중 40% 가량이 찬성하고 그보다 조금 더 많은 이들이 반대하는 상황에서 민주계는 뚜렷한 입장을 내놓기가 곤란하다. 어느 편이든 입장을 분명하게 드러내고 그로써 동성혼 법제화를 둘러싼 갈등이 가시화되는 순간 지지 연합이 절반으로 갈라질 수 있기 때문이다.

특히나 그들이 2016년 하반기를 기준으로 다수파의 지위를 얻게 되었음을 고려하면 더욱 그렇다. 탄핵 국면에서 민주계와 보수계의 지지율은 확연히 벌어졌고, 탄핵 이슈는 민주계에게 확실히 유리한 갈등이었다. 2016년 12월 탄핵 소추안이 국회에서 표결될 당시 응답자의 81%가 탄핵에 찬성하고 14%만이 반대했으며, 박근혜 대통령에 부정적인 이들이 이탈해 13%로 수축된 자유한국당 지지층에서마저 34%가 탄핵에 찬성했다(한국갤럽 데일리 오피니언 제239호, 2016년 12월 2주). '탄핵'과 '적폐 청산'이라는 이슈만으로 선거가 진행된다면 민주당의 압승은 충분히 예견되는 일이었다.

따라서 2017년의 다수파 민주계는 퀴어 의제를 쟁점화할 이유가 더욱 없었다. 오히려 보수계가 적극적으로 동성혼 문제를 꺼내들었을 때 이를 억눌러야 하는 처지에 가까웠다. 그 결과 민주계의 모호한 태도가 두드러져 나타났는데, 대표적인 예가 '동성애를 지지하지 않지만, 그들의 인권을 존중한다.'라는 공허한 입장이다. 민주계가 보수계로부터 동성애를 지지하냐는 질문을 거듭 받았을 때 그저 아니라고 해명하는 것만으로는 동성애를 둘러싼 갈등을 효과적으로 회피하기 어려웠을 것이다. 부정한다 한들 같은 문답이 반복될수록 유권자의 뇌리에 동성애 지지/반대 프레임만 깊게 삽입될 터였기에 다른 프레임, 다른 언어로 대응하고 논의를 닫아버리는 것이 현명한 처사였다(조지 레이코프, 2004). 그 결과 동성애는 지지하지 않는다는 부정 뒤에 꼭 인권이 운운

됐다. 민주계는 동성애와 관련 여부를 떠나서 인권 정당이라는 이미지만 강조하는 방편이었을 것으로 보인다.

(2) 보수계 정당

보수계는 2017년부터 퀴어 의제를 적극적으로 제시하고, 반―동성애 유권자를 동원하기 시작한다. 특기할 점은 반―동성애 진영이 조직된 시점과 보수계가 그들을 동원하기 시작한 시점에 얼마간 간극이 있다는 사실이다. 연구자들은 2007년 차별금지법 제정 반대 운동부터 퀴어 혐오 세력이 결집했고, 이후 2011년 서울시 학생인권조례 반대 운동, 2013년 차별금지법 반대 운동 등을 수행하며 세를 불렸다고 분석한다(나영, 2018: 52; 서정현, 2014: 57-58). 아울러 20년간 퀴어 의제에 전체 여론은 우호적인 방향으로 변화해왔다는 사실을 기억하건대 보수계의 때늦고 기묘한 변화는 설명을 필요로 하는 현상이다.

보수계가 맞닥뜨린 정치적 상황을 고려하면 그들의 변화를 합리적으로 추론할 수 있다. 탄핵 국면 이전 보수계는 다수파였다. 2007년과 2012년의 대통령 선거에서 내리 승리한 여당이었고, 2008년과 2012년 총선에서 과반 의석을 점유한 거대 정당이었다. 선거에서 승리했을 뿐 아니라 당시 유권자 지형 자체가 '보수로 기울어진 운동장'이었다. 노년, 보수, 영남 중심의 유권자 구성은 보수계 정당의 집권에 유리했고(김정훈·한상익, 2016: 14), 보수계는 지속적으로 40-50%의 거대한 투표 연합을 확보해 왔다(천관율, 2020.4.27.). 따라서 지역 균열을 유지하고 외교·안보 갈등축을 보존하는 것만으로 보수계는 다수파를 유지할 수 있는 상황이었다. 굳이 퀴어 의제를 부각할 이유도 없을뿐더러 이미 퀴어 차별적인 현실에서는 나서지 않는 것만으로도 현상 유지의 목적을 달성할 수 있었다.

그러던 중 2016년 총선을 시작으로 보수 다수파 연합이 붕괴하는 신호가 관측됐다. "이념갈등의 핵심이었던 북한 문제를 둘러싼 갈등이 쟁점화되지 않았다는 점에서 전통적인 이념 갈등은 해체"(김정훈·한상익, 2016: 33)되고 새로운 이념 균열이 떠오르며 보수 우위 구조가 무너지고 있다는 것이다. 탄핵 국면은 쐐기로 작용했다. '민정계 보수'와 '친기업 보수'의 연합으로 구성된 다수파 보수는 박근혜 집권기와 탄핵 국면을 지나며 나뉘지 않을 수 없는 지경에 이르렀고(박원호, 2019: 15-16), 실제 제19대 대통령 선거 결과에서도 보수계의 분열이 가시적으로 나타났다(강원택, 2017). 즉, 다수파를 유지하게끔 한 기존의 갈등축이 무너지고 압도적으로 불리한 이슈가 쟁점이 된 상황이었고, 보수계에는 유권자의 발길을 돌리는 변곡점이 간절했을 것이다. 이러한 맥락 아래서는 보수계가 2017년부터 퀴어 균열에서 적극적 공세에 나선 것이 합리적으로 설명된다.

<그림 6-6>은 탄핵 국면을 전후해 보수계의 상황을 도식으로 나타낸 것이다.[45] 갈등축이 X에서 X'으로 전환된 것은 보수계에 유리한 전통적 갈등축이 쇠퇴하고 새로운 이념 균열이 부상한 상황, 박근혜 집권기와 탄핵 국면을 거치며 기존의 다수파 보수 연합이 붕괴한 맥락을 반영한다. 이때 두 가지를 주목할 필요가 있다. 첫째, 지지층이 축소할 때 동성혼 법제화에 찬성하는 지지자는 더 크게 줄었고, 결과적으로

---

45) 명료한 설명을 위해 상황을 단순하게 나타냈지만 그 과정에서 왜곡되고 무시된 사항들이 적지 않다. 대표적으로 2017년 대통령 선거가 원심력이 주요한 다당제적 성격을 띠었다는 점(박원호, 2019: 17)에서 자유한국당과 더불어민주당을 대상으로 그려낸 도식은 상황을 온전히 반영하지 못한다.

지지층 내에서 동성혼 법제화에 찬성하는 비중이 감소했다(A1－A2). 실제 보수계 지지층 내에서 동성혼 법제화에 찬성하는 비율이 23%(2014년)에서 15%(2017년)로 줄어든 것을 <그림 6－5>에서 확인할 수 있고, 보수계에서 이탈한 이들에 비해 잔류한 지지자는 동성애자의 권리에 보다 보수적이었다는 연구 결과에서도 유추할 수 있다(송진미, 2019: 129). 둘째, 민주계를 동성혼 찬성 정당(B_2 또는 A_2+B_2)으로 몰아넣는 데 부분적으로라도 성공한 결과는 X'에 따르는 결과에 비해 확연히 나은 성적표이다. X'은 압도적으로 불리한 갈등이었으니 보수계는 이를 무엇으로든 새로운 갈등으로 치환해야 했다. 이 두 이유로 말미암아 동성혼 법제화 의제는 보수계에 꽤나 매력적인 선택지였을 것으로 추측된다.

〈그림 6-6〉 탄핵 국면 전후 보수계의 상황

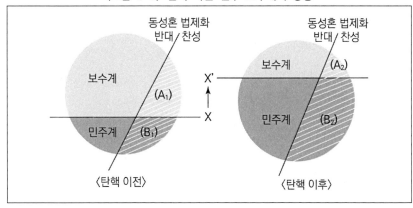

(3) 진보계 정당

진보계의 지지자 중 40%를 웃도는 이들이 동성혼 법제화에 찬성하고, 마찬가지로 40% 내외가 반대한다. 다른 정당과 달리 찬성이 반대를 종종 근소하게 앞서나, 진보계의 지지자 구성이 민주계와 크게 다르다고 보기는 어렵다. 지지자가 절반으로 나뉘는 의제에 섣불리 찬성 혹은 반대의 입장을 밝히기는 분명 곤란한 일이다. 그럼에도 진보계가 꽤나 분명하고 적극적으로 퀴어 우호적인 성향을 내비친 것은 위의 논리로 온전하게 설명해내기 어려운 지점이다.

다만 다음의 요소가 영향을 미쳤으리라 추측한다. 진보계는 원내에 진입한 것도 그리 오래지 않았으며, 전체 의석의 5%를 넘어서는 성과를 거둔 바 없다. 때문에 진보계에 현실적인 목표는 다수파를 구성하는 것보다는 원내 영향력을 조금씩 늘려나가는 것에 가까웠을 터이고, 그 목표에 퀴어 의제는 그리 불리한 전장이 아니었을 것이다. 퀴어 의제에 우호적인 입장은 분명 유권자 다수에게 호소하는 방향은 아니다. 하지만 거대 양당 둘이 퀴어 의제를 외면하거나 배척하는 상황에서 소외된 갈등인 퀴어 균열을 가져가는 것은 최소한 지금에 비해서는 영향력을 확대할 수 있는 유리한 선택이었을 수 있다. 즉, 절대 우위는 못 되어도 비교 우위일 수 있다.

3. 사회적 합의라는 변명, 정당체계가 지녀야 할 책임

퀴어 의제가 뚜렷한 수확을 거두지 못하는 상황에서 주로 지목되는 원인은 '여론'이었다. 아직 인식이 무르익지 않아 사회 변화가 추동되기 어렵다고 생각된 것이다. 이는 한국 사회의 일반적인 생각인 동시에 제도권 정치인들이 논의를 미루며 둘러대는 변명이기도 하다.

하지만 앞선 논증이 보여주듯 각 정당의 행보를 설득력 있게 설명하고, 그럼으로써 국회의 대표성을 설명하는 요인은 여론 전체라기보다 갈등축을 비롯한 정치적 환경과 정당-지지자 배열이다. 오히려 여론의 향방은 정치적 산출물을 온전히 해석해내지 못하는 경우가 많았다. 예컨대 제19대 국회의 '국민보호와 공공안전을 위한 테러방지법'과 최근의 주택임대차보호법 개정안은 반대 여론이 우세했음에도 여당과 정부의 강력한 추진 아래서 통과됐다.[46] 만약 퀴어 친화적인 유권자들이 모종의 이유로 민주계에 결집되어 있었다면, 그러한 경우에도 퀴어를 둘러싼 균열은 사회적 합의가 부족하다는 이유로 잠재되어 있었을까? 혹은 보수계에 퀴어 우호적인 유권자들이 다수 포진해 있었다면, 보수계는 상이한 행보를 보이지 않았을까?

물론 여론은 전체적인 논의 지형을 그려냄으로써 제도권의 대표 양태에 영향을 미칠 것이기에 인식을 개선해 퀴어 인권을 증진하자는 이야기도 궁극적으로 옳다. 다만 퀴어가 마주하는 현실의 날카로운 차별을 고려하건대 '인식이 개선되어야 해결되지.'라는 태도가 함축하는 한가롭고 무책임한 뉘앙스를 놓쳐서는 안 된다. 여론과 정치적인 결과물 사이에 정당체계라는 매개물이 존재하며, 그간 한 발짝 물러나 방관

46) 테러방지법이 통과된 시점 한국갤럽의 조사(한국갤럽 데일리 오피니언 제200호, 2016년 3월 1주)에 따르면 응답자 중 찬성은 39%, 반대는 51%였다. 최근 통과된 주택임대차보호법 개정안 역시 오마이뉴스 의뢰, 리얼미터 조사에 따르면 반대 응답이 49.5%로 찬성 응답 43.5%를 앞섰다. 이 두 법안 역시 정당과 지지자를 살폈을 때 더 적실한 설명이 가능해진다. 테러방지법에 관한 여론조사에서 새누리당 지지자의 72%가 찬성하고 오직 18%만이 반대했으며, 더불어민주당을 지지한다는 응답자의 12%만이 찬성하고 85%가 반대했다. 주택임대차보호법에 대한 여론조사에선 지지 정당이 발표되지 않아 간접적으로만 추측이 가능한데, "문재인 대통령 국정수행 긍정 평가 층에서는 80.9%가 찬성 의견을 밝힌 반면, 부정 평가 층에서는 반대로 79.6%가 반대 의견을 밝혔다. 이념적 진보층에서는 72.8%가 찬성하고 보수층에서는 69.8%가 반대해 극명히 갈"렸다.

한 제도권의 책임을 따질 수 있어야 하는 것이다.

(1) 정당체계의 대표성

개별 정당에만 초점을 두어서는 지지자의 평균적 선호[47]에 따라 행동하는 정당을 당위적으로 문책하기 어려울지 모르나, 개별 정당 이상의 정당체계를 조명하는 순간 경시된 책임이 전면에 두드러진다. 민주화 이후 한국에서 목격되는 정치적 대표의 문제를 "사회적 갈등을 폭넓게 대변하지 못하는 허약한 체질의 정당체계"에서 찾는 최장집(2006)의 글이 이를 잘 설명한다.

민주화 이후 정치적 대표체제와 관련하여 진정으로 문제가 되는 것은 하나의 독자적 조직으로서의 정당 차원에 있는 것이 아니다. 그보다 중요하고 우선적인 문제는 정당이라는 개별 구성단위들로 이루어져 있지만 개별 정당으로 환원되지 않는 그 자체 독자적 차원을 갖고 있으며, 역으로 개별 정당의 성격에 영향을 미치는 정당 간 경쟁의 틀 내지는 배열형태, 즉 정당체제의 차원에 존재한다. … 필자의 생각으로는 민주화 이후 한국 사회가 직면하고 있는 최대의 과제는 그 어떤 것보다

---

47) 이는 사회적 포괄성 및 집중성과도 연관되는 논의일 것이다. Janda(1980; 곽진영, 2004에서 재인용)는 사회적 포괄성과 집중성을 각각 "정당이 한 사회균열구조 내의 각 중요 집단으로부터 고르게 그 지지를 이끌어내는 정도", "한 사회균열구조 내에서 특정 집단으로부터 받아내는 정당 지지의 집중 정도"로 규정한다. 사회적 포괄성이 높고 집중성이 낮다면 각 정당은 대변하는 이익에 차별점이 크지 않을 것이며, 소수의 소외된 이해가 발생한다는 맹점을 갖게 된다(곽진영, 2004: 159–164). 곧 퀴어 균열에서 한국 정당들의 사회적 포괄성이 크고 집중성이 낮다면 정당체계는 퀴어 의제를 두고 경쟁하지 않을 것이며, 자연스레 소수자로서 퀴어의 의견은 대표되지 않을 것이다.

도 갈등의 민주적이고 정상적인 표출과 그 해소를 위한 제도화의 문제
이다. … 즉, 정치개혁의 핵심은 기존의 것과 같은 담합적·독과점적 경
쟁체제가 아니라 사회의 이익과 갈등이 폭넓게 경쟁적으로 대표될 수
있는 경쟁적인 정당체제의 틀을 만드는 문제, 그것이 어렵다면 그에 가
깝도록 틀을 짜는 문제인 것이다(최장집, 2006: 111–112).

이 시각을 퀴어 의제에 적용하건대 현재 정당체계는 퀴어 갈등을
"민주적이고 정상적"으로 표출할 책임을 회피하고 있다.

특히 20년 전 퀴어 의제가 가진 중요성과 지금을 비교하면 퀴어 갈
등은 분명하게 성장했음을 확인할 수 있다. 시민사회에서 퀴어 의제를
둘러싼 갈등은 충분히 가시화되었다. 퀴어 퍼레이드와 반-동성애 집회
가 함께 열리는 등, 퀴어 집단은 운동을 지속하며 공개적으로 활동을
늘려가고 있고 그 급부로 동성애 반대 세력 또한 결집하고 세를 과시하
고 있다. 그뿐 아니라 국민 전반의 의식도 빠르게 변화해 이제는 차별
금지법 제정, 동성혼 법제화, 군형법 개정 등 개별 퀴어 의제에서 찬성
과 반대의 비율이 비등하게 경쟁할 수 있을 만큼의 구도로 발전했다.

그 변화의 흐름 속에서 정당체계는 갈등을 온전히 반영해내지 못
했다. 2017년 이전까지 정당체계는 퀴어 의제를 동원하지 않았다. 반복
해서 지적했듯 민주계는 언제나 퀴어 의제를 외면했고, 보수계도 퀴어
의제에 대한 입장을 적극적으로 내세우지 않았다. 양당은 어느 한쪽의
편도 들지 않으며, 그저 퀴어 균열을 무시해 온 것이다. 진보계가 개중
에서는 분명한 입장을 설정하고 의정에 반영했으나 양당 중심의 정당
체계에서 진보계는 퀴어 균열을 제도권에 끌어올 만한 영향력이 없었
다. 실제로 1992년부터 2017년까지 정당의 선거 공약을 분석한 결과에

따르면 한국에서 정당의 정책경쟁 차원은 탈물질주의를 반영하지 않았다. "페미니즘, 소수자 인권 그리고 최근에 부상하는 동물권 보호 등이 사회적 갈등으로 존재하지만 정당 간 경쟁의 이념차원으로 나타나지는 않는다."(이지호, 2020: 30－31)

2017년 이후 보수계가 반－퀴어 진영을 동원하며 퀴어 균열은 조금씩 정당체계로 흡수되기 시작하나, 그 모양이 기형적이었다. 보수계의 입장 변화와 공격에도 불구하고 민주계가 '행동하지 않음'을 행동 원칙으로 고수했기 때문이다. 양당 중 하나가 적극적인 반－퀴어 입장을 택하고 남은 하나는 침묵하면서 여론 지형과 부합하지 않는 비민주적 결과가 나타나고 있다. 거칠게 말해 '동성애도 사랑의 한 형태라 보는' 53%의 유권자는 대표되지 않고 그렇지 않은 37%만이 대표된 것이며(한국갤럽 데일리 오피니언 제356호, 2019년 5월), '동성혼 법제화에 찬성하는' 유권자 35%는 가려진 채 반대하는 유권자 56%가 "온 국민"의 의견으로 호도되고 있는 것이다.

(2) 사회화와 사사화

위와 같이 정당체계에 퀴어 의제가 반영되지 않는다면 그 결과는 단지 '논의하지 않음'에 그치지 않는다. 샤츠슈나이더(1960/2008: 41－62)가 지적하듯 사적 영역과 공적 영역은 승패의 규칙이 다르다. 사적 영역에서는 대립하는 당사자들의 힘에 의해 승패가 결정되지만, 갈등이 공적 영역에서 다뤄지는 순간 기존에는 당사자가 아니었던 '구경꾼', '군중'이 게임에 참여하게 되고 승패의 결과는 달라질 가능성이 생긴다. 따라서 강자는 갈등을 사적 영역에 제한하려 하고(사사화), 소수자는 갈등을 제도권에서 논의하고자 한다(사회화). 그렇기에 "억압받는 소수자들의 시민권과 이들의 지위를 둘러싼 논쟁에 공적으로나 사적으로 개입할 수 있게 하는 모든 조치가 의미를 갖는 것은 갈등을 가시화하려는 시도와 결부될 때"인 것이다.

그의 분석은 적어도 퀴어 의제와 관련해서는 상황을 정확히 설명해 준다. 여론과 무관하게 퀴어 옹호 집단과 퀴어 혐오 집단의 세력 차이는 선명하다. 수많은 신자를 효과적으로 동원할 수 있으며 정·재계와의 네트워크를 갖고 있는 보수 개신교(나영, 2014)와 커밍아웃하기조차 어려운 현실에서 위험을 무릅쓰고 운동에 참여하는 퀴어 활동가들을 비교한 결과는 그리 어렵지 않게 가늠될 것이다. 전영평(2009)은 여러 소수자 정책 영역을 옹호 집단과 반대 집단의 형성 정도로 분류한 결과 동성애자 운동은 옹호 집단은 약하고 반대 집단은 강한 환경에 놓여 있다고 말한다. 그에 따르면 "이 경우 소수자 운동은 반대 옹호 집단의 압력에 밀려 지리멸렬하게 전개되는 경향이 있으며 이들에게 유리한 정책이 만들어지기 어렵"기 때문에, 소수자들은 일반 대중에게 문제를 알리고 정치적으로 쟁점화하는 전략, 곧 사회화 전략을 택하게 된다. 실제 2013년 차별금지법을 둘러싼 갈등을 연구한 결과에 따르면 성소수자 단체를 비롯한 찬성 측은 정보 제공 및 여론 형성을 통해 이익을 표출하는 경향이 강했고, 반대 측 역시 정보와 여론을 고려하지만 찬성 측에 비해 "국내외 조직과의 연계"를 적극적으로 활용하는 모습을 보였다(이서영·최유경, 2014: 101-103).

이 같은 맥락을 인지한다면 정당체계가 퀴어 갈등을 반영하지 않는 결과가 갈등의 당사자들에게는 결코 중립적이지 않다는 사실을 파악할 수 있다. 제도권 정치는 사회화 전략이 유리한 퀴어 옹호 집단과 사사화 전략을 꾀하는 퀴어 혐오 집단 사이에서 후자에 힘을 실어왔다.

313

제도권 정치인이 사회적 합의만을 강조한다면 그것은 "퀴어 이슈를 공적 논의의 장에서 추방하는 구실"(시우, 2018)로 작용할 뿐이며, 곧 사적 영역에서 조직력과 자원으로 우세한 퀴어 반대 세력의 승리를 승인하는 것에 다름 아닌 것이다.

4. 종합

앞서 제도권 정치의 갈피이자 맥락으로서 정당 계열별 태도를 살폈으며, 그 태도가 비롯된 원인으로 갈등축, 정당-지지자 배열을 비롯한 정당체계를 제시했다. 즉, 국회가 퀴어 의제를 미진하게 대표해 온 까닭은 정당체계에 있다고 주장했다.

이 분석은 쉬이 깨닫기 어려운 책임 소재를 들춰내고 당위를 끌어낸다. 한국 정치의 정당은 퀴어 차별적인 현실이 지속되는 데 큰 책임을 갖는다. 정당체계는 그 역할상 사회의 다양한 갈등을 가능한 폭넓고 정확하게 반영해내야 하건만, 한국의 정당체계는 오히려 시민사회에서 이미 가시화되고 충분히 발전한 퀴어 갈등을 외면함으로써 여론이 사회 변화로 이어지는 길목을 막는 역치로 기능했다. 여론이 우호적으로 변화했음에도 그 효과가 제한적이고, 오히려 역행하는 결과를 낳은 것도 그러한 까닭이다. 무릇 민주사회의 공당(公黨)이라면 소수자를 보호해야 한다는 이상적인 논의는 차치하고서라도, 정당과 정당체계가 본래 부여받은 역할을 적절히 수행내지 못하고 있는 것이 문제의 본질이겠다.

정당체계뿐 아니라 제도권 정치인도 책임에서 자유롭지 못하다. 제도권 정치인은 정당체계에 구속되어 행동하는 동시에, 주도적으로 정당체계를 재구성할 독보적인 자리를 차지하고 있다. 사회가 변화하고 유권자의 뜻이 달라질 때 정당체계는 자연스럽게 변화하지 않는다. 여러 연구가 밝히듯 새로운 의제가 떠오르고 정당 – 지지자 연계가 재배열될 때는 정당 엘리트의 주도적인 입장 변화와 의제화가 선행되어야 한다.(Carmines and Stimson, 1989: 160) 이러한 역할을 고려하건대 퀴어 의제에 뒷짐을 지고 '사회적 합의', '국민의 뜻', '시기상조' 등등을 운운하는 제도권 정치인들의 행태는 다르게 해석될 지점이 있을 것이다.

V. 결론

왜 제도권은 퀴어 의제에 대한 유권자 층의 의식 변화를 반영하지 못했는가. 이 연구는 앞의 물음에서 출발했다. 지난 20여 년간 동성혼 법제화, 차별금지법 제정 등의 이슈에서 유의미한 수준의 여론 변화가 있었음에도, 국회와 정당은 놀라우리만큼 퀴어 의제에 반응을 보이지 않았고, 자연히 제도권에서 관련 논의는 잊혀졌다. 이에 본 연구는 우리 민주주의가 형식적 차원에 그치지 않고 소외된 이들까지 '실질적으로' 품어야 한다는 믿음 하에, 한국 사회 퀴어 의제의 실질적 대표성을 확인하고자 했다. 이를 위해 유권자의 기대와 대표자의 호응이 어떻게 이루어지는지를 국회와 정당체계를 주체로 설정하여 살폈다.

먼저, 원내 퀴어 의제 논의의 현주소를 점검했다. 군형법, 차별금지법 등 퀴어 의제와 관련된 발의안과 회의록을 보건대, 의원들은 관련 논의를 회피했다. 상임위 중심주의 등 우리 국회의 제도적 특성은 이러한 의원들의 소극성이 국회 전체 차원에서 부작위로 드러날 수 있게끔

했다. 이어서는 의원들의 소극적 태도의 원인을 정당 정치 차원에서 살 폈다. 정리하면, 제도권 정치는 정당−지지자 배열, 즉 득표 가능성을 의식하며 퀴어 의제에 대응하는 모습을 보였다. 제도권에서 요구하는 '사회적 합의'는 실로 허상이었으며, 정당은 자당 지지자들을 의식하여 지금껏 '의제의 사회화'의 책임을 방기해 왔다.

본 연구는 두 가지 면에서 의의를 갖는다. 첫째로, 대표성의 문제를 종합적인 견지에서 바라보았다. 기존 연구들이 개별 의제를 다루는 데에 국한되어 대표성의 문제를 파편적으로 인지하고 있는 반면, 본 연구는 확인 가능한 발의안과 회의록을 모두 검토하여 제도권에서 다뤄지되 주 목받지 못했던 의제들을 포괄했다. 그 과정에서 대표성의 미비를 경험적 으로 증명했으며, 퀴어 관련 의제가 다뤄지는 양상에 일련의 유사성이 있음을 발견했다.

둘째로, 논의를 국회−정당−지지자의 차원으로 구조화하여 문제 의 고리를 선명히 확인할 수 있도록 했다. 원내 대표성의 미비를 단순 히 국회만의 문제로 규정하는 것에서 한 걸음 나아가, 정당체계와 지지 자 배열을 포함한 정당정치 전반의 결점으로 인식했다. 이로써 이제껏 극우 개신교 세력의 영향력에만 주목되었던 담론에 보다 거시적인 차 원의 화두를 던진다.

후속 연구에서 다룰 제재와 앞으로의 전망은 과제로 남긴다. 먼저 제도권과 비제도권 시민단체 사이의 역학에 주목할 수 있겠다. 비록 본 연구는 퀴어 의제의 실질적 대표성을 국회와 정당 중심으로 바라보았으 나, 아래로부터의 참여 또한 대표성 연구에서 제할 수 없는 축임을 고려 해야 한다. 이를 위해서는 비제도권과 제도권 사이의 유기성을 조명하는 일이 필수적이다. 세부적으로는 퀴어 운동이 제도권 정치에 어떠한 영향

을 미쳐왔는지, 그 참여성이 갖는 파급력은 어떠한지를 살피는 작업이
될 것이다.

　한편, 앞으로의 한국 정치는 정체성 정치와 관련한 숙제를 해결해
야 한다. 본 연구는 소외되는 객체로서 퀴어와 관련 의제가 대표되지
못함을 경험적으로 짚어냈으나, 이들이 어떻게 대표되어야 하는지에
대해서는 명확한 답을 내리지 못했다. 퀴어가 대표되는 과정에서 필연
적으로 모순이 생기는 탓이다. 주체화를 요구하기에는 그들이 마주할
섹슈얼리티와 대표성 사이의 긴장관계는 좌시할 수 없는 문제이다. 이
를 해결하기 위해서는 정치적 접근과 더불어 사회·문화적 차원에서의
접근도 동시에 이루어져야 할 것이다.

　상술한 후속 연구가 진행되는 데에 이 논문이 부족하게나마 도움
이 되기를 바란다. 한국의 퀴어 집단과 퀴어 친화적인 진영이 온전히
대표되는 날을 고대하며 글을 맺는다.

참고 문헌

▌ 국내외 문헌 ▌

강원택. 2010. 『한국 선거정치의 변화와 지속』. 파주: 나남.

강원택. 2011. "국회 소위원회 제도의 운영 현황과 발전 방안". 현대정치연
　구, 4(2). pp.5 – 27.

강원택. 2011. "한국에서 정치 균열 구조의 역사적 기원: 립셋 – 록칸 모델의
　적용". 한국과 국제정치 제27권, 제3호 2011년(가을) 통권 74호. pp.99 –
　129.

강원택. 2017. "2017년 대통령 선거에서의 보수 정치". 한국정당학회보, 16(
　2). pp.5 – 33.

강원택. 2019. "민주주의의 위기와 한국 정치". 철학과 현실. pp.77 – 90.

강태경. 2014. "법적 추론에 대한 비판적 분석으로서의 인지적 분석: 전환자의
　공부상 성별 정정 사건을 중심으로". 서울대학교 법학연구소. pp.193 – 240.

곽관용, 마인섭. 2019. "한국 20대의 보수와 진보: 세대 간 및 세대 내 비교".
　비교민주주의연구, 15(2). pp.35 – 73.

곽진영. 2004. 『현대 정당정치의 이해』. 심지연 편. 백산서당. pp.141 – 169.

김명수. 2014. "소수자보호와 차별금지법". 홍익법학, 15(3). pp.165 – 203.

김윤정. 2006. "입법 과정에 대한 헌법적 고찰". 서강법학. pp.223 – 239.

김정욱, 한상익. 2016. "신화의 붕괴. 그리고 희망의 정치?". 경제와 사회, 110.
　pp.12 – 37.

김종우. 2016. "인권 담론의 생산과 제도의 변동". 한국사회학회 사회학대회
　논문집. pp.443 – 455.

김주형. 2020. "포퓰리즘과 민주주의: 인민의 민주적 정치주체화". 한국정치
　연구. pp.29, 57 – 90.

김태명. 2003. "성전환을 둘러싼 법적 문제점에 대한 검토". 저스티스. pp.26 − 51.

나영. 2018. "지금 한국에서. TERF와 보수 개신교계의 혐오선동은 어떻게 조우하고 있나". 문화과학, 93. pp.50 − 72.

노기우, 이현우. 2019. "민주화 이후 한국 정당체계는 불안정한가". 한국정당학회보, 18(4). pp.5 − 35.

박경미. 2018. "국회 본회의와 상임위원회 관계의 역사적 변화: 법률안 처리과정을 중심으로".『대한민국 국회제도의 현상과 변화』. 푸른길.

박영환, 정하윤, 이은정, 허인혜, 강주현, 이재묵. 2018. "한국 국회의 실질적 대표성 증진의 조건". 21세기정치학회보, 28(2). pp.69 − 91.

박영환. 2016. "한국 의회민주주의의 대표성 평가". 국제정치연구, 19(1). pp.245 − 268.

박원호. 2019.「서론: 한국 정당정치의 재편성과 2017년 대통령 선거」.『한국정치의 재편성과 2017년 대통령 선거 분석』. 강원택, 박원호, 김석호 편. 파주: 나남. pp.5 − 25.

박찬걸. 2010. "강간 피해자로서 '성전환자'의 인정 여부에 관한 검토". 한국피해자학회, 18(1). pp.81 − 106.

서동진. 2005. "인권. 시민권 그리고 섹슈얼리티". 경제와사회. pp.66 − 87.

서정현. 2014. "차별금지법 국내 수용 과정의 정치"(석사학위논문). 서울대학교 행정대학원.

석인선. 2008. "국회 법률안 심의 과정에서의 민주성 확보에 관한 소고 − 위원회제도를 중심으로−". 법학논집, 12(2). pp.1 − 40.

송진미. 2019. "보수정당 지지층의 균열과 이탈". 한국정치연구, 28(1). pp.109 − 146.

시우. 2018.『퀴어 아포칼립스』. 서울: 현실문화연구.

안진. 2018. "포괄적 차별금지법의 입법쟁점에 대한 일고찰". 법학논총, 38

(1). pp.537－589.

윤상철. 2009. "정당체계와 정치적 대표성. 한국과 국제정치", 25(1). pp.233－261.

윤혜영, 정태일. 2019. "정치대표성에 대한 비판적 검토". 한국과 세계, 1(2). pp.5－26.

이상환. 2019. "정체성 정치의 두 얼굴: 정체성 정치에서 탈중심화된 시민권으로". 대동철학, 87. pp.177－202.

이서영, 최유경. 2014. "이익집단의 이익표출방식이 입법 과정에 미치는 영향". 글로벌정치연구, 7(2), pp.89－114.

이지호. 2020. "민주화 이후 한국 정당경쟁의 이념적 차원 연구". 현대정치연구, 13(1). pp.5－39.

임중호. 2005. "입법 과정의 개선 및 발전방향". 국회법제실 및 한국공법학회. pp.31－64.

장훈. 2003. "한국의 정치적 대표". 한국정당학회보, 2(1). pp.71－93.

전영평. 2009. "한국 소수자 정책의 지형". 한국행정논집, 21(3). pp.839－862.

전진영, 곽진영. "국회의원의 정책적 관심의 성차분석: 제17대 국회와 제18대 국회의 비교". 한국정치연구, 26(2). pp.105－127.

전진영. 2011. "국회 입법교착의 양상과 원인에 대한 분석". 한국의회발전연구회. 의정연구 제17권 제2호(통권 제33호)

전진영. 2013. "「국회법」 개정안 중 의안자동상정제와 안건신속처리제의 입법영향분석". NARS 현안보고서 제182호. 국회입법조사처. pp.1－4.

정성조. 2018. "한국 군대 내 동성애 문제의 탄생". 한국사회학회 사회학대회 논문집. pp.449－467.

조기숙. 2020. "한국 정당재편성의 역사와 기제: 세대교체. 전환. 혹은 동원?". 한국정당학회보, 19(2). pp.63－100.

최장집, 박찬표, 박상훈. 2007.『어떤 민주주의인가: 한국 민주주의를 보는 하나의 시각』. 서울: 후마니타스.

홍성수. 2018. "포괄적 차별금지법의 필요성". 이화젠더법학, 10(3). pp.1 – 38.

홍철기. 2014. "대표의 개념과 선거는 민주적인가: 정치적 대표와 대의 민주주의의 미래". 진보평론, (61). pp.266 – 290.

Brown. Wendy. 2015. 『Undoing the Demos: Neoliberalism's Stealth Revolution: Vol. First Edition』. Zone Books.

Canovan. Margaret. (김만권 역). 2015. 『인민(The People)』. 그린비(원서출판 2005).

Carmines. Edward G.. Stimson. James A. 1990. 『Issue Evolution: Race and the Transformaion of American Politics』. Princeton University Press.

Downs. A. 1957. "An Economic Theory of Political Action in a Democracy". The Journal of Political Economy, 65(2). pp.135 – 150.

E.E.Schattschneider. (현재호, 박수형 역). 2008. 『절반의 인민주권』. 서울: 후마니타스(원서 출판 1960).

Fukuyama. Francis. (이수경 역). 2020. 『존중받지 못하는 자들을 위한 정치학: 존엄에 대한 요구와 분노의 정치에 대하여. 한국경제신문(원서출판 2018).

George P. Lakoff. (유나경 역). 2014. 『코끼리는 생각하지마』. 와이즈베리 (원서출판 2004).

Jagose. Annamarie. (박이은실 역). 2017. 『퀴어이론 입문』. 여성문화이론연구소(원서출판 2012).

Mouffe, Chantal. 2019. 『좌파 포퓰리즘을 위하여: 새로운 헤게모니 구성을 위한 샹탈 무페의 제안』. 서울: 문학 세계사(원서출판 2018).

Pitkin. Hanna F. 1967. 『The Concept of Representation』. Berkeley: University of California Press.

Przeworski, A. 1999. 『Minimalist Conception of Democracy: A Defense. In I. Shapiro, & C. Hacker – Cordon (Eds.)』. Democracy's Value Cambri dge University Press.

Schumpeter, A. (변상진 역). 2011. 『자본주의 사회주의 민주주의』. 한길사 (원서출판 2008).

| 언론 보도 |

강건택, 홍준표. 2017.04.27. 동성애는 하나님의 뜻에 반해⋯에이즈 창궐. 연합뉴스. www.yna.co.kr/view/AKR20170427155300001?input=1195m

국제엠네스티. 2017.04.20. 인권 8대 의제 대선후보 답변서. amnesty.or.kr/20137/

군인권센터. 2017. [보도자료] 장준규 육참총장. 동생애자 군인 색출 및 처벌 지시 관련 긴급 기자회견. mhrk.org/notice/press-view?id=439

권순재. 2018.02.02. 한국당 주도 충남인권조례 폐지안. 본회의 통과... 충남도 "재의요구". 경향신문. news.khan.co.kr/kh_news/khan_art_view.html?artid=201802021718001&code=940100

김명지. 2019.05.17. 황교안 "동성애. 개인적으로도 정치적으로도 반대". 조선일보. www.chosun.com/site/data/html_dir/2019/05/17/2019051702833.html?utm_source=naver&utm_medium=original&utm_campaign=news

김소연. 2007.12.14. "우리 존재부터 인정해달라" 말조차 꺼리는 대선판 '쓴웃음'. 한겨레. www.hani.co.kr/arti/society/society_general/257128

김아리. 2002.12.09. 질문: 주변사람이 동성애자라고 커밍아웃하면?－계간지 '버디' 질의 결과. 한겨레. www.hani.co.kr/arti/legacy/legacy_general/L576413.html?_fr=st2

김인수. 2001.04.24. 국회 법사위 인권법 '난항'. 매일경제. news.naver.com/main/read.nhn?mode=LSD&mid=sec&sid1=100&oid=009&aid=0000111870

김인수. 2001.05.01. 인권법 국회통과 시민단체 강력반발. 매일경제. news.naver.com/main/read.nhn?mode=LSD&mid=sec&sid1=100&oid=009&aid

＝0000113546

김포그니. 2017.04.26. 대선에 등장한 '동성애'…후보별 태도 분석해보니. 중앙일보. news.joins.com/article/21516498

나영정, 장병권. 2012.11.29. 성소수자 차별반대 무지개행동의 18대 대통령 선거 성소수자 정책 질의에 대한 각 후보의 답변 내용 분석. lgbtpride.or.kr /xe/index.php?mid＝anoucement&page＝9&document_srl＝44520

노지민. 2020.08.24. 민주당 다문화위 "포괄적 차별금지법으로 '민주당 강령' 지키자". 미디어오늘. www.mediatoday.co.kr/news/articleView.html?idxno＝208903

박정연. 2020.09.01. 심상정 '차별금지법 지원' 요청에 이낙연 "교계 우려 감안해야". 프레시안. www.pressian.com/pages/articles/2020090115012832873#0DKU

백상현. 2020.07.24. "포괄적 차별금지법. 여성 역차별 부를 것". 국민일보. news.kmib.co.kr/article/view.asp?arcid＝0924148951&code＝23111111&cp＝nv

손호숙 외. 2019.05.22. 총선 1년 앞두고 '동성애' 이슈화…보수층 결집 노리는 한국당. 한국일보. www.hankookilbo.com/News/Read/20190521218079 4117

송창한. 2020.07.28. 민주당 성소수자위원회 준비모임. 평등법 제정 촉구 "응답하라 민주당!". 미디어스. www.mediaus.co.kr/news/articleView.html?idxno＝187598

신상호. 2020.08.06. 임대차보호법. 반대 50%－찬성 44%… 수도권 유주택자 56% "반대". 오마이뉴스. www.ohmynews.com/NWS_Web/Event/Special/opinion_poll_2019/at_pg.aspx?CNTN_CD＝A0002664535&CMPT_CD＝P0010&utm_source＝naver&utm_medium＝newsearch&utm_campaign＝naver_news

오승재. 2020.03.22. "트랜스젠더 인권법 마련할 겁니까?" 민주당의 답변은.

오마이뉴스. www.ohmynews.com/NWS_Web/View/at_pg.aspx?CNTN_CD
=A0002624860

오승재. 2020.03.17. '동성애 반대' 민주당과 진보정당이 한솥밥을 먹다니요.
오마이뉴스. www.ohmynews.com/NWS_Web/View/at_pg.aspx?CNTN_CD
=A0002623198&CMPT_CD=P0010&utm_source=naver&utm_medium=
newsearch&utm_campaign=naver_news

윤동영. 2001.04.30. 국회 인권위법 가결. 연합뉴스. news.naver.com/main/r
ead.nhn?mode=LSD&mid=sec&sid1=100&oid=001&aid=0000069408

이강원, 고형규. 2001.01.31. 동성애자 인권보호 입법추진. 연합뉴스. news.n
aver.com/main/read.nhn?mode=LSD&mid=sec&sid1=100&oid=001&ai
d=0000051638

이세중. 2020.06.29. "국민 88% 차별금지법 찬성"…국회의원은 300명 중 69
명만 찬성. KBS. news.kbs.co.kr/news/view.do?ncd=4482318&ref=A

이원창. 2020.06.29. '성적 지향' 뺀 통합당 차별금지법…정의당. 수상하다?.
머니S. moneys.mt.co.kr/news/mwView.php?no=2020062910468055357

이정애. 2017.02.13. 문재인, 성 소수자 차별금지법 반대 뜻 밝혀. 한겨레.
www.hani.co.kr/arti/politics/politics_general/782494

이정현. 2014.12.06. '인권헌장 무산 후폭풍' 성소수자단체 서울시청 점거. 연
합뉴스. www.yna.co.kr/view/AKR20141206031600004?input=1195m

이제훈, 고명섭. 1997.11.28. 대선후보 문화지수 – "문화부 독립 바람직" 한목
소리. 한겨레. p.14.

이지혜. 2020.07.09. 이상민 의원. '성적 지향' 포함 차별금지법 제정 나선다.
한겨레. www.hani.co.kr/arti/politics/assembly/953004

이지혜. 2020.08.13. 개신교와 손잡고 "차별금지법 반대"…엇나가는 민주당
의원. 한겨레. www.hani.co.kr/arti/politics/assembly/957594

장창일. 2020.07.21. 미래통합당 기독의원들. "포괄적 차별금지법 반대". 국민일
보. news.kmib.co.kr/article/view.asp?arcid=0014813079&code=61221111&cp

=nv

천관율. 2020.04.27. 드디어 진보는 다수파가 되었는가. 시사 IN. www.sisai
    n.co.kr/news/articleView.html?idxno=41846

토리. 2011.11.29. 저들에게 '악의 축'은 '빨갱이'와 '동성애'인가. 프레시안.
    www.pressian.com/pages/articles/19685#0DKU

한승곤, 강주희. 2020.09.02. 차별금지법 제정 물으니. 文 "걱정 말라"…시민
    들 "혐오 동조 발언" 비판. 아시아경제. view.asiae.co.kr/article/202009020
    9190828790

한종찬. 2012.11.29. '성소수자를 위한 정책 마련하라'. 연합뉴스. news.naver.
    com/main/read.nhn?mode=LSD&mid=sec&sid1=102&oid=001&aid=0
    005960987

홍성수. 2020.07.22. 차별금지법 제정 이미 사회적 합의 끝났다. 시사IN.
    www.sisain.co.kr/news/articleView.html?idxno=42422

홍재원. 2017.04.21. [할 말 있습니다－⑤성소수자 인권단체] 개신교는 종북
    게이라는 말까지 만들어 정치에 동성애 이용. 경향신문. news.khan.co.kr/
    kh_news/khan_art_view.html?art_id=201704211751001

❚ 기타 문헌 ❚

국가인권위원회. 2004. 군대 내 동성 간 성폭력 실태조사.

국회 법제사법위원회. 2017. 「군형법 일부개정법률안」 검토보고서. pp.2－3.

의안정보시스템 처리의안통계 위원회별 법률안. 제20대 국회. likms.assembl
    y.go.kr/bill/stat/statFinishBillSearch.do

제16대국회 제268회국회(임시회) 제8차. 법안심사제1소위 회의록. 2007.08.08.

제17대국회 제268회국회(임시회) 제5차. 법제사법위원회 회의록. 2007.06.22.

제17대국회 제269회국회(정기회) 제3차. 법안심사제1소위원회 회의록. 2007.
    11.20.

제19대국회 제313회국회(임시회) 제1차. 법안심사제1소위 회의록. 2013.02.21.

제19대국회 제331회국회(임시회) 제1차. 법안심사소위 회의록. 2015.02.23.

제19대국회 제342회국회(임시회) 제2차 법안심사제2소위 회의록. 2016.05.16.

제20대국회 제354회국회(정기회) 제1차. 법제사법위원회 회의록. 2017.09.19.

07

수용국에서의
난민신청자의 권리

: 취업권 정당화를 중심으로

허재영

07

수용국에서의 난민신청자의 권리

: 취업권 정당화를 중심으로

허재영

I. 들어가며

한국의 난민법은 난민신청자의 취업활동을 원칙적으로 금지한다. 다만, 난민인정 신청 후 6개월이 경과한 난민신청자에 대해서는 취업허가 심사를 거쳐 취업권을 부여하고 있다[1]. 취업권을 갖게 된 난민신청자는 단순노무직에 한해서만 취업을 할 수 있고[2], 난민인정 심사에 대

---

1) 난민신청자는 6개월 이내의 기간 동안 난민지원시설 주거 지원을 받을 수 있고, 심사를 거쳐 6개월을 초과하지 않는 범위에서 생계비를 지원받을 수 있지만, 난민신청 후 6개월이 경과하여도 난민인정 여부가 결정되지 않은 경우에는 체류기간 범위 내에서 사업장을 정하여 체류자격 외 활동허가를 받아 취업할 수 있다. 이처럼 난민신청일로부터 6개월이 지난 후에만 취업 활동을 제한적으로 허가하는 것은 주거 지원이나 생계비 지원의 공백을 보충하기 위함이며, 신청일로부터 6개월이 지난 시점부터 생계비를 지원하지 않는 정책은 난민신청의 남용을 방지하는 목적에서 시행되는 것이다.

2) 법무부는 "외국인 체류 안내 매뉴얼"을 통해서 취업 제한분야(사행행위 영

해서 이의제기를 하는 경우에는 ID카드를 반납함으로써 더 이상 취업 활동을 하지 못하게 된다[3]. 그런데 한국의 난민신청자 중 대부분이 난민인정 심사에 대해서 이의제기를 거치게 된다는 점과 난민신청자의 심사기간이 평균적으로 2년이라는 점을 고려한다면, 난민신청자의 취업권은 장기간 동안 불안정한 상태에 놓여있다고 볼 수 있다.

난민신청자의 불안정한 취업권은 취업 직종을 제한하는 제도와 결합하여 난민신청자의 지위를 취약하게 만든다. 난민신청자의 체류지위와 취업허가 과정에 대해 생소한 고용주들은 난민신청자를 고용하는 것을 꺼리기 때문에, 난민신청자들은 난민이나 외국인을 고용하는 것에 익숙한 소수의 회사에 취업을 의존하게 된다. 하지만 단순노무를 주요 업무로 삼으면서 그와 동시에 난민신청자의 취업 과정에 대해서 익숙한 회사의 수는 절대적으로 부족하다. 이로 인해, 난민신청자들은 몇 안되는 회사에 취업하기 위해 고용주가 자체적으로 마련한 차별적인 고용기준을 감내할 수밖에 없다[4].

업장소에서의 취업, 유흥접객원으로서의 취업, 선량한 풍속에 반하는 영업 장소에서의 취업, 개인과외 교습 등)가 아닌 그 밖의 단순노무 분야에서 취업이 가능함을 밝히고 있다. 전문분야에 취업하고자 할 경우에는 출입국관리법령 등이 정하는 자격을 갖추어 체류자격 외 활동허가를 받아야 한다고 밝히고 있지만, 난민신청자의 경우에는 어떠한 자격을 갖추어야 하는지에 대한 기준이 명확하게 설정이 되어있지 않을 뿐만 아니라, 해당 기준이 공개되지 않고 있어 비일관적인 행정이 이뤄지고 있다.

3) 제44조(특정 난민신청자의 처우 제한) 제2조 제4호다목이나 제8조 제5항 제2호 또는 제3호에 해당하는 난민신청자의 경우에는 대통령령으로 정하는 바에 따라 제40조 제1항 및 제41조부터 제43조까지에서 정한 처우를 일부 제한할 수 있다.

4) 이러한 주장의 근거는 본 연구의 3절에서 면담 및 참여관찰 연구 내용을 통해서 제시한다.

　　이러한 문제를 해결하는 차원에서 본 연구는 취업 가능 직종을 제한하는 현행법규가 개선되어야 함을 밝히고자 한다. 특히, 직종 제한 없이 취업할 권리는 단순한 권리가 아닌, 인권에 해당하는 권리임을 밝힘으로써 수용국인 한국은 난민신청자에 대해서 직종 제한 없이 취업할 권리를 보장하여야 함을 논증한다. 직종 제한 없이 취업할 권리가 인권에 해당하는 권리라는 점을 논증하기 위해서는 Cohen의 성원권 이론을 분석틀로 사용한다.

　　성원권 이론에 따르면, 인권은 한 정치사회의 성원이 성원으로서의 대우를 받는다고 말할 수 있기 위해서 그리고 정치사회로 부과받는 의무들을 실천하기 위해서 필요한 권리에 해당한다. 본 연구는 Cohen의 성원권 이론을 난민신청자의 취업권 문제에 적용함으로써 난민신청자의 이해관심(interest)은 난민법과 난민협약(1951)을 매개로 수용국에 의해서 규율(regulate)될 뿐만 아니라, 난민신청자는 상당기간 동안 자신의 기본권 보장 문제를 수용국에 의탁한다는 점에서 난민신청자가 수용국의 성원임을 보인다. 이를 토대로 난민신청자는 정치사회의 성원으로서 마땅히 누려야 할 공동재화(common goods)를 보장받아야 하며, 공동재화에는 직종 제한 없이 취업할 권리 또한 포함됨을 논증한다.

　　주장의 적절성을 제고하기 위해 본 연구는 난민신청자의 취업 과정에 대한 참여관찰과 면접법 연구를 병행한다. 이를 통해 취업 가능 직종이 제한된 상태에서 취업활동을 하는 경우, 난민신청자들이 여러 종류의 차별을 경험하고, 삶의 전망을 수립－실천하는 활동을 제대로 수행할 수 없으므로, 수용국의 성원인 난민신청자에게는 직종 제한 없이 취업할 권리가 보장되어야 함을 보인다.

　　논의를 통해 본 연구는 난민신청자에게 직종 제한 없이 취업할 수 있는 권리를 보장함으로써 난민신청자가 난민인정 절차를 안정적으로 이행하는 데 조력하고자 한다. 이에 더해, 본 연구는 난민신청자의 권리를 정당화하는 새로운 분석틀을 제시하는 것을 목표로 한다.

1. 선행연구 검토

난민과 난민신청자의 권리에 대한 기존의 논의는 주로 수용국이 난민신청자에게 지는 의무의 성격—난민신청자의 침해된 인권을 보충하는 인도주의적(humanitarian) 의무인지, 혹은 성원권을 부여함으로써 난민신청자에게 새로운 정치적 지위를 부여할 정치적 의무인지—을 규명하는 것에 초점을 두고 있다(Owen, 2018, 2019; Carens, 2013; Cherem, 2016; Price, 2009; Walzer, 2008).

난민의 권리 보장에 대한 논의에서 난민에 대한 개별 국가의 의무를 규명하는 작업이 진행되어온 것은 두 문제가 밀접한 관련성을 갖는다는 점에 기인한다. 가령, 난민에 대한 다른 국가들의 의무가 단지 최소한의 생계를 보장하는 것이라면, 각 국가는 난민에게 생존권만 보장하면 된다. 하지만 난민에 대한 의무가 본국에서 침해당한 난민의 시민권을 다른 국가들이 대신해서 보장하는 것이라면, 각 국가는 난민에게 생존권을 보장하는 것을 넘어서 시민으로서의 정치적 권리 등을 추가적으로 보장하여야 할 필요가 있다[5]. 이처럼 난민에 대한 다른 국가들

---

5) 난민에게 성원권을 부여해야 한다는 견해를 지닌 자들은 성원권이 난민의 안정적인 정치적 지위의 보장을 위한 필요조건이라는 점을 들어 성원권 보장의 필요성을 역설한다. 난민 지위의 인정이 정치적 지위의 향상을 도모하기 위함이고, 정치적 지위는 성원권이 보장될 때에만 안정적으로 유지되는 것이라면, 난민 지위를 인정하는 것은 곧 성원권을 부여하는 것이 수반된다는 것이다.

의 의무의 성격을 분석하는 것은 각 국가들이 난민에 대해서 어떠한 종류의 권리를 보장하여야 하는지에 대한 규범적인 근거를 마련해주기 때문에, 정치철학자들은 난민에 대한 의무의 성격을 규정하는 작업을 통해서 난민의 권리에 대해 포괄적으로 논의해 왔다.

하지만 기존 논의에는 두 가지 문제가 있다. 첫째, 어떠한 세부적인 권리를 난민에게 보장해야 할지에 대한 적절한 답변을 제공하지 못한다. 가령, 기존 논의를 바탕으로 난민에 대해서 수용국이 인도주의적 의무를 실천해야 한다는 결론이 도출된다 하더라도, 인도주의적 의무가 함축하는 권리의 내용이 무엇인지를 추가적으로 분석해야 하기 때문에 기존 논의는 난민에게 어떤 권리를 보장해야 하는지에 대해서 충분한 답변을 제시하는 데 한계가 있다.

두 번째로 기존 논의는 난민인정자와 난민신청자를 적절히 구분하지 않는다는 점에서 문제가 있다. 난민인정자와 난민신청자는 수용국으로부터 난민임을 인정받았는지의 여부를 기준으로 구분된다. 그런데

그러나 이러한 견해에 대해서는 난민을 보호하는 것이 난민의 성원권을 보장하는 것을 함축하진 않는다는 반론이 제기될 수 있다. Owen은 비호를 필요로 하는 난민들은 국가로부터 보장받아 왔던 정치적 지위가 부재한 상황이기 때문에 굉장히 취약한 상황에 놓여있으므로, 수용국은 비호를 필요로 하는 난민에 대해서는 자국의 성원권을 해당 난민에게 확대 적용함으로써 난민의 정치적 지위를 복구할 책임이 있지만, 보호와 피난에 있어서는 성원권의 부여가 필연적으로 요청되진 않는다고 본다. Miller와 같은 보수적인 견해를 취하는 철학자들은 난민에 대한 의무는 최소한의 존엄한 삶을 누리기 위해서 필요한 권리들-식량, 숙소 등-을 보장해 줄 것 그리고 특히 난민의 체류기간이 길어지는 경우에는 존엄한 인간의 생활을 구성하는 핵심적인 활동인 노동, 종교활동 등을 할 권리도 보장하는 것에 제한될 뿐, 시민권과 성원권을 보장하는 것을 포함하진 않는다고 주장한다. Miller, D. 2016. p.86, 127-129.

난민인정자와 난민신청자 간에 존재하는 '수용국으로부터 난민임을 인정받았는지의 여부'에서의 차이는 각 집단과 수용국 간의 관계의 성격을 다르게 한다. 가령, 난민인정자는 수용국으로부터 난민임을 인정받았다는 점에 근거하여, 자신에게 여러 재화나 서비스를 보장해 줄 것을 요구할 수 있으나, 난민신청자는 그러한 근거를 바탕으로 재화와 서비스의 보장을 요구할 수는 없다. 이처럼 난민인정자와 난민신청자가 수용국과의 관계에 있어서 유의미한 차이를 갖는다면, 두 집단에 대해서 별도의 논증 없이 동일한 논변을 적용하는 것은 적절하지 않다. 이는 곧 난민신청자가 난민으로서의 지위를 인정받지 못했다는 점을 고려하여 난민신청자의 권리를 정당화하는 작업이 이뤄져야 함을 의미한다.

　기존 논의와 달리, 성원권 이론을 바탕으로 하는 난민신청자의 권리 정당화 논변은 난민신청자가 가지고 있는 성원으로서의 지위가 수용국에 대해서 어떠한 요구를 할 수 있게 하는지 그리고 수용국은 어떠한 이유로 해당 요구에 응하여야 하는지의 문제를 다룬다. 이러한 점에서 성원권 이론을 토대로 하는 난민신청자의 권리 정당화 논변은 기존 논의보다 권리 문제를 직접적으로 다룬다는 점 그리고 난민신청자가 성원으로서의 지위를 바탕으로 수용국에 대해서 특정한 권리를 보장할 것을 정당하게 요구할 수 있음을 보인다는 점에서 기존 논의의 한계를 보완한다는 장점을 갖는다. 본 연구는 성원권 이론을 통해서 난민신청자에게 직종 제한 없이 취업할 권리를 보장하는 것이 정당화될 수 있음을 보인 후, 취업권을 제외한 다른 사회경제적 권리들도 성원권 이론을 통해서 정당화 될 수 있음을 논증한다. 이를 토대로, 성원권 이론은 난민신청자의 권리 일반을 정당화하는 새로운 분석틀(framework)로 기능할 수 있음을 주장한다.

Ⅱ. 난민법과 난민신청자의 취업권

1. 제한적인 취업권 보장의 배경

현재 우리나라는 원칙적으로 난민신청자의 취업활동을 허가하지 않고 있지만, 난민 지위 신청일로부터 6개월이 지난 난민신청자에 대해서는 단순노무 직종에 한해 취업을 예외적으로 허가하고 있다. 이처럼 난민신청자의 직종을 제한하는 것은 난민협약 가입국가 중 소위 선진국에 해당하는 국가들 사이에서는 찾아보기 힘든 조치이다. 한국, 호주, 오스트리아, 독일, 이탈리아, 아일랜드, 스페인, 스웨덴, 프랑스, 영국 중에서 단순노무직에 한해 취업허가를 하는 나라는 우리나라가 유일하다(국가인권위원회, 2019).

난민신청자에게 제한적으로 취업권을 인정하는 국가들의 수가 굉장히 제한적이기 때문에, 난민신청자에게 제한적인 취업권을 보장하는 것이 정당한가에 대한 논의는 부족한 상황이다. 난민신청자의 취업과 관련된 선행연구는 취업권의 정당화 문제보다는 주로 취업 과정에서 난민신청자들이 겪는 어려움과 그 원인이 무엇인지를 탐구하는 것에 한정되어 있다(Fleay, C., et al., 2013; Archer, L., et al., 2005; Zetter. R., & Ruaudel, H. 2016).

논의의 부재를 보완하기 위해 본 연구는 2009년에서 2019년까지 난민법의 제정 및 개정과 관련된 국회 본회의 기록과 국회입법조사처와 국가인권위원회의 용역 연구 자료를 참고함으로써 지금처럼 난민신청자에게 제한적으로 취업권이 보장된 경위와 목적을 추적하였다. 이러한 작업을 통해 난민신청자의 취업권을 제한적으로 보장한 목적은 크게 세 가지로 1) 경제활동을 위해서 난민신청제도가 남용되는 것을

방지하고, 2) 자국민의 취업활동을 보호하기 위해 그리고 3) 난민신청
과 관련된 행정비용을 줄이기 위한 것임을 파악할 수 있었다.

　　제정 초기 단계에서의 난민법은 난민신청자의 생계비 지원이나 취
업허가, 주거 지원, 의료 지원, 교육권이 난민인정자와 동일하게 보장
되도록 규정하였다[6]. 하지만 난민법 제정 단계에서 불법체류 중인 외
국인들이 난민신청제도를 악용할 것에 대한 우려가 국회 내에서 제기
되었다. 법무부 또한 국회의 문제의식에 공감하였고, 상당수의 난민신
청자가 난민신청 외의 목적으로 입국한 후에 난민신청을 한다는 점을
들어 난민법의 악용 가능성에 대한 우려를 표하였다.

- 이두아 위원: … 아까도 잠깐 언급이 나왔지만 지금 이 난민법
  제정이 이루어지면 현재 국내에 불법체류 중인 사람들이 일단
  난민신청을 함으로써 난민신청자의 지위를 획득하고, 이렇게 되
  면 불법의 합법화 우려가 있다. 이렇게 보는 사람도 일각에 있을
  것입니다. … 여기에 대해서 법무부 의견은 어떻습니까?

- 진술인 차규근: 저희 법무부가 가장 우려하고 있는 부분도 그런
  부분이라고 할 수가 있겠는데요. 통계상으로 지금 누적 신청자
  가 2,700−2,800명이 되는데 그중에서 고용허가제 등 해당 정부
  의 추천 등으로 입국한 다음에 난민신청한 사람 숫자가 855명
  정도가 됩니다. 그러니까 어떻게 보면 급박한, 박해를 피해서 들
  어왔다기보다는 여기에 취업 목적으로 들어왔다가 난민신청한

---

6) 특히, 기획재정부 등 정부관계기관 간에도 교육비나 주거 지원의 경우에는
　재정에 부담이 될 우려가 있으나, 생계비의 지원이나 취업허가에 대한 규
　정에는 동의한다는 공통 의견이 형성되어 있었다.

사람 숫자가 한 3분의 1 가까이 된다는 말인데요. … 다른 취업 목적으로 들어왔다가 좋은 난민처에 편승하는 그런 사례들이 좀 많아질 수 있는 그런 문제점이 우려가 됩니다(제294회 법제사법 소위원회).

소위 '가짜 난민'7)에 대한 우려가 지속적으로 확대됨에 따라, 가짜 난민 관련 사례에 대한 조사들이 활발하게 이뤄졌다. 조사를 통해 네팔 등 특정 국가에서 집단적으로 난민신청을 한 뒤, 한 명도 난민 지위가 인정되지 않았다는 것과 미등록 체류 중에 난민신청을 한 비율이 약 34%에 해당한다는 사실들이 드러났다. 조사 결과는 난민신청자의 권리나 기타 수혜사항에 대해 부정적인 견해를 취하는 이들의 주요 근거로 사용되었다.

• 법무부차관 황희철: 예. 상관이 없는데 문제는 뭐냐 하면, 신청자들에 대해서 과도한 특혜를 주게 되면 불법체류자들이 전부 난민신청을 해 가지고, 이게 난민신청이 하나의 불법체류의 구실이 될 수 있는 그런 문제가 될 수가 있습니다.

• 김학재 위원: 맞아요. … 어떤 나라는 하나도 인정이 안 됐다, 네팔 같은 나라. 이것은 분명히 불법 취업 목적으로 난민을 위장해서 신청하는 거예요. 그래서 우리가 이것 좀 신중해야 된다, 난민법 문제를. 이거 자칫 잘못하다가, 나라들 보세요. 전부 못

---

7) 위 표현은 난민신청자에 대한 혐오의 정서를 일부 담고 있다는 점에서 적절하지 않지만, 국회 속기록에 대한 이해를 돕기 위해 불가피하게 사용되었음을 밝힌다.

사는 나라들에서 여기 우리나라로 오는 거야, 이게. 그런데 지금 인정 안 되는 나라들 보면 이건 불법 취업자들이라고요(제304회 법제사법소위원회).

불법체류를 위해 난민신청 절차가 악용될 것에 대한 우려가 증가함에 따라, 난민신청자와 난민인정자의 취업권을 동등하게 보장하기로 했던 법 규정은 원칙적으로 난민신청자의 취업활동을 허용하지 않되, 예외적으로 난민 지위 신청 후 6개월이 지난 자에 대해서는 단순노무직에 한해 취업을 허가하는 것으로 변경되었다.

2012년에 난민법이 제정되고 2013년에 해당 법이 시행된 이후에는 난민신청자의 취업권에 대한 논의가 진행되진 않았다. 특히 법이 시행된 후, 2017년까지는 시리아 난민 사태 등으로 인해서 오히려 난민신청자의 처우개선에 대한 논의가 필요하다는 인식이 확대되었고, 이들의 복지를 증진하는 방식으로 법 개정이 필요하다는 의견이 국회 내에서 확산되었다(제320회 법제사법위원회, 제326회 국회운영위원회, 제331회 법제사법위원회, 제337회 법제사법위원회, 제349회 여성가족위원회, 제353회 여성가족위원회).

그러나 난민신청자에게 호의적인 분위기는 2018년 6월부터 소위 '제주 예멘 난민 사태'8)가 발생함에 따라 급격하게 전환되었다. 제주 예멘 난민 사태 이후 가짜 난민과 관련된 국민 청원이나 관련 기사들이 폭발적으로 증가하면서 난민신청자에 대한 여론이 급격히 적대적으

---

8) 2018년 6월경부터 급격하게 예멘 국적의 외국인들이 제주 지역에 거주하면서 난민신청을 함에 따라 청와대 국민청원을 비롯한 여러 매체에서 해당 난민신청자들에 대한 부정적인 여론이 폭발적으로 증가한 현상을 가리킨다.

로 변하였고, 이에 따라 국회의원들은 난민신청자에게 주어지는 권리나 복지 등을 축소할 것, 심지어는 난민법을 폐지해야 한다는 주장도 제기하였다.[9] 국회 청문회에서는 소위 '사상검증'의 한 방식으로 청문회에 참석한 후보자에게 '최근 난민 사태에 대해서 어떻게 생각하는가?'라는 취지의 질문을 제시하는 것이 관례로 자리잡기도 하였다(제363회 국회운영위원회 국가인권위원회 위원장 인사청문회, 제364회 법제사법위원회 헌법재판소재판관 인사청문회). 이처럼 가짜 난민에 대한 부정적인 여론이 들끓은 결과, 법무부도 불법체류 문제 등 난민제도의 악용을 방지하기 위해 심사제도 개선 및 난민법의 개정을 추진하겠다는 입장을 공표하였다(제367회 법제사법위원회).

가짜 난민과 난민신청의 남용에 대한 우려로 난민신청자의 권리 일반을 축소하는 것에 대한 논의가 검토되고 있던 중에, 다른 한편에서는 난민심사 행정의 부담을 줄이기 위해서 그리고 국내민들의 노동 활동을 보호하기 위해서 난민신청자의 취업권이 제한되어야 한다는 주장이 제기되었다. 국회입법조사처에서는 난민신청제도의 남용을 방지하기 위한 방법으로 난민신청자의 취업을 제한적으로 허가할 것을 제안하였으며(김예경 et al., 2018), 2019년 7월 1일에는 내국인의 일자리 보호를 명목으로 난민신청자와 인도적체류허가자에 대한 건설업 취업 불

---

9) 제20대국회 제367회 제1차. 법제사법위원회. 2019.03.25. pp.69−70
- 김도읍 위원: 그런데 모든 국내 상황이나 여건으로 봐서 난민법을 폐지하자 내지는 난민인정에 대해서 아주 엄격하게 다른 나라와 비슷한 기준을 내서 하자는 그런 의견들이 많은데… (중략) … 결국은 이 난민법을 가지고 당정협의를 거친다는 것 보니까 난민정책에 대해서 우려하는 국민들에게 상당히 실망을 줄 가능성이 많겠는데요. … (중략) … 난민정책 때문에 지금 정부정책을 반대하는 국민들이 얼마나 많은데 방기를 해도 유분수지 이렇게 오래 끌어 가지고…

가 방침이 공지 및 시행되었다(국가인권위원회, 2019).

　이처럼 난민신청자의 취업권은 난민인정자와 동일한 수준으로 폭넓게 인정하는 것에서, 체류지위 내 활동에서 취업활동을 배제하는 것으로 축소되었고, 최근에는 난민법 자체를 부정해야 한다는 주장까지 제기되고 있다. 특히, 난민신청자의 권리를 제한적으로 보장하는 정책이나 주장의 근거는 1) 가짜 난민에 대한 우려, 2) 난민심사 과정에서 발생하는 경제적/비경제적 행정비용을 줄이기 위함, 3) 자국의 경제적 부담을 덜기 위함을 중심으로 형성되어 있음을 확인하였다.

2. 정책 근거의 부적절성

　난민신청의 오남용과 난민행정의 비효율성에 대한 우려 그리고 자국민의 취업활동 보호를 근거로 난민신청자의 취업권을 제한적으로 보장하는 정책은 목표와 수단의 관계가 적절하지 않다는 점에서 문제가 있다. 즉, 난민신청의 오남용과 난민행정의 비효율성을 방지하고, 자국민의 취업활동을 보호한다는 목표를 달성하기 위한 수단으로 난민신청자의 취업권을 제한하는 것은 타당하지 않다.

　난민신청의 오남용을 막기 위해서는 난민신청의 오남용을 사전적으로 차단하는 방법을 마련하여야 한다. 별도로 난민신청의 적격 심사를 진행함으로써 명백히 남용적 난민신청에 해당한다고 판단되면 해당 난민신청자를 난민심사에 회부하지 않는 절차를 마련하고 있는 캐나다나 프랑스와 같이, 난민신청의 오남용을 사전에 방지하는 다른 수단이 있음에도 불구하고, 난민신청자의 권리를 제한하는 것을 방안으로 채택하는 것은 적절하지 않다.

　　난민행정의 비효율성을 중심으로 난민신청자의 권리를 제한할 것을 주장하는 견해 또한 같은 문제를 범하고 있다. 이들이 언급하는 난민행정의 비효율성의 내용이 주로 '난민신청의 증가로 인한 난민심사 절차의 연장화', '가짜 난민신청자로 인해서 선의의 난민신청자가 난민심사를 오랫동안 기다려야 하는 문제', '심사 기간이 길어짐에 따라 난민신청자의 권리 보장에 투입되는 비용이 증가하는 문제' 등임을 고려한다면, 문제의 해결 방법은 난민심사관의 증원과 같이 난민심사가 수월하게 이뤄지도록 하는 것과 관련된 것이어야 한다. 그에 반해, 난민행정의 효율성을 증진시키기 위해 난민신청자의 권리를 제한하는 것은 해당 목표를 성취하기 위한 방법으로 적절하지 않을 뿐만 아니라, 행정의 효율성을 위해 난민신청자의 권리를 희생하는 처분이라는 점에서 추가적인 정당화가 요구된다.

　　마지막으로, 난민 체제 유지를 위해 국제적으로 분업이 이뤄지고 있음을 고려한다면, 자국 경제만을 위해서 난민신청자의 권리를 제한하는 정책은 적절하지 않다. 특히, 직종 제한 없이 취업할 수 있는 권리가 난민신청자에게 안정적으로 보장되어야 하는 권리라고 판단된다면, 개별 국가는 해당 권리를 난민신청자에게 보장하기 위해서 최대한의 노력을 하여야 한다. 이러한 노력의 일환으로, 난민신청자의 취업권을 원칙적으로 인정하되, 사후에 실증(empirical) 연구 등을 통해서 난민신청자의 취업활동이 수용국의 경제에 상당한 부담을 낳는다는 것이 확인된다면 추가적인 조치―가령 특정 분야에 한해 난민신청자의 취업을 제한하는 조치―들이 한시적으로 시행되는 방법 등을 생각해 볼 수 있을 것이다.

Ⅲ. 새로운 난민신청자의 권리 정당화 논변
   : 성원권 이론의 적용

　　난민신청자에게 제한적으로 취업권을 부여하는 현행 법규는 난민신청자가 난민으로서 인정을 받지 않은 상태라는 점 그리고 난민신청자에게 직종 제한 없이 취업할 권리가 보장될 경우 난민행정의 비효율성이나 수용국의 경제적 부담과 같은 문제들이 발생할 수 있다는 점을 고려한 결과물임을 살펴보았다. 그럼에도 불구하고 난민신청자에게 직종 제한 없이 취업할 권리가 보장되어야 한다는 것을 보이기 위해서는 난민신청자라는 지위의 특수성과 이들에게 취업권이 갖는 중요성을 규명할 필요가 있다.

　　Cohen의 성원권 이론은 이러한 기획을 수행함에 있어 훌륭한 직관을 제공한다. 성원권 이론은 어떠한 권리가 인권인지, 왜 인권에 해당하는 권리를 정치사회가 보장해야 하는지에 대한 논변을 구성하는 것을 목표로 한다. 특히, Cohen은 특정한 윤리적, 종교적 입장을 취하지 않음으로써 모든 정치사회와 정치주체에게 받아들여질 수 있는 인권관을 제시하고자 하는데, 이러한 기획에서 가장 중요한 역할을 수행하는 개념이 바로 성원권(membership)이다.

　　Cohen의 논의에서 성원은 단순히 어떤 지역 안에서 거주한다는 것을 넘어서 법이나 제도, 혹은 정책과 같은 정치사회의 기본구조에 의해서 이해관심이 규율되는 사람들을 가리키며, 성원은 정치사회에 대해서 성원으로서 적절히 대우받을 권리인 성원권을 주장할 수 있다(Cohen, 2004). 정치사회의 제도나 의사결정에 의해서 이해관심이 조정되는 성원들은 정치사회의 의사결정 과정에 적절히 참여할 수 있어야 하므로, 이들은 정치사회의 의사결정 과정에 참여하기 위해 필요한 공동재화(common goods)들－교육권, 일할 권리, 표현, 참여, 집회의 자유 등－을 보장해 줄 것을 요구할 수 있다는 것이다. 의사결정 과정에 참여하기 위해 필요한 공동재화들을 보장해 주지 않고 제도나 정책의 규율을 따르도록 하는 것은 단순한 강압에 지나지 않으며, 공동재화에 대한 접근권이 부재한 상황에서는 성원권을 가진 사람들이 의사결정 과정에 참여하지 못하게 되므로, 의사결정 과정에서 이들의 이해관심이 적절히 고려되지 못하기 때문이다.

이처럼 Cohen은 성원권을 가진 자들에 대해 사회제도나 정책이 정당성을 얻기 위해서는 정치사회의 의사결정에 참여하는 데 필요한 공동재화에 대한 접근권이 우선적으로 보장되어야 한다고 본다. 그리고 Cohen에게 인권은 곧 성원권을 가진 사람들이 정치사회에 참여하기 위해서 필요한 공동재화를 보장받을 권리에 해당하는 것이며, 인권의 보장 여부는 정치사회에서 성원으로서 적절히 대우받는다고 볼 수 있는지 그리고 해당 사회의 기본구조가 정당한지를 판단하게 해주는 지표로 기능한다.

Cohen의 성원권 이론은 단순히 인간이라는 이유로 인권을 보장할 것을 요구하는 것이 아니라, 정치주체가 정치사회에 대해서 갖는 성원권을 갖는다는 점을 바탕으로 교육권, 일할 권리 등이 정치주체에게 보장될 것을 요구한다는 점에서 구체적이고 설득력이 있다. 또한, 권리 보장의 문제를 직접적으로 다룬다는 점에서 Cohen의 논의는 난민신청자의 취업권을 정당화하는 이론적 틀로 사용될 수 있다. 특히, 난민신청자가 수용국에 대해서 성원권을 가진다는 점과 성원권이 직종 제한 없이 취업할 권리를 함축함을 보인다면, 난민신청자는 비록 수용국으로부터 난민 지위를 인정받지 못한 상태에 있다 하더라도, 성원권에 근거하여 수용국에 대해 취업권을 보장해 줄 것을 요구할 수 있다.

하지만 Cohen의 성원권 개념은 이론에서 굉장히 중요한 역할을 수행함에 비해, 개념의 의미가 불분명하다는 점에서 한계가 있다. Cohen이 사용하는 성원권 개념은 Walzer 등 기존 철학자들이 사용하는 성원권 개념과는 차이가 있을 뿐만 아니라, "정치사회의 기본구조에 의해서 이해관심이 규율되는 것"이라고 추상적으로 규정되어 있어, 어떤 경우에 정치주체가 성원권을 갖는다고 말할 수 있는지가 명확하지 않다. 그리고 성원권의 의미를 "법과 정책 등 기본구조에 의해서 이해관심이 규율되는 것"이라고 규정한다면, 출입국관리소법의 적용을 받는 관광객이나 난민이 아닌 외국인 거주자(이하 '국내 거주 외국인')들 또한 성원권을 갖는다고 보아야 한다. 그렇다면 난민신청자가 성원권을 바탕으로 정치사회에 대해서 할 수 있는 요구와 난민이 아닌 외국인 거주자 일반이 성원권을 바탕으로 정치사회에 대해서 할 수 있는 요구 간에는 어떠한 차이가 존재하는지, 그러한 차이가 발생하는 원인은 무엇인지를 명확히 밝히는 것이 중요하다.

본 연구에서는 Cohen의 논의를 기반으로 난민신청자의 직종 제한 없이 취업할 권리를 정당화하기 위해 세 단계의 작업을 수행한다. 첫번째 작업은 Cohen의 성원권 개념을 합당하게 구체화하는 것이다. 이를 위해 본 절에서는 성원권의 규정에 대한 기존의 논의들을 간략하게 검토한 뒤, 기존의 논의를 미뤄보았을 때 성원권은 기존 성원에 의해서 성원임을 인정받는 행위를 수반하는 '인정 성원권(admitted membership)'과 인정 행위를 수반하지 않고, 규범적 근거에 의해서 마땅히 성원이라고 인정받도록 하는 '규범 성원권(normative membership)'으로 구분됨을 밝힌다. 그리고 Cohen은 논의 과정에서 규범 성원권을 염두에 두고 있으므로, 인정 성원권의 취득 여부와는 관계없이 규범 성원권을 가진 정치주체에 대해서는 성원권 이론이 적용될 수 있다는 견해를 제시한다.

Cohen의 성원권 개념을 구체화한 후에는 난민신청자가 수용국에 대해서 규범 성원권을 갖는다는 것을 보인다. 이를 위해 난민신청자에게 적용되는 법과 제도가 무엇이고, 난민신청자와 수용국이 맺는 관계의 특성은 무엇인지 그리고 이러한 법, 제도 및 관계가 난민신청자의 이해관심을 규율하는지를 살핀다.

마지막으로는 성원권을 바탕으로 난민신청자는 수용국으로부터 직종 제한 없이 취업할 권리를 보장받아야 함을 논증한다. 그 일환으로 본 절에서는 난민신청자가 성원으로서의 지위를 누리기 위해서는 직종 제한 없이 취업할 권리를 보장받아야 함을 입증한다.

특히, 세 번째 단계를 수행하는 데 있어서는 이론적인 차원에서의 논의와 함께, 경험적 차원의 논의도 병행한다면 높은 설득력을 가질 수 있다. 가령, 취업할 권리의 정치철학적 함의를 토대로 취업할 권리를 정당화할 수도 있겠지만, 취업할 권리가 부재한 상황에서 수용국이 부과하는 정치적 의무를 실천할 때 난민신청자는 어떠한 어려움을 겪는지, 이를 미뤄봤을 때 난민신청자가 정치적 의무를 실천하기 위해서는 직종 제한 없이 취업할 권리가 보장되어야 하는지를 살펴본다면 현실 상황을 적절히 반영하는 논변을 구성할 수 있다. 이러한 이유로 참여관찰 및 면접을 수행함으로써 직종 제한 없이 취업할 권리가 부재한 상황에서 난민신청자들이 수용국의 법과 제도를 따르고, 자신에게 부과된 정치적 의무를 실천할 때 겪는 어려움을 분석하였다.

위의 논의를 토대로 본 연구는 난민신청자의 규범 성원권이 직종 제한 없이 취업할 권리를 함축함을 논증한다. 그리고 논증에 대해서 제기될 수 있는 반론에 대한 재반론을 제시함으로써, 논변의 설득력을 제고한다. 특히, 난민신청자와 마찬가지로 출입국관리법 등의 적용을 받는 다른 외국인들도 수용국에서 성원권을 가진다고 판단됨에도 불구하고, 왜 난민신청자가 수용국에 대해서 요구할 수 있는 권리들을 다른 국내 거주 외국인은 당연하게 요구할 수는 없는지를 살펴본다.

1. 성원권 이론 구체화: '인정 성원권'과 '규범 성원권'의 구분

성원권 이론에서 성원은 정치사회의 기본구조에 의해서 이해관심이 규율되는 사람들을 가리킨다. 그리고 성원은 성원권을 바탕으로 정치사회에 참여하기 위해 필요한 공동재화에 대한 접근권을 보장받을 것을 요구할 수 있다. 하지만 기본구조에 의해서 이해관심이 규율되는 것이 어떤 의미인지 그리고 성원권은 구체적으로 어떠한 권리에 대응하는 것인지는 불분명하다. 따라서 Cohen의 성원권에 대한 규정과 성원권 이론이 요구하는 바를 구체화하는 작업을 진행할 필요가 있다. 이를 위해 본 절은 성원권에 대한 기존 논의를 간략하게 정리하고자 한다.

성원권은 내용과 취득 방식에 따라서 구분된다. 내용과 관련하여 성원권은 원래 구성원이었던 자의 친족 관계이거나, 사회화를 통해 공동의 문화를 공유함으로써 동일한 삶의 방식을 향유하는 것과 같이 일정한 생물학적, 혹은 사회문화적 동일성을 공유하는 자에 대해서 성원이라고 인정하는 것이라고 이해할 수도 있다(Elane, 2002; Schmitt 2000; Taylor, 1996; Kymlicka, 2001a; 김범수, 2008에서 재인용). 그에 반해, 헌법에서 표방하는 원칙이나 정치사회의 절차 등 공동체의 정치적 원칙을 수용하는 주체, 정치사회가 부과하는 의무를 수행하는 주체, 혹은 세금을 납부하는 등의 활동을 통해 사회에 기여하는 주체와 같이 정치사회의 원칙을 존중하거나, 정치사회가 부과하는 의무를 실천함으로써 해당 사회에 기여하는 주체에 대해서도 성원으로서의 지위를 인정하기도 한다(Elane, 2002; Habermas, 1998b, 1998b, 1996a; Markell, 2000; Muller, 2007; 김범수, 2008에서 재인용; Rawls, 1998; 손철성 2012에서 재인용).

한편, 성원권은 어떤 기준이나 방식을 통해서 취득되는가에 따라서도 구분된다. 어떤 주체를 새로운 성원으로 받아들이는 게 이익이 된다고 판단해서 해당 주체에게 성원으로서의 지위를 부여하거나, 특정한 정치주체에 대한 기존 성원들의 친밀함, 연관성, 동맹 관계 등을 고려하여 해당 정치주체를 성원으로 인정하는 방식을 통해서도 정치주체는 성원권을 취득할 수 있다.

반면, 이와 같은 기존 성원들의 성원권 부여 행위 – 혹은 인정 행위 – 가 없더라도, 기존 성원들의 의사결정에 의해서 이해관심이 영향을 받거나(영향받는 모두의 원칙, the all affected interests principle)(Nozick, 1974; 손철성 2012에서 재인용), 정책이나 법을 따름으로써 해당 정치사회의 정치적 권위에 복종하는 경우(지배받는 모두의 원칙, the all subjected persons principle)(Lopez & Guerra, 2005; Owen, 2011에서 재인용), 기존 성원들과 관계를 맺은 결과 이해관심이 연결되는 경우(사회 성원권 원칙, social membership principle)(Marin, 2000; Carens, 2005; Owen, 2011에서 재인용), 혹은 개인의 자기결정이나 복지가 정치사회에 의존하는 경우에 해당하는 정치주체들에 대해서는 성원으로 인정할 당위적인 이유가 있다는 입장(이해당사자 원칙, stakeholder principle)도 존재한다(Baudock, 2009; Owen, 2011에서 재인용).

이처럼 영향받는 모두의 원칙, 지배받는 모두의 원칙, 사회 성원권 원칙 그리고 이해당사자 원칙은 어떤 정치주체와 정치사회가 맺는 관계의 특성이 해당 정치사회로 하여금 정치주체에게 성원권을 부여해야 하는 규범적인 근거로 작용한다고 본다. 본 연구에서는 기존 성원들의 인정이나, 특정한 권리—가령 시민권—의 부여 행위로 발생하는 성원으로서의 지위는 인정 성원권으로, 특정한 규범적인 근거로 인해서 자동적으로 취득되는 성원으로서의 지위는 규범 성원권으로 구분하고자 한다.

이러한 분류체계를 미뤄본다면 Cohen의 성원권에 대한 규정 중 "정치사회의 기본구조에 의해서 이해관심이 규율되는 것"을 이해하는 가장 적절한 방법은 이해당사자 원칙에 비추어 해당 명제를 구체화하는 것이다. 이해당사자 원칙에서 어떤 정치주체가 이해당사자라고 판정되기 위해서는 1) 주체의 기본권 보장 문제가 어떤 정치사회에 오랜 기간 동안 의존하거나, 2) 삶 전체에서 중요한 부분을 차지하는 기간 동안 해당 정치사회의 정치적 권위를 따라야 한다. 그런데 어떤 정치주체가 정치사회에 대해서 1)과 2)의 특성을 갖는다면, 정치사회의 기본구조에 의해서 해당 주체의 이해관심이 규율된다고 보는 데—즉, Cohen의 성원에 대한 규정에 해당한다고 보는 데—큰 어려움이 없다. 그렇다면 성원권 이론의 구체적인 요구는 다음과 같이 정리할 수 있다.

"인정 성원권의 취득 여부와는 관계없이, 어떤 정치주체는 자신의 기본권 보장이 정치사회에 오랜 기간 동안 의존하거나, 삶 전반에서 중요한 기간에 정치사회의 정치적 권위를 따라야 한다는 이유만으로 규범 성원권을 취득한다. 이러한 규범 성원권을 가진 정치주체는 성원으로서 정치사회에 참여하는 데 필요한 공동재화에 대한 접근권을 보장받아야 한다."

물론, Cohen의 성원권에 대한 규정인 "정치사회의 기본구조에 의해서 이해관심이 규율되는 것"의 의미를 보다 포괄적으로 해석할 수도 있다. 가령, 영향받는 모두의 원칙이나 지배받는 모두의 원칙, 혹은 사회 성원권 원칙 또한 Cohen의 성원에 대한 규정과 모두 부합한다. 하지만 이들 원칙에 비해 성원권에 대해서 제한적인 규정10)을 제시하는 이해당사자 원칙에 비추어 보아도 난민신청자가 규범 성원권을 취득한다고 판단된다면, 성원권 이론을 기반으로 한 난민신청자의 취업권 정당화 논변은 보다 설득력을 가질 수 있다. 이러한 점에서 이해당사자 원칙을 바탕으로 Cohen의 성원권 이론을 전개하는 것은 장점을 갖는다.

2. 성원권 이론의 적용: 난민신청자의 취업권을 중심으로

이해당사자 원칙을 바탕으로 난민신청자가 규범 성원권을 갖는지를 판정하기 위해서는 난민신청자의 기본권 보장 문제가 수용국에 상당 기간 의존하는지 그리고 전체 삶에서 중요한 부분을 차지하는 기간

---

10) 이해당사자 원칙은 영향받는 모두의 원칙이나 지배받는 모두의 원칙 그리고 사회 성원권 원칙을 함축하기 때문이다. 앞서 언급하였듯이 이해당사자 원칙은 1) 기본권 보장이 그 사회에 오랜 기간 동안 의존하거나, 2) 삶 전체에서 중요한 부분을 차지하는 기간 동안 한 정치사회의 정치적 권위를 따르는 경우에 성원권을 취득한다고 본다. 이때, 이해당사자 1)에 해당하는 정치주체는 자신의 이해관심이 정치사회에 의해서 영향을 받는다는 점에서 영향받는 모두의 원칙의 적용을 받는 정치주체가 될 수 있고, 2)에 해당하는 주체는 정치적 권위에 복종한다는 점에서 지배받는 모두의 원칙의 적용을 받는다. 그리고 1)과 2)에 해당하는 주체는 기본권이라는 개인의 복지가 정치사회의 환경이나 의사결정에 의해서 영향을 받는다는 점에서 사회 성원권 원칙 또한 충족하게 된다.

동안 난민신청자가 수용국의 정치적 권위를 따를 것이 요구되는지를
살펴보아야 한다. 이러한 작업을 수행하기 위해서는 수용국에서 난민
신청자가 어떠한 법과 제도를 따라야 하는지 그리고 수용국은 난민신
청자의 삶에서 어떠한 의미를 갖는지에 대해서 분석할 필요가 있다.

(1) 난민신청자의 규범 성원권: 난민신청자와 수용국의 관계

한국의 난민신청자에게 적용되는 법규범은 크게 국내법인 난민법
과 국제규범인 난민협약(1951)으로 구분된다. 난민법은 난민신청자에게
제8조(난민인정 심사)[11] 제6항에서 규정하는 난민심사에 성실하게 응할

---

11) 제8조(난민인정 심사) ① 제5조에 따른 난민인정신청서를 제출받은 지방출
입국·외국인관서의 장은 지체 없이 난민신청자에 대하여 면접을 실시하고
사실조사를 한 다음 그 결과를 난민인정신청서에 첨부하여 법무부장관에게
보고하여야 한다.
② 난민신청자의 요청이 있는 경우 같은 성(性)의 공무원이 면접을 하여야
한다.
③ 지방출입국·외국인관서의 장은 필요하다고 인정하는 경우 면접과정을
녹음 또는 녹화할 수 있다. 다만, 난민신청자의 요청이 있는 경우에는
녹음 또는 녹화를 거부하여서는 아니 된다.
④ 법무부장관은 지방출입국·외국인관서에 면접과 사실조사 등을 전담하
는 난민심사관을 둔다. 난민심사관의 자격과 업무수행에 관한 사항은
대통령령으로 정한다.
⑤ 법무부장관은 다음 각 호의 어느 하나에 해당하는 난민신청자에 대하여
는 제1항에 따른 심사절차의 일부를 생략할 수 있다.
1. 거짓 서류의 제출이나 거짓 진술을 하는 등 사실을 은폐하여 난민인
정 신청을 한 경우
2. 난민인정을 받지 못한 사람 또는 제22조에 따라 난민인정이 취소된
사람이 중대한 사정의 변경 없이 다시 난민인정을 신청한 경우
3. 대한민국에서 1년 이상 체류하고 있는 외국인이 체류기간 만료일에
임박하여 난민인정 신청을 하거나 강제퇴거 대상 외국인이 그 집행
을 지연시킬 목적으로 난민인정 신청을 한 경우
⑥ 난민신청자는 난민심사에 성실하게 응하여야 한다. 법무부장관은 난민

의무와 제19조(난민인정의 제한)12)의 부도덕한 행위를 하지 않을 의무 그리고 제22조(난민인정결정의 취소 등)13)에 따라 난민 사유가 종료되면

신청자가 면접 등을 위한 출석요구에도 불구하고 3회 이상 연속하여 출석하지 아니하는 경우에는 난민인정 심사를 종료할 수 있다.

12) 제19조(난민인정의 제한) 법무부장관은 난민신청자가 난민에 해당한다고 인정하는 경우에도 다음 각 호의 어느 하나에 해당된다고 인정할만한 상당한 이유가 있는 경우에는 제18조 제1항에도 불구하고 난민불인정결정을 할 수 있다.

1. 유엔난민기구 외에 유엔의 다른 기구 또는 기관으로부터 보호 또는 원조를 현재 받고 있는 경우. 다만, 그러한 보호 또는 원조를 현재 받고 있는 사람의 지위가 국제연합총회에 의하여 채택된 관련 결의문에 따라 최종적으로 해결됨이 없이 그러한 보호 또는 원조의 부여가 어떠한 이유로 중지되는 경우는 제외한다.
2. 국제조약 또는 일반적으로 승인된 국제법규에서 정하는 세계평화에 반하는 범죄, 전쟁범죄 또는 인도주의에 반하는 범죄를 저지른 경우
3. 대한민국에 입국하기 전에 대한민국 밖에서 중대한 비정치적 범죄를 저지른 경우
4. 국제연합의 목적과 원칙에 반하는 행위를 한 경우

13) 제22조(난민인정결정의 취소 등) ① 법무부장관은 난민인정결정이 거짓 서류의 제출이나 거짓 진술 또는 사실의 은폐에 따른 것으로 밝혀진 경우에는 난민인정을 취소할 수 있다.

② 법무부장관은 난민인정자가 다음 각 호의 어느 하나에 해당하는 경우에는 난민인정결정을 철회할 수 있다.

1. 자발적으로 국적국의 보호를 다시 받고 있는 경우
2. 국적을 상실한 후 자발적으로 국적을 회복한 경우
3. 새로운 국적을 취득하여 그 국적국의 보호를 받고 있는 경우
4. 박해를 받을 것이라는 우려 때문에 거주하고 있는 국가를 떠나거나 또는 그 국가 밖에서 체류하고 있다가 자유로운 의사로 그 국가에 재정착한 경우
5. 난민인정결정의 주된 근거가 된 사유가 소멸하여 더 이상 국적국의 보호를 받는 것을 거부할 수 없게 된 경우
6. 무국적자로서 난민으로 인정된 사유가 소멸되어 종전의 상주국으로 돌아갈 수 있는 경우

③ 법무부장관은 제1항 또는 제2항에 따라 난민인정결정을 취소 또는 철회

본국으로 돌아갈 의무를 부과한다. 이와 함께, 난민협약(1951)은 난민/난민신청자에게 법, 규제, 공공질서 유지를 위한 조치들을 따를 것을 의무로 부과하고 있으며, 난민법과 마찬가지로 난민 사유가 종료된 자에 대해서는 본국으로 돌아갈 것을 의무로 규정한다.

이러한 법적 의무를 실천하는 대신, 난민신청자는 난민법 제40조에서 제44조까지의 규정14)에 의거하여 수용국으로부터 생계비와 주거시설 그리고 의료 지원과 교육권을 보장받는다. 그런데 난민신청자는 난민신청일로부터 6개월 이내에는 수용국 내에서 생계활동을 할 수 없다는 점 6개월 이후에도 원칙적으로는 취업활동이 허가되지 않는다는 점 그리고 난민신청자는 본국을 비롯한 다른 국가들로부터 어떠한 지원도 받지 못한다는 점을 고려한다면 난민신청자의 기본권 보장 문제는 수용국에게 상당 부분 의존함을 알 수 있다.

난민신청자가 기본권 보장 문제를 수용국에게 의존하는 기간 또한 상당하다. 2019년 상반기를 기준으로 1차 난민인정 심사에는 12.3개월

한 때에는 그 사유와 30일 이내에 이의신청을 할 수 있다는 뜻을 기재한 난민인정취소통지서 또는 난민인정철회통지서로 그 사실을 통지하여야 한다. 이 경우 통지의 방법은 제18조 제6항을 준용한다.

14) 제40조(생계비 등 지원) ① 법무부장관은 대통령령으로 정하는 바에 따라 난민신청자에게 생계비 등을 지원할 수 있다.

② 법무부장관은 난민인정 신청일부터 6개월이 지난 경우에는 대통령령으로 정하는 바에 따라 난민신청자에게 취업을 허가할 수 있다.

제41조(주거시설의 지원) ① 법무부장관은 대통령령으로 정하는 바에 따라 난민신청자가 거주할 주거시설을 설치하여 운영할 수 있다.

② 제1항에 따른 주거시설의 운영 등에 필요한 사항은 대통령령으로 정한다.

제42조(의료 지원) 법무부장관은 대통령령으로 정하는 바에 따라 난민신청자에게 의료 지원을 할 수 있다.

제43조(교육의 보장) 난민신청자 및 그 가족 중 미성년자인 외국인은 국민과 같은 수준의 초등교육 및 중등교육을 받을 수 있다.

이, 1차 난민인정 심사 결과에 대한 이의신청에는 11.3개월이 소요된다 (법무부, 2019). 1차 심사에서 난민불인정결정을 받고 이의신청을 제기하는 비율이 2019년 6월 기준으로 82.5%에 달한다는 점을 고려한다면, 통상적으로 난민신청자가 난민신청자의 지위로 생활하는 기간은 약 2년에 달한다고 볼 수 있다(법무부, 2019). 이는 곧 2년이라는 상당한 기간 동안 난민신청자의 기본권 보장 문제가 수용국에게 의존함을 시사한다.

　난민신청자가 난민법과 난민협약과 같은 기본구조들이 부과하는 법적 의무를 실천할 것을 요구받는다는 점 그리고 난민신청자의 기본권 보장은 상당한 기간 동안 수용국에 의존한다는 점을 고려한다면, 이 해당사자 원칙에 의해 난민신청자는 수용국에서 규범 성원권을 갖는다고 볼 수 있다. 이와 같이 난민신청자가 수용국인 한국에서 성원으로서의 지위를 갖는다면, 현재 난민신청자에 대한 한국의 권리 보장 수준은 난민신청자가 성원으로서의 지위를 향유하고 정치적 의무를 실천하기에 적절하다고 볼 수 있는가?

　한국의 난민법은 난민신청자에게 난민법 제40조(생계비 등 지원) 제2항에 따라 난민신청자에게 취업을 허가하되, 취업 가능 직종은 단순노무직에 제한하고 있으며, 제44조에 따라 난민불인정 판결에 대해서 이의제기를 하는 난민신청자에 대해서는 취업활동을 금지하기도 한다. 그런데 1994년부터 2020년 2월까지 난민불인정 비율이 96.4%에 달한다는 사실(법무부, 2020)과 함께, 대부분의 난민이 난민심사 결과에 이의제기를 한다는 점을 고려한다면 난민신청자의 취업권은 제한적일 뿐만 아니라, 상당히 불안정함을 알 수 있다. 그렇다면 이처럼 불안정하고 제한적인 난민신청자의 권리는 난민신청자가 정치사회의 성원으로서의 지위를 누리는 데 있어서 그리고 성원성을 매개로 부과되는 정치적 의무를 수행하는 데 있어서 어떠한 어려움을 발생시키는지를 살펴볼 필요가 있다. 특히, 그러한 어려움이 상당하다면 난민신청자는 성원으로서의 지위를 바탕으로 수용국인 한국에게 직종 제한 없이 취업할 권리를 안정적으로 보장해 줄 것을 요구할 수 있다.

(2) 직종 제한 없이 취업할 권리의 부재: 자립의 좌절과 차별에의 노출

난민신청자에게 취업권이 중요한 이유는 난민신청자로 하여금 기본적인 생계유지 활동을 할 수 있게 함으로써 다른 정치적 의무와 법적 의무의 실천을 가능케 한다는 점에 있다. 그렇다면 난민신청자는 제한된 취업권을 바탕으로 어떻게 생계를 유지하고, 이들의 생활수준은 어떠한지를 살펴볼 필요가 있다. 또한, 난민신청자의 생활수준을 미뤄 볼 때, 난민신청자들은 자신들에게 부과되는 정치적 의무를 실천하는 데 어려움이 없다고 볼 수 있는지, 혹은 성원으로서의 지위를 향유한다고 볼 수 있을 정도로 이들의 이해관심(interests)이 적절하게 고려되는지도 확인하여야 한다.

이러한 작업을 수행하기 위해 본 연구는 난민신청자의 취업과정 및 취업 후 이들의 생계유지 활동이 이뤄지는 과정과, 이 과정에서 난민신청자가 겪는 어려움을 상세히 그려내고자 한다. 난민신청자의 취업활동은 주로 난민지원 NGO의 취업연계 프로그램을 이용하거나, 숙소나 같은 국적 출신 난민들의 커뮤니티 등에서 만난 동료 난민들과 비용을 함께 부담하여 일자리 연계 업체(이하 '직업소개소')로부터 일자리를 안내받는 방식으로 이뤄진다. 본 연구자는 난민지원 NGO인 사단법인 '피난처'에서 일자리 연계 활동을 해왔기에, NGO로부터 취업연계를 받

는 난민신청자들을 중심으로 이들이 취업활동 중에 어떠한 어려움을 겪는
지를 상술하고자 한다. 면접 대상자의 기본사항은 <표 7-1>과 같다.

〈표 7-1〉 면접 대상자 기본사항('피난처' 직원 및 '피난처' 소속 난민)

	업무 / 체류지위	기본사항
A	취업연계팀 팀장	2017년 3월부터 근무
B	취업연계팀 인턴	2018년 3월부터 근무
C	IPD팀 팀장	2015년 11월부터 근무
D	IPD팀 간사	2018년 1월부터 근무
난민신청자 A	난민인정 신청(G-2)	• 국적: 모로코 • 2017년 10월 1일 입국 • 2017년 12월 7일 난민인정 신청 • 2017년 12월 20일 피난처 첫 방문
난민신청자 B	난민인정 신청(G-2)	• 국적: 이집트 • 2018년 8월 6일 입국 • 2018년 9월 24일 난민인정 신청 • 2018년 10월 1일 피난처 방문
난민신청자 C	난민인정 신청(G-2)	• 국적: 모로코 • 2018년 8월 20일 입국 • 2018년 10월 16일 피난처 방문
난민신청자 D	난민인정 신청(G-2)	• 국적: 모로코 • 2019년 1월 8일 입국 • 2019년 2월 11일 피난처 방문 • 2019년 3월 29일 난민인정 신청
난민신청자 E	난민인정 신청(G-2)	• 국적: 카메룬 • 2018년 6월 17일 입국 • 2019년 2월 27일 피난처 방문

〈표 7-2〉 면접 대상자 기본사항(출입국관리소 방문 난민)

	업무 / 체류지위	기본사항
난민인정자 A	난민인정(F-2)	• 국적: 에티오피아 • 2013년 난민심사 신청 • 2019년 난민인정
난민신청자 F	난민인정 신청(G-2)	• 국적: 라이베리아 • 2018년 8월 입국
난민신청자 G	난민인정 신청(G-2)	• 국적: 방글라데시 • 2018년 12월 입국

　　난민신청자들은 영종도 난민센터나 교회 숙소, 혹은 본국 출신 난민들이 설립한 커뮤니티 등에서 만난 동료 난민들로부터 무료로 취업연계 프로그램을 제공하는 NGO가 있다는 것을 알게 된다. 난민신청자들이 NGO에 취업연계 프로그램에 참여할 의사를 밝히면, NGO에서는 한국어 교실과 같은 사회화 프로그램과 함께 숙소와 식량 등을 제공한다. 이후 NGO에서는 난민신청자를 대상으로 난민 사유를 조사하고, 난민으로서 적합한지, 본국에서는 어떻게 생활해왔고 NGO의 연계를 통해서 기대하는 바는 무엇인지를 조사하는 인테이크(intake) 작업이 진행된다. 작업을 통해 기본적인 신상조사가 이뤄진 이후, 본격적으로 난민신청자에 대한 취업연계 활동이 이뤄진다.

　　취업연계에서 첫 번째로 이뤄지는 작업은 인터뷰를 통해서 난민의 가족사항, 거주지, 근로를 하기에 적합한 신체능력인지의 여부, 학력, 경력, 희망하는 근로의 형태 및 희망 임금 수준 등을 파악하는 것이다. 하지만 한국에서 난민신청자는 단순노무직에만 종사할 수 있기 때문에, 이러한 인터뷰는 난민신청자의 신체적 특성이 육체노동을 하기에 적합한지, 혹은 부양해야 하는 가족이 있어서 숙소로부터 멀리 떨어진 지역에서는 노동 활동을 하는 것이 힘든지 등을 파악하는 것에 불과하다.

이러한 작업을 통해서 NGO는 난민신청자를 크게 '취업연계 우선순위' 난민과 '취업이 어려운 난민'으로 구분한다. 구분은 해당 난민이 여성인지, 희망하는 근로 형태나 근로 조건이 제한적인지, 혹은 육체노동을 하기에 적절하지 않은 신체상태인지의 여부를 기준으로 이뤄진다.

> "취업우선 리스트와 취업이 힘든 케이스를 분류한 건 현실적인 거예요. 싱글맘은 당장 애를 두고 일하러 나올 수 없으니까요. 여성분들을 고용하는 경우는 많지 않아요. 다 남성만 고용하려고 하고... 혹은 다리 수술을 받았거나 그런 경우도. 결국 우선순위에 올라간 사람들은 노멀(normal)한 사람들이예요. 싱글 남성이고, 일할 수 있는 신체상태 같은 것..." - '피난처' 간사 A

취업 가능한 직종이 육체노동을 요구하는 단순노무직으로 제한되어 있기에, 육체노동을 하기에 적합하지 않은 신체적 조건을 가진 여성이나 고문피해자인 난민신청자들은 구직 과정에서 사실상 배제된다. 또한, 여성 난민신청자들 중 상당수는 싱글맘이며[15], 이슬람 문화권 출신인 여성 난민신청자의 경우에는 가부장적 문화로 인해 집안일을 도맡아 해야 하기 때문에, 이들 여성은 고용주에게 제한적인 근로조건[16]

---

15) 경제적 사정이나 본국에서의 위험 상황 등으로 인해 온 가족이 출국하는 경우는 굉장히 드물다.
16) 근로지 주변에 학교가 있을 것 그리고 오후에 아이를 돌보기 위해 오전에만 근무하도록 해줄 것 등을 요구하게 된다.

을 요구할 수밖에 없게 되고, 이로 인해 이들은 고용주들이 기피하는 대상이 된다.

　NGO의 일자리 연계 프로그램에 등록한 뒤, 난민신청자들은 다른 동료 난민들과 돈을 모아서 소위 '브로커'라고 불리는 직업소개소에 10－20만 원 상당의 비용을 지불하고 취업연계를 요청한다. 생계를 유지하기에도 빠듯한 이들이 추가적인 비용을 지불해가며 구직활동을 하는 이유는 당장 생계유지 활동을 하는 것이 급박하기 때문이다.[17] 하지만 지인이나 NGO나 직업소개소 중 어디서 일자리를 구하든 간에 난민신청자의 취업 가능 직종은 단순노무직에 제한되어있기 때문에, 결국 난민신청자들은 열악한 근로조건[18] 하에서 노동을 하게 될 수밖에 없다.

　그러나 대다수의 난민신청자들은 이러한 열악한 일자리 마저도 구하지 못하는 것이 현실이다. 난민신청자의 체류지위는 G－2으로서 일반 고용주들에게는 생소한 체류지위라는 점 그리고 난민신청자가 취업하기 위해서는 정기적으로 출입국관리소에서 체류지위 외 활동에 대한

---

17) 사단법인 피난처의 직업연계팀에서 2019년에 진행한 설문조사 결과에 따르면, 취업연계 프로그램에 등록한 51명의 난민신청자 중 16명만이 취직에 성공하였는데, 이 중 11명이 지인이나 직업소개소를 통한 일자리 알선 등과 같이 자체적인 구직활동을 통해 일자리를 얻었다.

18) 사단법인 피난처의 취업연계팀에서 제공한 자료에 따르면, 난민신청자들은 최저시급(당시 기준 8,350원)이나 그에 준하는 수준의 월급을 받게 된다. 시급제인 경우에는 추가 수당이나 주휴 수당은 따로 지급하고 있었지만, 산업재해 보험을 포함한 4대 보험의 경우에는 보장해 주지 않는 곳이 더 많았다. 이와 함께, 『국가인권위원회의 2019 이주 인권가이드라인 모니터링 결과보고』에 따르면, 난민신청자들은 동일한 노동을 하더라도, 신입 내국민 사원보다 임금을 적게 받는 등 차별적인 대우를 받지만, 직장을 옮길 수 있는 여건이 안되기 때문에 이러한 부당함을 감내하고 있었다.

승인을 얻어야 한다는 점은 고용주에게 난민신청자를 고용하는 것에 대한 부정적인 인센티브로 작용한다.

이처럼 취업 가능한 직종이 제한됨에 따라 난민신청자가 취업할 수 있는 사업장의 절대수가 부족한 상황에서 고용주에게 낯선 난민신청자의 체류지위와 난민신청자의 근로 활동에 수반되는 번거로운 행정절차는 난민신청자를 고용하는 사업장을 희소하게 만든다. 이러한 이유로 NGO와 난민신청자는 취업연계 활동과 구직활동을 함에 있어서 난민신청자를 이전부터 지속적으로 고용해 왔던 극소수의 사업장에 대한 의존도가 굉장히 높다[19]. 그로 인해 근로조건이나 고용기준을 논의하는 데 있어 고용주의 협상력이 매우 높아지게 되고, 난민신청자와 NGO는 사업장이 제시하는 열악한 근로조건이나 차별적인 고용기준을 감내할 수밖에 없게 된다.

> "이집트는 좀 드센 경우가 많았어서 (고용주들이) 학을 띠고, 앞으로 이집트는 안 받겠다고 하시는 분들도 있어요. 그리고 기존에 고용해놓은 색(기존에 고용한 외국인들의 지리적－문화적 배경)과 유사한 난민들을 고용하는 경우도 있고요." －'피난처' 간사 B

> "아프리카는 고용주 분들께서 보편적으로 선입견을 갖고 계세요. 우리나라는 아무래도 공동체 위주인데, 아프리카 분들은 그게 좀 안되기도 하고, 느리기도 해요." －'피난처' 간사 A

---

19) 사단법인 피난처에서 2018년에 진행한 조사에 의하면, 15명 중 7명이 기존에 난민신청자를 고용하던 사업장에 취직되었고, 2019년에는 취업성사 난민 모두가 이전에 피난처의 난민신청자를 고용했던 사업장에 취직되었다.

취업 가능 직종의 제한은 난민신청자의 취업에 대한 진입 장벽을 견고하게 할 뿐만 아니라, 난민신청자의 사회적 삶의 연속성을 끊어버리는 결과를 초래하기도 한다. 본국에서 숙련노동을 해왔던 난민신청자들은 한국에서 단순노무 직종에만 종사할 수 있게 되면서 자신이 지금까지 쌓아온 경력이 단절되는 것에 대해 절망하는 모습을 보인다. 난민인정자 A는 본국에서 그래픽 디자이너로 일하였고, 한국에서도 되도록이면 관련 직종에 종사하고자 하였다. 하지만 난민신청 이후에 G-2 체류지위로 인해 공장에서 일할 수밖에 없게 되면서 결국 본국에서 해왔던 직업 활동을 포기하였고, "결국은 모두가 다 똑같이 공장일을 할 수밖에 없는데, 그러면 한국어 같은 걸 배울 필요가 뭐가 있겠는가?"라며 자조하는 모습을 보였다.

실제로 A와 같은 고학력자, 혹은 숙련노동의 경험이 있는 자들은 난민신청자들이 참여하게 되는 단순노무직 취업 시장에서 오히려 고용주들이 기피하는 대상에 해당하는데, 이러한 기피현상의 기저에는 '고학력 및 숙련노동의 경험이 있는 난민신청자의 경우에는 육체노동을 잘하지 못할 것'이라고 생각하는 고용주의 선입견이 작용하고 있었다.

"오히려 에듀케이션(education)이 잘된 사람을 선호하는 거 같진 않아요. 난민신청자 B는 학력이 엄청 높거든요. MBA하다가 그만둔 것으로 알아요. B는 X라는 굉장히 좋은 회사에 서류를 넣었는데 컷(cut, 거절)당했어요. 학력이 너무 좋으면 워킹(working)에 적응하지 못할 거 같다고 하더라고요. 공장 입장에서는 오히려 고학력이 좋은 건 아니에요. 오피스 워크(office work)만 잘하고, 빠릿빠릿하게 일을 못할 거 같다고 생각하거든요." - '피난처' 간사 B

3. 직종 제한 없이 취업할 권리의 정당화: 반론과 재반론

이처럼 난민신청자에게 단순노무직에서만 취업할 수 있도록 하는 현행 난민법 규정은 여성 난민신청자나 육체노동에 적합하지 않은 난민신청자들을 취업 과정에서 배제시킨다는 점에서 적절한 생계유지보장 제도라 보기 어렵다. 그리고 난민신청자의 규범 성원권은 단순히 난민신청자에게 최소한의 생활수준을 보장하는 것만을 함축하는 것이 아니라, 이들의 이해관심에 대해서 적절한 고려(due consideration)를 할 것을 요구한다는 점을 미뤄본다면, 직종의 제한으로 인해 난민신청자가 열악하고 차별적인 근로조건을 감내해야만 하고, 사회적 삶의 연속성을 단절당하는 것은 적절하지 않다. 이처럼 직종 제한 없이 취업할 권리가 부재한 상황에서는 규범 성원권을 가진 난민신청자가 성원으로서 적절히 대우받는다고 볼 수 없다면, 성원인 난민신청자에게는 직종 제한 없이 취업할 권리가 보장되어야 한다.

이러한 주장에 대해서 제기될 수 있는 반론으로는 크게 두 가지를 들 수 있다. 첫 번째 반론은, 다른 외국인들도 입국한 나라로부터 일정한 법과 제도의 규율을 받고, 특히 외국인 노동자의 경우에는 국가가 어떠한 결정을 내리느냐에 따라서 이해관심이 조정된다는 점에서 Cohen의 성원성에 대한 규정을 충족한다고 볼 수 있는데, 그렇다면 이들에게도 직종 제한 없이 취업할 권리가 보장되어야 하는 것이 아니냐는 것이다.

두 번째 반론은, 난민신청자와 난민인정자가 동일하게 직종 제한 없이 취업할 수 있는 권리를 보장받는 것이 옳지 않다는 것이다. 이러한 반론은 직종 제한 없이 취업할 수 있는 권리가 난민임을 인정받음으로써 취득되는 특별한 권리라는 생각에 기반한다. 위 반론들에 대한 대응은 '수용국은 언제 외국인의 권리를 완전히 보장해야 할 책임을 갖는가?'와 '난민인정자와 난민신청자 그리고 기타 국내 거주 외국인의 차이는 무엇이며, 이들의 차이는 수용국에게 권리 보장 의무와 관련하여 어떠한 의미를 갖는가?'의 물음에 답하는 작업과 긴밀한 관련성을 갖는다.

(1) 외국인의 권리 보장에 대한 수용국의 의무: 집합적 책임의 발생 요건

수용국이 항상 모든 외국인의 인권을 최대한으로 보장할 이유는 없다. 인신의 자유나 생명권과 같이 특정한 행위를 하지 않을 것을 요구하는 소극적 의무(negative duty)를 함축하는 권리들에 대해서는 모든 국가가 특정 행위를 하지 않음으로써 해당 권리를 존중하여야 할 필요가 있다. 하지만 어떠한 행위를 해줄 것을 요구하는 적극적 의무(positive duty)를 함축하는 권리에 대해서는 모든 외국인에 대해서 수용국이 그러한 권리를 완전한 정도로 보장할 이유는 없다. 제3국은 난민과 난민신청자를 제외한 다른 외국인의 권리를 완전히 보장할 책임을 항상 갖진 않는다.

제3국이 외국인의 권리를 어느 수준으로 보장해야 하는지에 대해 논의하기 위해서는 서론에서 언급한 권리 보장에 대한 일차적 의무와 집합적인 책임의 관계를 참고할 필요가 있다. 지금처럼 주권 국가 중심의 국제질서가 통용되는 국제사회에서는 권리주체의 본국이 권리주체의 특정한 권리를 보장할 일차적인 책임(primary responsibility)을 지닌다. 그리고 해당 권리주체의 본국이 그러한 권리를 보장하지 않았거나 침해한 경우, 다른 국가들은 자국민이 아닌 권리주체의 권리를 보장하는 것에 대한 집합적인 책임(collective responsibility)을 지게 된다. 이처럼 제3국이 다른 국가의 국민에 대해서 적극적인 의무를 바탕으로 권리를 보장하는 것은 본국에서 해당 국민의 권리가 제대로 보장되지 않은 경우에 제한된다. 따라서 어떤 외국인의 직종 제한 없이 취업할 수 있는 권리가 본국에서 온전하게 보장될 수 있는 것이라면, 별도의 근거가 없는 이상 제3국은 해당 외국인에게 그러한 권리를 보장해야 할 의무가 없다(Miller, 2016).

예를 들어, A국적의 F라는 외국인이 B국에서 생활하였고, B의 법과 제도는 F의 이해관심을 규율하고 있다고 하자. 이 경우 Cohen의 성원에 대한 규정에 따르면 F는 B국의 성원이라고 할 수 있다. 하지만 그와 동시에 F는 A에 대해서도 성원권을 갖는다. 이처럼 F는 성원권을 중층적으로 소유하고 있는 것이다. 이와 같이, F가 성원권을 중층적으로 소유하고 있고, 특히 본국 A는 F가 성원권에 기반해서 제시하는 요구들을 적절한 수준에서 수용하고 있다면, 이 경우 B는 F에 대해서 성원권에 기반한 권리를 제공할 의무가 없다. 다만, F가 B국으로 이민을 가거나 그에 준하는 정도로 B국과 밀접한 관계를 맺고, B국에서 정착하고 싶다면 그리고 F가 B국에서 자국민이 실천하는 정치적 의무와 대등한 수준으로 정치적 의무를 수행하고 있다면, 이 경우 F는 B에 대해서 성원권을 기반으로 여러가지 정치적인 요구를 할 수 있을 것이다. 이러한 상황에서는 F가 A에 대해서 갖는 성원권은 명실상부한 것이므로 F는 B에 대해서만 성원권을 갖는 것과 다름 없기 때문이다.

이처럼 앞에서 제시한 예외적인 상황을 제외하고는 대부분의 경우 난민 이외의 외국인들은 비록 충분히 만족스럽지 않더라도 본국 내에서 자신의 권리를 인정받을 수 있다. 만약 "어떤 외국인은 본국 내에서 그러한 권리를 보장받지 못할 수도 있지 않은가?"라고 주장한다면, 이는 곧 해당 외국인이 정치공동체로부터 배제된 것일 뿐만 아니라, 권리가 침해당하는 상황임을 의미하므로 그러한 상황에 처한 외국인은 난민과 다름없는 상황에 놓여있다고 볼 수 있어, 이러한 재반론은 적절하지 않다. 이처럼 난민신청자는 본국과의 관계 단절로 인해 권리를 보장받을 수 없는 상태에 놓여있기 때문에, 난민신청자에 대해서는 수용국이 취업권을 포함한 여러 권리들을 적절한 수준에서 보장해야 할 의무가 있는 것이다.

(2) 난민인정자, 난민신청자 그리고 기타 국내 거주 외국인의 구분

난민인정자와 난민신청자 그리고 기타 국내 거주 외국인을 구분하는 문제는 '난민신청자와 난민인정자에게 취업권을 동일한 정도로 보장하는 것이 적절한가?'라는 물음과 '기타 국내 거주 외국인도 출입국관리법의 적용을 받는다는 점에서 규범 성원권을 지니지 않는가? 그렇다면 왜 국내 거주 외국인들에게는 난민신청자와 마찬가지로 직종 제한 없이 취업할 권리가 주어져야 한다고 얘기하지 않는 것인가?'의 물음에 답하기 위해서 다뤄야 할 필요가 있다. 이 중에서 전자의 물음은 난민신청자와 난민인정자를 구분함으로써 해소될 수 있고, 후자의 물음에 대해서는 난민신청자와 그 외의 국내 거주 외국인을 구분하는 작업을 통해서 답변을 제공할 수 있다.

우선, 난민인정자와 난민신청자는 성원권의 내용 측면에서 구분된다. 난민인정자는 난민신청자와 마찬가지로 수용국에 대해서 생계유지를 비롯한 기본권 보장 문제를 의존하며, 난민법과 난민협약에 따른 법적 의무를 실천할 것을 요구받으므로 규범 성원권을 취득한다. 하지만 난민신청자와 달리 난민인정자는 수용국에 대해서 인정 성원권도 갖는다. 수용국으로부터 난민으로서의 지위를 인정받은 것은 수용국이 해당 난민에게 일정한 보호나 복지서비스를 제공해 줄 것을 인정한 것이기 때문이다.

따라서 난민인정자에게 보장되는 권리 X가 난민신청자에게는 보장될 수 없다고 주장하기 위해서는 해당 권리의 내용이 규범 성원권이 함축하는 권리가 아니면서, 인정 성원권은 함축하는, 일종의 특권에 해당되어야 한다. 하지만 난민신청자가 직종 제한 없이 취업할 권리는 앞에서 보였듯이 규범 성원권에 의해서 보장받아야 하는 권리에 해당되므로ー즉, 규범 성원권이 함축하는 권리에 해당하므로ー난민신청자의 직종 제한 없이 취업할 권리는 이러한 주장이 적용될 수 있는 대상이 아니다.

난민신청자와 기타 국내 거주 외국인은 규범 성원권의 소유 여부 및 소유 형태의 측면을 중심으로 구분된다. 본 연구에서는 이해당사자 원칙에 입각하여 1) 기본권 보장이 어떤 정치사회에 오랜 기간 동안 의존하거나, 2) 삶 전체에서 중요한 부분을 차지하는 기간 동안 해당 정치사회의 정치적 권위를 따라야 하는 경우에 한해 규범 성원권을 갖는다고 설명하였다.

기타 국내 거주 외국인을 크게 관광객과 같은 단기 체류자 그리고 유학생이나 외국인 노동자 등을 통틀어 장기 체류자로 구분한다면, 단기 체류자는 단어의 사전적 의미가 의미하듯이, 수용국에게 기본권 보장 문제를 오랜 기간 동안 의탁하지 않으므로 1)에 해당한다고 볼 수 없다. 그리고 관광과 같이 특별한 사정이 아닌 이유로 단기 체류를 하게 된 경우라면, 체류기간이 삶 전체에서 중요한 부분을 차지하는 것이라고 보기 어려우므로 2)에도 해당하지 않는다. 다만, 단기간 체류함에도 불구하고 내전과 같이 급박한 사정에 의해서 체류를 하게 된 경우라면 이는 수용국에서의 생활 기간이 곧 삶 전체에서 중요한 부분에 해당하는 것이므로 이때에는 2)의 요건을 충족한다고 보아야 한다. 장기 체류자 중에서는 체류의 목적이나 기간 등을 고려할 때 1)과 2)를 충족하는 경우도 존재한다. 하지만 단순히 오랜 기간 동안 여행을 하기 위해서 장기 체류를 하는 경우에는 2)의 요건은 물론, 1)의 요건의 충족 여부가 불분명하다.

　이처럼 난민신청자와는 달리 기타 국내 거주 외국인은 규범 성원권 소유 여부가 불분명하다는 점에서 성원권 이론이 포괄적으로 적용되기에는 한계가 있으므로, 규범 성원권 소유 여부를 별도로 입증하지 않고는 난민신청자의 경우처럼 성원권 이론을 바탕으로 직종 제한 없이 취업할 권리를 주장하는 데에는 한계가 있다. 또한, 기타 국내 거주 외국인이 규범 성원권을 갖는다고 하더라도 난민신청자에 준하는 정도의 권리를 수용국이 보장해야 하는지의 여부는 확실하지 않다. 위의 절에서 언급하였듯이, 이 경우에 해당하는 국내 거주 외국인은 규범 성원권을 본국과 수용국에 대해서 중층적으로 소유하므로, 수용국이 해당 외국인에 대해서 규범 성원권이 함축하는 권리를 완전하게 보장해야 할 이유가 항상 존재하는 것은 아니기 때문이다.

　이와 같이, 성원권 이론을 기반으로 직종 제한 없이 취업할 수 있는 권리를 요구할 수 있는 난민신청자와는 달리, 기타 국내 거주 외국인은 성원권 이론의 적용 대상이 되는지 그리고 성원권 이론을 바탕으로 직종 제한 없이 취업할 권리를 완전히 보장할 수 있는지의 여부가 불분명하다는 점에서 난민신청자와 기타 국내 거주 외국인은 구별된다.

(3) 취업권 제한 정책의 정당화에 대한 재반론

본 연구의 논변과 관련하여 제기될 수 있는 다른 반론으로는 난민신청자의 취업권은 제한되어야 하는 것이 마땅하다는 견해를 들 수 있다. 주장의 주요한 근거로는 두 가지를 들 수 있다.

첫 번째 근거는 난민신청자가 취업 과정에서 겪는 어려움은 제도의 문제가 아니라, 난민신청자가 출국이라는 선택을 한 것에 대한 대가라고 보아야 한다는 것이다. 그러나 이러한 주장은 난민신청자의 특수성을 제대로 고려하지 못한 것이다. 난민신청자의 출국은 표면적으로는 자발적인 선택에 의해서 이뤄진 것이라고 볼 수 있지만, 사실 난민신청자는 본국에서의 박해를 피하기 위해서 '떠밀려오 듯' 출국한 것에 불과하다[20]. 난민신청자에게 주어진 선택지가 '본국에 남아 박해를 감내할 것'과 '출국을 통해 본국과의 관계에서 벗어남으로써 박해를 피하는 것'으로 제한된다는 점을 고려한다면, 난민신청자가 자신의 의지로 특정한 선택지를 선택한다 하더라도, 선택지 자체가 왜곡된 상태에서 선택이 이뤄졌다는 점에서 이들의 선택이 자발적인 것이라고 보기는 어렵다. 이처럼 난민신청자의 선택이 자발적으로 이뤄지지 않은 것이라면, 난민신청자에게 이들의 선택에 대해서 책임을 지도록 하는 것은 적절하지 않다.

난민신청자의 취업권 제한을 정당화하는 주장의 두 번째 근거로는 "난민신청자 중에는 적질하지 않은 난민 사유를 가진 이들, 즉 '가짜 난

---

20) 물론, '가짜 난민'의 문제가 존재한다는 점을 고려한다면, 난민신청 절차를 밟는 모두가 이러한 상황에 처한다고는 볼 수 없다. 하지만 위 논의에서는 난민신청자를 적합한 난민 사유를 가지고 있지만, 난민 지위를 인정받지 않은─혹은 못한─상황에 놓인 자들로 제한한다.

민'들도 존재하는데, 난민신청자에게 직종 제한 없이 취업할 권리를 보장하는 것은 곧 가짜 난민에게 취업할 권리를 보장하는 것이 아닌가? 그렇다면 난민신청자에게 직종 제한 없이 취업할 권리를 보장하는 것은 다른 체류자들로 하여금 '가짜 난민'이 되는 것에 대한 긍정적인 유인을 제공하는데, 이것이 과연 옳은가?"라는 정책적 차원의 고려를 언급할 수 있다. 이에 대해서는 Ⅱ절에서 언급한 정책적 논의의 한계점을 바탕으로 재반론을 구성할 수 있다.

난민신청자에게 특정한 권리를 보장하는 것과 가짜 난민의 문제를 해결하는 것은 서로 다른 성격을 갖는다. 가짜 난민의 문제는 난민신청의 남용과 관련된 것으로 이러한 문제를 해결하기 위해서는 난민신청자 중 부적합한 난민신청 사유를 가진 자들을 선별하는 제도나 절차를 확충하는 것이 필요하다. 그에 반해, 난민신청자에게 특정한 권리를 보장하는 것은 난민신청자가 수용국에게 할 수 있는 정당한 요구들에 대해서 수용국이 적절하게 대응하는 것과 관련되어 있는 것이다. 이처럼, 난민신청자에게 권리를 보장하는 것과 가짜 난민의 문제를 해결하는 것은 서로 다른 층위의 문제이므로 가짜 난민의 가능성을 들어 난민신청자에게 취업권을 보장하는 것이 적절하지 않다고 주장하는 것은 범주 착오를 저지른다는 점에서 적절하지 않다.

하지만 이러한 층위의 차이에도 불구하고, 난민신청자에게 취업권을 부여하는 문제와 가짜 난민이 발생하는 문제는 긴밀하게 관련성이 있다는 것은 부정할 수 없는 사실이다. 난민신청자에게 특정한 권리를 보장한다면, 난민 사유에 해당하지 않는 외국인들이 난민신청자에게 보장되는 권리를 취득하기 위해서 난민신청을 할 유인이 증가하기 때문이다. 따라서 이렇게 서로 다른 층위의 문제가 긴밀한 관련성을 맺는

다면, 이러한 관련성을 유발하는 요인이 무엇인지를 분석한 후, 그 요인을 제거함으로써 가짜 난민의 문제와 난민신청자의 권리 보장 문제를 각 층위에서 적절하게 해결하는 작업이 이뤄져야 한다.

일례로, 프랑스와 같이 난민신청 절차 과정에서 신청 사유에 대한 일차적인 검토가 이뤄지도록 하는 방안－가령 신청 사유가 사실임을 적절히 뒷받침할 수 있는 증거자료를 소지하고 있는지, 혹은 신청 사유가 난민인정 요건에 적절히 부합하는지의 여부를 확인하는 절차를 난민심사 전에 마련하는 방안－을 생각해 볼 수 있다[21]. 만약 이러한 절차가 마련된다면 적절한 사유 없이 난민신청을 하는 소위 '가짜 난민'들이 난민신청자의 지위를 손쉽게 취득할 수 없게 되어 행정의 효율성은 물론, 가짜 난민에 대한 우려로 인해 선의의 난민신청자들의 권리가 지나치게 제한된다든가, 가짜 난민에 대한 혐오가 선량한 난민신청자들에게도 부정적인 영향을 미치는 문제들을 상당 수준 예방할 수 있을 것이다.

하지만 지금과 같이 난민심사 인력이 부족하고, 난민심사의 전문성이 충분히 갖춰지지 않은 상황에서 난민신청 사유에 대해 일차적으로 검토가 이뤄진다면, 선의의 피해자－충분히 난민으로 인정받을 가능성이 있음에도 불구하고 적절하지 않은 이유로 난민신청 단계에서 배제되는 난민신청자－가 발생할 가능성이 존재한다. 따라서 위의 정

---

21) 프랑스의 경우, 신속절차를 별도로 마련하여 난민신청자가 안전한 국가의 출신이거나, 신원이나 체류 사실에 관하여 거짓 서류를 제출한 경우, 다수의 신분으로 다수의 난민신청이 행하여진 경우, 난민신청에 관하여 진실성이 의심되는 경우, 일관성 없고 모순되거나 거짓된 신청이 제출된 경우에 해당 절차를 시행하고 있다. 강지은. 2016. "난민 지위 인정절차의 제문제: 프랑스의 2015년 개정 외국인법제를 중심으로". 『행정법연구』, 45. p.142.

책을 실시하기에 앞서 난민심사 인력을 확충하고, 난민심사 체계의 효과성과 심사 구성원들의 전문성을 제고하는 작업이 선행되어야 한다.

(4) 방법론의 적절성

마지막으로, 본 연구에 대해서 "성원권 이론에 기반한 난민신청자의 취업권 정당화가 기존 논의에 비해서 더 낫다고 볼 수 있는가?"라는 반론이 제기될 수 있다. 이러한 반론은 본 연구의 논변이 기존 논의에 비해서 어떠한 장점을 갖는지 그리고 기존 논의가 갖고 있던 한계들을 본 연구가 적절히 보완하는지를 평가하는 것과 관련이 있다.

우선, 성원권 이론을 기반으로 한 난민신청자의 권리 정당화 논변은 취업권뿐만 아니라, 다른 권리들을 난민신청자에게 보장하는 것과 관련하여 적절한 분석틀을 제공해 준다는 점에서 효과적이다. 가령, 임의의 두 권리 X, Y에 대해서 X 권리는 난민신청자의 성원권으로부터 유추되는 것이고, Y 권리는 그러하지 않다면, 성원권 이론은 수용국에 대해서 난민신청자에게 X 권리는 보장할 것을 명하되, Y 권리는 난민신청자에게 보장해야만 하는 이유가 없다고 설명할 것이다.

두 번째로, 정당화 최소주의를 기반으로 하는 성원권 이론은 수용국의 문화적 배경 등에 상관없이 해당 수용국에게 정당화할 수 있다는 점에서 보편화 가능성을 지닌다. 성원권 이론은 특정한 정치적-윤리적-철학적 입장이나, 문화-사회적 배경에 의존하지 않은 채 특정한 권리가 인권으로서 보장되어야 하는지의 여부를 독립적으로 판정하기 때문이다. 이처럼 성원권 이론을 기반으로 한 난민신청자의 권리 정당화 논변 하에서는 각 수용국들의 의견 불일치-문화적 배경으로 인한 것이든, 국가 간 난민 체계에 대한 인식의 차이로 인한 것이든-와 관계없이, 난민신청자는 해당 국가에 대해서 성원권을 갖는다는 이유로 수용국이 자신에게 특정한 권리를 보장해 줄 것을 요구할 수 있고, 수용국은 난민신청자의 그러한 요구를 타당한 이유 없이는 거절할 수 없게 된다는 점에서 보편화 가능성을 지닌다.

마지막으로, 성원권 이론에 기반한 난민신청자의 권리 정당화 논변은 기존 논의처럼 의무의 성격 등을 논의함으로써 난민신청자의 권리를 간접적으로 다루지 않고, 난민신청자의 권리 정당화의 문제를 직접 다룬다는 점 그리고 난민신청자와 난민인정자 간의 지위상의 차이를 고려하여 난민신청자의 권리 정당화 문제를 다룬다는 점에서 논의 대상과 논변 간에 긴밀한 관련성이 있으므로 기존의 논의보다 더 타당하다.

Ⅳ. 결론

본문에서는 성원권 이론을 보수적이라고 평가받는 이해당사자 원칙에 비추어 구체화하였을 때에도 난민신청자에게 적용되는 법‒제도를 미뤄본다면 난민신청자는 한국 사회에서 성원에 해당한다는 점을 설명하였다. 참여관찰 연구 등 경험 연구를 통해서는 취업권을 제한적으로 보장받음에 따라 난민신청자‒특히 육체노동에 부적합한 신체 조건을 지닌 여성 난민신청자와 고문 피해 난민신청자‒들이 취업 시장에서 배제될 뿐만 아니라, 고용주의 협상력이 비대해짐에 따라 난민신청자들은 고용주가 마련한 차별적인 고용기준을 감수할 수밖에 없음을 보였다. 위의 논의를 종합하여 제한적으로 취업권이 보장된 상태에서 난민신청자가 겪는 문제들은 난민신청자가 성원으로서 적절히 대우받지 못한다는 점을 보여주므로, 성원인 난민신청자에게는 난민인정자와 마찬가지로 직종 제한 없이 취업할 권리가 보장되어야 함을 논증하였다.

"난민인정자와 난민신청자가 동일한 수준으로 취업권을 보장받는 게 적절한가?"의 반론에 대해서는 직종 제한 없이 취업할 권리는 규범 성원권의 영역이므로, 난민인정자와 동일한 규범 성원권을 가진 난민신청자는 난민인정자와 동일한 수준으로 취업권을 보장받아야 한다는 재반론을 제시하였다. 그리고 "왜 난민신청자와 마찬가지로 다른 외국인들에게는 직종 제한 없이 취업할 권리가 보장되어야 한다고 볼 수 없는가?"라는 반론에 대해서는 규범 성원권의 소유 여부 및 소유 형태 —소유의 중층성과 단일성— 측면에서 난민신청자와 그 외의 외국인 간에는 차이가 존재하므로, 난민신청자에게 적용되는 취업권 보장 논변이 그 외의 외국인에게는 적용되지 않을 여지가 있음을 밝혔다.

마지막으로, 본 연구는 난민신청자에게 취업권을 비롯한 다른 사회경제적 권리를 보장하는 것을 정당화하는 데 있어서 본 연구의 논변이 사용될 가능성을 열어둠을 밝힌다. 이는 난민신청자의 정착의 수월성을 제고하기 위함이다.

참고 문헌

┃ 단행본 ┃

Carens, j. 2013. 『The Ethics of Immigration』. Oxford: oxford university press.

Miller, D. 2016. 『Strangers in Our Midst: The Political Philosophy of Immi gration』. Harvard University Press.

Miller, D., & Straehle, C. (Eds.). 2019. 『The Political Philosophy of Refug e』. Cambridge University Press.

Price, M. E. 2009. 『Rethinking Asylum: History, Purpose, and Limits』. Ca mbridge: Cambridge University Press.

Walzer, M. 2008. 『Spheres of Justice: A Defense of Pluralism and Equality』. Basic books.

Owen, D. 2019. 『What Do We Owe to Refugees?』. Polity.

Zetter, R., & Ruaudel, H. 2016. Refugees' right to work and access to labo r markets-An assessment. 『World Bank Global Program on Forced Displ acement (GPFD) and the Global Knowledge Partnership on Migration a nd Development (KNOMAD) Thematic Working Group on Forced Migra tion』. KNOMAD Working Paper. Washington, DC: World Bank Group.

┃ 국내 논문 ┃

강지은. 2016. "난민 지위 인정절차의 제문제: 프랑스의 2015년 개정 외국인 법제를 중심으로". 『행정법연구』, 45. pp.135－158.

김범수. 2008. "민주주의에 있어 포용과 배제: '다문화 사회'에서 데모스의 범 위 설정 문제를 중심으로". 『국제정치논총』, 48(3). pp.173－198.

김시정, 김지은, 신주영, 이병호, 전효빈, 최보경. 2016. "대한민국 체류 난민 의 취업 실태 연구". 『공익과 인권』, 16. pp.3－43.

김예경, 백상준, 정민정. 2018. "난민유입대응 관련 정책 현황과 개선방향". 『NARS 현안분석』, 20. pp.1－15.

손철성. 2013. "공동체의 성원권과 외국인 노동자의 지위". 『윤리교육연구』, 29. pp.361－380.

┃ 국외 논문 ┃

Archer, L., Hollingworth, S., Maylor, U., Sheibani, A., & Kowarzik, U. 2005. "Challenging barriers to employment for refugees and asylum seekers in London". 『London Metropolitan University, London』. pp.1－97.

Bauböck, R. 2009. "The rights and duties of external citizenship". 『Citizenship studies』, 13(5). pp.475－499.

Cherem, M. 2016. "Refugee rights: Against expanding the definition of a "refugee" and unilateral protection elsewhere". 『Journal of Political Philosophy』, 24(2). pp.183－205.

Cohen, j. 2004. "Minimalism about Human Rights". 『Journal of Political Philosophy』, 12. pp.190－213.

Fleay, C., Hartley, L., Kenny, M. 2013. "Refugees and asylum seekers living in the Australian community: the importance of work rights and employment support". 『Australian Journal of Social Issues』, 48. pp.473－491.

Gibney, M. 2019. "The Duties of Refugees". In D. Miller & C. Straehle (Eds.), 『The Political Philosophy of Refuge』. Cambridge: Cambridge University Press. pp.132－154.

Lopez－Guerra. 2005. "Should Expatriates Vote?". 『Journal of Political Philosophy』, 13(2). pp.216－234

Owen, D. 2011. "Transnational citizenship and the democratic state: modes of membership and voting rights". 『Critical Review of International Social and Political Philosophy』, 14(5). pp.641－663.

Thomas, E. R. 2002. "Who belongs? Competing conceptions of political m
embership". 『European Journal of Social Theory』, 5(3). pp.323－349.

▎국회 속기록 ▎

제294회 제14차 법제사법위원회. 2010.11.24.

제301회 제1차 법제사법위원회. 2011.06.23.

제304회 제1차 법제사법위원회. 2011.12.28.

제320회 제9차 법제사법위원회. 2013.12.09.

제326회 제3차 국회운영위원회. 2014.07.08.

제331회 제1차 법제사법위원회. 2015.02.05.

제337회 제2차 법제사법위원회. 2015.10.22.

제349회 제1차 여성가족위원회. 2017.02.20.

제353회 제1차 여성가족위원회. 2017.08.21.

제363회 제1차 국회운영위원회. 2018.08.27.

제364회 제2차 법제사법위원회. 2018.09.11.

제367회 제1차 법제사법위원회. 2019.03.25.

제367회 제2차 법제사법위원회. 2019.03.14.

국가인권위원회. 위원장후보자(최영애) 인사청문회.

헌법재판소. 재판관후보자(이은애) 인사청문회.

▎정부 용역 보고서 ▎

국가인권위원회. 2019. 이주 인권가이드라인 모니터링 결과보고.

▎보도 자료 ▎

법무부 보도자료. 2019.09.05.

08

노동 속에 부재한 노동자

: 플랫폼 배달 노동을 중심으로

강정윤, 강주현, 김연두

08

노동 속에 부재한 노동자

: 플랫폼 배달 노동을 중심으로

강정윤, 강주현, 김연두

Ⅰ. 서론

스마트폰 터치 한 번으로 우리는 문에서 문으로 치킨을 받는다. 디지털 플랫폼을 통해 이용자가 상품 또는 서비스를 주문하면 오프라인으로 즉각 배달해 주는 플랫폼 배달은 그 편리함으로 인해 매년 이용자가 증가하고 있다. 원하는 시간에 일할 수 있다는 플랫폼 배달 노동의 유연성은 더 많은 사람들이 노동에 참여하는 유인이 되었다. 플랫폼 배달 노동이 제공하는 편리함과 유연성은 새로운 시대의 하나의 혁신으로 불리고 있다. 코로나19로 인해 사회적 거리 두기 상황에서 배달 서비스는 집 밖에 나가지 않고도 삼시 세끼를 가능하게 해주었다. 때문에 플랫폼 배달 노동은 재난 상황에서 사회적 연결망 역할을 해냈고 플랫폼 배달 수요가 급속히 증가했다. 그러나 코로나19 상황 속 플랫폼 배달 산업의 호황 뒤에는 전염병이라는 위험한 상황에도 배달을 하는 플랫폼 배달 노동자가 있었다. 코로나19 상황에서 '가능한 자가 격리할 것', '적절한 보호 키트를 갖출 것'과 같은 보호 수칙들을 플랫폼 배달 노동자들이 지키기는 어렵다. 자가 격리 동안 소득이 보장되지 않으며, 보호 장비 또한 그들 스스로 구매해야 하기 때문이다(Adams—Prassl, 2020: 9–10). 이처럼 플랫폼 배달 노동이 약속한, 누구에게 고용되지 않고 자유롭게 원하는 시간에 원하는 일을 할 수 있는 자율성은 동시에 노동을 하는 노동자가 그 노동을 제공하는 환경과 상황에 대해 스스로 책임 질 것을 요구했다.

때문에 플랫폼 배달 노동이 가진 자유로움, 달리 말해 고용되지 않고 노동 시간이 유연하다는 점은 논란의 중심에 서게 된다. 이 자유는 동시에 플랫폼 배달 노동자를 노동법이 상정하는 근로자와 다른 존재로 만들기 때문이다. 플랫폼 배달 노동자는 자유롭기 때문에, 즉 고용되지 않았기 때문에 근로자에게 주어지는 제도적 보호를 받을 수 없다. 이와 관련해 배달 노동자를 근로자로 볼 수 있는지, 또 이들이 노동법 아래에서 어느 정도의 권리를 보장받을 수 있는지가 쟁점으로 등장했다. 2020년은 특히 플랫폼 배달 노동자에 대해 사회적 시선이 주목된 해이다. 관련하여 법적, 제도적 논의가 활발히 이루어지며 갑론을박이 이어지고 있다. 예를 들어, 정부는 12월 21일 '플랫폼 종사자 보호 및 지원 등에 관한 법률' 입법 추진 대책을 마련했으나, 이와 같은 특별법 입법은 오히려 플랫폼 노동자를 노동법상 근로자의 예외로 만들기 때문에 실제 노동자성 인정을 어렵게 할 수 있다는 한계가 지적된다(박준용, 2020).

뿐만 아니라, 이들을 보호하는 방식에 대해서 플랫폼 배달 노동자

내부의 목소리도 다양하게 갈라져 나온다. 배달 노동의 업무 배정 방식으로 경쟁 배차와 지정 배차에 대한 의견이 대립된다(방강수, 2020: 91). 경쟁 배차는 콜을 빨리 선점하는 배달원이 주문을 가져가는 경쟁에 기반한다. 때문에 배달원들이 운전 중에도 콜을 받는 위험한 상황이 벌어진다. 반면, 지정 배차는 강제적으로 배달 건수를 배분하지만, 한 번에 하나의 콜만 가능한 상황에서 배달원들은 더 많은 일을 하기 위해 과속한다(이영재, 2020). 또한, 플랫폼 배달 회사는 날씨 요소로 인한 배달 침체 현상을 해결하기 위해 프로모션으로 우천이나 폭설 상황에 배달원에게 추가 수당을 지급한다. 이는 노동의 악조건에 대한 정당한 보상으로 받아들여질 수 있으나, 동시에 배달원들을 위험으로 내모는 요소이다. 누군가는 그 덕분에 쏠쏠한 이득을 얻을 수 있으나 누군가는 이 때문에 사고를 당할 수 있다. 앞서 살펴본 플랫폼 배달 노동자의 노동 지위와 관련해서도 의견이 분분하다. 배달원이 직고용 배달원이 되었을 시에는 근로소득세가 부과되지만, 프리랜서일 경우에는 사업 소득세가 부과되는데, 세금을 보다 적게 낼 수 있는 사업 소득세를 선호하는 경우가 많다(김태준, 2020). 이처럼 플랫폼 배달 노동자들이 처한 상황은 여러 상황과 입장이 중첩되어 있다.

플랫폼 배달 노동자와 관련한 위와 같은 복잡한 실타래를 풀어나가기 위해서는 대책을 제시하기에 앞서 지금 문제가 되고 있는 상황이 무엇인지를 살펴보아야 한다. 플랫폼 배달 노동자는 무엇이며(what), 왜 권리를 보장받아야 하고(why), 어떻게 권리를 보장받아야 하는가(how). 본 연구는 바로 이 문제의식에서 출발한다. 어떻게 플랫폼 배달 노동자는 기존의 노동 개념과 다른 것처럼 서술되며, 그것이 실제로 다른 것인지, 또 플랫폼 노동자의 권리를 말할 때 논의되는 노동권이 무엇이고,

그것은 어떤 내용을 담고 있어야 하는지 꼼꼼히 따져보아야 한다. 먼저 Ⅱ장에서는 플랫폼 배달 노동자 개념과 플랫폼 배달 노동자와 관련한 연구와 기사, 미디어 자료를 검토하며 플랫폼 배달 노동자가 무엇인지 살펴볼 예정이다. Ⅲ장에서는 18세기의 노동권에서 출발해 노동권에 대한 기본 개념을 바탕으로 21세기 플랫폼 배달 노동의 노동권에 대해 이해해 보고자 한다. 마지막으로 Ⅳ장에서는 플랫폼 배달 노동자의 권리의 내용을 이해하는 데 있어 자유 개념을 집중적으로 탐구하고자 한다. 이를 적용하여 노동 시간 자유의 문제를 새롭게 해석해 볼 예정이다.

　　배달 노동을 비롯하여 플랫폼 경제가 만들어낸 플랫폼 노동은 산업 시대 이후의 정보화 시대에 걸맞은 새로운 노동 형태처럼 여겨진다. 플랫폼 경제가 약속하는 유연한 고용은 달리 말하면 일시적이고 불안정한 고용이다. 배달 노동 이외도 여러 노동이 플랫폼의 형태로 흡수되고 있고, 그 비중은 증가하고 있다. 플랫폼 배달 노동의 문제가 제대로 성찰 되지 않는 한, 미래에 예견된 다양한 형태의 노동자들에게도 이 문제는 반복될 수밖에 없다. 따라서 플랫폼 배달 노동자의 노동과 권리에 대한 논의는 미래의 노동 형태와 노동권에 대한 이해의 초석을 마련해준다는 점에서도 유의미한 작업이다. 새로운 시대를 맞아 기존 노동 구조를 혁신적으로 바꾸면서 등장한 플랫폼 배달 노동자. 플랫폼 배달 노동자가 가진 권리는 무엇일까? 이러한 문제를 인권의 관점에서 검토하고, 이를 토대로 플랫폼 배달 노동자의 현실을 살펴보며 문제의 실마리를 발견하는 것이 본 연구의 목적이다.

Ⅱ. 플랫폼 배달 노동의 현황과 실태

1. 플랫폼 배달 노동의 정의

본 연구에서 칭하는 '플랫폼 배달 노동자'는 플랫폼의 일종인 배달 중개 앱을 통한 배달 업무를 수행하는 노동자이다. 보다 익숙하게 이들은 '라이더', '파트너', '친구'라고 불리고, 이들이 제공하는 노동은 '부업'이나 '호의'라는 단어로 불린다. 이러한 새로운 용어는 노동 시장의 전통적인 어휘인 노동자, 고용인, 노동을 대체한다(Adams-Prassl, 2020: 92-93). 이러한 대체 상황을 이해하기 위해서는 플랫폼 노동이라는 개념에서 출발해야 한다.

제4차 산업 혁명을 기반으로 산업구조가 변화하면서 전통적 고용관계와 다른 새로운 고용관계가 등장하고 있다. 그중에서도 플랫폼을 매개로 노동 및 서비스의 수요와 공급이 이루어지는 플랫폼 산업이 중심에 서 있다. 기존에는 여러 단계를 거쳐 진행되어야 했던 생산과 수요의 만남 과정이 플랫폼 등장 이후 플랫폼을 통해 직거래 또는 짧은 단계만으로도 가능해진다. 이러한 변화는 긱 경제(Gig economy), 공유 경제 등의 다양한 용어로 설명되며, 나아가 이 과정에서 새로운 형태의 노동인 '플랫폼 노동'이 발생한다.

'플랫폼 노동'은 법률상 용어는 아니며, 디지털 플랫폼을 기반으로 이루어지는 노동을 일컫는다. 플랫폼 노동의 정의는 플랫폼에서 상품처럼 거래되는 노동이며, 플랫폼이란 외부 생산자와 소비자가 상호작용을 통해 가치를 창출하게 하는 비즈니스 모델이라고 간략히 요약할 수 있다(Alstyne, 2017: 35). 플랫폼 노동 대신 긱 노동(Gig work), 주문형

노동(On‒demand work), 크라우드 소싱(Crowd sourcing), 디지털 노동
(Digital labor) 등의 용어가 사용된다(Rebecca, 2018: 2). 디지털 노동 플
랫폼은 이런 플랫폼이 디지털 환경과 맞물린 것으로, 온라인에 형성된
플랫폼을 통해 불특정한 생산자와 소비자가 서비스를 교환한다. 이에
한국고용정보원에서는 '플랫폼 노동'을 "디지털 플랫폼의 중개를 통하
여 일자리를 구하며, 단속적(1회성, 비상시적, 비정기적) 일거리 1건당 일
정한 보수를 받으며, 고용 계약을 체결하지 않고 일하면서 근로소득을
획득하는 근로 형태"로 플랫폼 노동을 정의하고 있다(한인상, 2019: 6).
이러한 플랫폼의 특징으로 인해 플랫폼 노동자는 기존 노동자와 다른
위치에 서게 된다. 생산자와 소비자가 서비스를 교환하는 거래 관계가
두드러지면서 고용 계약을 체결하지 않고도 일할 수 있기 때문이다. 이
맥락에서 플랫폼은 노동 거래를 중개하는 장소로만 이해된다. 이로 인
해 플랫폼 노동자는 고용되는 게 아니라 스스로 자신의 노동을 팔 수
있는 자영업자 또는 독립 계약자로 분류된다.

　　플랫폼 노동 중에서도 플랫폼 배달 노동은 주변에서 가장 많이 찾
아볼 수 있는 사례이다. 다음 <그림 8‒1>에 따르면 플랫폼 배달 노
동은 지역에 기반하여 업무수행자를 지정하는 플랫폼 노동 중 하나로
이해된다. 물론 현재 이루어지는 모든 배달 노동이 플랫폼 배달 노동
개념에 포섭되는 것은 아니지만, 배달의 민족이나 요기요와 같은 플랫
폼 기업의 등장과 급격한 성장은 기존의 배달 노동의 많은 부분이 플
랫폼으로 흡수되는 결과로 이어졌다. 때문에, 기존의 배달 산업 구조에
도 변화가 생겼다.

<그림 8-1> 디지털 노동 플랫폼 분류

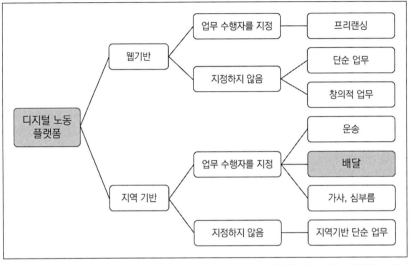

* 본 연구는 디지털 노동 플랫폼 중에서도 지역 기반-업무 수행자를 지정-배달 형식의 노동을 대상으로 하고 있음.

출처: 최기산. 2019. p.6.

플랫폼의 등장에 따라 달라진 배달 산업의 운영 방식을 정리하면 다음 <그림 8-2>와 같다. 배달 방식은 크게 3가지로 나누어 볼 수 있다. 첫째는, 배민 라이더스나 요기요 플러스처럼 배달주문중개앱 사(社)가 배달 대행사를 자회사로 만든 뒤 배달을 직접 진행하는 형태이다. 두 번째는 프랜차이즈 형태이다. 부릉, 바로고, 생각 대로 등의 플랫폼 사와 동네 배달 대행사가 위탁 계약을 맺고 동네 배달 대행사가 라이더와 또 다시 위탁 계약을 맺는 방식이다. 세 번째 형태는 프리랜서 형태로 자유롭게 로그인-로그아웃하며 원하는 시간에 노동을 제공하는 방식이다. 이는 아르바이트와 비슷한 개념으로 예시로는 배민커넥트 또는 쿠팡 이츠 등이 있다. 최근 배민커넥트가 5만 명 가까이 늘어나면서 이러한 프리랜서 라이더들을 소수라고 말하기 어려운 상황이 되었다(박정훈, 2020: 67).
다양화된 배달 방식은 이륜차를 가지고 전업 배달을 하던 기존 배달원
뿐만 아니라 자동차, 자전거 또는 걷기 등의 방식을 통해 부업 배달을
하는 등 여러 유형의 플랫폼 배달 노동자를 만들어냈다.

〈그림 8-2〉 배달 산업 변화에 따른 3가지의 배달 방식

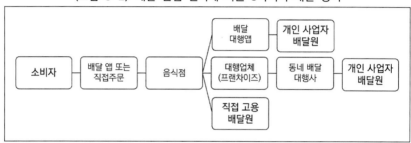

2. 플랫폼 배달 노동의 쟁점과 연구

앞서 살펴본 플랫폼 노동과 그중 대표적 예로서 플랫폼 배달 노동
은 노동자임에도 불구하고 '라이더', '파트너'와 같은 호칭으로 불린다.
플랫폼 노동이 가진 독립성과 자율성은 플랫폼을 통해 노동을 제공하
는 노동자를 근로자가 아닌 독립적인 계약자로 이해하는 근거가 된다.
노동법을 살펴보면 「근로기준법」 제2조 제1항 제1호는 근로자를 "직업
의 종류와 관계없이 임금을 목적으로 사업이나 사업장에 근로를 제공
하는 자"라고 정의한다. 같은 조항 제4호에서 근로계약을 "근로자가 사
용자에게 근로를 제공하고 사용자는 이에 대하여 임금을 지급하는 목
적으로 체결된 계약"이라고 정의하며 이러한 근로계약 아래서만 근로
자-사용자 관계가 발생한다고 본다. 이 두 조항은 근로자를 전통적인

공장제 생산 체제 아래에서 종속적으로 노무를 제공하는 사람이며, 그렇지 않은 자는 비근로자, 즉 자영업자로 바라본다. 이러한 근로자와 자영업자라는 이분법 사이에서 플랫폼 노동자는 실제로는 종속적인 지위에서 노동력을 제공한다고 할지라도 플랫폼 배달 기업에게 임금을 받지 않는다는 이유만으로 노동법의 보호 밖에 존재하게 된다. 이에 따라 현행 근로조건보호체계에서 임금 노동자에게 제공하는 근로기준법, 산업 안전보건, 남녀고용평등과 일·가정양립지원법, 사회보험, 노동조합 및 노동 관계조정법 등의 보호를 온전히 받을 수 없게 된다.

때문에 플랫폼 배달 노동자에 관해 근로자 여부를 증명하는 것이 핵심 쟁점이다. 일반적으로 근로자 판단 기준의 핵심은 사용 종속 관계 증명에 달려있다. 사용자에게 노동자가 종속되어 있는지를 판단하는 전속성, 그 종속 관계가 지속적이었는가를 묻는 계속성 그리고 노동자가 그 일을 했는지를 묻는 비대체성이 판단 기준이다. 하지만 이 세 가지 기준－전속성, 계속성, 비대체성－ 또한 명확하지 않다. OECD는 노동자에 대한 명확한 기준의 부재로 인해 노동자들이 자영업자로 오분류(misclassification)되는 것을 방지해야 한다고 경고했다(OECD, 2019: 16). 이에 미국 캘리포니아 주는 기업이 세 가지 요소를 모두 입증하지 않는 한 노동자를 임금 노동자, 즉 해당 기업의 근로자로 추정하는 일명 플랫폼 노동법이라 불리는 AB5의 법안을 통과시키며 증명의 책임을 기업에게 부과했다(Cherry, 2020: 38－39). 반면, 현재 우리나라는 주로 근로자성에 대한 판단을 법원에 의지하고 있으며, 노동자와 자영업자의 중간 지대에 위치한 특수형태근로종사자의 범위는 대통령령을 통해 구체적으로 설정될 때에 실효성을 가진다. 국가인권위원회에서는 2019년 『플랫폼노동종사자 인권상황 실태조사』를 발행하며 해당 상황

강정윤, 강주현, 김연두

을 문제 삼은 바 있다(국가인권위원회, 2019: 86).

이와 관련해 플랫폼 배달 노동자에 대한 여러 연구가 진행되었다. 먼저, 김수영은 플랫폼 경제활동의 유형을 비교하며 "앱 노동자(Mobile App Workers)"라는 용어 아래 플랫폼 배달 노동을 포섭하여 설명했다 (김수영, 2018: 209-210). 그는 기존 산업경제에서의 노동자가 정해진 고용 기간과 정해진 근무시간이 있었던 것과 달리, 원하는 시간에 자율적으로 플랫폼에 접속해 활동하여 소득을 창출하는 것을 "유연성(Flexibility)"으로 정의한다(김수영, 2018: 211). 비정규직, 파트타임 노동자 등 산업 사회의 불안정 노동자와 플랫폼 노동자의 차이는, 전자는 여전히 공식적 비공식적 합의를 맺고 일을 하는 반면, 후자는 단기적, 임시적이라도 고용 계약을 맺지 않는다는 데에 있다(김수영, 2018: 211). 이러한 유연성이 고용 계약을 전제한 사회보장으로부터의 배제와 노동시간-소득 연계의 불확정성이라는 문제의 원인이 된다는 것이 김수영의 주장이다(김수영, 2018: 216). 나아가, 김종진은 디지털 플랫폼 노동은 전통 노동의 자리를 잡아먹으며 확산될 수밖에 없음을 지적한다(김종진, 2020: 301). 그에 따르면, 플랫폼 노동의 등장은 단순히 새로운 일자리의 창조가 아니다. 그보다 기존의 임금 노동자의 자리가 플랫폼 노동으로 변환되는 것으로, 그 결과 많은 일자리들이 저임금 불안정 상태에 놓일 뿐이다(김종진, 2020: 301). 이러한 플랫폼 노동의 확산성은 이들에 대한 권리와 보호의 시급성으로 이어진다. 보호와 관련하여 이호근은 플랫폼 노동을 보호하기 위한 법적 근거를 마련해야 하며, 사회보험을 적용하기 위해 관련 규정인 특수형태근로자와 관련된 산재보험법 제125조 특례조항을 일반 규정으로, 관련 산재보험 규정을 당연의무적용으로 적용할 필요성을 주장했다(이호근, 2020: 102-103).

3. 미디어 속에서의 플랫폼 배달 노동

2절에서 살펴본 플랫폼 배달 노동과 관련된 쟁점과 연구 이외에 미디어 속에서 플랫폼 배달 노동이 어떻게 전달되고 있는지를 살펴보아야 한다. 왜냐하면 미디어에 투영되는 플랫폼 배달 노동에 대한 이미지가 대중에게 보다 쉽게 전달되기 때문이다.

먼저, 플랫폼 배달 노동에 대한 사회적 주목은 플랫폼 배달의 경제적 가치의 급상승과 함께 이루어졌다. 코로나19로 인한 사회적 거리 두기 단계 강화 이후, 배달 서비스 이용자 수는 급격히 증가했다. 주요 배달 앱인 배달의 민족, 요기요, 배달통, 푸드플라이 등에서 2019년 8월에서 2020년 8월 1년간 결제한 금액을 표본 조사한 결과 월평균 결제액이 1조 2000억 원을 넘어섰으며, 특히 2020년 8월 한 달간 결제된 금액은 1조 2050억 원으로 역대 최대치를 기록했다(박상은, 2020). 이와 같은 수요의 증가는 대중의 관심으로 이어졌다. 다음 <표 8-1>은 2020년 8월에서 9월 사이에 제기된 국내 배달 노동 관련 언론 기사 중 일부의 제목이다.

〈표 8-1〉 국내 배달 노동 관련 언론 기사(2020년 8-9월)

언론사	날짜	언론 기사 내용
한겨레	2020.08.28.	태풍 온 날…"보너스 줄게 달리라"는 배달 플랫폼
조선일보	2020.08.31.	[NOW]오토바이 No! 아파트 진입 금지에 우는 배달원들
CBS 노컷뉴스	2020.09.01.	물 만난 배달 대행 업체?…라이더 안전은 '빨간불'
한국일보	2020.09.01.	'2.5단계' 시행에 배달 주문 폭주… 라이더 "12시간 밥 거르고 달려"

참여와 혁신	2020.09.03.	라이더 연봉 1억 원? "수익 위주 보도 배달 노동자 위험 부추긴다"
SBS CNBC	2020.09.04.	코로나發 배달 전성시대…라이더 품귀에 연봉 1억 사실일까
경향신문	2020.09.06.	배달 수수료 인상 '모두가 울상'
중앙일보	2020.09.08.	'특고 고용보험' 밀어붙인 정부…정작 63% "의무가입 반대"
매일 신문	2020.09.10.	코로나發 급변하는 배달 시장…진땀나는 배달 기사
동아일보	2020.09.11.	800원짜리 생수 1병도 배달시키는 '배달 공화국'…거래액 전년比 84.6%↑
국민일보	2020.09.11.	배달 오토바이 '불법 운행 꼼짝마!'…경찰 암행 단속 강화
서울경제	2020.09.12.	돌아온 피크 데이…'金값' 배달 라이더 모시기 경쟁 계속
YTN	2020.09.14.	'추가 배달비' 받으려고…위험 무릅쓰는 배달 기사들

위의 뉴스 기사 제목은 플랫폼 배달 노동과 관련된 경제적 성장에 주목하면서도 배달 노동자들의 업무 처우에 대해 다루고 있다. 기사 제목에서부터 '1억 연봉', '배달 공화국', '피크 데이', '라이더 품귀 현상'이라는 플랫폼 배달 노동의 호황을 드러내는 단어들과 '불법 운행', '아파트 진입 금지', '위험 수당'이라는 플랫폼 배달 노동의 위험을 설명하는 단어들이 공존한다.

이러한 플랫폼 배달 노동의 양면적 이미지 속에서 플랫폼 배달 노동자들은 어떻게 존재하고 있는가? 이와 관련하여 본 연구는 '디지털 노동 수기'에 주목하고자 한다. '디지털 노동 수기'란 인터넷을 통해 생산되고 유통되는 체험기를 의미한다(이재성, 2020: 97). 이재성은 배달 플랫폼 회사의 광고와 언론 그리고 블로그 글과 같은 디지털 노동 수기에 주목하여 플랫폼 배달 노동과 관련된 담론을 파악하고자 했다. 또한 이재성의 연구 방식을 참조하여 디지털 노동 수기를 통해 플랫폼 배달 노동자가 겪는 플랫폼 배달 노동의 현실을 이해해 보고자 한다. 이를 위해 플랫폼 배달 회사의 광고와 플랫폼 배달 노동자 체험 수기 블로그 글을 살펴보았다.

플랫폼 배달 회사 광고를 통해 전해지는 플랫폼 배달 노동자는 자유롭고 자기 주도적인 인간으로 그려진다. 쿠팡 플렉스의 공식 사이트의 "쿠팡 플렉스 사람들의 이야기"에서는 자영업자, 주부, 취준생 등 부업이 필요한 사람들이 쿠팡 플렉스를 통해 원하는 바를 얻었다는 체험 수기를 전달하고 있다(쿠팡플렉스, 2020). 공식 사이트에는 "꿈을 위해, 아이를 위해, 가족을 위해, 오늘도 쿠팡플렉스에 모였습니다."라는 말 아래에 해당 영상을 제공하고 있다. 배민커넥트 홈페이지에서는 "하고 싶은 일이 생길 때, 한두 시간 가볍게"라는 제목의 광고 영상을 보여준다(배민커넥트, 2020). 영상 속 플랫폼 배달 노동자들은 고양이 집사, 야구팬, 초보 유투버이다. 광고는 이들이 "갖고 싶거나 하고 싶은 일을 위해" 한두 시간 투자하는 배달 아르바이트로써 배민커넥트를 소개한다. 두 플랫폼 회사 모두 시공간적으로 자유롭고, 자기 주도적이고, 꿈을 향해 나아가는 사람으로서 플랫폼 배달 노동자를 그려낸다. 주인공들의 이야기가 중심이 되는 스토링텔링이라는 광고의 형식은 이러한 매력적인 인간을 그려내는 데 효과적으로 작동한다(이재성, 2020: 102).

반면, 실제 플랫폼 배달 노동자의 목소리는 다른 매체를 통해 전해진다. 하나는 플랫폼 배달 노동자 노동 조합인 '라이더유니온'을 통한

강정윤, 강주현, 김연두

성명 발표이며, 다른 하나는 블로그와 같은 개인적인 SNS이다. 2019년 서울시가 배달 노동자 노동 조합을 허가함에 따라, 서울 '라이더유니온'은 공식적인 법적 노조로서 지위를 얻고 교섭권 등의 노동 3권을 인정받게 되었다. 서울 라이더유니온은 배달용 오토바이 보험료 현실화, 배달료(수수료) 현실화, 극한 날씨와 미세먼지 등에 대한 대책 마련, 산업재해 인정 및 유급휴일·휴일수당 보장, 정부–기업–라이더유니온의 3자 단체교섭을 요구했다. 조합의 장인 박정훈은 여러 매체와의 인터뷰를 통해 활발히 배달 노동자의 현실을 전한다(오연서, 2019).

블로그를 통해서도 배달 노동자의 개인 경험이 공유된다. 검색창을 통해 플랫폼 배달 노동과 관련된 후기를 손쉽게 찾아볼 수 있다. 그 중에서도 블로그 '파란 모래 시계'와 '직장인 투잡연구소'는 각기 상반된 노동 수기를 전달한다. '파란 모래 시계'의 운영자는 2019년 10월 11일 "배민커넥트 시작하며 느낀 점"이라는 포스트를 시작으로 관련 수기를 올리기 시작했다(임승호, 2019). 그러나 그는 그 해 12월 29일 배달 중에 교통 사고를 당했다. 그는 2020년 2월 13일 "안녕하신가요?? 배민커넥트 계속 하고 계시나요??"라는 포스트를 올리며 자신의 사고 사실을 알리며 배달에 있어서 안전을 강조했다. 그 이후로 그는 다시 2020년 10월 8일에 글을 올리며 다시 배달을 시작했음을 알렸다. 해당 글에서도 그는 배민커넥터의 짧은 배달 시간을 걱정하며 안전의 중요성을 다시금 강조했다. 가장 최근 올라온 2021년 1월 7일자 글에도 눈 오는 날에는 도보로 배달하라며 "돈보다 안전이 중요해요."라는 글을 남겼다. 이와 달리 '창원에 살으리랏다' 블로그는 부수 수익으로서 플랫폼 배달에 집중한다. 직장인 투잡의 형태 중 하나로서 플랫폼 배달에 대해 이야기한다. 해당 블로그 운영자는 쿠팡 플렉스를 통해 얻은 실적을 매달 정리하여 게시한다. '월 목표 대비 실적'이라는 표를 스스로 작성하여 자신의 노동 근무 일수와 수입, 시급을 기록하고 있다. "모두의 투잡–쿠팡 플렉스, 태풍링링이 기회?!"라는 게시글은 쿠팡의 우천 프로모션을 놓친 자신을 아쉬워하는 내용을 담고 있다. 이는 앞서 살펴본 '파란 모래 시계' 블로그와는 상반된다. 이 블로그 운영자에게 플랫폼 배달은 스스로 목표를 세우고 이를 달성하는 체계적인 수입 달성 수단이다.

　이처럼 플랫폼 배달 노동이 그려지는 방식은 다양하다. 플랫폼 배달 회사 광고를 통해 자율적이고 열정적인 개인을 위한 노동이, 노동조합을 통해 노동으로서 배달 노동이 그리고 블로그를 통해 안전을 위협하는 노동이자 경제적 안정성을 위한 부가 소득 수단으로 플랫폼 배달 노동이 묘사된다.

Ⅲ. 인권의 관점에서 본 플랫폼 배달 노동

　Ⅱ장에서 보았던 것처럼 각종 디지털 수기에서 강조되는 플랫폼 배달 노동의 특성은 매우 다양하다. 그 다양성을 노동자의 권리 보장의 차원에서 이해해 보고자 본 장에서는 우선 18세기의 역사적 상황을 살펴볼 것이다. 특히 플랫폼 배달 노동 이슈에서 주목이 되는 것은 이러한 노동자를 노동자로 인정할 것인가와 관련된 노동 지위의 문제인데, 이에 답하기 위해서는 왜 플랫폼 배달 노동이 노동 문제인지에 대한 이해가 선행되어야 한다. 따라서 노동권이 처음 등장하고, 노동법이 제정된 역사적 상황을 살펴봄으로써 플랫폼 배달 노동 논의의 쟁점들을

인권 중에서도 노동권의 차원에서 바라보아야 할 필요성을 검토하고자 한다. 그리고 노동권에 대한 이해를 바탕으로 21세기 플랫폼 배달 노동자 이슈를 이해해 보고자 한다.

1. 18세기 노동자

역사적으로 18세기에서 20세기는 프랑스 시민 혁명과 산업 혁명이 전개되면서 유럽의 봉건 체제가 결국 자본주의 체제 및 시민 사회로 이행되는 시기였다(나영희, 2010: 14). 당시의 시대적 상황과 인권과의 관련성에 대한 학자들의 이론이 다양하게 존재하지만 본 연구에서는 먼저 토마스 험프리 마샬(T. H. Marshall, 1893－1981)과 오시진의 논의를 통해 개괄적으로 살펴보고자 하였다. 먼저 마샬에 따르면 18세기 후반에서 20세기의 역동적인 정치 사회학적 흐름 속에서 시민권이 발달하였고, 시민권은 공민권, 정치권, 사회권이라는 3가지 "하위 개념이 역사적으로 결합된 '복합체(composite)'"로 존재하였다(나영희, 2010: 3). 이처럼 마샬은 시민권이라는 통합적인 개념을 통해 포괄적인 인권 이해를 시도하였다. 오시진은 18세기에서 20세기 동안 전개되었던 산업 혁명을 시기적으로 구별하여 제1차, 제2차, 제3차 산업 혁명과 인권 형성의 관련성을 파악하였다. 그 결과 가장 초기인 제1차 산업 혁명은 자유권의 등장에, 제2차는 사회권의 등장에, 제3차는 제3세대 인권의 등장에 영향을 주었다고 분석하였다(오시진, 2019: 63). 이처럼 급변하는 사회 속에서 다양한 인권의식이 확립되었고 본 연구에서는 전체적인 흐름 속에서 사회권으로서의 노동권의 등장에 초점을 맞추어 논의를 진행하고자 한다.

프랑스 혁명으로 인해 공식적으로 신분제가 폐지되면서 모두가 법

앞에서 평등하다는 인권의식이 생겼지만 그럼에도 불구하고 자본주의 체제에서 여전히 노동자 계급은 경제적인 취약계층으로 자본가 계급과는 다른 불평등한 삶을 살고 있었다. 이런 상황 속에서 "자유와 평등이라는 근대사회의 두 가지 중요한 이념을 자본주의 사회에서 동시에 구현하려는 노력의 일환"으로 사회권에 대한 의식이 형성되었고, 결국 "자본주의와 민주주의의 상반된 두 원리가 충돌된 상황에서 나타난 사회적 타협의 산물"인 사회권이 확립되었다(나영희, 2010: 16). 간단히 정리하자면 자본주의 체제가 본격적으로 수립되는 과정에서 사회적 불평등의 문제가 점차 심화되었고, 노동자들의 삶은 고통스러웠다. 모든 사람들이 법 앞에서 평등하다는 의식이 있었지만 빈부격차로 인해 실질적인 평등이 이루어지지 못했다. 자본주의 시장에서 생존하기 위해서는 노동을 할 수밖에 없었는데 그 노동이 도리어 자신들의 삶을 고통스럽게 하는 모순적 상황에 이르게 하였고 결국 이러한 사회적 문제를 해결하기 위해 '사회권'이 등장했다.

특히 노동과 관련해서는 "개인이 자유롭게 노동하는 것"이 보장되어야 한다는 자유권적 기본권 개념이 형성되었고, 19세기에 들어서면서부터는 실업률의 증가와 빈곤의 심화로 보다 적극적인 노동권이 제기되었다(한인상, 2014: 58). 이와 같은 과정을 겪으면서 결국 국가는 국민들의 삶에 어느 정도 개입할 수 있는 정당성을 부여 받았으며, 국민들 역시 국가에게 일정 수준의 보호를 요청할 수 있었다. 따라서 헌법이 사회권을 보장하고 있는 한 국가는 모든 국민, 그중에서도 특히 노동자와 같은 취약계층의 경제적인 안녕을 보호해 줄 의무가 있다. 그리고 이 사실을 재차 확인시켜주는 것은 사회권을 법적인 권리로서 최초로 정립한 안톤 멩거(Anton Menger, 1841-1906)의 『노동수익권』이다.

강정윤, 강주현, 김연두

오스트리아 법학자 안톤 멩거는 자본주의를 완전하게 거부했던 공산주의의 노선과는 달리 시장 경제 체제를 인정하면서도 사회적 불평등을 해결하기 위한 나름대로의 대안을 제시하려고 했다. 그 과정에서 법적인 방법을 모색하며 노동수익권, 생존권, 근로권을 최초로 제안하였다(이철수, 이다혜, 2012: 133). 비록 안톤 멩거의 작업은 이론적인 토대를 제공한 것에 그쳐 실제로 실현되지는 못하였지만, 이는 훗날 근대국가들이 헌법을 제정할 때 노동법이 제정될 수 있도록 중요한 역할을했다. 정리하자면 오랜 시간 다양한 논의를 거쳐서 형성된 노동권이란 "자주적으로 근로관계를 형성하며, 타인의 방해를 받음 없이 그 근로관계를 유지할 수 있는 권리이며, 국가에게 적극적인 정책이나 조치를 취할 것을 요구할 수 있는 권리"로 자리잡게 되었다(한인상, 2014: 63). 그리고 이를 실질적으로 보장해 주기 위해 등장한 것이 바로 노동법이다.

대한민국 헌법 제32조, 제33조, 제34조에서 노동권을 국민의 기본권 중 하나로 보장하고 있으며 이에 따라 노동법은 최상위 규범인 헌법의 법질서에 부합해야 한다. 구체적으로 헌법이 규정하고 있는 노동권의 내용을 살펴보면, 제32조에서는 모든 국민이 근로의 권리를 가지고 있으며, 이를 보장해 주기 위한 국가의 역할을 강조하고 있다. 헌법 제33조에서는 근로자의 근로3권을 보장하며, 헌법 제34조에서는 "인간다운 생활을 할 권리"를 명시하였다. 그리고 헌법에서 등장하는 노동권은 인간의 생존을 위해 보장 받아야 할 생존권적 기본권으로 칭해지며 필수적인 권리로 여겨진다. 노동권의 법적 성질과 관련하여 학계에서도 다양한 의견들이 있지만, 특히 우리나라에서는 노동권에 자유권적 기본권의 성격과 사회권적 기본권의 성격이 공존하고 있다고 보는 견해가 지배적이다. 법적 성질과 관련하여 전자는 "국가의 간섭이나 침해를 받지 아니하는 소극적 방어적 권리"이며 후자는 "인간다운 생활을 보장하기 위한 권리로서, 국가로부터 적극적인 급부를 요청할 수 있는 기본권"을 의미한다(한인상, 2014: 64). 이처럼 서구에서 처음 등장한 노동권 논의는 전 세계적인 노동법 제정에 영향을 미쳤으며 우리나라 역시 그 영향 아래에 있다.

2. 21세기 플랫폼 배달 노동

플랫폼 배달 노동의 등장은 기업 혁신, 미래 노동 형태와 같은 수식어들에 의해 묘사된다. 이러한 묘사들로 인해 21세기 플랫폼 배달 노동과 관련된 문제는 마치 지금까지 겪어보지 못한 노동의 문제로 여겨지곤 한다. 하지만 21세기의 플랫폼 배달 노동의 문제는 과연 18세기의 노동 문제와 그 결을 달리하는가? 결론부터 말하자면, 18세기와 21세기의 노동 문제는 크게 다르지 않다. 노동 문제의 핵심에는 여전히 노동과 노동하는 개인이 있기 때문이다. 바로 이러한 지점에서 18세기 상황 검토의 의의를 찾아볼 수 있다.

18세기 산업 사회의 노동자들의 경우 자본 시장에서 돈을 대가로 노동을 제공하는 선택을 하였고, 21세기의 배달 노동자들은 비교적 진입 장벽이 낮은 라이더로 근무하면서 자신의 노동을 대가로 수입을 얻기를 선택하였다. 하지만 과거와 마찬가지로 오늘날 노동자들의 선택은 결국 그들의 생존권을 위협하였고 그 결과 그들의 노동권을 위협하는 결과를 낳았다. 18세기의 경우 일반적인 노동자들을 위한 제도적 장치와 복지 시스템이 아예 갖추어지지 않았기 때문에 그들의 기본권인 노동권을 보장해 줄 수 있는 수단이 부재하였고, 21세기 배달 노동자들의 경우 그들의 법적 지위를 근로자로 인정해 주지 않기 때문에 그들을 위한 복지 제도가 제대로 확립되지 못한 상황이다. 이러한 상황을 극복하기 위하여 과거에는 노동권의 개념을 확립하고 법으로 권리와 의무를 보장하였다.

오늘날 배달 노동자들의 경우, 그들은 개인 사업자이면서도 개인 사업자로서의 이점을 전혀 누리지 못하면서도, 그렇다고 노동자로서의 권리나 보호를 받고 있는 것도 아닌 취약한 상황에 놓였다. 그들의 독특한 법적 지위는 분명 노동을 제공하고는 있지만 노동법에서 정의하고 있는 '노동자' 혹은 '근로자'에 포섭되지 못함을 의미한다. 특수형태 근로종사자와의 유사성만을 인정받은 채 산재보험 요구만이 받아들여진 경우가 존재하는 정도이고, 따라서 안전의 측면이나 노동 환경의 조건의 측면에서 일반적인 근로자보다 좋지 못한 상황이다.

정리해 보면 결국 플랫폼 배달 노동자의 상황에 대하여 제기되고 있는 질문은 노동권과 관련된 본질적인 문제의식으로서 그리 낯선 문제라고 볼 수 없다. 그럼에도 불구하고 21세기 플랫폼 배달 노동과 관련된 담론과 논의가 새롭게 느껴지는 이유를 지금부터 간략하게 짚어 보고자 한다. 가장 핵심적인 이유는 18세기에서는 확실히 드러났던 사용자-근로자의 종속 관계가 21세기 플랫폼 배달 노동에서는 확연히 보이지 않기 때문이다. 그 결과 플랫폼 배달 노동자들의 법적 지위가 모호해졌다. 노동법은 고용 계약 상의 사용자에게 근로 환경 및 근로자에 대한 책임을 지움으로써 근로자를 보호하고 있다. 하지만 21세기 플랫폼 배달 노동의 경우 '사용자'라고 부를 수 있을만한 존재가 뚜렷하지 않고, 이와 같이 비가시화된 사용자성으로 인하여 마치 새로운 문제가 노동권, 노동법과 관련하여 등장한 것으로 느껴진다.

IV. 플랫폼 배달 노동 영역에서의 자유

1. 자유와 보호 개념

III장에서는 플랫폼 배달 노동의 문제를 18세기에 비추어 보며 플랫폼 배달 노동자의 문제가 노동권의 문제임을 확인했다. 이어 본 장에서는 노동권 문제에 있어 중요한 '자유' 개념을 검토하며, 보다 구체적으로 플랫폼 배달 노동 시간 문제에 노동자의 자유 개념을 적용해 볼 것이다. 노동권의 영역에서 자유라는 개념 안에는 노동자가 원하는 만큼의 노동을 통해 경제적 이익을 얻을 수 있는 자유와 국가로부터 노동 환경을 보장받을 수 있는 자유 등 여러 가지 자유가 혼재되어 있다. 그렇다면 이 지점에서 노동자의 권리 설정에 있어 자유를 어떻게 정의 내려야 하는지에 대한 의문이 남는다. 본 연구에서 논하고 있는 플랫폼 노동은 특히나 노동자의 자유의 영역과 밀접하게 맞닿아 있다.

플랫폼 배달 노동자의 권리에 있어 "소극적 자유"라는 용어가 주로 사용된다. 이때 소극적 자유의 용법은 '제한의 최소화'이다. 이러한 용법 아래 플랫폼 배달 노동자의 노동 거래 계약을 사적 자치 계약의 자유로 인정하고, 계약 체결 시의 개입을 최소화해야 한다는 주장이 등장한다. 이와 대립되는 입장으로 플랫폼 배달 노동자의 노동 환경에 대한 사회적 규제가 필요하다는 주장이 있다. 앞서 제기한 소극적 자유의 입장에서 사회적 규제는 자유의 침해로 이해된다. 이와 같이 침해의 최소화라고 자유를 이해할 때, 플랫폼 배달 노동자의 노동 시간 자유화와 노동 시간 제한 사이에는 자유와 그 자유에 대한 침해일 뿐이라는 좁힐 수 없는 간극만이 남는다.

이 지점에서 소극적 자유의 옹호자라고 불리는 이사야 벌린(Isaiah Berlin, 1909－1997)이 제시하는 자유의 개념에 대한 검토를 바탕으로 플랫폼 배달 노동 문제를 풀어보고자 한다. 결론부터 말하자면, 벌린이 제시하는 소극적 자유는 "~로부터의 자유", 달리 말해 한 개인이 외부로부터 자유로워지는 것을 의미한다(Berlin, 2006: 352). 이때 개인과 외부의 의미는 확정적이지 않고, 각 의미를 어떻게 설정하는가에 따라 개인과 외부의 경계가 결정된다(Berlin, 2006: 347). 이 경계는 동시에 개인이 행사할 수 있는 권리의 경계이다. 때문에 개인의 의미를 정하는 것, 달리 말해 인간이 무엇인지를 논하는 것이 중요해 진다(Berlin, 2006: 351).

벌린은 자유를 소극적 자유와 적극적 자유로 분류하고, 각 자유가 대답하고자 하는 바 자체가 다름에 주목한다(Berlin, 2006: 357－358). 먼저, 벌린에게 있어 "적극적 자유"는 내가 나를 통제하는 것, 즉 "누가 나를 지배하는가"에 대한 대답이다(Berlin, 2006: 343). 그에게 적극적 자유는 내가 나를 위하는 것이며, 이러한 적극적 자유는 지배하는 주체인 나(자아)와 지배받는 대상인 나(개인)를 분류하고 이상적 자아가 개인을 이끌어가는 모습을 상정한다(Berlin, 2006: 361－362). 반면, 벌린이 주목하는 소극적 자유는 외부로부터의 불간섭이며 "다른 사람 간섭 없이 할 수 있는 행동의 영역은 무엇인가?"에 대한 답이다. 주목할 점은 이때의 불간섭은 강제에 대비되기 때문에 상대적으로 나은 것이지 완전한 불간섭을 추구하는 것이 아니라는 점, 즉 간섭의 최소화를 추구하는 것이 아니라는 것이다(Berlin, 2006: 346). 이러한 벌린의 논지는 자연스럽게 간섭하면 안 될 인간의 영역, 즉 각 개인이 본성을 구성하는 핵심 부분에 타격을 받지 않기 위해 이들에게 반드시 지켜져야 할 부분은 무엇인가에 대한 질문으로 이어진다(Berlin, 2006: 362).

이와 같이 소극적 자유에 대한 벌린의 논지는 기존에 단순하게 침해의 최소화를 주장하며 자유를 옹호하는 논지와 달리, 그 자유의 경계를 정하는데 있어서 인간의 본성을 구성하는 핵심 부분을 지켜줄 것을 요구한다. 뿐만 아니라, 벌린의 적극적 자유 개념 또한 주체가 되는 이상적 인간이라는 조건을 요청한다는 점에서 적극적 개념을 실현시키기 위해서는 바람직한 인간상에 대한 기준이 필요하다. 이 점에서 벌린의 소극적 자유와 적극적 자유 모두 인간의 본성, 또는 이상적 인간이라는 개념 아래에 한 개인이 인간답게 살 수 있는 것을 기준으로 내세운다는 공통점을 갖고 있다고 볼 수 있다. 달리 말하면, 한 개인이 권리의 경계를 설정하는 것(소극적 자유) 또는 권리를 주체적으로 실천하는 것(적극적 자유)에 있어서 모두 인간에 대한 이해가 필요하다. 예를 들어, 앞서 검토했던 18세기에 자본주의 산업 혁명과 사회권은 인간답게 살지 못한 노동자들을 인간답게 살게 하기 위한 조치였다. 당시 사회적 약자였던 노동자들을 보호하기 위한 국가의 조치는 타인의 예속으로부터의 자유라는 소극적 자유와 주체적 삶이라는 적극적 자유를 실현하기 위함이었다.

이러한 맥락 아래에서 플랫폼 배달 노동자의 권리 기준을 정하기 위해서는 그 현실을 살고 있는 '인간'으로서 노동자를 파악할 필요성이 등장한다. 플랫폼 배달 노동자로서의 삶에서 자유는 무엇이고 그 자유를 위해 필요한 것은 무엇인가에 대한 논의가 필요하다. 다양한 학자들이 진정한 의미에서 인간이 진정한 자유를 추구하기 위한 조건들을 탐구했다. 그중 마사 누스바움(Martha Nussbaum, 1947~)은 그의 역량이론을 통해 인간이 자신의 역량을 발휘하기 위해 나아가야 할 구체적인 방향성을 설정하고자 하였다. 플랫폼 배달 노동자의 삶에서 진정한 자유를 논함에 있어 누스바움의 이론은 큰 시사점을 준다.

　보다 구체적으로, 누스바움은 역량이론을 통해 개개인의 능력 차이로 인한 결과의 차이를 줄이기 위해 공정한 절차의 구상이 필요함을 역설하였다. 구체적으로 누스바움은 세 가지 역량을 단계적인 모형으로 설명하였다. 인간이 태생적으로 가지고 있는 능력으로서의 기본역량, 이러한 기본역량이 충분히 발전되어 있는 상태로서의 내부역량, 마지막으로 인간이 자신의 능력을 실현할 수 있도록 하는 역량으로서 결합역량이 있다. 누스바움은 기본역량에서 내부역량으로, 내부역량에서 결합역량으로 발전하기 위해 필요한 요소들이 있으며, 특히 내부역량이 결합역량으로 발전하기 위해 사회의 법, 제도 등이 뒷받침 되어야 함을 강조하였다(송윤진, 2017: 354-356).

〈그림 8-3〉 마사 누스바움의 기본, 내부, 결합역량

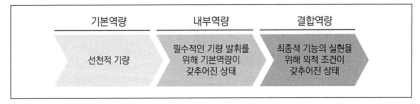

출처: 송윤진. 2017. pp.354-356.

　기본역량에서 내부역량, 내부역량에서 결합역량으로 나아가기 위해서는 각 역량을 위한 충분한 요소가 충족되어 있어야 한다(송윤진, 2017: 354-356). 하지만 현재 플랫폼 배달 노동자들이 최종적으로 완전한 결합역량을 갖춘 상태에 있다고 이야기하기는 어렵다. 우선 기본역

량에서 내부역량으로 넘어가기 위해서 노동자들은 그들이 갖추고 있는 태생적인 기능 상태를 교육을 통해 충분히 발휘할 수 있는 상태로 만들어야 한다. 일반적인 기업의 경우에는 노동자들이 본격적으로 특정 업무를 시작함에 앞서 충분한 교육을 통해 노동자의 역량을 극대화 시키고자 노력한다. 하지만 플랫폼 음식배달 노동 영역의 경우, 노동자는 대체 가능한 소모품 정도로 간주되기에 플랫폼이나 음식배달 대행사는 음식배달 노동을 위해 필요한 필수적인 기술을 예비 노동자들에게 충분히 교육하지 않고 있다. 따라서 플랫폼 음식배달 노동자들은 그들의 태생적인 기능을 노동 활동에 적절하게 활용할 수 있는 상태로 끌어올릴 수 있는 기회를 박탈당한다. 플랫폼은 배달 노동자를 고용하면서도 이들이 지켜야 하는 안전수칙에 대한 교육을 의무적으로 제공하지 않고 있다는 점이 하나의 예시가 될 수 있다.

또한 내부역량에서 결합역량으로 나아가기 위해서는 정책과 법을 비롯한 여러 외부적 조건들이 충족되어 있어야 한다(송윤진, 2017: 354-356). 이와 같은 요소들이 충족되어 있어야만 노동자들은 그들의 노동을 선택함에 있어 완전한 자유를 지닌다고 말할 수 있다. 하지만 현재 플랫폼 음식배달 노동을 둘러싼 관련 정책과 법이 미비한 바, 이러한 상황은 플랫폼 배달 노동자들이 결합역량을 충분히 갖추지 못하게 하는 원인이 된다. 구체적으로 시간당 수당이 아닌 건당 수당이라는 제도 아래에서 플랫폼 배달 노동자들은 최저시급을 보장받지 못한 채, 스스로 최저시급을 보장받기 위해 기약 없이 시간을 투자해야 해야 한다. 이 과정에서 플랫폼 배달 노동자들은 적절한 휴식을 보장받지 못한 채, 배달 노동에만 골몰할 수밖에 없으며, 이는 나아가 플랫폼 배달 노동자들의 자기 계발 시간을 뺏는 일로 까지 이어진다. 즉, 플랫폼 산업

구조 아래 부당한 노동 환경은 단순히 배달 노동자를 착취할 뿐만 아니라, 이들 삶에 있어서의 다른 기회를 박탈하는 셈이다. 결국 플랫폼 배달 노동자가 진정으로 자유롭기 위해서는 플랫폼 노동자가 자신의 역량을 충분히 발휘할 수 있도록 도와야 하며, 이는 플랫폼 배달 노동자의 노동 환경에 대한 보호에서 출발할 수밖에 없다.

2. 플랫폼 노동자에 대한 적용: 노동 시간

본 연구에서는 다양한 노동자 이슈 중에서도 플랫폼 배달 노동자의 노동 시간에 주목하여 노동 시간에 있어 보호를 통한 자유의 보장이 필요한 구체적인 상황을 살펴볼 것이다. 자유에 대한 개념이 정립되어 있지 않은 상태에서는 경제적 이윤 추구의 자율성에 무게를 두는 경우 노동 시간의 제한을 부정적으로 바라보는 반면, 노동자의 안전에 무게를 두는 경우 노동 시간의 제한이 불가피한 것이라고 여기며 두 경우가 대립된다고 본다.

먼저 플랫폼 배달 노동에서 노동 시간이 문제시되는 상황을 살펴보며 노동 행위에 대한 자유를 둘러싼 갈등 상황을 검토해 보자. 현재 우리나라는 주 52시간으로 법정 노동 시간을 규정하고 있다. 하루에 8시간씩 일주일에 5일간, 이에 더하여 12시간의 연장근로가 허용된다. 하지만 플랫폼 배달 노동자들은 「근로기준법」 상 근로자에 해당하지 않기 때문에 법정 노동 시간의 제약을 받지 않는다. 보수의 전액을 모두 배달 1건당 수수료로 받거나 1건당 수수료와 정액급여를 혼합한 형태로 받는 플랫폼 노동 종사자를 조사한 한국고용정보원의 자료에 따르면, 음식배달 플랫폼 노동 종사자 중 종사일이 일주일에 5일인 경우가 11.2%, 6일인 경우가 70.4%, 7일인 경우가 15.3%를 기록했다. 더불어 음식배달 플랫폼 노동 종사자 중 일주일에 40−52시간을 근무하는 노동자의 비율이 44.9%, 53시간 이상을 근무하는 노동자의 비율이 45.9%를 기록했다. 이 자료에 따르면 우리나라의 법정 노동 시간을 초과하는 노동을 제공하고 있는 음식배달 플랫폼 노동 종사자의 비율이 상당하다는 사실을 알 수 있다(한국고용정보원, 2018: 41−47).

이러한 라이더들의 과도한 노동 시간에 대한 해결책으로서 라이더들의 노동 시간을 업체 측에서 제한하는 방식을 취하기도 한다. 대표적으로 배달의 민족의 경우에는 2060 정책을 도입하였다. 아르바이트 라이더인 배민커넥트의 경우에는 주 20시간, 전업 라이더인 배민 라이더스의 경우에는 주 60시간으로 노동 시간을 제한한다. 배민커넥트와 배민 라이더스의 주당 한계 노동 시간이 다른 이유는 그 제한 목적이 다르기 때문이다. 전업 라이더인 배민 라이더스의 경우 전업 라이더들의 건강 보호를 위해 60시간의 제한을 두었고, 아르바이트 라이더인 배민커넥트의 경우 배민 라이더스 측에서 제기한 비판(배민커넥트 라이더에게 유리한 조건을 제시한다는 것)에 대한 해결로서 20시간의 제한을 두었다(박정훈, 2020: 150).

하지만 경제활동의 자유를 선호하는 측면에서 라이더들은 노동 시간의 제한을 달가워하지 않는다. 특히 배달 라이더의 경우 흔히 건당 수수료를 받는 방식을 취하고 있어, 더 많은 건수를 해결할수록 더 많은 수익을 얻어간다는 이점 때문에 배달 라이더들은 장시간 근무를 선호하기도 한다. 따라서 배달의 민족에서 시행하고 있는 2060 정책의 경우 라이더의 노동 안전을 확보한다는 면에서는 긍정적이지만 라이더들의 경제적 자유가 제한된다는 측면에서는 치명적이다. 배달의 민족에서 2060 정책을 발표하자 민주노총 측에서는 반대 입장을 표명한 바 있다. 여기에서 민주노총은 장시간 노동이 라이더들의 생계유지를 위해 필수적이라는 입장을 취하였다(정다솜, 2020). 이렇게 노동 시간을 둘러싼 입장 차이가 극명하고, 라이더의 입장에서는 근로시간 제한이 생계 유지 여부와 밀접하게 연관된다는 점에서 여전히 각 주장 간의 첨예한 대립이 지속되고 있다.

하지만 벌린의 적극적 자유 개념과 누스바움의 역량이론을 적용할 경우 플랫폼 노동자들의 주장 이면에 놓인 그들이 처한 환경에 대한 심층적 이해, 즉 그들의 역량에 대한 분석이 가능해진다. 플랫폼 배달 노동자들 중에서는 생계를 위한 수단으로 긴 노동 시간을 통해 경제적 이윤을 추구할 수밖에 없다는 현실을 알게 되기 때문이다. 이러한 분석은 플랫폼 노동자의 자율적 역량을 위한 보호조치의 필요성을 보여주며, 노동 시간의 제한 여부에 대한 흑백 논리를 넘어선 논의가 진행되어야 함을 알려준다. 결국 노동 시간을 제한하지 않아야 한다는 입장 또한 배달 노동 아래에서 충분히 충족될 수 없는 플랫폼 노동자들의 경제적인 취약 상황을 드러내주는 지표이기 때문이다. 실제로 국가인권위의 2019년 조사 결과, 음식배달 노동자의 한 달 평균 임금은 175만 원에 그쳤다(국가인권위원회, 2019: 91). 참고로 2018년 임금근로자의 월평균 소득은 297만 원을 기록했다(통계청, 2020). 2020년 최저임금 8,590원과 비교하였을 때에는 높은 수준이지만 배달 업무를 전업으로 한다면 플랫폼 배달 노동의 보수가 충분하다 할 수 없다. 더불어 오토바이가 없다면 이들은 오토바이 렌트 비용을 자가 부담해야 하며 주유비도 제공되지 않는다. 또한 배달 플랫폼에 건당 수수료를 지불해야 한다는 점도 주목할 만하다(이동형, 2020). 최근 몇몇 기사에 배달 노동만으로 억대 연봉을 버는 라이더들의 사례가 소개되어 화제가 되었다. 하지만 이러한 보도에 대해 라이더유니온 측은 라이더들이 장시간 과속 노동을 통해 높은 수익을 얻기도 하고 배달 플랫폼의 프로모션으로 인해 일시적으로 높은 수익이 발생할 수 있어 위와 같은 보도에 대한 위험성을 지적하였다 ("배달라이더 연봉", 2020). 이러한 점을 고려한다면 실상 배달 노동자들의 시간당 보수가 결코 높다고 할 수 없다.

　이러한 조사 결과는 플랫폼 음식배달 노동자들이 격무에 스스로 자신을 몰아넣어야 하는 이유를 보여준다. 플랫폼 배달 노동자들을 포함한 노동자들은 자신의 노동 행위 안에서 충족하고자 하는 다양한 욕구를 가지고 있다. 따라서 경제적 욕구, 안전의 욕구, 휴식의 욕구 등 노동자로서의 다양한 욕구를 충족시킬 수 있는 바람직한 노동 환경 조성에 대한 진지한 합의로 나아가는 것이 국가가 노동자의 결합역량을 발전시킬 수 있는 길이며, 이를 통해 노동자들은 노동 현장에서 주체적인 선택이 가능해지는 진정한 자유에 이를 수 있다. 그리고 이를 실천하기 위해서는 노동 환경 안에서의 노동자들을 일률적이고 단순한 조치를 통해 규제하고 지원하기보다는 이들의 다양한 환경과 욕구를 고려할 수 있는 보다 세밀한 해결책을 강구하는 방향으로의 변화가 필요하다.

　이와 관련하여 물리적 안전을 위한 노동 시간을 확보하면서도, 동시에 어느 정도의 경제적 안정성을 보장해 주고자 한다는 점에서 현재 논의되고 있는 대책 중 아래 두 가지를 고려해 볼 만 하다. 첫 번째 해결책은 플랫폼 배달 노동자의 대기 시간도 노동 시간의 일부로 인정함으로써 이에 대해 보수를 지급하는 것이다. 하지만 우리나라의 경우 대부분의 배달 노동자가 건수당 수수료로 임금을 받는 구조로 되어 있기 때문에 이 해결책의 실효성에 대해서는 고려해야 할 필요가 있다(국가

인권위원회, 2019: 194). 두 번째 해결책으로는 건수당 수수료 지급을 원칙으로 하더라도 수수료의 최저운임을 정하는 방안이 있다. 최저운임을 정한다면 라이더들의 최소 생활수준을 보장할 수 있고, 더불어 최소한의 생활 비용을 벌기 위해 노동자들이 과도한 시간을 투자하게 되는 불합리한 상황을 피할 수 있을 것으로 보인다("배달라이더 연봉", 2020). 이와 같은 사회적 제도가 플랫폼 노동자들의 건강과 안전, 삶의 질을 보장할 때, 비로소 노동자들의 자유가 지켜진다. 이러한 구체적인 해결의 노력 아래에서 비로소 플랫폼 배달 노동자들은 플랫폼 노동 시장으로 내몰리는 강제적인 상황에서 벗어날 수 있으며, 온전히 자신의 선택으로 플랫폼 노동에 참여할 수 있다.

V. 결론

코로나19의 확산으로 사회적 거리 두기가 일상화되면서 직접 음식점에 방문하지 않아도 집에서 음식을 시켜먹을 수 있는 플랫폼 배달 노동의 급격한 성장이 주목 받고 있다. 자연스럽게 배달 산업에 종사하고 있는 배달 노동자에 대한 관심도 함께 높아지면서 플랫폼 배달 노동을 이해하려는 움직임이 활발해졌다. 정부에서도 이들을 위한 "최소한의 제도적 보호"를 제공하고자 2020년 12월에 '플랫폼 종사자 보호 및 지원 등에 관한 법률' 입법 추진 계획을 발표하였지만, 이에 대한 비판의 목소리가 만만치 않다는 점에 비추어 보았을 때 플랫폼 배달 노동자들의 직업이나 이들이 마땅히 누려야 할 권리에 대해서는 아직 합의점에 도달하지 않은 현재진행형의 상태라고 판단하여야 할 것이다

(박준용, 2020). 이에 본 연구는 결국 플랫폼 배달 노동자의 권리가 무엇인가라는 물음에서 출발해 연구의 과정에서 무엇(what), 왜(why), 어떻게(how)라는 3가지 질문을 던지며 그에 대한 답을 찾아보고자 하였다.

먼저 Ⅱ장에서는 연구의 대상인 플랫폼 배달 노동이 무엇인지(what)에 대한 답을 얻기 위해 기존 연구 자료와 관련 기사들을 검토하였다. 먼저, 플랫폼 배달 노동 개념을 관련 연구를 통해 정립했고, 플랫폼 배달 노동자가 근로자인가라는 주요 쟁점과 관련하여 근로자성 인정에 관한 선행연구를 살펴보았다. 그리고 마지막으로 플랫폼 배달 회사 광고와 같은 디지털 노동 수기를 통해 대중적으로 강조되는 플랫폼 배달 노동의 특징들을 살펴보았다.

Ⅲ장에서는 플랫폼 배달 노동 문제가 왜(why) 노동 문제인지에 대한 답을 찾기 위하여 18세기에 노동권, 노동법이 처음 등장하게 된 배경을 검토하였다. 그 결과 사회권으로서의 노동권은 자본주의로 이행하는 과정에서 노동자들의 자유 보장이 중요하다는 사회적 합의에 도달할 수 있었기 때문에 확립될 수 있었으며, 이를 위하여 사회적인 제도, 국가가 국민들의 삶에 어느 정도 개입할 수 있는 정당성을 확보할 수 있었음을 확인하였다. 이 점에 비추어 보았을 때 결국 21세기 플랫폼 배달 노동과 관련된 담론은 낯선 것이 아니라 과거부터 반복되어 온 본질적인 노동 문제라고 볼 수 있다.

마지막으로 Ⅳ장에서는 21세기 현대 사회를 살아가는 우리들은 어떻게(how) 플랫폼 배달 노동을 이해할 수 있을지를 논하기 위해 이사야 벌린의 자유 개념과 마사 누스바움의 역량이론을 현 플랫폼 배달 노동의 자유 문제에 적용해 보고자 하였다. 본 연구에서는 플랫폼 배달 노동 담론에서 뿐만 아니라 노동권의 영역에서 자유가 광범위하게 사

강정윤, 강주현, 김연두

용되며, 따라서 자유의 정의와 범위가 사용하는 맥락에 따라 조금씩 달라진다는 것을 확인할 수 있었다. 또한 노동 영역에서 노동자의 진정한 자유를 위해 갖추어져야 할 선행조건들을 검토해 볼 수 있었다. 이에 이사야 벌린의 소극적 자유와 적극적 자유 개념 그리고 마사 누스바움의 역량이론을 플랫폼 배달 노동에 적용한 결과 자유를 위해 보호가 필요함을 확인하였다.

정리하자면 본 연구에서 제안하고 싶은 것은 자유 개념에 대한 이해를 근거로 한 플랫폼 배달 노동에 대한 사회적 보호이다. 플랫폼 배달 논의에 있어서 다른 주장들의 근거로 사용되는 여러 인권의 개념들에 대한 명료화 작업이 필요하다. 호도된 개념으로 파악되는 현실의 단면은 실제 그 삶을 살아가는 사람들의 깊이를 담아내지 못한다. 자유에 대한 면밀한 검토를 기반에 둘 때 현실을 보다 명징하게 포착할 수 있다. 플랫폼 배달 노동을 둘러싼 여러 주장들의 간극 사이에서 그 주장들이 밟고 있는 개념들을 검토하는 것은 때로 논쟁으로 인해 가려진 인간을 밝히는 일이기도 하다. IV장에서 살펴본 바와 같이, 플랫폼 배달 노동자가 하루에 얼마나 노동해야 하는가라는 노동 시간의 문제는 노동권이 구체적으로 어떻게 구현되어야 하는지를 우리에게 묻는다. 무제한 또는 8시간이라는 두 선택지만으로는 만족할 수 있는 답을 얻을 수 없다. 노동권과 자유 그리고 자유를 향유하는 인간을 고민할 때에, 확장된 사고를 통해 노동자의 인간다운 삶에 대한 제대로 된 논의를 시작할 수 있다.

참고 문헌

▌단행본 ▌

Adams−Prassl, Jeremias. 이영주 역. 2018. 『플랫폼 노동은 상품이 아니다: 플랫폼 노동은 혁신인가, 덫인가?』. 서울: 숨쉬는 책공장.

Alstyne, Paker Van. Choudary, Sangeet Paul. 2017. 이현경 옮김. 『플랫폼 레볼루션: 4차 산업 혁명 시대를 지배할 플랫폼 비즈니스 모든 것』. 서울: 부키.

Berlin, Isaiah. 박동천 역. 2006. 『이사야 벌린의 자유론』. 서울: 아카넷.

박정훈. 2020. 『배달의 민족은 배달하지 않는다』. 서울: 빨간소금.

▌관련법령 ▌

대한민국헌법 제32조−34조.

근로기준법 제1조, 제2조 제1항 제1호.

▌논문 ▌

Cherry, Miriam A. 2020. "플랫폼 노동에 대한 법적 보호: 미국 캘리포니아주 AB 5법". 『국제노동브리프』, 5월호. 한국노동연구원. pp.31−43.

OECD. 2019. "OECD Employment Outlook 2019: The Future of Work Highlights". OECD. pp.1−27.

Rebecca, Florisson. Mandl, Irene. 2018. "Platform work: Types and implications for work and employment". 『Literature review』. WPEF 18004. Eurofound. Dublin. pp.1−132.

국가인권위원회. 2019. "플랫폼노동종사자 인권상황 실태조사".

김수영, 강명주, 하은솔. 2018. "플랫폼 경제활동에 대한 시론적 고찰". 『한국 사회정책』, 25(4). pp.199−231.

김종진. 2020. "디지털 플랫폼 노동 확산과 위험성에 대한 비판적 검토".『경제와사회』, 3월. pp.296 – 322.

나영희. 2010. "국가인권위원회의 사회권 담론 성격에 관한 연구"(박사학위 논문). 중앙대학교 대학원. 서울. pp.1 – 217.

박정훈. 2020. "산재보험 없던 시절로의 회귀. 플랫폼 노동자".『비판과 대안을 위한 사회복지학회 학술대회 발표논문집』. pp.63 – 70.

방강수. 2020. "플랫폼 아날로그 노동과 음식 배달원의 근로자성".『노동법학』, 74, (6월). pp.79 – 120.

송윤진. 2017. "자율성 역량 모델의 법철학적 함의".『법철학연구』, 20(2), (8월). 한국법철학회. pp.347 – 400.

오시진. 2019. "산업 혁명과 인권의 상관관계".『법학논총』, 36(1). 한양대학교 법학연구소. pp.61 – 95.

이재성. 2020. "플랫폼 노동과 디지털 노동 수기: '투잡' 배달 노동 담론과 논증 구조".『IDI 도시연구』, 17, (6월). pp.95 – 132.

이철수, 이다혜. 2012. "안톤 멩거의 "노동수익권"".『서울대학교 법학』, 53(1), (2012년 3월). pp.133 – 148.

이호근. 2020. "플랫폼 노동 등 고용형태의 다양화와 사회보장법 개선방안에 대한 연구".『산업노동연구』, 26(1). pp.49 – 112.

최기산, 김수한. 2019. "글로벌 긱 경제(Gig Economy) 현황 및 시사점".『국제경제리뷰』, 2019 – 2, (1월). 한국은행. pp.1 – 22.

한국고용정보원. 2018. "플랫폼 경제 종사자 규모 추정과 특성 분석". pp.1 – 94.

한인상, 신동윤. 2019. "플랫폼 노동의 주요 현황과 향후과제".『NARS 현안분석』, 76, (10월). 국회입법조사처. pp.1 – 20

한인상. 2014. "근로권의 의의와 주요 입법과제".『노동법연구』, 36. 서울대학교노동법연구회. pp.73 – 118

▌기타 ▌

강재구. 2020.08.28. 태풍 온 날…"보너스 줄게 달리라"는 배달 플랫폼. 한겨레. www.hani.co.kr/arti/society/society_general/959702.html#csidxca0aeb7a9ef3fccb242c3489bbafdb4

김태준. 2020.08.03. 사업자와 근로자 사이 '라이더'…노동3권에 '뜨뜻 미지근' 한 이유. MK. www.mk.co.kr/news/economy/view/2020/08/792814

맹하경. 2020.09.01. '2.5단계' 시행에 배달 주문 폭주… 라이더 "12시간 밥 거르고 달려". 한국일보. www.hankookilbo.com/News/Read/A2020083109350005242?did=NA

미디어 데모스. 2020.09.03. [라이더유니온] 배달 라이더 연봉 1억?? 진실은 이렇다. Youtube. www.youtube.com/watch?v=zdLtDEFP39w

박고은. 2020.09.01. 물 만난 배달 대행 업체?…라이더 안전은 '빨간불'", 노컷뉴스. www.nocutnews.co.kr/news/5404974

박상은. 2020.09.08. 8월 한 달간 배달앱에서 결제된 놀라운 금액. 국민일보. news.kmib.co.kr/article/view.asp?arcid=0014990671&code=61141111&cp=nv

박성진. 2020.09.11. 800원짜리 생수 1병도 배달시키는 '배달 공화국'…거래액 전년比 84.6%↑. 동아일보. www.donga.com/news/article/all/20200911/102896255/1

박준용. 2020.12.22. 플랫폼 노동 179만 명 첫 특별법, 되레 "노동권 침해" 비판 왜?. 한겨레. www.hani.co.kr/arti/society/labor/975299.html#csidx362b4c4fba5786cb8be80a34ad0d804

백주원. 2020.09.12. 돌아온 피크 데이…'金값' 배달 라이더 모시기 경쟁 계속. 서울경제. www.sedaily.com/NewsView/1Z7TRSTTZM(접속일: 2020.09.20)

서승진. 2020.09.11. 배달 오토바이 '불법 운행 꼼짝마!'…경찰 암행 단속 강화. 국민일보. news.kmib.co.kr/article/view.asp?arcid=0015000864&code=61121111&cp=nv

손광모. 2020.09.03. 라이더 연봉 1억 원? "수익 위주 보도 배달 노동자 위험 부추긴다." 참여와혁신. www.laborplus.co.kr/news/articleView.html?idxno=25354

오연서. 2019.05.01. 배달 기사들의 첫 노조 '라이더유니온' 출범… 오토바이 타고 행진. 한겨레. www.hani.co.kr/arti/society/society_general/892258.html#csidx33f73cfd24f537db20bba2aa6938462

윤선영. 2020.09.04일. 코로나發 배달 전성시대…라이더 품귀에 연봉 1억 사실일까. SBS CNBC. cnbc.sbs.co.kr/article/10000995285?division=NAVER

이기우. 2020.08.31. [NOW] 오토바이 No! 아파트 진입 금지에 우는 배달원들. 조선일보. www.chosun.com/site/data/html_dir/2020/08/31/2020083100067.html?utm_source=naver&utm_medium=original&utm_campaign=news

이동형. 2020.04.08. [이동형의 뉴스 정면 승부] 배달의 민족 라이더 '우리가 실험용 쥐인가'. YTN. www.ytn.co.kr/_ln/0103_202004082045186245

이소아. 2020.09.08. '특고 고용보험' 밀어붙인 정부…정작 63% "의무가입 반대". 중앙일보. news.joins.com/article/23867285

이영재. 2020.06.16. "내비로 13분 거리, 쿠팡 시간은 10분"…위험 내몰린 라이더들. 연합뉴스. www.yna.co.kr/view/AKR20200616079300530?input=1195m

정다솜. 2020.01.13. '배민' 노동 시간 제한 결정에 노조 반발. 참여와혁신. www.laborplus.co.kr/news/articleView.html?idxno=23394

정현우. 2020.09.14. '추가 배달비' 받으려고…위험 무릅쓰는 배달 기사들". YTN. www.ytn.co.kr/_ln/0103_202009140505119060

조문희. 2020.09.06. 배달 수수료 인상 '모두가 울상'. 경향신문. news.khan.co.kr/kh_news/khan_art_view.html?artid=202009062050025&code=940100

채원영. 2020.09.10. 코로나發 급변하는 배달 시장…진땀나는 배달 기사. 매일신문. news.imaeil.com/Economy/2020091010370258070

통계청. 2020.01.22. 임금근로 일자리 소득(보수) 결과. kostat.go.kr/portal/ko rea/kor_nw/1/1/index.board?bmode = read&bSeq = &aSeq = 380285&page No = 1&rowNum = 10&navCount = 10&currPg = &searchInfo = &sTarget = t itle&sTxt =

저자 소개

01 학교를 떠나는 성소수자 청소년

김가림(서울대학교 윤리교육과, 15)
혐오와 차별 없는 평등한 세상을 위하여 1인분의 몫을 다하며 살아가고 싶습니다.

이현지(서울대학교 윤리교육과, 16)
당연하게 여겨지는 것들에 끊임없이 의문을 제기할 수 있는 사람이 되고 싶습니다.

02 당사자운동에 참여한 정신장애인 회복경험에 대한 연구: 대안적 관계맺기로서의 연대를 중심으로

나수빈(서울대학교 사회복지학과, 17)
정신장애인의 인권에 많은 관심을 가지고 있으며, 모두가 있는 그대로 존중받을 수 있는 세상을 꿈꾸며 살아갑니다.

최인영(서울대학교 사회복지학과, 17)
사람 살아가는 이야기를 듣고 말하는 것을 좋아하며, 모두가 인간답게 늙어갈 수 있는 세상을 꿈꿉니다.

03 대학 온라인 커뮤니티의 중국인 혐오: 코로나19 사태와 관련된 온라인상의 중국인 혐오 담론을 중심으로

이형규(서울대학교 독어독문학과, 14)
졸업 후 어떻게 하면 여유로운 삶을 살 수 있는지 고민하며 살고 있습니다.

차민우(서울대학교 국어교육과, 14)
법을 공부합니다. 혐오 없는 사회를 만들고 싶습니다.

04 한국의 코로나19 방역체계와 프라이버시권의 조화 가능성: 정당성 검토와 사회적 연결 모델의 적용

김소현(서울대학교 정치외교학부, 18)
더 나은 세상이란 무엇일지, 그를 위해 스스로 무엇을 할 수 있을지 매일 고민하고 노력하며 살고 있습니다.

이현찬(서울대학교 정치외교학부, 18)
오늘보다 성장한 내일을 만들어나가기 위한 노력을 기울이는 중입니다.

지가영(서울대학교 정치외교학부, 18)
세상에 관심이 많습니다. 지금은 더 나은 노인 일자리를 만들기 위해 일하고 있습니다.

05 시·청각장애 학생을 위한 대학교 비대면 교육운영 매뉴얼 연구: 코로나19 시기에 Zoom을 이용하는 장애학생의 사례를 중심으로

정예린(서울대학교 심리학과, 17)
모두가 행복한 사회를 바라는 마음이 헛된 지향점이 아니기를 바랍니다.

조영진(서울대학교 교육학과, 18)
신체적·정신적 건강을 가장 지향하며 건강의 정도에 따른 불평등함을 해소하는 데에 관심이 있습니다.

박지희(서울대학교 사회복지학과, 18)
더 많은 사람들이 인권과 여유를 누릴 수 있는 사회가 되길 바랍니다.

최원빈(서울대학교 정치외교학부, 20)
공존과 행복을 희망하는 대학생으로 그저 열정이 닿는 대로 살아가고 싶다는 생각입니다.

손정우(서울대학교 윤리교육과, 20)
모든 사람은 자기 삶의 작은 철학자라고 생각합니다.

06 퀴어 의제의 실질적 대표성 검토

강문정(서울대학교 정치외교학부, 19)
우리 사회가 조금 더 합리적이기를 바라는 마음에서, 우선은 이것저것 공부하고 있습니다.

김용훈(서울대학교 정치외교학부, 18)
옳게 읽고 바르게 쓰고 있는지 불안해하며 공부하고 있습니다.

배민재(서울대학교 정치외교학부, 19)
세상이 어떻게 돌아가는지에 대한 관심이 많습니다.

정채영(서울대학교 정치외교학부, 18)
정치학을 공부하고 실천을 고민합니다.

07 수용국에서의 난민신청자의 권리: 취업권 정당화를 중심으로

허재영(서울대학교 자유전공학부, 16)
동료 시민이 아닌 사람들 간의 정치적 의무에 관심을 갖고 정치철학을 공부하고 있습니다.

08 노동 속에 부재한 노동자: 플랫폼 배달 노동을 중심으로

강정윤(서울대학교 종교학과, 15)
무엇을 하면서 살아야 즐거울지 생각하고 있습니다.

강주현(서울대학교 종교학과, 15)
선한 영향력을 주는 사람이 되고 싶습니다.

김연두(서울대학교 종교학과, 16)
한 명의 노동자로서 지속적으로 가능한 노동을 찾고 있습니다.

인권으로 본 세상: 인권, 사람, 사회

초판발행	2021년 2월 15일
중판발행	2022년 9월 10일

엮은이   서울대학교 인권센터
지은이   김가림, 이현지, 나수빈, 최인영, 이형규, 차민우, 김소현, 이현찬, 지가영,
          정예린, 조영진, 박지희, 최원빈, 손정우, 강문정, 김용훈, 배민재, 정채영,
          허재영, 강정윤, 강주현, 김연두

편 집   김명희
기획/마케팅 이영조
표지디자인   조아라
제 작   고철민·조영환

펴낸곳   (주) **박영사**
          서울특별시 금천구 가산디지털2로 53, 210호(가산동, 한라시그마밸리)
          등록 1959. 3. 11. 제300-1959-1호(倫)

전 화   02)733-6771
f a x   02)736-4818
e-mail   pys@pybook.co.kr
homepage   www.pybook.co.kr
ISBN   979-11-303-3885-9 93330

정 가   24,000원